SANÇÕES PREMIAIS NO PROCESSO CIVIL

Previsão legal, estipulação convencional e proposta de sistematização (*standards*) para sua fixação judicial

Marcelo Mazzola

SANÇÕES PREMIAIS NO PROCESSO CIVIL

Previsão legal, estipulação convencional e proposta de sistematização (*standards*) para sua fixação judicial

2ª edição
revista, atualizada
e ampliada

2024

EDITORA
*Jus*PODIVM
www.editorajuspodivm.com.br

EDITORA *Jus*PODIVM
www.editorajuspodivm.com.br

Rua Canuto Saraiva, 131 – Mooca – CEP: 03113-010 – São Paulo – São Paulo
Tel: (11) 3582.5757
• Contato: https://www.editorajuspodivm.com.br/central-de-relacionamento

Diagramação: Equipe *Jus*PODIVM

Capa: Ana Caquetti

M478s Mazzola, Marcelo
Sanções Premiais no Processo Civil - Previsão Legal, Estipulação Convencional e Proposta de Sistematização (*Standards*) para sua Fixação Judicial / Marcelo Mazzola – 2.ed., rev. e atual. - São Paulo: Editora JusPodivm, 2024.
368 p.

Inclui Bibliografia
ISBN: 978-85-442-4678-8

1. Direito Processual Civil. I. Mazzola, Marcelo. II. Título.

CDD 341.46

BIBLIOTECÁRIA RESPONSÁVEL

Ana Carolina Ribeiro Mois – CRB7 – RJ 007348/0

Por cuyo motivo alguien nos llama sacerdotes; pues cultivamos la justicia, profesamos el conocimiento de lo bueno y equitativo, separando lo justo delo injusto, discerniendo lo lícito delo ilícito, deseando hacer buenos a los hombres no sólo por el miedo de las penas sino también con la incitación de los premios (...). (*Corpus Iuris Civilis*: Digesto - 533)[1]

Um dia, os juristas irão ocupar-se do direito premial. E farão isso quando, pressionados pelas necessidades práticas, conseguirem introduzir a matéria premial dentro do direito, isto é, fora da mera faculdade e do arbítrio. Delimitando-o com regras precisas, nem tanto no interesse do aspirante ao prêmio, mas, sobretudo, no interesse superior da coletividade. (*Rudolf von Ihering* - 1853)[2]

1. *Cuerpo del Derecho Civil Romano* - parte I, Digesta. Barcelona: Jaime Molinas, 1889, p.197 (L. 1, T. 1, § 1º).
2. IHERING, Rudolf von. *A luta pelo direito*. Trad. João de Vasconcelos. Rio de Janeiro: Forense, 1997, p. 67.

Aos meus pais, Mazzolão e Marta, por dedicarem suas vidas aos filhos.

À minha esposa, Fabiana Cardinot, por dividir a vida comigo.

Ao meu avô ITO (*in memoriam*), por todos os ensinamentos.

À minha irmã Dany, pelo constante apoio.

Aos meus sogros Elias e Lídice, por todas as orações.

NOTA DO AUTOR À 2ª EDIÇÃO

A receptividade da primeira edição da obra foi marcante. Tanto em âmbito doutrinário quanto jurisprudencial foram várias as referências ao livro, destacando-se algumas decisões do Supremo Tribunal Federal e do Superior Tribunal de Justiça, bem como a menção do Professor Fredie Didier Jr. em seu Curso de Direito Processual Civil (24ª ed., v. 1) acerca da relevância das sanções premiais. A obra ainda ganhou resenha assinada pela Professora Teresa Arruda Alvim (RePRo 327).

A repercussão do livro resultou em convites para palestras, aulas, gravação de *podcast* eventos, bem como em participações em grupos de pesquisa e no grupo de trabalho do Instituto Brasileiro de Direito Processual (IBDP) responsável pela elaboração da manifestação de *amicus curiae* no tema 1137 do STJ ("definir se, com esteio no art. 139, IV, do CPC/15, é possível, ou não, o magistrado, observando-se a devida fundamentação, o contraditório e a proporcionalidade da medida, adotar, de modo subsidiário, meios executivos atípicos").

Nada obstante, a obra abriu espaço para publicação de artigos em coautoria com grandes expoentes do Judiciário, como, por exemplo, o Ministro Marco Aurélio Bellizze, do Superior Tribunal de Justiça, e outras referências acadêmicas, como os professores Gustavo Osna, Rafael Carvalho Rezende Oliveira e Rodrigo Mazzei.

Nesse contexto, vale registrar, ainda, a aprovação de enunciado pelo Fórum Permanente de Processualistas Civis (FPPC) reconhecendo a possibilidade de coexistência de medidas indutivas e medidas coercitivas, consagrando, assim, uma das ideias defendidas nesta obra. Aliás, cabe mencionar que, em 2023, o FPPC foi admitido pela primeira vez como amicus curiae em um julgamento no STJ (justamente o tema 1137), e tivemos a honra de participar do grupo que elaborou a respectiva manifestação.

Esta segunda edição está recheada de novidades. Boa leitura!

NOTA DO AUTOR E AGRADECIMENTOS

A presente obra corresponde à versão comercial de minha tese de doutorado em direito processual pela Universidade do Estado do Rio de Janeiro (UERJ), defendida em julho de 2021.

A construção de uma tese de doutorado é algo singular. É como montar um quebra-cabeça gigante, com milhares de peças, sem uma imagem base totalmente definida. A partir do projeto, o que se tem é uma silhueta, que vai sendo moldada ao longo do tempo com o gradual entrelaçamento das peças.

Também é um processo de amadurecimento, não apenas interno, mas das próprias ideias, que muitas vezes causam inquietude.

A questão chega a ser paradoxal: quanto mais se avança na tese, mais se distancia do fim, já que a evolução traz a reboque novas reflexões. É por isso que se diz que *não se termina a tese, simplesmente se rende.*

Mas, ao final, com o trabalho pronto, é hora de agradecer e pensar no próximo desafio.

Nesse particular, foram muitas as pessoas que contribuíram e participaram da construção desta tese.

Em primeiro lugar, agradeço aos meus orientadores Luiz Fux e Humberto Dalla, que me deixaram livre para criar, mas, ao mesmo tempo e com habilidade, controlaram a minha volúpia, sugerindo ajustes e alterações pertinentes.

Humberto Dalla, em especial, acompanhou semanalmente a evolução do texto, com provocações instigantes.

Agradeço também aos ilustres professores que gentilmente aceitaram o convite para compor a banca de avaliação da tese. Aos estimados Alexandre Freitas Câmara, um ícone do processo civil e irmão que a vida acadêmica me deu, Aluisio Gonçalves de Castro Mendes, brilhante magistrado e grande apoiador, Fredie Didier Jr., uma potência do direito processual e sempre com sua visão de "drone", e Darci Guimarães Ribeiro, um pensador do processo civil e constante interlocutor, o meu muito obrigado pelas críticas e sugestões.

Agradeço ainda a Leonardo Faria Schenk e Marco Antonio Rodrigues pelas valiosas contribuições feitas na banca de qualificação, especialmente sob o prisma metodológico.

Agradeço também a Eduardo José da Fonseca Costa, Marcelo Barbi, Marco Félix Jobim e Rafael Sirangelo de Abreu pela profícua troca de ideias.

Aos que leram as primeiras versões do trabalho, apontando inconsistências e sugerindo alterações, especialmente Fabio Costa Soares, Felipe Marçal, Gustavo Osna, Humberto Santarosa, Ludmilla Camacho Duarte Vidal, Maria Helena Caldas Osorio e Ravi Peixoto, a minha gratidão.

Um registro também deve ser feito a Bruno Bodart, Daniel Vianna Vargas, Erik Navarro e Osmar Paixão pelas observações e questionamentos ao longo do trabalho.

Aos colegas de escritório que ajudaram nas pesquisas, Eduardo Gago, Livia Tostes Calvo, Natasha Frast de Barros e Barcelos, Nathalia Ribeiro (uma irmã de vida) e Vitor Galveas, os mais sinceros agradecimentos.

Não poderia deixar de agradecer ainda a Alberto Trigo, Alexandre Flexa, Anderson de Paiva Gabriel, Anissara Toscan, Antonio Aurélio Abi-Ramia Duarte, Antonio do Passo Cabral, Antônio Pereira Gaio Jr., Bianca Bez Goulart, Carolina Uzeda, Cesar Cury, Dierle Nunes, Diogo Rezende de Almeida Assumpção, Edilson Vitorelli, Eduardo Santiago, Felipe Gonçalves, Fernanda Medina Pantoja, Flávia Pereira Hill, Jean Carlos de Albuquerque Gomes, José Aurélio de Araújo, José Roberto Mello Porto, Marcela Kohlbach, Márcio Carvalho Faria, Marcos Youji Minami, Paulo Henrique dos Santos Lucon, Pedro Henrique Nogueira, Rafael Calmon, Rafael Carvalho Rezende Oliveira, Rodrigo Becker, Rodrigo Fux, Rodrigo Salomão e Sofia Temer pela disponibilização de material bibliográfico e pela "escuta" paciente.

APRESENTAÇÃO

Há diversas razões que me levam a apresentar, e recomendar, este belo livro de Marcelo Mazzola: *a)* tema elegantíssimo, que mostra uma das grandes marcas da boa processualística brasileira: enveredar-se pelos meandros da Teoria do Direito para conectá-la com o processo; *b)* impressionante pesquisa bibliográfica; *c)* boas ideias e propostas de sistematização – discordo de uma ou outra escolha na parte da classificação, mas isso é apenas uma demonstração da força dessas ideias; *d)* desenvolvimento dogmático do conceito de "medida indutiva" (sanções premiais + "*nudges*"), importantíssimo para a compreensão da atipicidade das medidas executivas decorrente das cláusulas gerais dos arts. 139, IV, 297 e 536, §1º, CPC; *e)* preocupação permanente com a concretização (utilidade + viabilidade) prática das suas ideias; *f)* ao que me consta, é a primeira monografia acadêmica brasileira inteiramente dedicada ao tema das sanções premiais no processo civil.

Há, ainda, uma razão mais íntima: o tema me é especialmente caro, objeto de minhas reflexões há bastante tempo, com as quais, aliás, Mazzola mantém um diálogo franco e permanente ao longo de todo o livro.

Mazzola se destaca há tempos como observador arguto e dedicado pesquisador sobre temas do processo civil. Advogado militante e bem conhecido, vale-se de sua larga experiência profissional para colher problemas reais e interessantes sobre os quais sua verve acadêmica se predispõe a debruçar-se. Aprendo sempre com seus textos, e com esta tese não seria diferente: ele me convenceu a abrir a mente para a necessidade de elastecer o conceito jurídico fundamental de "sanção premial", empreitada epistemológica a que poucos se arriscam, de modo a torná-lo ainda mais útil à compreensão e à aplicação do Direito processual civil brasileiro atual, seguramente, e sem favor, um dos mais avançados do mundo. É preciso deixar a janela sempre aberta para as novas ideias.

Renovo, agora para um público ainda maior, os parabéns que lhe dei como seu arguidor na banca da versão acadêmica deste livro, sua tese de doutorado defendida na Universidade do Estado do Rio de Janeiro.

Um salve também à Editora Juspodivm, que acolheu o livro nesta consagrada coleção "capa branca".

Salvador, agosto de 2021.

Fredie Didier Jr.

APRESENTAÇÃO

Desde os tempos do Código de Processo Civil de 1939, pelo menos, os processualistas do Rio de Janeiro têm dado uma imensa contribuição ao desenvolvimento dessa disciplina. Juristas como Odilon de Andrade, Hamilton de Moraes e Barros e, principalmente, Luiz Machado Guimarães foram fundamentais para a compreensão do sistema e para o pensamento processual brasileiro.

Já ao tempo do CPC de 1973, José Carlos Barbosa Moreira levou ao ápice a contribuição carioca ao Direito Processual Civil, fazendo com que a ciência processual que aqui se produz rompesse todas as barreiras, já que nosso maior processualista foi autor de uma obra conhecida e respeitada ao redor do globo.

Nos últimos anos de vigência do CPC de 1973 e nestes primeiros anos de vigência do Código de Processo Civil de 2015, porém, o Rio de Janeiro transformou-se, definitivamente, num celeiro de excelentes processualistas. E isso se deu, especialmente (mas não exclusivamente, através do Programa de Pós-Graduação em Direito da Faculdade de Direito da Universidade do Estado do Rio de Janeiro, a UERJ.

Liderada por Paulo Cezar Pinheiro Carneiro e Luiz Fux (orientador da tese que deu origem ao livro que ora se apresenta), discípulos diretos de Barbosa Moreira, a UERJ tem sido o nascedouro de grandes ideias, responsáveis por fomentar o debate crítico e a ressignificação de conceitos processuais relevantíssimos.

Não se pode, neste ponto, deixar de lembrar da importante contribuição de Aluisio Gonçalves de Castro Mendes para a compreensão do incidente de resolução de demandas repetitivas, ou de Humberto Dalla (coorientador da tese que agora se transforma em livro) para o desenvolvimento, na doutrina brasileira, dos métodos consensuais de resolução de conflitos.

Antonio do Passo Cabral buscou ressignificar o princípio do juiz natural, e a partir de seu pensamento, muitos outros trabalhos de destaque se apresentaram, como o de Marcelo Barbi Gonçalves sobre jurisdição, o de Guilherme Hartmann sobre competência adequada, ou o de Fernanda Vogt sobre cognição. Isso sem falar nas importantíssimas obras de Ravi Peixoto sobre *standards* probatórios e de Sofia Temer sobre os sujeitos do processo.

Marco Antonio Rodrigues, depois de se dedicar ao estudo do pedido e da causa de pedir, produziu obras importantíssimas, entre as quais se destaca seu livro sobre o Poder Público em juízo. E Flavia Pereira Hill tem se destacado como uma das mais (senão a mais) importante estudiosa brasileira da desjudicialização.

E o Direito Processual Civil do Rio de Janeiro não se limita à UERJ, claro. Na UFRJ temos Haroldo Lourenço, Marcia Xavier Souza e o já citado Guilherme Hartmann. Na Estacio, Larissa Pochmann; na UFF, Fernanda da Gama de Miranda Netto, Cleber Francisco Alves e Marcelo Pereira de Almeida; na PUC, Fernanda Medina Pantoja, Ronaldo Cramer, Renato Beneduzi; na FGV, Marcela Kohlbach, Diogo Rezende de Almeida e Carlos Roberto de Castro Jatahy, além do signatário desta apresentação. Todos nós, porém, guardamos algum tipo de laço intelectual com a UERJ, onde alguns (como eu) cursamos a graduação, outros a pós-graduação. Outros, ainda, mesmo lá não tendo estudado, têm permanente diálogo com aquela casa.

Pois foi no âmbito do PPGD da UERJ que nasceu a tese de doutorado que agora se apresenta como livro. Marcelo Mazzola, notável advogado e talentoso processualista, que já nos havia brindado com uma interessante dissertação de mestrado sobre o princípio da cooperação, agora nos traz uma instigante tese que constrói uma verdadeira *teoria das sanções premiais*. Mazzola constrói um conceito de sanção premial, estuda as sanções premiais típicas e desenvolve uma construção acerca da possibilidade de fixação de sanções premiais atípicas, não deixando de estabelecer critérios (que chama de *standards*) destinados a fixar os limites dentro dos quais essas sanções atípicas podem ser estabelecidas. É, sem dúvida, uma grande contribuição para a ciência processual brasileira, desenvolvendo pioneiramente este tema, que não era tratado aprofundadamente pela doutrina nacional.

Mazzola dialogou com outros trabalhos produzidos pela escola carioca de processo civil, citando todos ou quase todos os juristas que mencionei ao longo desta apresentação. Dialogou, também, com o que há de mais relevante sobre o tema das sanções (desde Kelsen e Bobbio), até o tema específico das sanções premiais (e aqui, sem dúvida, foi muito profícuo o diálogo com as obras de Darci Guimarães Ribeiro e de Fredie Didier Júnior, que integraram, inclusive, sua banca de doutoramento).

Tive a honra de ler este trabalho quando me preparava para arguir Marcelo Mazzola em sua banca de doutorado, ao lado de seu orientador e do coorientador, de Darci, Fredie e Aluisio). E fiquei muito feliz de poder participar de sua aprovação, com distinção e louvor, um momento certamente muito emocionante para o Mazzola, e muito engrandecedor para a escola carioca de processo civil. E a leitura, posso assegurar, é fascinante. A construção teórica proposta por Mazzola já se destaca, e não será possível, a partir de agora, pensar-se a sanção premial senão a partir deste livro.

É, então, para mim, motivo de júbilo apresentar este livro, mais uma contribuição deste querido amigo e grande jurista, que orgulha a escola de processo do Rio de Janeiro, e que se insere entre os mais relevantes nomes da atual geração de processualistas brasileiros.

Alexandre Freitas Câmara

Doutor em Direito Processual (PUC-MG). Professor adjunto de Direito Processual Civil da Escola de Direito do Rio de Janeiro da Fundação Getúlio Vargas. Professor emérito e coordenador de Direito Processual Civil da Escola da Magistratura do Estado do Rio de Janeiro. Desembargador no TJRJ.

PREFÁCIO

Este livro é o resultado de louvável Tese de Doutorado em que tive a honra e o prazer de contribuir como orientador. Aliás, fascina-me testemunhar o doutoramento como um ponto de inflexão na vida acadêmico-profissional. E, na trajetória de Marcelo Mazzola, há de ser brilhante como lhe é característico.

As linhas e entrelinhas revelam as qualidades de arguto pesquisador. As perguntas de pesquisa são claras. O Código de Processo Civil de 2015 dispõe de fundamentos jurídicos para as sanções premiais atípicas? Em caso afirmativo, quais são os limites para essa atividade criativa acessória aos poderes instrutórios do Juízo?

O autor transita bem entre as referências bibliográficas de Teoria do Direito e o significado literal e sistêmico das disposições normativas pátrias. Não é por menos, considerando seu histórico de engajamento com a Escola Superior da Advocacia, com os Institutos de Direito Processual Civil.

Porém, o trabalho encontra seu lugar de reflexão mais elevada no tensionamento de premissas da Análise Econômica do Direito e da Economia Comportamental. Nesse ponto, caros leitores, advirto-lhes que a solução articulada não é trivial. A pesquisa reconhece a superação da racionalidade econômica clássica, eis que registra os avanços da Neurociência e da Psicologia em identificar os vieses por trás de condutas "objetivamente" irracionais.

No entanto, a investigação persiste quanto à chave explicativa dos custos de litigância, típica da Análise Econômica do Direito. E essa escolha adquire sentido, à medida que Mazzola organiza os seis *standards* que condicionariam válida e razoavelmente a estipulação de medidas indutivas pelo Estado-juiz.

O modelo que explica as quatro condições mandatórias e as duas circunstâncias preferenciais perante as quais o magistrado pode aplicar um *nudge* e tornar a solução negociada mais saliente, encerra, em si, o exemplo de conscientização sobre a racionalidade limitada e sobre a orientação *sutil* às escolhas maximizadoras de segurança jurídica e pacificação social.

Finalizo com a provocação que esta obra me despertou. A narrativa hegemônica do processualismo científico da segunda metade do século XIX já foi mais convincente, para difundir a estrutura tripartite (autor-juiz-réu) e a natureza pública da relação processual. Na atualidade, essa relação volta a se aproximar da natureza jurídica de contrato, como Marcelo Mazzola bem pontua em relação às convenções processuais e à execução das injunções em demandas coletivas. Em todo caso, devo concordar com o autor: o paradigma de consensualidade deve estar sujeito ao controle de legalidade pelo Poder Judiciário.

Desejo a todos profícua leitura!

Brasília, 10 de agosto de 2021.

Luiz Fux

Presidente do Supremo Tribunal Federal. Ex-Presidente do Tribunal Superior Eleitoral. Professor Livre-Docente em Processo Civil da Faculdade de Direito da Universidade do Estado do Rio de Janeiro (UERJ). Doutor em Direito Processual Civil pela Universidade do Estado do Rio de Janeiro (UERJ). Membro da Academia Brasileira de Letras Jurídicas. Membro da Academia Brasileira de Filosofia.

SUMÁRIO

LISTA DE ABREVIATURAS E SIGLAS 25

INTRODUÇÃO 29

PARTE I

Capítulo 1

SANÇÃO JURÍDICA 35

1.1 ETIMOLOGIA E DEFINIÇÃO 35

1.2 ANTECEDENTES HISTÓRICOS E EVOLUÇÃO DAS PENAS 37

1.2.1 Dos grupos primitivos às sociedades organizadas: a importância da sanção jurídica como instrumento de direcionamento social 41

1.3 SANÇÃO, COERÇÃO E COAÇÃO 45

1.4 SANÇÃO JURÍDICA NA VISÃO DE HANS KELSEN: O DIREITO COMO ORDEM COATIVA 48

1.5 SANÇÃO JURÍDICA NA VISÃO DE NORBERTO BOBBIO: A FUNÇÃO PROMOCIONAL DO DIREITO 51

1.5.1 Influências 52

1.5.2 O pensamento inovador de Norberto Bobbio 57

1.6 SANÇÃO PREMIAL 64

1.6.1 Visão geral e aspectos contemporâneos 64

1.6.2 Ressignificação do conceito de sanção premial 67

1.6.3 Definição 77

1.6.4 Críticas à expressão sanção premial 78

1.7 RECONHECIMENTO DA SANÇÃO PREMIAL NOS PLANOS LEGAL E JURISPRUDENCIAL 81

1.7.1 Plano legal 81

1.7.2 Plano jurisprudencial 95

1.8 SANÇÕES PREMIAIS E SACRIFÍCIO À SITUAÇÃO JURÍDICA DE OUTREM 100

1.9 SANÇÕES PREMIAIS E SANÇÕES PUNITIVAS: UMA SIMBIOSE NO ORDENAMENTO JURÍDICO NACIONAL 101

1.10 DIFERENTES ESPECTROS DE INCIDÊNCIA DAS SANÇÕES PREMIAIS E DAS SANÇÕES PUNITIVAS 104

Capítulo 2

INTERFACE ENTRE SANÇÕES PREMIAIS E NORMAS FUNDAMENTAIS DO PROCESSO CIVIL 109

2.1 EFICIÊNCIA PROCESSUAL 111

2.2 DURAÇÃO RAZOÁVEL DO PROCESSO 122

2.3 INCENTIVO À AUTOCOMPOSIÇÃO 127

2.4 COOPERAÇÃO 130

2.5 PRIMAZIA DE MÉRITO 132

2.6 BOA-FÉ 134

Capítulo 3

SANÇÕES PREMIAIS, ANÁLISE ECONÔMICA DO DIREITO E ECONOMIA COMPORTAMENTAL 139

3.1 APROXIMAÇÃO AO TEMA 139

3.2 ANÁLISE ECONÔMICA DO DIREITO 142

3.3 ECONOMIA COMPORTAMENTAL 149

3.4 SANÇÕES PREMIAIS, ANÁLISE ECONÔMICA DO DIREITO E ECONOMIA COMPORTAMENTAL 157

3.4.1 Análise Econômica do Direito e sanções premiais 157

3.4.2 Economia Comportamental e sanções premiais 162

PARTE II

Capítulo 4

SANÇÕES PREMIAIS NO PROCESSO CIVIL: PREVISÃO LEGAL 167

4.1 MIRADAS NO DIREITO PROCESSUAL CIVIL ESTRANGEIRO 167

4.2 SANÇÃO PREMIAL NO DIREITO PROCESSUAL CIVIL BRASILEIRO 175

4.2.1 Sanções premiais no CPC/73 175

4.2.2 Sanções premiais no CPC/15 179

4.3 PROPOSTA DE CLASSIFICAÇÃO DAS SANÇÕES PREMIAIS NA SEARA PROCESSUAL CIVIL 194

4.4 SUGESTÕES DE *LEGE LATA* (*NUDGES* PROCESSUAIS) PARA A MAXIMIZAÇÃO DAS SANÇÕES PREMIAIS E DE *LEGE FERENDA* PARA A IMPLEMENTAÇÃO DE NOVOS PRÊMIOS 204

4.4.1 Sugestões de *lege lata* 204

4.4.2 Sugestões de *lege ferenda* 210

Capítulo 5

SANÇÕES PREMIAIS E CONVENÇÕES PROCESSUAIS: ESTIPULAÇÃO CONVENCIONAL 215

5.1 AS CONVENÇÕES PROCESSUAIS E O MODELO COOPERATIVO DE PROCESSO 217

5.2 CLASSIFICAÇÃO, REQUISITOS E LIMITES DAS CONVENÇÕES PROCESSUAIS 220

5.3 CONVENÇÕES PROCESSUAIS E SANÇÕES PREMIAIS 227

5.3.1 Sanções premiais convencionais pré-processuais 229

5.3.2 Sanções premiais convencionais incidentais 231

5.3.2.1 Sanções premiais convencionais espontâneas 233

5.3.2.2 Sanções premiais convencionais estimuladas 236

5.4 PROTOCOLOS INSTITUCIONAIS E SANÇÕES PREMIAIS 237

Capítulo 6

SANÇÕES PREMIAIS ATÍPICAS: PROPOSTA DE SISTEMATIZAÇÃO PARA A SUA FIXAÇÃO JUDICIAL 241

6.1 APROXIMAÇÃO AO TEMA 242

6.2 ESTADO DA ARTE 244

6.3 SANÇÕES PREMIAIS ATÍPICAS 247

6.3.1 Definição 247

6.3.1.1 Sanção premial x atuação premial 248

6.3.2 Natureza jurídica do comando premial judicial 249

6.3.3 Necessidade de participação das partes na construção do comando premial? 252

6.4 EMBASAMENTO TEÓRICO-NORMATIVO 254

6.4.1 Normas fundamentais do processo civil e operosidade 254

6.4.2 Influxos da Análise Econômica do Direito e da Economia Comportamental 256

6.4.3 Atipicidade dos meios executivos 258

6.4.4 Análise detida do art. 139, IV, do CPC/15 sob o prisma das medidas indutivas 266

6.5 SANÇÕES PREMIAIS E CRIATIVIDADE JUDICIAL: RISCO DE ARBITRARIEDADE? 274

6.6 *STANDARDS* PARA A FIXAÇÃO DE SANÇÕES PREMIAIS ATÍPICAS: UMA PROPOSTA DE SISTEMATIZAÇÃO 276

6.6.1 *Standards primários* 276

6.6.1.1 Não afetação de direito alheio 276

6.6.1.2 Vedação à transferência de externalidades ao Judiciário 281

6.6.1.3 Fundamentação adequada 281

6.6.1.4 Proporcionalidade 284

6.6.2 *Standards* secundários 286

6.6.2.1 Simetria de oportunidades 287

6.6.2.2 Divulgação e publicidade 288

6.7 MATERIALIZAÇÃO DA HIPÓTESE 289

6.7.1 Sanções premiais atípicas nos processos estruturantes 290

6.7.2 Sanções premiais atípicas no cumprimento individual de sentença envolvendo obrigação de fazer, de não fazer e de entregar coisa 297

6.7.3 Sanções premiais atípicas nos procedimentos especiais 299

6.8 ANÁLISE DE CASOS CONCRETOS 302

CONCLUSÃO 307

REFERÊNCIAS 313

POSFÁCIO 367

LISTA DE ABREVIATURAS E SIGLAS

Abr.	–	abril
AED	–	Análise Econômica do Direito
AgInt	–	Agravo Interno
ago.	–	agosto
AgRg	–	Agravo Regimental
AI	–	Agravo de Instrumento
APL	–	Apelação Cível
art.	–	artigo
arts.	–	artigos
CC	–	Código Civil
CF/88	–	Constituição da República Federativa do Brasil de 1988
CNJ	–	Conselho Nacional de Justiça
Coord.	–	coordenador
CPC/39	–	Código de Processo Civil brasileiro de 1939
CPC/73	–	Código de Processo Civil brasileiro de 1973
CPC ou CPC/15	–	Código de Processo Civil brasileiro de 2015
Des.	–	Desembargador
Dez.	–	dezembro
DJe	–	Diário da Justiça Eletrônico
Ed.	–	edição
EDcl	–	Embargos de Declaração
ENFAM	–	Escola Nacional de Formação e Aperfeiçoamento de Magistrados
Fev.	–	fevereiro
FPPC	–	Fórum Permanente de Processualistas Civis
HC	–	*Habeas Corpus*
Jan.	–	janeiro
Jul.	–	julho

Jun. – junho
Mar. – março
Min. – Ministro
MPF – Ministério Público Federal
Nº. – número
Nov. – novembro
Org. – organizador
Orgs. – organizadores
Out. – outubro
P. – página
PUC/MG – Pontifícia Universidade Católica de Minas Gerais
PUC/RJ – Pontifícia Universidade Católica do Rio de Janeiro
PUC/SP – Pontifícia Universidade Católica de São Paulo
RE – Recurso Extraordinário
Rel. – Relator
REsp – Recurso Especial
STJ – Superior Tribunal de Justiça
STF – Supremo Tribunal Federal
TJ – Tribunal de Justiça
TJ/AM – Tribunal de Justiça do Estado do Amazonas
TJ/CE – Tribunal de Justiça do Estado do Ceará
TJ/DF – Tribunal de Justiça do Distrito Federal e dos Territórios
TJ/ES – Tribunal de Justiça do Espírito Santo
TJ/MG – Tribunal de Justiça do Estado de Minas Gerais
TJ/PA – Tribunal de Justiça do Estado do Pará
TJ/PE – Tribunal de Justiça do Estado de Pernambuco
TJ/PR – Tribunal de Justiça do Estado do Paraná
TJ/RJ – Tribunal de Justiça do Estado do Rio de Janeiro
TJ/RS – Tribunal de Justiça do Estado do Rio Grande do Sul
TJ/SC – Tribunal de Justiça do Estado de Santa Catarina
TJ/SP – Tribunal de Justiça do Estado de São Paulo
TRF-1 – Tribunal Regional Federal da 1ª Região

TRF-2 – Tribunal Regional Federal da 2ª Região
TRF-3 – Tribunal Regional Federal da 3ª Região
TRF-4 – Tribunal Regional Federal da 4ª Região
TRF-5 – Tribunal Regional Federal da 5ª Região
v. – volume
ZPO – Zivilprozessordnung (Ordenança Processual Civil alemã)

INTRODUÇÃO

Em qualquer sociedade organizada, normas são fundamentais para viabilizar o convívio em harmonia.[1] Sem pautas de conduta definidas, prevaleceriam a desordem e a insegurança.

De um modo geral, cabe ao Estado fiscalizar o cumprimento das normas. E uma de suas ferramentas é a sanção, considerada instrumento de direcionamento social[2].

A sanção tanto pode ter uma feição negativa (punir os transgressores) como uma conotação positiva (premiar comportamentos). Ou seja, punir é apenas uma forma de disciplinar, mas não a única.

Especificamente no campo do processo civil, as sanções punitivas sempre tiveram um papel de destaque. De tempos em tempos, multas são intensificadas, novas penalidades são criadas, mas pouco se desenvolve em termos de prêmios.

A questão não passou despercebida pela Comissão de Juristas do Código de Processo Civil de 2015, coordenada pelo Ministro Luiz Fux, que sugeriu e sistematizou a inclusão de diversas normas que prestigiam a lógica premial.

Com efeito, muitos dispositivos no CPC/15 preveem prêmios (isenção ou redução de honorários advocatícios, isenção de custas, entre outros) para estimular determinado comportamento (pagamento do débito, reconhecimento do pedido etc.).

Alguns artigos foram importados do Código de Processo Civil de 1973, ainda que com ajustes pontuais, e outros são absolutamente novos. O detalhamento será feito no capítulo 4.

Apesar disso, nota-se uma subutilização das sanções premiais pelos sujeitos processuais. A percepção, inclusive, é que as sanções premiais estão em uma *zona de penumbra* na processualística civil.

Diante disso, e sobretudo à luz do art. 190 do CPC/15, cabe examinar a possibilidade de as partes estipularem sanções premiais por meio de con-

1. DURKHEIM, Émile. *Les règles de la méthode sociologique*. Paris: Flammarion, 2010.
2. BOBBIO, Norberto. *Dalla struttura alla funzione – Nuovi studi di teoria del diritto*. Milano: Edizioni di Comunità, 1977, p. 87.

venções processuais. Se possível, quais são as particularidades e o melhor momento para estipulá-las? Previamente ao processo ou de forma incidental? Na fase de conhecimento ou na execução? Cabe ao juiz fomentar a estipulação de sanções premiais convencionais? Esse é um primeiro problema a ser investigado.

Ademais, cabe investigar se o próprio juiz poderia estipular sanções premiais para estimular determinado comportamento, não apenas no contexto da atividade executiva (à luz das medidas indutivas – art. 139, IV, do CPC/15), mas também em outras fases do processo e diferentes procedimentos. Em caso positivo, quais seriam os limites e os critérios de controle? Esse é o segundo problema a ser enfrentado.

O trabalho foi dividido em seis capítulos.

No primeiro capítulo, será feito um recuo histórico, examinando-se a evolução do conceito de sanção ao longo do tempo. Nesse percurso, serão analisados os pensamentos de Hans Kelsen (Direito como ordem coativa) e de Norberto Bobbio (a função promocional do Direito), propondo-se a ressignificação do conceito de sanção premial no processo civil.

Também serão rebatidas as críticas doutrinárias à expressão "sanção premial" e demonstrada a simbiose entre sanções premiais e sanções punitivas no ordenamento jurídico, destacando-se o maior espectro de incidência das primeiras.

O segundo capítulo da obra trata da interface entre sanções premiais e normas fundamentais do processo civil. A ideia é demonstrar como os prêmios buscam valorizar a eficiência processual, a duração razoável do processo, a cooperação, a primazia de mérito, a boa-fé, a autocomposição, entre outras garantias processuais. Alguns exemplos ajudarão a comprovar essa interconexão.

Já no terceiro capítulo serão analisadas as contribuições da Análise Econômica do Direito e da Economia Comportamental no processo de tomada de decisão, bem como seus reflexos no estudo do comportamento humano. Considerando que os indivíduos respondem a incentivos – ainda que nem sempre de forma racional – e que as sanções premiais são justamente prêmios (benefícios, vantagens etc.) para estimular determinada conduta, nada mais natural que examinar a temática em âmbito processual.

No quarto capítulo serão catalogados exemplos de sanções premiais no processo civil estrangeiro e sua possível influência sobre as situações contempladas pelo CPC/15. Também será apresentada uma proposta de classificação das sanções premiais na seara processual civil, com sugestões de *lege lata* e de *lege ferenda* para maximizar a sua utilização e permitir o incremento do instituto.

O quinto capítulo da obra foi reservado às convenções processuais, que, por força do art. 190/CPC, permitem às partes estipular mudanças no processo para ajustá-lo às especificidades da causa, bem como convencionar sobre os seus ônus, poderes, faculdades e deveres processuais, antes ou durante o processo. Nesse sentido, será analisada a pertinência de as partes estipularem sanções premiais por meio de convenções processuais, inclusive sob o prisma dos protocolos institucionais.

Já no capítulo final será investigada a possibilidade de o juiz estabelecer sanções premiais atípicas à luz de *standards* de controle. Após o exame do estado da arte, apresentar-se-á o embasamento teórico e normativo capaz de justificar a estipulações de sanções premiais pelo juiz, apurando-se se a iniciativa judicial demanda participação das partes e se há risco de arbitrariedade. Nesse particular, serão delineados os *standards* primários e secundários que devem ser observados pelo juiz quando da prolação do comando premial, apresentando-se, ao final, alguns exemplos hipotéticos e situações concretas em que a lógica premial foi prestigiada por magistrados.

PARTE I

Capítulo 1

SANÇÃO JURÍDICA

1.1 ETIMOLOGIA E DEFINIÇÃO

O vocábulo sanção[1] vem do latim *sanctio*, *sanctionis*, de *sancire* (de tornar inviolável[2]) e, em sua acepção original, compreende o ato de tornar santo e respeitado.

Como explica Menelick de Carvalho Netto[3], a etimologia fornece a "conotação original e primitiva da palavra. Designava o ato de caráter sacro mediante o qual se erigia algo à categoria de inviolável".

No plano jurídico, o termo sanção tem basicamente dois significados distintos[4], que abarcam, em sua essência, a ideia de "consagração de uma norma pela coletividade"[5].

---

1. Neste trabalho, vamos nos ater ao estudo das sanções jurídicas, não avançando sobre sanções morais (ex: críticas e reprovação social), sanções religiosas (ex: punições aplicadas pela Igreja), sanções sociais ("a forma mais grave de sanção social é o linchamento" - BOBBIO, Norberto. *Teoria della Norma Giuridica.* Torino: G. Giappichelli, 1958, p. 194 - tradução livre) e sanções supranacionais ("exercidas pelos organismos internacionais, ou por um Estado em relação a outro" - Stasiak, Vladimir. Proposição classificatória das sanções. *Revista CESUMAR*, Maringá, v. 4, nº 1, 2001, p. 44-62).
2. "*Sancire significa fondamentalmente, in latino, rendere inviolabile e perciò avvalorare qualche cosa*". CARNELUTTI, Francesco. *Teoria generale del diritto*. 3. ed. Roma: Foro Italiano, 1951, p. 27.
3. CARVALHO NETTO, Menelick de. *A sanção no procedimento legislativo*. Belo Horizonte: Del Rey, 1992, p. 23.
4. "Apesar de parecer lugar comum, não é demais lembrar que o substantivo feminino sanção, em sentido jurídico, é utilizado para designar mais de um fenômeno. Em primeiro lugar, pode ser tida como um dos atos procedimentais do processo legislativo, uma vez que o chefe do executivo, o Presidente da República, o Governador do Estado ou o Prefeito Municipal, tem o poder de *sancionar* leis. (...) Para o senso comum, a palavra sanção é mais conhecida por representar medidas coercitivas, isto é, consequências que poderão recair sobre o indivíduo que descumprir algum comando normativo, cujas características se conformarão de acordo com o ramo do direito a que estão ligadas". LIGERO, Gilberto Notário. *Sanções Processuais por Improbidade na Execução Civil.* Tese apresentada à Banca Examinadora da Pontifícia Universidade Católica de São

O primeiro envolve o ato de sancionar uma lei, tornando-a obrigatória[6], isto é, o poder de ratificar uma lei debatida e votada pelas casas legislativas.

Já o segundo corresponde à consequência jurídica prevista pelo ordenamento para aquele que descumpre uma norma (uma punição, por exemplo), ou a cumpre, adotando o comportamento esperado (fazendo jus a um prêmio)[7]. Esse é o aspecto que será analisado neste trabalho, mais especificamente sob a ótica premial.

Como assinala Maurício Benevides Filho[8], a sanção jurídica é uma reação ou retribuição prevista no ordenamento, que tanto pode ter uma conotação negativa (punir o sujeito que pratica um ato antijurídico) como uma feição positiva (premiar o indivíduo que adota o comportamento esperado).

Trata-se, portanto, da consequência prevista pelo ordenamento jurídico, "seja ela negativa (repressiva) ou positiva (premial), que será imputada a um determinado sujeito que deixou de observar ou que observa este mesmo ordenamento"[9].

Paulo, como exigência parcial para obtenção do título de Doutor em Direito. Pontifícia Universidade Católica de São Paulo, 2014, p. 25-33.

5. CORDOVIL, Leonor Augusta Giovine. A sanção premial no direito econômico. *Revista do Centro Acadêmico Afonso Pena* – Faculdade de Direito da UFMG, nº 1, 2004, p. 156.

6. "*Sanção*. Assim, em relação à *formação da lei*, a sanção é o ato por que o chefe do Executivo *confirma* a lei votada pelo Legislativo, para levar à promulgação e à publicação. Revela-se, pois, o *assentimento*, ou a *aprovação* do Executivo à nova lei, em consequência do que a promulga, para que se torne obrigatória, e a publica, para que se torne do conhecimento público". SILVA, De Plácido e. *Vocabulário jurídico*. 7. ed. Rio de Janeiro: Forense, 1982, p. 170.

7. De acordo com o dicionário Houaiss da língua portuguesa, um dos significados da palavra sanção é "pena ou recompensa que corresponde à violação ou execução de uma lei". Disponível em https://houaiss.uol.com.br/corporativo/apps/uol_www/v5-4/html/index.php#1. Acesso em: 18.01.2020.

8. BENEVIDES FILHO, Mauricio. O que é sanção? *Revista da Faculdade de Direito*, Fortaleza, v. 34, n. 1, p. 355-373, jan./jun. 2013 Disponível em http://repositorio.ufc.br/bitstream/riufc/11850/1/2013_art_mbenevidesfilho.pdf. Acesso em: 30.07.2019.

9. LIGERO, Gilberto Notário. *Sanções Processuais por Improbidade na Execução Civil.* Tese apresentada à Banca Examinadora da Pontifícia Universidade Católica de São Paulo, como exigência parcial para obtenção do título de Doutor em Direito. Pontifícia Universidade Católica de São Paulo, 2014, p. 37. No mesmo sentido RIBEIRO, Darci Guimarães. *Da tutela jurisdicional às formas de tutela.* Porto Alegre: Livraria do Advogado, 2010, p. 50.

1.2 ANTECEDENTES HISTÓRICOS E EVOLUÇÃO DAS PENAS

Desde os tempos mais remotos, o homem sempre viveu em agrupamentos sociais com regras mínimas de convivência, normalmente transmitidas de forma oral e conservadas pela tradição e pelos costumes sedimentados pelo grupo.

No passado, era comum a intercessão entre Moral[10], Religião e Direito. Vinganças divinas, reações violentas e punições cruéis – como o sepultamento de pessoas vivas[11] e a amputação da língua[12] –, faziam parte do rol das penas.[13]

O membro do grupo que violava as tradições também podia ser banido da comunidade.[14] Normalmente essas questões eram decididas pelos chefes das tribos, que não se valiam de penas privativas de liberdade.

---

10. A relação entre Moral e Direito é um dos temas mais complexos e controvertidos da ciência jurídica. A questão, porém, não é relevante para o desenvolvimento desta obra. De qualquer forma, vale registrar o posicionamento de Miguel Reale. Para o jurista, existem regras sociais que são cumpridas de maneira espontânea. Outras só são cumpridas porque os indivíduos são coagidos. Em sua visão, "a Moral é o mundo da conduta espontânea, do comportamento que encontra em si próprio a razão de existir. O ato moral implica a adesão do espírito ao conteúdo da regra. Só temos, na verdade, Moral autêntica quando o indivíduo, por um movimento espiritual espontâneo realiza o ato enunciado pela norma. Não é possível conceber-se o ato moral forçado, fruto da força ou da coação. A Moral, para realizar-se autenticamente, deve contar com a adesão dos obrigados. (...) Isto nos demonstra que existe, entre o Direito e a Moral, uma diferença básica, que podemos indicar com esta expressão: *a Moral é incoercível e o Direito é coercível*". REALE, Miguel. *Lições preliminares de direito*. 27. ed. São Paulo: Saraiva, 2010, p. 44-47 e 69.
11. "A pena de morte também existia entre os indígenas, como não podia deixar de ser, e era geralmente executada com o uso do tacape. A execução da pena capital, todavia, às vezes era feita com crueldade, pois sepultavam-se as pessoas vivas, especialmente crianças, e outras vezes recorria-se a venenos, ao enforcamento e ao afogamento. A prisão, como pena, era desconhecida, existindo somente como estágio de recolhimento daquele que recebera a pena capital, principalmente os inimigos da tribo capturados em operações de guerra. Aplicavam-se, também, castigos com açoites aos membros do grupo, pela prática de faltas menos graves". PIMENTEL, Manoel Pedro. *O crime e a pena na atualidade*. São Paulo: Revista dos Tribunais, 1983, p. 128.
12. No Egito antigo, por exemplo, a revelação de segredos era punida com a amputação da língua. CALDEIRA, Felipe Machado. A evolução histórica, filosófica e teórica da pena. *Revista da EMERJ*, v. 12, n. 45, p. 255-272, 2009. Entre outras penas cruéis, pode-se mencionar o enforcamento, a crucificação, a decapitação e a asfixia por imersão.
13. Para um estudo detalhado sobre a evolução das penas, ver BECCARIA, Cesare. *Dos delitos e das penas*. Trad. Torrieri Guimarães. 11. ed. São Paulo: Hemus, 1995.
14. GILISSEN, John. *Introdução histórica ao Direito*. 2. ed. Lisboa: Fundação Calouste Gulbenkian, 1995, p. 37.

De um modo geral, ainda não se entendiam bem os fenômenos naturais, que, comumente, eram imputados pelos homens a seres sobrenaturais. Temiam-se as divindades e a ausência de conhecimento científico era suprida com a fé.[15]

Com o surgimento da escrita, algumas tradições foram positivadas em códigos.

Acredita-se que o código mais antigo seja o de Ur-Nammu, fundador da terceira dinastia de Ur por volta de 2.000 a.C, sendo o mais citado o código de Hamurabi, com 282 artigos prevendo várias disposições criminais.[16]

Inserida no código de Hamurabi, a Lei de Talião[17] estabelecia várias penas corporais[18]. A essência era aplicar uma pena proporcional ao mal causado, evitando-se vinganças e garantindo-se um mínimo de previsibilidade, ainda que com terríveis consequências.

Como explica Manoel Pedro Pimentel[19], essas retaliações com sucessivas mortes e mutilações eram prejudiciais ao próprio grupo tribal, já que "olho por olho, o resultado era a cegueira parcial de duas pessoas. Braço por braço, a consequência era a invalidez de dois homens, enfraquecendo-se o grupo frente aos inimigos externos".

---

15. Para um amplo apanhado histórico, ver BECCARIA, Cesare. *Dos delitos e das penas.* Trad. Torrieri Guimarães. 11. ed. São Paulo: Hemus, 1995.
16. Sobre o tema, ver VIERA, Jair Lot. *Código de Hamurabi* – Lei das XII Tábuas. 3. ed. São Paulo: Edipro, 2017. No mesmo sentido REIS, Queiti Oliveira. Evolução penal. Disponível em https://jus.com.br/artigos/41289/evolucao-penal. Acesso em: 21.10.2019.
17. Para Basileu Garcia, a Lei de Talião corresponde a um processo de justiça em que o mal praticado por alguém devia corresponder, tanto quanto possível, a um mal igual e oposto. GARCIA, Basileu. *Instituições de direito penal.* 7. ed. São Paulo: Saraiva, 2008. v. I t. I (série Clássicos Jurídicos).
18. Art. 195. Se um filho bater em seu pai cortarão sua mão. Art. 196. Se um homem destruiu um olho de outro homem, destruirão o seu olho. Art. 197. Se quebrou o osso de um homem, quebrarão o seu osso. Art. 198. Se destruiu o olho de um homem vulgar ou quebrou o seu osso, pesará uma mina de prata. Sobre o tema ver, VIEIRA, Jair Lot (Supervisor editorial). *Código de Hamurabi*: Código de Manu (livros oitavo e nono): Lei das XII Tábuas. 2. ed. São Paulo: Edipro, 2002, p. 31.
19. PIMENTEL, Manoel Pedro. *O crime e a pena na atualidade.* São Paulo: Revista dos Tribunais, 1983, p. 122.

Também remontam a esse período[20] as primeiras Ordálias[21] – espécie de juízo divino –, que mais pareciam punições, já que, para provar a inocência, o acusado era submetido a desafios e sacrifícios.[22]

---

20. "Erroneamente as pessoas têm o costume de associar as ordálias à Idade Média ou ao catolicismo, mas a prática de submeter uma pessoa acusada de algum crime a uma prova—normalmente dolorosa ou perigosa—, que indicaria ou não sua inocência vem desde o Código de Hamurabi. A prática é bem mais antiga, mas é no Código de Hamurabi que nós temos o primeiro registro oficial, escrito, datado, de uma ordália". CABRAL, Vinícius. As ordálias da Idade Média, ou "o juízo de Deus". Disponível em https://www.historiazine.com/2019/11/as-ordalias-da-idade-media-ou-o-juizo-de-deus.html. Acesso em: 20.01.2020. Para um estudo aprofundado sobre o tema, ver MAJZOUB, Milene Chavez Goffar. *Juízos de Deus e Justiça real no Direito Carolíngio*: estudo sobre a aplicação dos ordálios à época de Carlos Magno (768-814). Dissertação apresentada à Banca Examinadora da Universidade Estadual de Campinas como requisito parcial para obtenção do título de Mestre em História da Arte e da Cultura (Departamento de História do Instituto de Filosofia e Ciências Humanas da Universidade Estadual de Campinas). Campinas, 2005.
21. "Como invocações dos próprios deuses do fogo e da água, fogo e água eram os ordálios mais utilizados, o fogo empregado para pessoas comuns e a água para pessoas de mais elevado grau. Tinha razão e resultava vitorioso o litigante que caminhava vendado e descalço sobre brasas ardentes ou o litigante que segurava um ferro incandescente (*judicium ferri candentes*) nas mãos e curava-se ou iniciava uma cura adequadamente em determinado prazo; ou o litigante que remanescesse sem queimaduras ou iniciasse uma cura adequada em determinado prazo após as partes de seu corpo expostas à água fervente (*judicium aquae calidae*); ou o litigante que, jogado numa tina ou num rio de água fria, afundasse ou boiasse conforme a crença local (*judicium aquae frigidae*). Ou ainda, tinha razão e resultava vitorioso o litigante que tocasse um cadáver sem o fazer sangrar; ou o litigante que engasgasse ou mantivesse a garganta sem migalhas ou que digerisse determinada porção de pão ou queijo, após um rogo ao divino para obstruir-lhe as vias acaso houvesse jurado injustamente - modalidade esta utilizada principalmente para os clérigos; ou o litigante que suportasse mais tempo com os braços estendidos (*judicium crucis*); ou o litigante que vencesse ou cujo campeão vencesse um duelo de espadas, paus, lanças ou outras armas". BRASILEIRO, Ricardo Massara. Direito e processo germânicos. Da justiça tribal ao encontro civilizacional romano. *Revista de Processo*. São Paulo: Revista dos Tribunais, nº 286, dez./2018, p. 552-553.
22. Sobre o tema, ver BERMAN, Harold J. *Direito e revolução*: a formação da tradição jurídica ocidental. Trad. Eduardo Takemi Kataoka. São Leopoldo: Unisinos, 2006, p. 74; KEMMERICH, Clóvis Juarez. *O direito processual na Idade Média*. Porto Alegre: Sergio Antonio Fabris, 2006, p. 64-67; ASSIER-ANDRIEU, Louis. *O direito nas sociedades humanas*. Trad. Maria Ermantina Galvão. São Paulo: Martins Fontes, 2000, p. 168-169.

Com o tempo, o "sancionamento por meio do Talião, praticado pelas antigas civilizações, foi perdendo espaço para outras penalidades"[23], tais como as compensações econômicas e as penas restritivas de direitos.[24]

Já na Idade Média, período marcado pelo direito canônico, começaram a ser introduzidas as noções de privação de liberdade[25] como forma de punir os transgressores da doutrina da Igreja.

Apesar disso, a Inquisição e os Tribunais do Santo Ofício ainda admitiam que condenados fossem queimados vivos em praça pública.[26]

Os espetáculos punitivos perderam força nos séculos seguintes[27], em razão da maior preocupação com a humanização da pena[28] e com o uso da razão[29].

---

23. LIGERO, Gilberto Notário. *Sanções Processuais por Improbidade na Execução Civil.* Tese apresentada à Banca Examinadora da Pontifícia Universidade Católica de São Paulo, como exigência parcial para obtenção do título de Doutor em Direito. Pontifícia Universidade Católica de São Paulo, 2014, p. 21-24.
24. Para uma análise detalhada, ver ALVES, José Carlos Moreira. *Direito Romano.* 6. ed. rev. e acrescentada. Rio de Janeiro: Forense, 1987.
25. CALDEIRA, Felipe Machado. A evolução histórica, filosófica e teórica da pena. *Revista da EMERJ*, v. 12, n. 45, p.255-272, 2009.
26. CHIAVERINI, Tatiana. *Origem da pena de prisão.* Dissertação (Mestrado) – Filosofia do Direito, Pontifícia Universidade Católica de São Paulo, 2009, p. 31. A morte de Joana D'arc (queimada em uma fogueira após ser acusada de heresia e feitiçaria), no ano de 1431, é exemplo marcante desse período. Sobre a história da jovem francesa, ver DENIS, León. *Joana d'Arc.* Rio de Janeiro: FEB, 1971.
27. Embora remanescessem nas Ordenações Manuelinas, por exemplo, algumas punições cruéis, como "a pena de morte na fogueira, o confisco de bens e a infâmia sobre os filhos e descendentes dos condenados por homossexualismo". Sobre o ponto, ver BARROSO, Luís Roberto. *Sem data venia*: um olhar sobre o Brasil e o mundo. Rio de Janeiro: História Real, 2020, p. 170.
28. ANITUA, Gabriel Ignácio. *Histórias dos pensamentos criminológicos.* Rio de Janeiro: Revan, 2008, p. 70.
29. "O legado da modernidade, iniciado após o Renascimento, baseou-se no uso exclusivo da razão e do humanismo, tendo a política e o Direito se submetido à centralização da razão (...). Desta forma, a sanção foi substituta da ira de um Deus, de antepassados ou do arbítrio dos governos, e as leis positivas, que em tempos remotos eram aleatoriamente criadas, passaram a ser racional e criteriosamente elaboradas, integrantes de um sistema legítimo e calcado na noção de validade". ARANHA, Flora Augusta Varela. Direito e moral: o sentido e alcance das sanções premiais no atual estado democrático de direito. In: BEDIN, Gilmar Antonio; TEIXEIRA, João Paulo Allain (Coords.). *Teorias do Direito.* XXIV Encontro Nacional do Conpedi – UFS. Florianópolis: CONPEDI, 2015.

1.2.1 Dos grupos primitivos às sociedades organizadas: a importância da sanção jurídica como instrumento de direcionamento social

Há milhares de anos, os homens convivem com seus pares em agrupamentos sociais, com alguma organização social e política.[30]

Regras de conduta sempre foram importantes[31], pois, sem elas, instalar-se-ia a desordem[32], resultando em abusos e arbitrariedades.

Assim, o Direito[33] – considerado a disciplina da convivência[34] – tenta evitar que os homens se transformem em "lobos dos próximos"[35].

---

30. Para Norberto Bobbio, o direito nasce quando um grupo social passa de uma fase inorgânica para uma fase orgânica, da fase de grupo inorgânico ou não organizado para a fase de grupo organizado. No original: "*Ciò significa che il diritto nasce nel momento in cui un gruppo sociale passa da una fase inorganica ad una fase organica, dalla fase di gruppo inorganico o inorganizzato alla fase di gruppo organizzato*". BOBBIO, Norberto. *Teoria della Norma Giuridica.* Torino: G. Giappichelli, 1958, p. 12.
31. "As sociedades não se firmaram e se constituíram tão somente pelo poder ou por sua independência, mas a sua estabilidade e manutenção se devem e muito pela presença de mecanismos de controle social. Entre estes, devemos citar o Direito – *um instrumento utilizado pelos povos para a busca de uma ação conjunta ordenada*". LIGERO, Gilberto Notário. *Sanções Processuais por Improbidade na Execução Civil.* Tese apresentada à Banca Examinadora da Pontifícia Universidade Católica de São Paulo, como exigência parcial para obtenção do título de Doutor em Direito. Pontifícia Universidade Católica de São Paulo, 2014, p. 17-18. Vide também TOTA, Antônio Pedro; ASSIS, Bastos Pedro Ivo de. *História geral.* São Paulo: Nova Cultural, 1993. No mesmo sentido ROCHA, Fellipe Borring. *Princípio da Jurisdição Equivalente*: em busca do equilíbrio entre a colegialidade e o julgamento monocrático do mérito dos recursos nos tribunais brasileiros. Salvador: Juspodivm, 2019, p. 31.
32. BARZOTTO, Luis Fernando. *Filosofia do direito*: os conceitos fundamentais e a tradição jusnaturalista. Porto Alegre: Livraria do Advogado Editora, 2010, p. 120-121; ROSSONI, Igor Bimkowski. *Recursos Extraordinários e Ação Rescisória por ofensa à norma jurídica.* Salvador: Juspodivm, 2019, p. 130.
33. Para um estudo sobre a relação entre Direito e Sociologia, ver SANTOS, Boaventura de Souza. Introdução à sociologia da Administração da Justiça. *Revista Crítica de Ciências Sociais*, nº 21, nov./1986. Para um exame dos aspectos filosóficos das penas e recompensas no comportamento humano, ver HOBBES; Thomas. O Leviatã. Trad. João Paulo Monteiro e Maria Beatriz Nizza da Silva. Disponível em http://www.dhnet.org.br/direitos/anthist/marcos/hdh_thomas_hobbes_leviatan.pdf. Acesso em: 24.09.2020. Vide também STRUCHINER, Noel; Chrismann, Pedro H. V. Aspectos filosóficos e psicológicos das punições: reunindo algumas peças do quebra cabeça. *Revista de Ciências Sociais do Centro de Estudos e Pesquisas em Humanidades da Universidade Federal da Bahia*, v. 25, nº 2, Salvador, 2012, p. 133-150. Disponível em https://portalseer.ufba.br/index.php/crh/article/view/19447. Acesso em: 17.09.2020.

De fato, normas são fundamentais não apenas para impedir o retorno à vida selvagem[36], mas também para viabilizar o desenvolvimento das sociedades[37], em busca da "convivência ordenada"[38] e da paz social.

Até porque, a escassez dos bens e a limitação dos recursos, bem como as diferentes necessidades dos seres humanos[39], contribuem, por si só, para os conflitos sociais.

---

34. TELLES JUNIOR, Goffredo. *A criação do direito.* 2. ed. São Paulo: Juarez de Oliveira, 2004, p. 476.
35. MASSON, Nathalia Ferreira. *O conceito de sanção na Teoria Analítica do Direito.* Dissertação apresentada ao Programa de Pós-Graduação em Direito da Pontifícia Universidade Católica do Rio de Janeiro como requisito parcial para obtenção do título de Mestre em Direito, 2007, p. 21.
36. VILELA, Daniela Rodrigues Machado. *O direito premial trabalhista como perspectiva para o futuro do trabalho.* Dissertação apresentada ao Programa de Pós-Graduação em Direito, da Faculdade de Direito, da UFMG como requisito parcial à obtenção do título de Mestre em Direito do Trabalho. Belo Horizonte, 2016, p. 78.
37. "Por tais razões, um dos elementos estruturais da segurança jurídica é a cognoscibilidade do Direito. Não é possível o exercício pleno da liberdade sem que as pessoas conheçam as normas jurídicas que regem as suas condutas e as respectivas consequências de seus atos". OLIVEIRA, Paulo Mendes de. *Regimentos Internos como fonte de normas processuais.* Salvador: Juspodivm, 2020, p. 69.
38. "Podemos, pois, dizer, sem maiores indagações, que o Direito corresponde à exigência essencial e inclinável de uma convivência ordenada, pois nenhuma sociedade poderia subsistir sem um mínimo de ordem, de direção e solidariedade. É a razão pela qual um grande jurista contemporâneo, Santi Romano, cansado de ver o Direito concebido apenas como regra ou comando, concebeu-o antes como 'realização de convivência ordenada'". REALE, Miguel. *Lições preliminares de direito.* 27. ed. São Paulo: Saraiva, 2010, p. 2. Em sentido semelhante: "A ordem jurídica tutela normativamente as situações que possibilitam uma convivência social pacífica. Vale dizer que a tutela dos direitos resulta garantida 'desde fora', em abstrato, por intermédio da previsão de normas de conduta". CASTRO, Cássio Benvenutti. *Ação Anulatória* - art. 966, § 4º, do CPC. Salvador: Juspodivm, 2019, p. 75.
39. "Todas as pessoas possuem necessidades, e estas constituem uma lei básica para os homens, que são muito diferentes entre si, razão pelas quais as necessidades não podem ser as mesmas, pois, ao variar os homens, variam também as necessidades. As necessidades mudam constantemente, porque os homens estão em constante evolução, por isso as necessidades são ilimitadas, isto é, as necessidades apresentam uma variação em intensidade, qualidade e quantidade, de indivíduo para indivíduo, e inclusive do mesmo indivíduo em ambientes e tempos diversos". RIBEIRO, Darci Guimarães. *Da Tutela jurisdicional às formas de tutela.* Porto Alegre: Livraria do Advogado, 2010, p. 24-25.

Vale registrar que, independentemente desse "arranjo geral"[40] capaz de moldar[41] comportamentos inerentes à vida social[42], a observância das normas não pode depender apenas da boa vontade dos indivíduos[43] ou de sua adesão espontânea.

Como assinala Miguel Reale[44], as normas jurídicas buscam a preservar o que há de essencial na convivência humana, razão pela qual "não podem ficar à mercê da simples boa vontade, da adesão espontânea dos obrigados. É necessário prever-se a possibilidade do seu cumprimento obrigatório".

Ou seja, embora as normas jurídicas devam ser cumpridas espontaneamente, o ordenamento[45] estabelece a possibilidade de seu cumprimento

---

40. ABREU, Rafael Sirangelo Belmonte de. *O processo civil entre o jurídico e o econômico*: o Caráter Institucional e Estratégico do Fenômeno Processual. Tese apresentada ao Programa de Pós-Graduação em Direito da Faculdade de Direito da Universidade Federal do Rio Grande do Sul como requisito parcial para obtenção do título de Doutor em Direito, 2018, p. 110. Versão comercial da tese (ABREU, Rafael Sirangelo de. *Incentivos processuais*: Economia Comportamental e nudges no processo civil. São Paulo: Revista dos Tribunais, 2020).
41. "*Law is a behavioral system. It seeks to shape human behavior to regulate, to incentivize, to nudge people to behave in some ways and not to behave in others*". ULEN, Thomas. The importance of Behavioral Law. In: ZAMIR, Eyal; TEICHMAN, Doron. *The Oxford Handbook of Behavioral Economics and the Law*. New York: Oxford University Press, 2014, p. 93.
42. "*The law provides the general framework within which social life takes place. It is a system for guiding behavior and for settling disputes which claims supreme authority to interfere with any kind of activity. It also regularly either supports or restricts the creation and practice of other norms in the society. By making these claims the law claims to provide the general framework for the conduct of all aspects of social life and sets itself up as the supreme guardian of society*". RAZ, Joseph. *The Authority of Law: Essays on Law and Morality*. Oxford: Oxford University Press, 1979, p. 120.
43. "Todo povo maduro e ordeiro obedece às leis, mas esta obediência não é uma atitude espontânea, é o resultado de um longo aprendizado, em que a sanção prepondera sobre a convicção". SILVA, Antônio Álvares da. *Competência penal trabalhista*. São Paulo: LTr, 2006, p. 19-20.
44. REALE, Miguel. *Lições preliminares de direito*. 27. ed. São Paulo: Saraiva, 2010, p. 71-75.
45. "O ordenamento jurídico, para regular as relações humanas, garantir e melhorar a vida em comunidade, estabelece normas de conduta. Dirige comandos e proibições para membros da sociedade. Determina, por meio de preceitos legais, que, em dadas circunstâncias, devem ser obrigatoriamente adotados certos comportamentos, ou que, em outras, é proibida a prática de determinados atos". WAMBIER, Luiz Rodrigues; TALAMINI, Eduardo. *Curso Avançado de Processo Civil*. v. 3. 16. ed. São Paulo: Revista dos Tribunais, 2017, p. 48.

forçado[46], reprimindo as condutas indesejadas[47]. Por outro lado, estimula a sua observância, premiando os comportamentos virtuosos.[48]

Note-se que, ainda que possam existir algumas normas desprovidas de sanção, não se concebe um "ordenamento jurídico sem sanção"[49], pois, caso contrário, não haveria previsibilidade e segurança jurídica.

---

46. "Toda vida comunitária desempenha atividades de coordenação e subordinação para satisfazer interesses comuns. Em princípio, agirão livres os indivíduos, tomando todas as iniciativas e escolhendo o comportamento que mais lhe agrade. Porém, em certos pontos ou aspectos da vida social, esta conduta não mais é livre, mas sim imposta exatamente para que sejam satisfeitos os interesses de todos". SILVA, Antônio Álvares da. A desjudicialização dos conflitos trabalhistas e o futuro da justiça do trabalho no Brasil. In: TEIXEIRA, Sálvio de Figueiredo (Coord.). *As garantias do cidadão na justiça.* São Paulo: Saraiva, 1993, p. 244.
47. "As leis estabelecem normas de conduta e quem às obedece vai paulatinamente firmando padrões de comportamento. Leis cumpridas vão mudando a mentalidade da população que começa a segui-las de forma espontânea. Quando a obediência da norma não se opera de forma espontânea, a sanção preponderará sobre a convicção. A sanção serve para garantir a eficácia das leis que existem no ordenamento jurídico". VILELA, Daniela Rodrigues Machado. *O direito premial trabalhista como perspectiva para o futuro do trabalho.* Dissertação apresentada ao Programa de Pós-Graduação em Direito, da Faculdade de Direito da Universidade Federal de Minas Gerais, como requisito parcial à obtenção do título de Mestre em Direito do Trabalho. Belo Horizonte, 2016, p. 81.
48. "(...) deve-se compreender as sanções positivas como aquelas consequências agradáveis ou aquele bem que o Direito promete a quem se acomoda a certos esquemas de comportamento". BENEVIDES FILHO, Maurício. A *Sanção Premial no Direito.* Brasília: Brasília Jurídica, 1999, p. 93. De acordo com Luiz Rodrigues Wambier e Eduardo Talamini, as sanções jurídicas podem englobar a) a concessão de benefício ou vantagem (sanção positiva ou premial); b) a imposição de uma desvantagem (sanção negativa ou punitiva); e c) a obtenção de resultado igual ou equivalente (sanção restituitória). WAMBIER, Luiz Rodrigues; TALAMINI, Eduardo. *Curso Avançado de Processo Civil.* v. 3. 16. ed. São Paulo: Revista dos Tribunais, 2017, p. 48-49. Na visão dos doutrinadores, "todos esses mecanismos instituídos no ordenamento para assegurar a concreta observância das normas de conduta – e que eventualmente incidem cumulativamente – podem ser incluídos em uma noção bastante ampla de sanção jurídica".
49. ALOISIO, Anderson Bellini. *Epistemologia das sanções processuais:* uma análise com enfoque nas *astreintes* e seu impacto na concretização de direitos. Dissertação apresentada como requisito parcial para a obtenção do título de Mestre em Direito pelo Programa de Pós-Graduação em Direito da Universidade do Vale do Rio dos Sinos – UNISINOS, São Leopoldo, 2015, p. 17. No mesmo sentido: "Nenhuma sociedade regulada pelo Direito jamais abriu mão de sanções para levar os indivíduos à conduta desejada pela norma". SILVA, Antônio Álvares da. *Cinco estudos de direito do trabalho.* São Paulo: LTr, 2009, p. 16.

A propósito, Teresa Arruda Alvim[50] assinala que "uma das mais relevantes funções do direito é a de, justamente, gerar previsibilidade", sobretudo no sentido de calculabilidade e cognoscibilidade.

Com efeito, o comportamento das pessoas é moldado pela expectativa de incidência normativa futura, sendo certo que "a confiabilidade das normas jurídicas, por permitirem prognoses seguras a respeito de sua aplicação prática, contribuem objetivamente para a segurança no desenvolvimento das relações intersubjetivas"[51].

1.3 SANÇÃO, COERÇÃO E COAÇÃO

Demonstrada a importância das sanções para o direcionamento social, vale distinguir sanção, coerção e coação, pois, apesar da correlação entre os termos, não há sinonímia entre eles.[52]

Como visto, a sanção – para fins deste trabalho – é a consequência positiva ou negativa prevista pelo ordenamento jurídico para aquele que cumpre ou descumpre uma norma.

Já a coerção é potência, uma espécie de "temor da pena"[53], que compreende algum tipo de pressão[54], para forçar a obediência da norma.[55]

---

50. ARRUDA ALVIM, Teresa. *Modulação na alteração da jurisprudência firme ou de precedentes vinculantes*. 2. ed. São Paulo: Thomson Reuters Brasil, 2021, p. 42. Em sentido semelhante: "A necessidade de previsibilidade, que se desdobra em confiança legítima por parte do cidadão em relação aos órgãos de administração da justiça e segurança jurídica, consistente no maior grau de certeza possível sobre o que é direito, permite aos cidadãos exercerem suas liberdades mediante tráfegos econômicos e sociais tutelados pelo direito". ANDREASSA JUNIOR, Gilberto. *Precedentes judiciais e colegialidade* – a reforma no procedimento deliberativo dos tribunais como pressuposto para uma efetiva aplicação dos institutos. Londrina: Thoth, 2021, p. 103.
51. CABRAL, Antonio do Passo. *Segurança jurídica e regras de transição nos processos judicial e administrativo* – introdução ao art. 23 da LINDB. Salvador: Juspodivm, 2020, p. 36.
52. Para um estudo aprofundado, ver RIBEIRO, Darci Guimarães. *La Pretensión Procesal Y La Tutela Judicial Efectiva*. Barcelona: J. M Bosch, 2004, p. 45-46.
53. MATA MACHADO, Edgar de Godói da. *Direito e coerção*. São Paulo: Unimarco, 1999, p. 230.
54. Para Adolfo Alvarado Velloso, a coerção é a "facultad de emplear la fuerza pública en el cumplimiento de las medidas ordenadas dentro del proceso, al fin de hacer posible su desenvolvimiento. Se ejerce sobre personas y cosas". ALVARADO VELLOSO, Adolfo. *Introducción al Estudio del Derecho Procesal*. Santa Fé: Rubinzal Culzoni, 1997, p. 136.
55. Como explica Luiz Guilherme Marinoni, quando algumas medidas coercitivas (utilizadas para pressionar o obrigado) não atingem o efeito desejado, convertem-se automaticamente "em desvantagem patrimonial que recai sobre o inadimplente". O

Como destaca Eduardo Talamini[56], a medida de coerção deve "impor ao réu um sacrifício, sob certo aspecto, maior do que o que ele sofreria com o cumprimento do dever que lhe cabe".

Afirma-se, ainda, que a coerção é a possibilidade jurídica da coação[57], isto é, a "substituição da virtude no comportamento humano pela conduta obrigatória mediante meios cogentes"[58], em situações de desatendimento da norma.

---

doutrinador cita o exemplo da multa (astreinte), que pode "transformar-se em mera sanção pecuniária, que deve ser suportada pelo demandado, mas aí sem qualquer caráter de garantia de efetividade da ordem do juiz". MARINONI, Luiz Guilherme. *Tutela contra o ilícito*: inibitória e de remoção – art. 497, parágrafo único, CPC/2015. São Paulo: Revista dos Tribunais, 2015, p. 239. Em sentido semelhante GAJARDONI, Fernando da Fonseca. Comentários ao art. 537. In: GAJARDONI, Fernando da Fonseca; DELLORE, Luiz; ROQUE, Andre Vasconcelos; OLIVEIRA JR., Zulmar de. *Processo de conhecimento e cumprimento de sentença*: comentários ao CPC de 2015. São Paulo: Método, 2016, p. 840.

56. TALAMINI, Eduardo. Poder geral de adoção de medidas executivas e sua incidência nas diferentes modalidades de execução. In: DIDIER JR., Fredie (Coord. geral); TALAMINI, Eduardo; MINAMI, Marcos (Coords.). *Medidas Executivas Atípicas* – Coleção Grandes temas do Novo CPC. Salvador: Juspodivm, 2018, p. 31. Cabe registrar que a coerção não está apenas ligada à atuação estatal. Na esfera arbitral, por exemplo, existem medidas para constranger o devedor a cumprir a obrigação. Alguns regimentos internos de instituições arbitrais estabelecem que, se o devedor não cumprir a obrigação fixada na sentença arbitral, a instituição arbitral, a pedido da parte, poderá reportar a situação a outras instituições arbitrais, câmaras de comércio, entre outros, no brasil e exterior. Na prática, a possibilidade de o devedor ter o seu nome e sua reputação arranhados no mercado funciona como instrumento de pressão. Vide, a propósito, o art. 11.2 do Regulamento de Arbitragem do Centro de Mediação e Arbitragem da Câmara de Comércio Brasil-Canadá (CAM-CCBC): "Na hipótese de descumprimento da sentença arbitral a parte prejudicada poderá comunicar ao CAM-CCBC, para que divulgue a outras instituições arbitrais e às câmaras de comércio ou entidades análogas no país ou no exterior". Disponível em Regulamento 2012 - Centro de Arbitragem e Mediação Brasil-Canadá (ccbc.org.br). Acesso em: 24.03.2021.

57. "Coercibilidade é uma expressão técnica que serve para mostrar a plena compatibilidade que existe entre o Direito e a força. (...) Pela palavra coercibilidade entendemos a possibilidade lógica da interferência da força no cumprimento de uma regra de direito". REALE, Miguel. *Lições preliminares de direito*. 27. ed. São Paulo: Saraiva, 2010, p. 44-47 e 69.

58. SILVA, Antônio Álvares da. *Na vanguarda do direito do trabalho*. Belo Horizonte: RTM, 2012, p. 79.

De fato, a coação[59] é a concretização da potência[60], capaz de modificar, forçadamente[61], uma situação de fato.

Para Hans Kelsen[62], a coação é da essência do Direito. Para outros juristas, porém, a norma jurídica é anterior e independe de qualquer tipo de coação[63], uma vez que, "mesmo em relação às sanções punitivas, por vezes bastará a mera ameaça, ou o uso potencial da força e não a sua efetiva concretização"[64].

Na verdade, a coação não é ínsita à norma, podendo eventualmente incidir diante de condutas antinormativas.

Nesse particular, Maurício Benevides Filho[65] questiona a definição de Direito como ordem coativa, apontando "a existência de normas que não trazem em si sanções, como, por exemplo, as normas autorizativas", pensamento que é reforçado por Goffredo Telles Junior[66] ("se a norma jurídica

---

59. Não iremos analisar o instituto da coação enquanto vício de consentimento (arts. 151 a 155 do Código Civil), pois fugiria ao objetivo desta obra.

60. BENEVIDES, Filho. O que é sanção? *Revista da Faculdade de Direito,* Fortaleza, v. 34, n. 1, p. 355-373, jan./jun. 2013. Disponível em http://repositorio.ufc.br/bitstream/riufc/11850/1/2013_art_mbenevidesfilho.pdf. Acesso em: 30.07.2019.

61. REALE, Miguel. *Filosofia do Direito*. 20. ed. São Paulo; Saraiva, 2002, p. 67. No mesmo sentido: "Cuando un juez dicta sentencia, condenando a una persona a que pague lo que debe, aplica una sanción; pero si el demandado no cumple voluntariamente con el fallo, tiene el actor derecho a pedir que la sanción se imponga por la fuerza." GARCÍA MÁYNEZ, Eduardo. *Introducción al estudio del derecho*. Cidade do México: Porrua, 2002, p. 298.

62. KELSEN, Hans. *Teoria pura do direito.* Trad. João Baptista Machado. 6. ed. São Paulo: Martins Fontes, 1999.

63. "Para eliminar a validade das teses coativistas e demonstrar que a coação é um elemento eventual do Direito, basta apontar-se o seguinte silogismo: A coação só ocorre quando a norma jurídica é desatendida. Ora, o desatendimento ao preceito normativo pressupõe sua existência. Logo, a norma jurídica existe anterior e independentemente à coação, que, como tal, não lhe é essencial". MELO FILHO, Álvaro. *Teoria e Prática dos Incentivos Fiscais*. Rio de Janeiro: Eldorado, Rio de Janeiro, 1976, p. 108-109.

64. LOUREIRO FILHO, Lair da Silva. *Introdução ao direito*. Belo Horizonte: Del Rey, 2009, p. 131.

65. BENEVIDES FILHO, Maurício. O que é Sanção? *Revista da Faculdade de Direito,* Fortaleza, v. 34, n. 1, p. 355-373, jan./jun. 2013. Disponível em http://repositorio.ufc.br/bitstream/riufc/11850/1/2013_art_mbenevidesfilho.pdf. Acesso em: 30.07.2019.

66. TELLES JÚNIOR, Goffredo. *Iniciação na ciência do direito*. 4. ed. São Paulo: Saraiva, 2008, p. 91.

for definida por meio da coação, seria natural perguntar em que consiste a norma jurídica antes da violação dela") e Victor Cathrein[67].

Em arremate, Miguel Reale[68] pondera que o uso da força é um elemento virtual, que pode existir ou não, e que o Direito não perde a sua essência mesmo quando há interferência da força, o que está em linha com a percepção de Norberto Bobbio.

Na visão do filósofo político e jurista italiano[69], tratar a coação como garantia do cumprimento da sanção não impede que se classifique a sanção positiva como espécie de sanção. Isso porque, as sanções positivas, em suas palavras, conferem ao destinatário do prêmio uma pretensão ao seu recebimento, também protegida pelo uso da força organizada dos poderes públicos.

1.4 SANÇÃO JURÍDICA NA VISÃO DE HANS KELSEN: O DIREITO COMO ORDEM COATIVA

Neste tópico será feito um recorte da teoria de Hans Kelsen especificamente sobre a relação entre sanção[70] e Direito, já que, além da consistência

67. "Assim como é impossível conceber a coação como elemento essencial da lei jurídica, depreende-se que mesmo a coação há de ser regulada pela lei. A coação acompanhada da lei não pode converter-se em uma arbitrariedade e em violência. Só pode permitir-se e suportar-se a coação numa sociedade ordenada, quando vá dirigida pela lei. Agora repare, estas leis que têm por objeto a coação e a regulam, compreendem também a coação como elemento essencial? E indaga-se: que lei regula a coação? E assim, ou se fica adstrito a um círculo, ou há de se chegar à conclusão de que uma lei jurídica não encerra a coação como elemento essencial, apenas a autoriza e condiciona". CATHREIN, Victor. *Filosofia del Derecho*. Madrid: Instituto Editorial Reus, 1945, p. 86.

68. REALE, Miguel. *Filosofia do Direito*. 20. ed. São Paulo; Saraiva, 2002, p. 575.

69. No original: "*Mentre la riduzione pura e semplice della sanzione giuridica a coazione impedisce di annoverare tra le sanzioni giuridiche le sanzioni positive, la considerazione della coazione come garanzia dell'adempimento della sanzione permette di considerare sanzioni giuridiche anche sanzioni positive: sono giuridiche, secondo questa interpretazione del rapporto tra sanzione e coazione, quelle sanzioni positive che creano nel destinatario del premio una pretesa, protetta anche mediante il ricorso alla forza organizzata dei pubblici poteri, all'adempimento*". BOBBIO, Norberto. *Dalla struttura alla funzione – Nuovi studi di teoria del diritto*. Milano: Edizioni di Comunità, 1977, p. 38-39.

70. KELSEN, Hans. *Problemas escogidos de la teoría pura del derecho*. Buenos Aires: G. Kraft, 1952; KELSEN, Hans. *Introducción a la teoría pura del derecho*. México: UNAM, 1960.

teórica de suas sistematizações, as ideias do jusfilósofo influenciaram muitos juristas e filósofos ao longo do tempo.[71]

Não será analisada a estrutura lógica das normas kelsenianas (incluindo as fórmulas das normas primárias, normas secundárias etc.[72]), tampouco as particularidades do respectivo estatuto epistemológico. Também não será feito um estudo aprofundado de sua Teoria Pura do Direito.

No entendimento de Hans Kelsen[73], a sanção é nota marcante do Direito, sendo este uma ordem coativa, que serve para regulamentar o emprego da força nas relações entre os homens.

Em sua compreensão, a pena deveria ser aplicada "contra a vontade do atingido e, em caso de resistência, através do recurso à força física"[74].

---

71. Sua teoria é considerada o "meridiano de Greenwich" da ciência jurídica do século passado. LOSANO, Mario Giuseppe. Hans Kelsen: uma biografia cultural mínima. Derechos Y Libertades. *Revista del Instituto Bartolomé de las Casas*, nº 14, 2006, p. 113-127. Disponível em https://e-archivo.uc3m.es/bitstream/handle/10016/3778/DyL-2006-14-Losano.pdf?sequence=1&isAllowed=y. Acesso em: 20.02.2020.

72. "Para Kelsen, toda norma jurídica seja ela de qualquer natureza contém não apenas a imposição da conduta em si (ordem jurídica positiva), mas igualmente uma sanção para a hipótese de descumprimento (ordem moral positiva) e também pelo seu cumprimento. Essas normas compõem uma unidade, uma coesão. Uma dependente da outra. Uma completando a outra. A essas normas (ordem jurídica positiva e ordem moral positiva), Hans Kelsen as denomina de normas jurídicas primárias e normas jurídicas secundárias. (...) Para Kelsen o direito e Estado se confundem. Direito é um conjunto de normas, uma ordem coativa. As normas, pela sua estrutura, estabelecem sanções. Quando uma norma prescreve uma sanção a um comportamento, este comportamento será considerado um delito. O seu oposto, o comportamento que evita a sanção, será um dever jurídico. (...) A sanção, assim, é a segurança jurídica dessa concretização, prevista na norma como um dever ser resultante da não prestação". BARBOSA, José Olindo Gil. A norma em Kelsen – a sanção como fundamento da norma. Disponível em https://jus.com.br/artigos/44659/a-norma-em-kelsen. Acesso em: 18.01.2020.

73. "Uma outra característica comum às ordens sociais a que chamamos Direito é que elas são ordens coativas, no sentido de que reagem contra as situações consideradas indesejáveis, por serem socialmente perniciosas – particularmente contra condutas humanas indesejáveis – com um ato de coação, isto é, com um mal -- como a privação da vida, da saúde, da liberdade, de bens econômicos e outros – , um mal que é aplicado ao destinatário mesmo contra sua vontade, se necessário empregando até a força física – coativamente, portanto". KELSEN, Hans. *Teoria pura do direito.* Trad. João Baptista Machado. 6. ed. São Paulo: Martins Fontes, 1999, p. 35.

74. KELSEN, Hans. *Teoria pura do direito.* Trad. João Baptista Machado. 6. ed. São Paulo: Martins Fontes, 1999, p. 28 e 36. Mas Kelsen ressalva que "isto não significa, porém, que em todos os casos da sua efetivação se tenha de empregar a coação física. Tal apenas terá de suceder quando essa efetivação encontre resistência, o que não é normalmente o caso".

Na prática, a sanção representaria o resultado de uma conduta antijurídica, não havendo, assim, espaço para os prêmios e as recompensas (embora ambos fossem compreendidos no conceito de sanção[75]), por não serem compatíveis com o uso da coação[76].

Como explica Maurício Benevides Filho[77], para Hans Kelsen não é por determinada atitude ser considerada "ruim ou maléfica (qualidade imanente) que se lhe atribui uma sanção. Ao revés, uma ação ou omissão é considerada antijurídica somente por ter-lhe vinculada uma sanção como resultado".

Ou seja, na teoria kelseniana, a norma merecerá adjetivação de jurídica quando, na "hipótese de inobservância da conduta nela estabelecida como devida"[78], estiver estatuída uma sanção.

---

75. "Conforme o modo pelo qual as ações humanas são prescritas ou proibidas, podem distinguir-se diferentes tipos – tipos ideais, não tipos médios. A ordem social pode prescrever uma determinada conduta humana sem ligar à observância ou não observância deste imperativo quaisquer consequências. Também pode, porém, estatuir uma determinada conduta humana e, simultaneamente, ligar a esta conduta a concessão de uma vantagem, de um prêmio, ou ligar à conduta oposta uma desvantagem, uma pena (no sentido mais amplo da palavra). O princípio que conduz a reagir a uma determinada conduta com um prêmio ou uma pena é o princípio retributivo (*Vergeltung*). O prêmio e o castigo podem compreender-se no conceito de sanção. No entanto, usualmente, designa-se por sanção somente a pena, isto é, um mal – a privação de certos bens como a vida, a saúde, a liberdade, a honra, valores econômicos – a aplicar como consequência de uma determinada conduta, mas já não o prêmio ou a recompensa". KELSEN, Hans. *Teoria pura do direito.* Trad. João Baptista Machado. 6. ed. São Paulo: Martins Fontes, 1999, p. 26.
76. "As modernas ordens jurídicas também contêm, por vezes, normas através das quais são previstas recompensas para determinados serviços, como títulos e condecorações. Estas, porém, não constituem característica comum a todas as ordens sociais a que chamamos Direito nem nota distintiva da função essencial destas ordens sociais. Desempenham apenas um papel inteiramente subalterno dentro destes sistemas que funcionam como ordens de coação". KELSEN, Hans. *Teoria pura do direito.* Trad. João Baptista Machado. 6. ed. São Paulo: Martins Fontes, 1999, p. 36-37. No mesmo sentido LIGERO, Gilberto Notário. *Sanções Processuais por Improbidade na Execução Civil.* Tese apresentada à Banca Examinadora da Pontifícia Universidade Católica de São Paulo, como exigência parcial para obtenção do título de Doutor em Direito. Pontifícia Universidade Católica de São Paulo, 2014, p. 33-38.
77. BENEVIDES FILHO, Maurício. O que é sanção? *Revista da Faculdade de Direito*, Fortaleza, v. 34, n. 1, p. 355-373, jan./jun. 2013 Disponível em http://repositorio.ufc.br/bitstream/riufc/11850/1/2013_art_mbenevidesfilho.pdf. Acesso em: 30.07.2019.
78. NOGUEIRA, Pedro Henrique. *Negócios jurídicos processuais*. 3. ed. rev., atual. e ampl. Salvador: Juspodivm, 2018, p. 147-148.

Desse modo, o dever jurídico seria a "obrigação de conduzir-se de maneira contrária à norma que prevê a sanção, evitando sua aplicação"[79].

1.5 SANÇÃO JURÍDICA NA VISÃO DE NORBERTO BOBBIO: A FUNÇÃO PROMOCIONAL DO DIREITO

Muito antes de Norberto Bobbio[80], outros juristas e filósofos já haviam percebido a importância dos prêmios e das recompensas[81].

---

79. BENEVIDES FILHO, Mauricio. O que é sanção? *Revista da Faculdade de Direito*, Fortaleza, v. 34, n. 1, p. 355-373, jan./jun. 2013 Disponível em http://repositorio.ufc.br/bitstream/riufc/11850/1/2013_art_mbenevidesfilho.pdf. Acesso em: 30.07.2019.
80. Da Bíblia, por exemplo, é possível extrair algumas passagens que demonstram como os prêmios eram usados para estimular comportamentos. Saul, primeiro rei de Israel, para incentivar o recrutamento de voluntários para lutar contra o gigante Golias, teria prometido uma série de recompensas àqueles que se oferecessem à missão: "Vedes – diziam eles –, esse homem que avança? Ele vem insultar Israel. Aquele que o matar, o rei o cumulará de favores, lhe dará sua filha e isentará de impostos em Israel a casa de seu pai". Samuel 17, versículo 25. Disponível em https://www.bibliacatolica.com.br/biblia-ave-maria/i-samuel/17/. Acesso em: 26.01.2020. Registre-se, ainda, o Decreto de Demophantos contra a tirania no período da Grécia antiga (410 a.c.), prevendo que aquele que matasse um tirano subversivo à democracia de Atenas seria considerado puro aos olhos dos deuses e receberia metade do valor decorrente da venda dos bens do morto. O trecho original pode ser encontrado na obra de Arnaoutoglou, Ilias. *Ancient Greek Laws*. London: Routledge, 1998, p. 71: "'*I will kill by word and deed and vote and my own hand, if it is in my power, anyone who overthrows the democracy in Athens, who holds any public office while democracy is abolished, who attempts to become a tyrant or helps to establish one. And if someone else kills such a person, I will consider him to be pure in the eyes of gods and deities, because he has killed an enemy of the Athenians, and I will sell all the property of the killed and give half of it to his killer, without depriving him of anything; and if anyone dies when killing or attempting to kill such a person, I will treat him and his children in the same way as Harmodios and Aristogeiton and their descendants*'". Vale mencionar também a *Lex Iulia et Papia*, do Imperador Augusto (27 a.C. até 14 d.C), que, para estimular o aumento de natalidade, estabelecia que "uma mulher casada e nascida livre que desse à luz três filhos ou mais tinha o direito ao *ius liberorum*, isto é, estaria liberta da tutela marital ou paternal. O mesmo poderia ocorrer com uma liberta, porém o número de filhos necessário girava em torno de quatro ou mais (*Dig*, XXXVIII, I, 37)". COELHO, Ana Lucia Santos. Metamorfose: o programa augustano de reforma moral. *Revista Labirinto*, Porto Velho-RO, ano XV, v. 22, p. 184, 2015.
81. Aristóteles, por exemplo, destacava a necessidade de premiação das condutas boas e de punição dos malfeitores: "Disto são válidos testemunhos, já os indivíduos em particular, já os próprios legisladores, os quais castigam e punem aqueles que cometem ações perversas, quando as não tenham feito à força ou por ignorância, de que sejam eles as causas: e honram, ao contrário, quem executa os belos empreendimentos como

A temática, porém, era tratada essencialmente sob o prisma da Moral ou da esfera econômico-social, e não necessariamente sob a ótica do Direito. Desse modo, os prêmios não funcionavam, a rigor, como instrumentos para estimular o indivíduo a adotar determinado comportamento desejado pelo Estado.

Nesse ponto, cabe um breve recuo histórico para examinar alguns desses pensamentos que, de algum modo, influenciaram Norberto Bobbio e o desenvolvimento da ideia de função promocional do Direito.

1.5.1 Influências

Na obra de Niccolò di Bernardo dei Machiavelli[82], as ameaças e o terror eram os instrumentos do príncipe para fazer o povo obedecê-lo, mas o filósofo e historiador também reconhecia a necessidade de o soberano premiar os feitos extraordinários.

---

para incitar a estes e refrear aqueles". Aristóteles. *A Ética de Nicômaco*. Trad. Cássio M. Fonseca. São Paulo: Atena, 1940, p. 71.

82. "(...) quando alguém tenha realizado qualquer coisa de extraordinário, de bem ou de mal na vida civil, para premiá-lo ou puni-lo, o príncipe deve agir de modo tal que se dê margem a largos comentários." MAQUIAVEL, Nicolau. *O Príncipe*. Trad. Lívio Xavier. 33. ed. Rio de Janeiro: Nova Fronteira, 2019, capítulo XXI. Em obra dedicada a Maquiavel, Francesco Guicciardini assinalou: "*È adunche ognuno naturalmente inclinato al bene; ma perché la natura nostra è fragile, e nel vivere umano si riscontra a ogni passo nelle occasioni che possono divertire dal bene, come è la voluttá, la ambizione, la avarizia, e' savi, prevedendo questo pericolo, dove hanno potuto tôrre agli uomini la facoltá del fare male, l'hanno fatto; e dove non si è potuto fare assolutamente, perché non si può fare sempre, anzi rare volte, aggiungono altro rimedio, cioè allettare gli uomini al bene co' premi, e spaventargli dal fare male con le pene*". GUICCIARDINI, Francesco. *Quali accidenti facessono creare in Roma i tribuni della plebe, il che fece la republica piú perfetta*. In: *Considerazioni intorno ai Discorsi del Machiavelli sopra la prima Deca di Tito Livio*. Libro primo, Capitolo III, 1529, p. 13. Disponível em https://it.wikisource.org/wiki/Considerazioni_intorno_ai_Discorsi_del_Machiavelli_sopra_la_prima_Deca_di_Tito_Livio/Libro_primo/Capitolo_III. Acesso em: 02.08.2019. Tradução livre: "Assim, toda pessoa é naturalmente inclinada para o bem; mas como nossa natureza é frágil, e no decorrer da vida humana a cada passo encontram-se ocasiões que podem nos afastar do bem, como a volúpia, a ambição, a avareza, e os sábios, prevendo esses perigos, de onde puderam tirar dos homens a faculdade de fazer o mal, o fizeram; e de onde absolutamente não se pôde fazê-lo, pois nem sempre pode-se fazer, aliás, são poucas as vezes em que se pode, acrescentaram um outro remédio, *ou seja atrair os homens para o bem com os prêmios*, e assusta-los para o mal com as penas".

Já para o teórico-político e jurista francês Jean Bodin[83], a recompensa era estranha ao âmbito do Direito, sendo reservada apenas à vontade dos príncipes. Esse dado histórico ajuda a explicar por que juristas e magistrados sempre se preocuparam mais com as punições do que com as recompensas,[84] e, de certo modo, também contribui para justificar a deturpação do conceito de sanção, que, por muito tempo, somente foi associada à ideia de punição.[85]

---

83. "Os príncipes criaram o costume de deixar as penas aos magistrados e reservar a eles as recompensas para ganhar a gratidão dos sujeitos e fugir de sua malevolência: essa é, de fato, a causa porque os juristas e magistrados tratam amplamente das penas e se ocupam tão pouco das recompensas". BODIN, Jean. *Le six livres de la République*. Paris: Fayard, 1968, p. 97-98 (tradução livre).

84. Juan Lambias Azevedo questiona também a falta de sistematização dos prêmios em um código, assim como ocorre com as penas. De acordo com o doutrinador, a história do Direito positivo mostra exemplos de prêmios: o ramo da oliva (Grécia), o elogio e o galardão (Espanha Medieval), o acréscimo e o aumento de soldos, a condecoração, as pensões graciosas, os privilégios econômicos e as isenções. LAMBIAS DE AZEVEDO, Juan. *Eidética y aporética del Derecho. Prolegómenos a la Filosofía del Derecho*. Buenos Aires: Galpe, 1940, p. 48.

85. Há quem atribua a Kelsen o protagonismo pela deturpação do conceito de sanção, pois embora reconhecesse a possibilidade de concessão de prêmios e recompensas, não enxergava a utilidade e a potencialidade das sanções positivas, mas apenas das negativas. Nesse particular, Álvaro Melo Filho assinala que "a ênfase atribuída por Kelsen ao ilícito e à aplicação do ato coativo obteve larga adesão e resultou, com o passar do tempo, em uma deturpação do conceito de sanção, que, na concepção comum, configura-se como a promessa de um mal, pois a grande maioria identifica sanção e pena, talvez pela projeção que o Direito Penal desfruta no plano social, porquanto as consequências atingem os principais bens de que são possuidores o ser humano, tais como a vida, a saúde, propriedade e liberdade". MELO FILHO, Álvaro. Reabordagem da estrutura da norma jurídica em face da sanção premial. *Revista Forense*, abr./maio/jun./1980. Por sua vez, Maurício Benevides Filho destaca que a ideia de que o Direito é um ordenamento coativo se deve "historicamente a administração da justiça sempre ter-se preocupado prioritariamente com a mantença da ordem coexistencial, renegando a indução a comportamentos positivos a um segundo plano. Este vetusto conceito de sanção, tal como é empregado largamente na linguagem jurídica atual, é herança da tradicional corrente positivista inaugurada por John Austin, que impinge ao Direito, a partir de uma perspectiva funcional, a tarefa de assegurar determinados interesses através da proteção de condutas adotadas em conformidade com as normas marchetadas e com a repressão dos comportamentos desviantes, considerando exclusivamente a dimensão

Por sua vez, Armand du Plessis Richelieu[86] assinalava que as recompensas, ao lado das penas, eram instrumentos fundamentais para se conduzir um reino. Porém, destacava que, se tivesse que escolher entre as penas e as recompensas, optaria pelas primeiras, uma vez que os homens esquecessem mais facilmente os benefícios recebidos do que os castigos que lhe são imputados.

De acordo com Maurício Benevides Filho[87], a primeira vez em que o termo *sanction* foi utilizado para referir-se à recompensa foi na obra de Richard Cumberland[88] (*remuneratory sanction*). Porém, o teólogo e filósofo inglês não teria se dedicado ao estudo da natureza jurídica da recompensa.

No século XVIII, alguns filósofos externaram a importância de os governos valorizarem as recompensas, entre eles Charles-Louis de Secondat (mais conhecido como Montesquieu)[89] e Jean-Jacques Rousseau[90].

Cesare Beccaria[91], em sua obra "Dos Delitos e das Penas", registrou a relevância de se recompensar a virtude. Da mesma forma, Immanuel Kant[92]

---

negativa da norma". BENEVIDES FILHO, Maurício. O que é sanção? *Revista da Faculdade de Direito,* Fortaleza, v. 34, n. 1, p. 355-373, jan./jun. 2013, p. 367. Disponível em http://repositorio.ufc.br/bitstream/riufc/11850/1/2013_art_mbenevidesfilho.pdf. Acesso em: 30.07.2019.

86. RICHELIEU, Armand du Plessis. *Testamento Político e massime di Stato*. Milão: Giuffrè, 1988, p. 293-294.

87. BENEVIDES FILHO, Mauricio. *A sanção premial no direito*. Brasília: Brasília Jurídica, 1999, p. 18.

88. CUMBERLAND, Richard. *De legibus naturae disquisitio philosophica*. Londres, 1671.

89. MONTESQUIEU. *Considerações sobre as causas da grandeza dos romanos e sua decadência*. Trad. Pedro Vieira Mota. São Paulo: Saraiva, 1997, p. 107-108.

90. ROUSSEAU, Jean-Jacques. *Considérations sur e gouvernement de Pologne et sur as réformation projetée en avril 1772*. Paris: Garnier Frères, 1975, p. 351-352.

91. "Sobre isso, observo um silêncio universal nas leis de todas as nações de hoje (...) Se os prêmios ofertados pelas academias aos que fazem descobertas úteis aumentaram os conhecimentos e os números de bons livros, por que as recompensas oferecidas por um soberano benfeitor não alargariam as ações virtuosas? A moeda da honra, distribuída sapientemente, nunca se esgota e produz sempre bons frutos". BECCARIA, Cesare. *Dos delitos e das penas*. Trad. Torrieri Guimarães. 11. ed. São Paulo: Hemus, 1995, p. 92-97.

92. "*Es merito (meritum) lo que alguien hace de más conforme al deber en comparación con aquello a que la ley puede obligarle (...) el efecto jurídico de un delito es la pena (poena); el de un acto meritorio, la recompensa (praemium) (supuesto que ésta, prometida en la ley, fue la causa de la acción)*". KANT, Immanuel. *La metafísica de las costumbres*. 3. ed. Trad. Adela Cortina Orts e Jesús Conill Sancho. Madrid: Tecnos, 1999, p. 35.

chegou a preconizar a recompensa por um ato de mérito, pressupondo que aquela (prometida pela lei) tivesse sido a causa para a ação do agente.

Já no século XIX, destacam-se os trabalhos do italiano Melchiorre Gioia[93] e do jurista alemão Rudolf von Ihering[94]. Para este último – nas palavras de Norberto Bobbio[95] –, os prêmios e as recompensas estavam circunscritos "à esfera das relações do comércio privado, a qual compreende tanto as relações de troca quanto as relações associativas".

Afirma-se que "o pai do Direito Premial" foi Jeremy Bentham, filósofo, jurista e autor da obra Teoria das Penas e das Recompensas, já que seu "interesse na técnica premial não é sustentada unicamente nas vetustas premissas filosóficas ou sistemáticas, mas, antes de tudo, assenta-se na preocupação com o nascimento de um 'Estado Administrador'"[96].

Vale registrar que, na obra de Jeremy Bentham[97], a recompensa é considerada uma técnica motivacional de direcionamento do comportamento, à luz de um sistema complexo, no qual a Moral e Direito se interpenetram. Em sua visão, a ideia de recompensa/sanção pode existir em qualquer regulamento (jurídico, social ou moral).[98]

---

93. GIOIA, Melchiorre. *Del merito e delle ricompense*. Milão: Pitotta, 1818, p. 173.

94. IHERING, Rudolf von. *Lo scopo nel diritto*. Trad. Mario G. Losano. Torino: Einaudi, 1972 (obra publicada originalmente em 1877).

95. No original: "*Per quel che riguarda la società del suo tempo, Ihering, pur riconoscendo l'importanza della ricompensa, ne circoscrive l'efficacia alla sfera dei rapporti del commercio privato, comprendente tanto i rapporti di scambio quanto quelli associativi*". BOBBIO, Norberto. *Dalla struttura alla funzione – Nuovi studi di teoria del diritto*. Milano: Edizioni di Comunità, 1977, p. 21.

96. BENEVIDES FILHO, Maurício. *A sanção premial no direito*. Brasília: Brasília Jurídica, 1999, p. 56-57. Para o doutrinador, Jeremy Bentham teria sido o primeiro autor a sistematizar a técnica de indução a comportamentos.

97. BENTHAM, Jeremy. *Théorie des peines et des récompenses*. Trad. Etienne Dummont. Londres: B. Dulau, 1811.

98. "(...) para o autor [Bentham] as sanções positivas constituem parte de um ordenamento jurídico que já se encontra garantido pela existência e efetividade das sanções negativas, únicas aptas a impor o verdadeiro temor de que necessita o conjunto normativo para se fazer obedecer". MASSON, Nathalia Ferreira. *O conceito de sanção na Teoria Analítica do Direito*. Dissertação apresentada ao Programa de Pós-Graduação em Direito da Pontifícia Universidade Católica do Rio de Janeiro como requisito parcial para obtenção do título de Mestre em Direito, 2007, p. 40.

Nesse avanço pela história, cabe mencionar ainda a percepção de Michel Foucault[99] quanto à importância de um sistema "gratificação-punição" e citar o pensamento carneluttiano[100].

Por fim, antes de analisar efetivamente as contribuições de Norberto Bobbio, vale destacar dois trabalhos importantes.

O primeiro, de Angelo de Mattia[101], em que o autor italiano formulou uma sistematização teórica alçando as recompensas à categoria de sanção. Em sua percepção, o direito impõe ao indivíduo uma série de atos obrigatórios, devidos, podendo-se traçar uma linha divisória. Assim, se o indivíduo voluntariamente se mantiver abaixo dessa linha, praticará um ato ilícito e sofrerá uma sanção punitiva. Por outro lado, se voluntariamente permanecer acima, entrará no espaço dos atos meritórios e das sanções recompensáveis.

No referido trabalho, criticado pelo argentino Mario Alberto Copello[102], Angelo de Mattia propôs efetivamente uma classificação das sanções

---

99. "Este mecanismo de dois elementos permite um certo número de operações características da penalidade disciplinar. Em primeiro lugar, a qualificação dos comportamentos e dos desempenhos a partir de dois valores opostos do bem e do mal; em vez da simples separação do proibido, como é feito pela justiça penal, temos uma distribuição entre polo positivo e polo negativo; todo o comportamento cai no campo das boas e das más notas, dos bons e dos maus pontos. É possível, além disso, estabelecer uma quantificação e uma economia traduzida em números. FOUCAULT, Michel. *Vigiar e punir*: nascimento da prisão. Trad: Raquel Ramalhete. 31. ed. Petrópolis: Vozes, 2006, capítulo 11.

100. Para Carnelutti, as sanções positivas criam "*una situazione di convenienza econômica a non farlo*". CARNELUTTI, Francesco. *Teoria generale del diritto*. 3. ed. Roma: Foro Italiano, 1951, p. 28.

101. DE MATTIA, Angelo. Merito e ricompensa. *Rivista Internazionale di Filosofia del Diritto*, Milano, v. 17, n. 6, p. 615, 1937. No original: "*Si potrebbe dire figuratamente: il diritto impone all'individuo una serie di atti obbligatori, ed è la serie degli atti dovuti, i quali tracciano una linea mediana. Se l'individuo, volontariamente, si tiene al di sotto di questo limite, cade nell'atto illecito e va incontro alle sanzioni punitive; se, al contrario, si tiene volontariamente al di sopra, entra nella zona degli atti meritori, ai quali si accompagnano le sanzioni ricompensative*".

102. Mario Alberto Copello era discípulo de Carlos Cossio (fundador da Teoria Egológica – uma proposta jusfilosófica de compreensão do Direito, a partir da teoria de Hans Kelsen, de acordo com as ideias da fenomenologia crítica de Edmund Husserl e do existencialismo de Martin Heidegger) e defendia que haveria uma antítese lógica na conjunção sanção-prêmio. Na visão de Copello, em linhas gerais, a sanção seria a consequência decorrente da violação de um dever jurídico, enquanto a recompensa uma mera prestação prevista na norma. COPELLO, Mario Alberto. *La Sanción y el Premio en el Derecho*. Buenos Aires: Losada, 1945, p. 70. Vale registrar que, "à diferença de Kelsen, que atribuiu primariedade à norma sancionadora, Cossio apenas a concebeu como suporte (perinorma) à conduta desejada, de modo que o cerne da norma deve

recompensáveis (retenção, compensação e prêmio). Em relação à retenção, esta envolveria a superação da expectativa legal (por exemplo, *ius retentionis* do inquilino que faz benfeitorias); já a compensação ocorreria quando houvesse o cumprimento voluntário do preceito legal (um desconto no valor do imposto pago de uma única vez); e o prêmio estaria atrelado a uma qualidade excepcional do comportamento humano (condecorações militares, religiosas etc.).[103]

O segundo trabalho é de Carlo Gray[104], para quem as recompensas se justificam mais pela função moral (retribuir o bem com o bem) do que pela função social. Segundo Maurício Benevides Filho[105], tal pensamento marcou a "alvorada de um movimento científico, exsurgido na Itália na primeira metade do século, que findou por substituir a vetusta ótica utilitarística por uma visão retributivística, moral e econômica do Direito Premial".

1.5.2 O pensamento inovador de Norberto Bobbio

Há quem afirme que Norberto Bobbio é o "sucessor de Bentham na paternidade do direito premial, agora já no século XX"[106].

Em suas obras, Norberto Bobbio aponta a influência de alguns autores para o desenvolvimento do conceito de sanção positiva, entre eles justamente Jeremy Bentham, Rudolf von Ihering e Francesco Carnelutti.[107]

---

ser não a sanção, ou a força (em sua concepção), mas sim a conduta pretendida dentro da normalidade. A sanção que, para Kelsen, é o cerne do Direito, para Cossio, passa a ser mero suporte à endonorma, mas ambos ainda a concebem no sentido meramente coativo". VASCONCELOS, Arnaldo; ARAUJO, Guilherme Dourado Aragão Sá. Reflexões sobre a estrutura lógica-formal da norma jurídica ante a sanção premial. *Revista Pensar*, Fortaleza, v. 22, n. 1, jan./abr. 2017, p. 74.

103. RIBEIRO, Darci Guimarães. *Da Tutela jurisdicional às formas de tutela*. Porto Alegre: Livraria do Advogado, 2010, p. 57.

104. GRAY, Carlo. *Per un diritto premiale. Rivista Internazionale di filosofia del diritto*. 1959, I, p. 12.

105. BENEVIDES FILHO, Maurício. *A sanção premial no direito*. Brasília: Brasília Jurídica, 1999, p. 69-70.

106. TRENNEPOHL, Terence Dornelles. As normas jurídicas e a sanção premial como induzimento às condutas desejáveis. In: DIDIER JR., Fredie; EHRHARDT JR., Marcos (Coords.). *Revisitando a Teoria do Fato Jurídico* – homenagem a Marcos Bernardes de Mello. São Paulo: Saraiva, 2010, p. 613.

107. "Bobbio destaca, na bibliografia existente sobre o tema, algumas das possíveis inspirações para desenvolvimento de seu conceito forte de sanção positiva no ordenamento no jurídico. Dentre elas estão os estudos do economista E.A. Hayek, do sociólogo Parsons, do sociólogo J.P. Gibbs, de Felix Openheim e dos juristas Carnelutti e Rudolf Ihering.

De um modo geral, o filósofo político, historiador e jurista italiano critica a concepção kelseniana (a natureza coativa do Direito e a sanção como algo essencialmente negativo) e se volta para a análise da função do Direito nas sociedades, sem desconhecer, porém, a importância das sanções negativas[108] para proteger determinados interesses e reprimir atos desviantes.[109]

Bobbio também cita como autores que trataram da sanção positiva Jeremy Bentham e Melchiore Gioia. (...) Bobbio, ao tratar da sanção positiva, prefere o termo 'direção social' em vez de controle social ou controle de comportamentos. Isso porque a sanção positiva não consegue controlar efetivamente os comportamentos, mas sim direcionar por meio de um incentivo ou de um prêmio, que torna determinada ação interessante, mas não obrigatória". SALGADO, Gisele Mascarelli. *Sanção na Teoria do Direito de Norberto Bobbio*. Tese apresentada à Banca Examinadora da Pontifícia Universidade Católica de São Paulo, como exigência parcial para obtenção do título de Doutora em Filosofia do Direito. São Paulo, 2008, 275fls. Disponível em http://dominiopublico.mec.gov.br/download/teste/arqs/cp062574.pdf. Acesso em: 31.07.2019.

108. Para Norberto Bobbio, pode-se tanto desencorajar a fazer quanto encorajar a não fazer. Assim, podem ocorrer quatro diferentes situações: a) comandos reforçados por prêmios; b) comandos reforçados por castigos; c) proibições reforçadas por prêmios; d) proibições reforçadas por castigos. No original: "*In altre parole, si può scoraggiare dal fare così come si può incoraggiare a non fare. Quindi di fatto si possono dare quattro diverse situazioni: a) comandi rafforzati da premi; b) comandi rafforzati da castighi; c) divieti rafforzati da premi; d) divieti rafforzati da castighi*". BOBBIO, Norberto. *Dalla struttura alla funzione – Nuovi studi di teoria del diritto*. Milano: Edizioni di Comunità, 1977, p. 18.

109. Como explica Norberto Bobbio, o papel do direito na sociedade é normalmente considerado do ponto de vista da sua função predominante, que sempre foi aquela, mais passiva do que ativa, de proteger determinados interesses mediante a repressão dos atos desviantes. De acordo com o jurista, a técnica das sanções negativas é a mais adequada para desenvolver esta função, a qual é, ao mesmo tempo, protetora em relação aos atos conformes e repressiva em relação aos atos desviantes. Contudo, a partir do momento em que, devido às exigências do Estado assistencial contemporâneo, o direito não mais se limita a tutelar atos conformes às próprias normas, mas tende a estimular atos inovadores (e, portanto, a sua função não é mais apenas protetora, mas também promocional), surge, paralelamente ao emprego quase exclusivo das sanções negativas, as quais constituem a técnica específica da repressão, um emprego, não importa se ainda limitado, de sanções positivas, que dão vida a uma técnica de estímulo e propulsão a atos considerados socialmente úteis, em lugar da repressão de atos considerados socialmente nocivos. No original: "*Effettivamente il ruolo del diritto nella società viene di solito considerato dal punto di vista della sua funzione prevalente che è sempre stata quella, più passiva che attiva, di proteggere determinati interessi mediante la repressione degli atti devianti. Non c'è dubbio che per svolgere questa funzione, che è insieme protettiva rispetto agli atti conformi, e repressiva rispetto agli atti devianti, la tecnica più idonea sia quella delle sanzioni negative. Ma dal momento che per le esigenze dello stato assistenziale contemporaneo il diritto non si limita più a tutelare atti conformi alle proprie*

O pressuposto histórico-teórico da teoria de Norberto Bobbio é "a transmutação do Estado Liberal em um Estado Promocional"[110], em que, paralelamente ao sistema punitivo[111], existe uma teia de incentivos e prêmios (estes últimos considerados sanções positivas).

Para Norberto Bobbio, é melhor evitar a doença (que seria o comportamento desviante) do que curá-la (estruturação de um sistema punitivo).

Nesse sentido, chega a questionar a razão de se disponibilizar um "gigantesco aparato para antes individualizar, depois julgar e, finalmente, punir um comportamento desviante, quando se pode modificar as condições sociais de modo a influir nas próprias causas que o determinam"[112].

De acordo com as premissas bobbianas, a função do ordenamento jurídico não é apenas controlar as condutas dos indivíduos[113], mas também

---

norme ma tende a stimolare atti innovativi, e pertanto la sua funzione non è piu soltanto protettiva ma anche promozionale, all'impiego quasi esclusivo di sanzioni negative, che contituiscono la tecnica specifica della repressione, si affianca un impiego, non importa se ancora limitato, di sanzioni positive, che danno vita a una tecnica di stimolazione e di propulsione di atti considerati socialmente utili, anziché alla repressione di atti considerati socialmente nocivi". BOBBIO, Norberto. *Dalla struttura alla funzione – Nuovi studi di teoria del diritto.* Milano: Edizioni di Comunità: Milano, 1977, p. 33-34.

110. BENEVIDES FILHO, Mauricio. O que é sanção? *Revista da Faculdade de Direito,* Fortaleza, v. 34, n. 1, p. 355-373, jan./jun. 2013 Disponível em http://repositorio.ufc.br/bitstream/riufc/11850/1/2013_art_mbenevidesfilho.pdf. Acesso em: 30.07.2019.

111. Na mesma linha de Norberto Bobbio, Alain Laquièze entende que reduzir a sanção a uma consequência negativa é uma postura apta a enfatizar uma dimensão repressiva da ordem jurídica, deixando de lado uma função essencial do direito contemporâneo: a solidariedade social. Por isso, em sua visão, a recompensa também seria uma forma de sanção. LAQUIÈZE, Alain. Verbete "Sanção". In: ALLAND, Denis; RIALDS, Stèphane. *Dicionário da cultura jurídica.* Trad. Ivone Castilho Beneditti; revisão técnica Márcia Villares de Freitas. São Paulo: WMF Martins Fontes, 2012, p. 1.615. No mesmo sentido, Arnaldo Vasconcelos sustenta que a sanção "é puramente uma consequência, boa ou má, agradável ou desagradável, de uma atitude perante o Direito", razão pela qual identificar a sanção como pena é cometer o equívoco de reduzir a espécie ao gênero. VASCONCELOS, Arnaldo. *Teoria da norma jurídica.* 4. ed. São Paulo: Malheiros, 1996, p. 155.

112. No original: "*perché predisporre un gigantesco apparato per individuare prima, per giudicare poi e infine per punire un comportamento deviante, quando si possono modificare le condizioni sociali in modo tale da influire sulle stesse cause che determinano il comportamento deviante?*". BOBBIO, Norberto. *Dalla struttura alla funzione – Nuovi studi di teoria del diritto.* Milano: Edizioni di Comunità, 1977, p. 46.

113. Como assinala Norberto Bobbio, é possível distinguir um ordenamento protetivo-repressivo de um promocional com a afirmação de que, ao primeiro, interessam, sobretudo, os comportamentos socialmente não desejados, sendo seu fim precípuo

direcionar os comportamentos para certos objetivos preestabelecidos. E isso pode ser obtido, preferivelmente, por meio da técnica das sanções positivas e dos incentivos[114].

Norberto Bobbio exalta ainda as técnicas de encorajamento ao invés daquelas de desencorajamento, valorizando a função promocional do Direito[115].

---

impedir o máximo possível a sua prática; ao segundo, interessam, principalmente, os comportamentos socialmente desejáveis, sendo seu fim levar a realização destes até mesmo aos recalcitrantes. Para atingir o próprio fim, um ordenamento repressivo efetua operações de três tipos e graus, uma vez que existem três modos típicos de impedir uma ação não desejada: torná-la *impossível*, torná-la *difícil* e torná-la *desvantajosa*. De modo simétrico, um ordenamento jurídico promocional busca atingir o próprio fim pelas três operações contrárias, isto é, buscando tornar a ação desejada *necessária*, *fácil* e *vantajosa*. No original: "*Col minimo di parole si può utilmente distinguere un ordinamento protettivo-repressivo da un ordinamento promozionale, dicendo che al primo interessano soprattutto i comportamenti socialmente non desiderati, onde il suo fine precipuo è di impedirne quanto più possible il compimento; al secondo interessano soprattutto i comportamenti socialmente desiderati, onde il suo fine è di provocarne il compimento anche nei confronti dei recalcitranti. Per raggiungere il proprio fine un ordinamento repressivo compie operazioni di tre tipi e gradi in quanto vi sono tre modi tipici di impedire un'azione non voluta: renderla impossibile, renderla difficile, renderla svantaggiosa. Simmetricamente si può dire che un ordinamento promozionale cerca di raggiungere il proprio fine attraverso le tre operazioni contrarie, cioè cercando di rendere necessaria, agevole, vantaggiosa, l'azione voluta*". BOBBIO, Norberto. *Dalla struttura alla funzione – Nuovi studi di teoria del diritto.* Milano: Edizioni di Comunità, 1977, p. 26-27.

114. No original: "*La funzione di un ordinamento giuridico non è solo quella di controllare i comportamenti degli individui, il che può essere ottenuto attraverso la tecnica delle sanzioni negative, ma anche quella di dirigere i comportamenti verso certi obiettivi prestabiliti. Il che può essere ottenuto preferibilmente attraverso la tecnica delle sanzioni positive e degli incentivi*". BOBBIO, Norberto. *Dalla struttura alla funzione –Nuovi studi di teoria del diritto*. Milano: Edizioni di Comunità, 1977, p. 87.

115. De acordo com o jurista italiano, em sequência à profunda transformação que em todos os lugares deu origem ao *Welfare State*, os órgãos públicos perseguem os novos fins propostos à ação do Estado mediante novas técnicas de controle social, distintas daquelas tradicionais. [...] Assim, tomando essa observação como ponto de partida, Norberto Bobbio se propõe a examinar um dos aspectos mais relevantes – e ainda pouco estudado na própria sede da teoria geral do direito – das novas técnicas de controle social, as quais caracterizam a ação do Estado liberal clássico: o emprego cada vez mais difundido das técnicas de encorajamento em acréscimo, ou em substituição, às técnicas tradicionais de desencorajamento. No original: "*In seguito alla profonda trasformazione che ha dato ovunque origine al Welfare State, gli organi pubblici perseguono i nuovi fini proposti all'azione dello stato mediante nuove tecniche di controllo sociale, diverse da quelle tradizionali. [...] Prendendo lo spunto da questa osservazione, mi propongo di esaminare uno degli aspetti più rilevanti, e ancor poco studiato proprio in sede di teoria generale del diritto, delle nuove tecniche di controllo sociale, che caratterizzano l'azione*

Em sua visão, encorajar seria provocar o exercício de atos conformes, tornando os atos obrigatórios atraentes e os atos proibidos repugnantes.

Nessa linha, sustenta que a introdução da técnica do encorajamento reflete uma verdadeira transformação na função do sistema normativo em seu todo e no modo de realizar o controle social[116], marcando a passagem de um controle passivo (mais preocupado em desfavorecer as ações nocivas do que favorecer as vantajosas) para um controle ativo (mais preocupado em favorecer as ações vantajosas do que desfavorecer as nocivas).

Norberto Bobbio também diferencia os prêmios das indenizações – ambos considerados sanções positivas –, distinguindo as sanções positivas em preventivas e sucessivas. Os prêmios teriam uma função exclusivamente retributiva: seriam uma reação favorável a um comportamento vantajoso para sociedade. Já as indenizações serviriam para compensar o agente pelos esforços e pelas dificuldades enfrentadas, ou pelas despesas assumidas[117].

Por sua vez, as sanções positivas preventivas seriam aquelas anteriores à própria ação, visando justamente a estimulá-la (isenções fiscais, por exemplo), enquanto as sucessivas seriam posteriores ao fato/ato, isto é, uma reação favorável ao comportamento desejado (um prêmio)[118].

---

dello stato sociale dei nostri tempi e la distinguono profondamente da quella dello stato liberale classico: l'impiego sempre più diffuso delle tecniche di incoraggiamento in aggiunta a, o in sostituzione di, quelle tradizionali di scoraggiamento". BOBBIO, Norberto. *Dalla struttura alla funzione – Nuovi studi di teoria del diritto.* Milano: Edizioni di Comunità, 1977, p. 13-14.

116. No original: "*L'introduzione della tecnica dell'incoraggiamento riflette un vero e proprio mutamento nella funzione del sistema normativo nel suo complesso, nel modo di attuare il controllo sociale*". BOBBIO, Norberto. *Dalla struttura alla funzione – Nuovi studi di teoria del diritto.* Milano: Edizioni di Comunità, 1977, p. 26.

117. No original: "*Vi sono sanzioni positive, como i premi, che hanno funzione esclusivamente retributiva: sono una reazione favorevole a un comportamento vantaggioso all società. Ma vi possono essere anche sanzioni positive che mirano a compensare l'agente degli sforzi e delle fatiche fatte o delle spese subite per procurare all società un vantaggio; queste sanzioni hanno valore non di mero riconoscimento ma (ache) di compeso. Si possono chiamare, meglio che premi, indennità*". BOBBIO, Norberto. *Dalla struttura alla funzione – Nuovi studi di teoria del diritto.* Milano: Edizioni di Comunità, 1977, p. 35-36.

118. No original: "*Un'altra distinzione che si può fare trasportare dalle sanzioni negative alle sanzioni positive è quella tra misure preventive e successive. Preventive sono quelle misure che tendono a promuovere il comportamento no desiderato suscitando una speranza o a impedire il comportamento no desiderato provocando un timore; sucessive quelle que seguono al comportamento con una reazione favorevole, quando il comportamento é quello desiderato, sfavorevole, quando il comportamento è quello indesiderato*". BOBBIO, Nor-

Na percepção de Norberto Bobbio, a função promocional do Direito também pode ser exercida por meio dos incentivos, que seriam medidas para facilitar o exercício de determinada atividade econômica. Diferentemente dos prêmios, que materializariam uma resposta positiva à conduta socialmente desejada, os incentivos acompanham a atividade em sua formação; já os prêmios a seguem, ou seja, são atribuídos quando a atividade já foi realizada.

Porém, o filósofo e jurista italiano ressalva que nem sempre é fácil diferenciar, no caso concreto, um prêmio de um incentivo[119], peculiaridade que pavimenta o terreno para uma releitura do conceito de sanções premiais no processo civil contemporâneo[120] (tema do item 1.6.2).

Em suma, Norberto Bobbio estrutura sua teoria na ideia dos incentivos e dos prêmios (e não das ameaças), nas técnicas de encorajamento (e não de desencorajamento) e na lógica da facilitação (e não da punição), de modo a viabilizar um efetivo direcionamento social (e não um controle puramente repressivo).

Nesse particular, vale reproduzir o quadro comparativo elaborado por Maurício Benevides Filho[121] com os principais aspectos das sanções positivas e das sanções negativas à luz da teoria de Norberto Bobbio.[122] Ainda que se possa questionar algumas assertivas[123], a tabela é ilustrativa:

---

berto. *Dalla struttura alla funzione – Nuovi studi di teoria del diritto*. Milano: Edizioni di Comunità, 1977, p. 36.

119. No original: "*L'incentivo accompagna l'attività nel suo formarsi; il premio la segue, cioè viene assegnato quando l'attività è già stata svolta. Per quanto non sia sempre facile distinguere nel caso concreto un premio da un incentivo, la distinzione è concettualmente significativa*". BOBBIO, Norberto. *Dalla struttura alla funzione – Nuovi studi di teoria del diritto*. Milano: Edizioni di Comunità, 1977, p. 80-81.

120. Para uma visão mais ampla do processo civil contemporâneo, ver PINHO, Humberto Dalla Bernardina de. *Direito Processual Civil Contemporâneo*. 8. ed. São Paulo: Saraiva, 2018.

121. BENEVIDES FILHO, Mauricio. *A sanção premial no direito*. Brasília: Brasília Jurídica, 1999, p. 58-59.

122. "*Nella letteratura filosofica e sociologica il termine 'sanzione' viene esatto in senso largo per comprendervi non soltanto le conseguenze spiacevoli dell'inosservanza delle norme, ma anche le conseguenze piacevoli dell'osservanza, distinguendosi nel genus sanzione le due species delle sanzioni positive e delle sanzioni negative*". BOBBIO, Norberto. *Dalla struttura alla funzione – Nuovi studi di teoria del diritto*. Milano: Edizioni di Comunità, 1977, p. 19.

123. Por exemplo, a ideia de sanção positiva como medida de pressão (e não de estímulo). A rigor, os verbos pressionar e constranger se relacionam mais às medidas coercitivas do que às indutivas, como será detalhado ao longo deste trabalho. Ademais, nem sempre

Sanção POSITIVA (Prêmio)	Sanção NEGATIVA (Pena)
Reação a uma conduta boa	Reação a uma conduta ruim
Configura-se como medida de PRESSÃO ("*costrizione*") para fazer comportamento desejado	Configura-se como medida de VEDAÇÃO ("*precluzione*"), objetivando impedir um comportamento indesejado
Propulsão a ato socialmente útil	Repressão a ato socialmente nocivo
Decorre da função ATIVA do direito da sociedade	Decorre da função PASSIVA do direito na sociedade
Retribui com um PRAZER uma dor (o esforço do agente pela tarefa realizada)	Retribui com uma DOR a um prazer do delito da parte do agente
Consiste na ATRIBUIÇÃO de uma vantagem ou na PRIVAÇÃO de uma desvantagem	Consiste na ATRIBUIÇÃO de uma desvantagem ou na PRIVAÇÃO de vantagem
Técnica de facilitação que visa favorecer a ação de uma conduta desejada	Técnica de obstaculização que visa desmotivar a ação de uma conduta Indesejada
Função de encorajamento das condutas	Função de desencorajamento das condutas
Medida que tende a provocar as condutas desejadas	Medida que tende a impedir as condutas indesejadas
Sanção POSITIVA (Prêmio)	Sanção NEGATIVA (Pena)
Surge, sobretudo, em razão da função PROMOCIONAL do Estado Intervencionista Contemporâneo	Originou-se, basicamente, em decorrência da função PROTETIVO-REPRESSIVA do Estado Liberal Clássico
Faz o destinatário se empenhar em condutas desejáveis e benéficas, tornando-as necessárias, fáceis e vantajosas	Impele o destinatário a desfazer as condutas não-desejáveis, tornando-as impossíveis, difíceis e desvantajosas
Produz um efeito de estimulação ("*stimulazione*")	Produz um efeito de intimidação ("*intimidazione*")
Detém um aspecto PREVENTIVO ao tencionar promover as condutas desejadas, fazendo surgir uma esperança	Detém um aspecto REPRESSIVO ao tencionar impedir as condutas não- desejadas, impondo medo
Corresponde a uma medida ANTECEDENTE, tendo em vista a reação favorável aos comportamentos desejados	Corresponde a uma medida SUCESSIVA, tendo em vista a reação desfavorável aos comportamentos desejados
Constitui a promessa de uma VANTAGEM	Constitui a ameaça de um PREJUÍZO

---

a sanção positiva visa a retribuir com prazer uma dor, já que o comportamento incentivado pode ser uma faculdade do indivíduo (sem qualquer conotação de dor), o que também será esmiuçado mais adiante.

1.6 SANÇÃO PREMIAL

Como visto, a partir da sistematização proposta por Norberto Bobbio, o aspecto positivo da sanção é densificado.

Embora permaneça hígida a ideia de penalizar aquele que viola uma norma para manter a ordem e a estabilidade social[124], percebe-se[125] que o efeito pedagógico da punição não consegue, por si só, estimular o cumprimento do comportamento esperado e tampouco gerar impulsos prospectivos, não exercendo, muitas vezes, a função propulsora de mudança social.[126]

Assim, compreendidas algumas bases teóricas e a noção de função promocional do Direito, cabe agora avançar efetivamente sobre o estudo das sanções premiais.

1.6.1 Visão geral e aspectos contemporâneos

Como destaca Álvaro Melo Filho[127], no decorrer do tempo, a "técnica punitiva revelou-se muito simplista e inadequada, impondo um recurso cada vez mais frequente à técnica promocional", sendo o prêmio, portanto, um método excepcional para induzir os homens a se comportarem de acordo com aquilo que as normas jurídicas buscam encorajar.

---

124. GRACCO, Abraão Soares Dias dos Santos; SILVA, Marcela Vitoriano e. *As principais sanções premiais no novo Código Florestal:* a superação do dogma kelseniano em direção a uma sociedade resiliente. Disponível em http://www.publicadireito.com.br/artigos/?cod=eeb29740e8e9bcf1. Acesso em: 20.05.2020.

125. A evolução "social, econômica e jurídica levou o legislador a perceber que nem sempre a ameaça da piora da situação do executado será eficiente para a efetiva obediência à determinação judicial". CAVALHEIRO, Juliana Silbernagel de Moura. *Sanções Premiativas:* uma análise de sua efetividade como meio executivo à luz dos artigos 461 e 461-A, do Código de Processo Civil. Artigo Científico apresentado à Escola de Magistratura do Estado do Rio de Janeiro, como exigência para obtenção do título de Pós-Graduação. Disponível em http://www.emerj.tjrj.jus.br/paginas/trabalhos_conclusao/2semestre2010/trabalhos_22010/julianacavalheiro.pdf. Acesso em: 21.05.2020.

126. "Podemos dizer que, atualmente, excogitam-se técnicas mais aperfeiçoadas para obter-se o cumprimento das normas jurídicas, através não de sanções intimidativas, mas sim através de processos que possam influir no sentido da adesão espontânea dos obrigados, como os que propiciam incentivos e vantagens. Assim, ao lado das sanções penais, temos as sanções premiais que oferecem um benefício ao destinatário, como, por exemplo, um desconto ao contribuinte que paga o tributo antes da data do vencimento". REALE, Miguel. *Lições preliminares de direito*. 27. ed. São Paulo: Saraiva, 2004, p. 75-76.

127. MELO FILHO, Álvaro. *Introdução ao Direito Premial*. Tese submetida como requisito parcial para obtenção do grau de Mestre em Ciências Jurídicas. Pontifícia Universidade Católica do Rio de Janeiro, 1975, p. 172-174.

Na prática, as sanções premiais ajudam a formar um sistema de incentivos[128] voltado à promoção de comportamentos socialmente desejáveis, recompensando ou premiando condutas virtuosas[129], cujos efeitos se irradiam para o futuro[130], funcionando como catalisadores de condutas benéficas.

Como pontuam Heloisa Carpena e Renata Ortenblad[131], independentemente dos argumentos dogmáticos e da defesa retórica, "é preciso atentar para dados da realidade e resgatar a função da ordem jurídica, que é a de aperfeiçoar o convívio social, estimulando comportamentos desejáveis e reprimindo os indesejados".

Nesse compasso, as sanções premiais propiciam a criação de um círculo retroalimentante de positividade[132], funcionando como indutores de

---

128. Na visão de Gisane Tourinho Dantas, em referência a Norberto Bobbio, "com o aumento das normas de organização, característico do Estado contemporâneo, torna-se cada vez mais usual a técnica do encorajamento de uma conduta, de modo a abandonar a tradicional imagem do direito como ordenamento protetor-repressivo, dando-se destaque ao ordenamento jurídico como função promocional". DANTAS, Gisane Tourinho. Função promocional do direito e sanção premial na perspectiva metodológica de Durkheim. *Revista de Direito UNIFACS* - Debate Virtual, nº 149, nov./2012, p. 13.

129. "Pensar o Direito como um conjunto de normas é simplificar demasiadamente a coisa. Concebê-lo, em contrapartida, como o conjunto de pautas de comportamento social é ampliar muito o campo denotativo. Talvez, provisoriamente, se possa considerar como um conjunto de regras de convivência cuja força obrigatória se encontra reforçada por muitos meios punitivos *ou gratificantes*". RUSSO, Eduardo. *Temas para uma Filosofia Jurídica*. Buenos Aires: Cooperadora de Derecho y Ciencias Sociales, 1974, p. 64. Em sentido semelhante: "(...) "a sanção não é sempre e necessariamente um castigo. É mera consequência jurídica que se desencadeia (incide) no caso de ser desobedecido o mandamento principal da norma. É um preconceito que precisa ser dissipado - por flagrantemente anticientífico -, a afirmação vulgar infelizmente repetida por alguns juristas, no sentido de que a sanção é castigo. Pode ser, algumas vezes. Não o é muitas vezes". ATALIBA, Geraldo. *Hipótese de incidência tributária*. São Paulo: Revista dos Tribunais, 1973, p. 38.

130. De acordo com Antônio Álvares da Silva, "a sanção premial olha para o futuro a fim de evitar que a violação ocorra. A sanção punitiva olha para o passado e pune quem a violou". SILVA, Antônio Álvares da. *Sanção e direito do trabalho*. Belo Horizonte: RTM, 2014, p. 16.

131. CARPENA, Heloisa; ORTENBLAD, Renata. Ganha mais não leva. Por que o vencido nas ações civis públicas não paga honorários sucumbenciais ao Ministério Público? *Revista de Processo*. São Paulo: Revista dos Tribunais, nº 280, jun./2018, p. 347.

132. "Alterações na estrutura de incentivos - ensejadas por mudanças nas normas jurídicas ou decorrentes de outras razões - poderão levá-las a adotar outra conduta, como resultado de um reajuste de escolha". BINENBOJM, Gustavo. *Poder de polícia, ordenação*

comportamentos[133], o que favorece, inclusive, o cumprimento antecipado de metas e obrigações[134].

Basta pensar, por exemplo, na obrigação anual dos contribuintes de pagarem o IPTU, com a possibilidade de se valerem de um desconto percentual, caso o pagamento seja feito antes do vencimento.[135] A sistemática estimula o contribuinte a antecipar o *pagamento* (conduta socialmente esperada) em troca de um benefício individual (desconto percentual – a sanção premial).[136]

A lógica premial também se verifica nos contratos de aluguel (abono ou bônus pontualidade)[137]; nos descontos concedidos por instituições de ensinos aos alunos que antecipam o pagamento (desconto pontualidade)[138];

---

e regulação. Transformações político-jurídicas, econômicas e institucionais do direito administrativo ordenador. 2. ed. Belo Horizonte: Fórum, 2017, p. 147.

133. "*Law makes us do things we do not want to do. It has other functions as well, but perhaps the most visible aspect of law is its frequent insistence that we act in accordance with its wishes* (...)" SCHAUER, Frederick. *The force of Law*. Cambridge: Harvard University Press, 2015, p. 1.

134. "A vantagem da sanção premial é que se presta a auxiliar o alcance das metas objetivadas pela política econômica adotada, seja pela promoção de estímulos, seja incentivando atos positivos. Aspectos positivos da sanção premial podem ser citados, como o fato de ser socialmente benéfica, resultando em segurança e aumento da popularidade da medida". CORDOVIL, Leonor Augusta Giovine. A sanção premial no direito econômico. *Revista do Centro Acadêmico Afonso Pena* – Faculdade de Direito da UFMG, nº 1, 2004, p. 158.

135. Vale registrar que, durante a pandemia do COVID-19 em 2020, foi publicado o Decreto Municipal nº 47.421/20 (que regulamentou a Lei nº 6.740/20), em que a Prefeitura do Rio de Janeiro concedeu benefícios para o pagamento do IPTU e da Taxa de Coleta Domiciliar de Lixo (TCL), com cotas vencidas ou a vencer, oferecendo, por exemplo, o desconto de 20% em caso de pagamento à vista dos valores devidos (art. 1º).

136. "O ser humano tende a valorizar a reciprocidade, estando mais disposto a atender a uma solicitação quando algo lhes foi dado em primeiro lugar". PSCHEIDT, Kristian Rodrigo. *Sistema Tributário Nacional, Justiça Fiscal e a Economia Comportamental*. Rio de Janeiro: Lumen Juris, 2018, p. 234.

137. Em demanda locatícia, por exemplo, o STJ já reconheceu que "o desconto para pagamento pontual do aluguel – abono ou bônus pontualidade – é, em princípio, liberalidade do locador, em obediência ao princípio da livre contratação, representando um incentivo concedido ao locatário para pagamento do aluguel em data convencionada, precedente à do vencimento normal da obrigação. Referido bônus tem, portanto, o objetivo de induzir o locatário a cumprir corretamente seu encargo de maneira pontual e até antecipada". REsp 832.293/PR, Rel. Min. Raul Araújo, Quarta Turma, DJe 28.10.2015.

138. LEITE, Roberta. *Aulas suspensas, alunos em casa. Tenho que pagar a escola?* Disponível em https://www.jota.info/opiniao-e-analise/artigos/aulas-suspensas-alunos-em-casa-tenho-que-pagar-a-escola-31032020. Acesso em: 02.04.2020.

nos descontos para pagamento de multas de trânsito[139]; na sistemática do cadastro positivo (quanto mais o consumidor paga em dia suas contas, recebe pontos e, ao final, sua pontuação lhe concede alguns benefícios)[140], entre outras situações.

Como se vê, a sanção premial busca induzir e encorajar a prática de um ato[141], possuindo verdadeira função pedagógica, pois cria uma cultura no sentido de incentivar a observância da norma.

1.6.2 Ressignificação do conceito de sanção premial

Como visto, Norberto Bobbio exalta a potencialidade das sanções positivas (prêmios, indenizações e isenções fiscais) para estimular "condutas socialmente desejáveis", atrelando-as essencialmente à esfera dos deveres e das obrigações.

Neste trabalho, porém, será adotado um conceito mais amplo de sanção premial.

Antes de mais nada, não se pode negar a relevância da teoria do filósofo político, historiador e jurista italiano, que, inegavelmente, foi determinante

139. A Lei nº 14.071/20 (que alterou a Lei nº 9.503/97 – Código de Trânsito Nacional) prevê a possibilidade de o infrator pagar a multa com 40% (quarenta por cento) de desconto, caso opte pelo sistema de notificação eletrônica, não ofereça defesa ou recurso, reconheça a infração e efetue o pagamento até o vencimento da multa (art. 284, § 1º).

140. A Lei Complementar nº 166/2019 alterou a Lei nº 12.414/2011, para dispor sobre os cadastros positivos de crédito. Sobre o chamado *credit scoring*, este é "uma pontuação para sinalizar o escore do consumidor relativamente às suas obrigações financeiras e respectiva 'pontualidade de pagamentos' (...). O bom e pontual pagador autoriza a divulgação entre as instituições financeiras, do histórico da pontualidade de suas obrigações, gerando uma NOTA. Esse histórico permite uma visão global ao longo do tempo do comportamento de pagamentos do consumidor, que servirá de base para a análise de crédito. Um empréstimo pessoal, o limite para o cheque especial e o cartão de crédito poderão ser avaliados com muito mais segurança pelas instituições financeiras a partir dessa 'nota de pontualidade', em condições mais vantajosas para o consumidor, especialmente no tocante à taxa de juros". HOMEM DE MELLO, Luiz Ignácio. A importância do cadastro positivo. Disponível em https://m.migalhas.com.br/depeso/300770/a-importancia-do-cadastro-positivo. Acesso em: 24.01.2020. No mesmo sentido BESSA, Leonardo Roscoe. *Nova Lei do Cadastro Positivo*: comentários à Lei 12.414, com as alterações da Lei Complementar 166/2019 e de acordo com a LGPD. São Paulo: Thomson Reuters, 2019, p. 34-37.

141. "A esperança de obtenção de um prêmio traz maior impulso e motivação no acatamento da norma do que a intimidação produzida pela ameaça de um mal". ESPOSITO, Carlos. *Lineamenti di una dottrina del diritto*. Fabriano: T.E.S.A., 1930, p. 26.

para a sistematização das sanções positivas. Sua noção de função promocional do Direito em substituição à função repressora do Direito pavimentou as bases para uma mudança de mentalidade, contribuindo para o desenvolvimento de técnicas de encorajamento e de retribuição.

Não se pode perder de vista, contudo, que - embora tenha sido um homem à frente de seu tempo - Norberto Bobbio desenvolveu seu pensamento na década de 70, época em que ainda não se falava em "Estado incitador"[142], produtor de influências[143] e indutor de comportamentos[144], ao menos na concepção atual, plasmada pelo "giro democrático-constitucional"[145].

---

142. ÁVILA, Humberto. *Teoria da segurança jurídica*. 3. ed. São Paulo: Malheiros, 2014, p. 56-57. No mesmo sentido: "Além dessa necessidade de alteração e dinamismo na atividade estatal, novas funções se acrescentaram ao papel do Estado, que deixou de ser apenas um sancionador (aquele que edita as regras e pune comportamentos antinormativos), passando também a assumir a tarefa de um indutor de condutas, estimulando os comportamentos em sociedade". CABRAL, Antonio do Passo. *Coisa julgada e preclusões dinâmicas* - entre continuidade, mudança e transição de posições processuais estáveis. 3. ed. rev., ampl. e atual. Salvador: Juspodivm, 2019, p. 359.

143. Como destaca Leonor Augusto Giovine Cordovil, "a vontade do legislador de prever o prêmio para provocar determinadas condutas está intimamente ligada à política estatal, ou seja, ao desejo do Estado de instigar determinados comportamentos". CORDOVIL, Leonor Augusta Giovine. A sanção premial no direito econômico. *Revista do Centro Acadêmico Afonso Pena* - Faculdade de Direito da UFMG, nº 1, 2004, p. 152.

144. Gustavo Binenbojm assinala que "as induções são formas de ordenação da vida privada baseadas em estímulos a comportamentos virtuosos; sua efetividade é calcada numa estrutura de vantagens ou benefícios voltados à produção dos melhores resultados para a sociedade". Além disso, destaca que "por sua natureza não vinculante, fundada em escolhas induzidas, o campo das sanções premiais é essencialmente propício para o desenvolvimento do soft law administrativo". BINENBOJM, Gustavo. *Poder de polícia, ordenação e regulação*. Transformações político-jurídicas, econômicas e institucionais do direito administrativo ordenador. 2. ed. Belo Horizonte: Fórum, 2017, p. 99 e 108. Sobre o papel indutivo das atividades estatais, ver também CABRAL, Antonio do Passo. *Segurança jurídica e regras de transição nos processos judicial e administrativo* - introdução ao art. 23 da LINDB. Salvador: Juspodivm, 2020, p. 36.

145. BINENBOJM, Gustavo. *Poder de polícia, ordenação e regulação*. Transformações político-jurídicas, econômicas e institucionais do direito administrativo ordenador. 2. ed. Belo Horizonte: Fórum, 2017, p. 37. Sobre a maior participação dos cidadãos na criação das normas, veja-se, por exemplo, o art. 29 da Lei de Introdução às Normas do Direito Brasileiro (modificada pela Lei nº 13.655/2018): Em qualquer órgão ou Poder, a edição de atos normativos por autoridade administrativa, salvo os de mera organização interna, poderá ser precedida de consulta pública para manifestação de interessados, preferencialmente por meio eletrônico, a qual será considerada na decisão.

Não se pode olvidar que o dinamismo das relações sociais, a constante transformação do sistema jurídico[146] e a projeção de novos valores econômicos e axiológicos – dentro de uma visão indutiva e prospectiva – permitem reflexões mais consentâneas com o Estado Democrático de Direito.[147]

Aliás, o próprio Norberto Bobbio reconhece expressamente que a função promocional do Direito está em "contínua ampliação"[148], o que vai ao encontro do que ora se sustenta.

Cabe consignar também que o pensamento do filósofo político e jurista italiano emergiu dentro de um contexto específico da Teoria Geral do Direito, e não do processo civil, área de desenvolvimento deste trabalho.

Ressalte-se, ainda, que Norberto Bobbio admite expressamente – quando delineia a proposta de classificação das sanções positivas – que nem sempre é fácil distinguir um prêmio (sanção positiva) de um incentivo (medida de facilitação)[149], o que revela que os conceitos, se não se confundem, ao menos se tangenciam.

Além disso, em trabalho publicado em 1984, no qual "revisitou" a sua função promocional do Direito (1969), Norberto Bobbio[150] esclareceu que a

146. SOUZA, Marcus Seixas. *Normas processuais consuetudinárias*: história, teoria e dogmática. Salvador: Juspodivm, 2019, p. 134.

147. Como destaca Jordi Nieva Fenoll, as sociedades contemporâneas possuem outro ritmo e novas estruturas, exigindo a evolução dos institutos jurídicos. NIEVA FENOLL, Jordi. *La cosa juzgada*. Barcelona: Atelier, 2006, p. 84-85.

148. "*Questa funzione non è nuova. Ma è nuova léstensione che essa ha avuto e continua ad avere nello stato contemporaneo: unèstensione in continuo aumento* (...)". BOBBIO, Norberto. *Dalla struttura alla funzione – Nuovi studi di teoria del diritto*. Milano: Edizioni di Comunità, 1977, p. 8.

149. Apesar de destacar que apenas os prêmios estariam dentro do conceito de sanção positiva, não abarcando, portanto, os incentivos, o jurista italiano não é taxativo no ponto ("se, por acaso, não se quiser ampliar demais o conceito de sanção") e deixa claro que se valeu da extensão e da intenção do conceito de sanção negativa para criar o conceito de sanção positiva. No original: "*Per quanto non sai sempre facile distinguire nel caso concreto un premio da un incentivo, la distinzione è concettualmente significativa, perché soltando i premi rientrano a rigore nella categoria delle sanzioni positive (qualora no si voglia allargare troppo il concetto di sanzione e si tenga presente, per definire sanzione positiva l'estensione e l'intensione del concetto, ben più elaborato, di sanzione negativa)*". BOBBIO, Norberto. *Dalla struttura alla funzione – Nuovi studi di teoria del diritto*. Milano: Edizioni di Comunità, 1977, p. 80-81.

150. No original: "*Contro il criterio normativo usato da von Hayek proponevo un criterio diverso, che a me pareva più corretto: la distinzione fra sanzioni positive e sanzioni negative (pur sempre un criterio dal limitato punta de vista giuridico che non esclude altri criteri da*

distinção entre sanções positivas e negativas proposta à época partia de um limitado ponto de vista jurídico, que "não exclui outros critérios a partir de outros pontos de vista".

Há espaço, portanto, para se desenvolver um novo conceito de sanção premial[151].

Nesse particular, vale recordar que, na classificação de Norberto Bobbio (detalhada no item 1.5.2), ao lado dos prêmios e das indenizações, as isenções fiscais também eram consideradas sanções positivas[152]. Essa constatação revela, de certa forma, que nem mesmo na teoria bobbiana as sanções positivas estão atreladas exclusivamente ao cumprimento de um dever ou de uma obrigação, já que as isenções fiscais, a rigor, não incidem apenas em tais hipóteses.

Basta pensar, por exemplo, na isenção parcial do imposto de renda para empresas que voluntariamente apresentam projetos para instalação, ampliação e modernização de determinados setores da economia, buscando o desenvolvimento regional (art. 1º da Medida Provisória nº 2.199-14/2001[153]).

---

altri punti di vista) e lo illustravo brevemente in questo modo (...)". BOBBIO, Norberto. *Sulla funzione promozionale del diritto rivisitata.* Rivista Soc. Dir., 1974, p. 11.

151. "A precisão do vocabulário utilizado pelo processualista é essencial, já que lidamos com realidades que não existem, que foram, pura e simplesmente, criadas por nós. Litispendência, coisa julgada, exceção, ônus, são expressões que não se ligam a um objeto preexistente. Se o seu sentido não for com cuidado predeterminado, o diálogo se torna impossível e, correlatamente, impossíveis os avanços desse ramo do conhecimento". ARRUDA ALVIM, Teresa. *Os Agravos no CPC de 2015.* 5. ed. revi, ampl. e atual. Curitiba: Direito Contemporâneo, 2021, p. 9. Em sentido semelhante: "No âmbito da ciência do direito, que se debruça sobre objeto complexo e arquitetado, indubitavelmente, sob o palio da linguagem, a formulação de conceitos é ainda mais tormentosa, mormente quando se leva em consideração pressupostos filosóficos, valorativos e ideológicos tomados em conta na construção da ideia central destes. Outrossim, não se deve desconsiderar a pluralidade de sentidos que pode advir do contexto vocabular empregado no pleno normativo regulador encontrado no Direito". VALE, Luís Manoel Borges do. *Precedentes Vinculantes no Processo Civil Brasileiro.* Rio de Janeiro: LMJ Mundo Jurídico, 2019, p. 5.

152. "*Nell'ambito di questa categoria generale si possono discernere i due espedienti: (...) l'espediente della sanzione positiva, come nel caso di un'assegnazione di un premio a un comportamento superconforme o di un'esenzione fiscale*". BOBBIO, Norberto. *Dalla struttura alla funzione – Nuovi studi di teoria del diritto.* Milano: Edizioni di Comunità, 1977, p. 29.

153. Art. 1º Sem prejuízo das demais normas em vigor aplicáveis à matéria, a partir do ano-calendário de 2000, as pessoas jurídicas que tenham projeto protocolizado e aprovado até 31 de dezembro de 2023 para instalação, ampliação, modernização ou diversificação,

Na hipótese, o benefício concedido não é para estimular o pagamento do próprio imposto, como acontece, por exemplo, com os descontos percentuais de IPTU, no caso de pagamento antecipado, mas sim a realização de atividades que objetivam o desenvolvimento econômico de determinada região (não se tratando, assim, na origem, de um dever do beneficiado).

É possível, assim, suavizar o elo automático que se costuma fazer entre prêmios e deveres/obrigações na teoria bobbiana.

Por fim, Norberto Bobbio[154] reconhece que o uso do termo sanção é "muito variado" e a extensão do conceito tem "contornos muito incertos". Nesse ponto, vale lembrar que até mesmo os conceitos "lógico-jurídicos" (ou "jurídicos fundamentais" – pressupostos para compreender o Direito positivo)[155], como é o caso do termo "sanção", não são imutáveis e podem ser remodelados com o avanço do pensamento e da dogmática[156].

Na realidade, ainda que Norberto Bobbio desejasse realmente atrelar as sanções positivas a deveres/obrigações, o que não se pode afirmar de forma categórica, aproximadamente cinquenta anos depois e na atual quadra do

---

enquadrado em setores da economia considerados, em ato do Poder Executivo, prioritários para o desenvolvimento regional, nas áreas de atuação da Superintendência do Desenvolvimento do Nordeste (Sudene) e da Superintendência do Desenvolvimento da Amazônia (Sudam), terão direito à redução de 75% (setenta e cinco por cento) do imposto sobre a renda e adicionais calculados com base no lucro da exploração. (Redação dada pela Lei nº 13.799, de 2019).Veja-se, a propósito, um exemplo de empresa beneficiada por ter modernizado determinado empreendimento na área da na área de atuação da Superintendência do Desenvolvimento do Nordeste. Disponível em http://normas.receita.fazenda.gov.br/sijut2consulta/link.action?visao=anotado&idAto=107247. Acesso em: 20.03.2020.

154. No original: "*Per quanto l'uso del termine sanzione sai molto vario e l'estensione del concetto abbia confini molto incerti*". BOBBIO, Norberto. *Dalla struttura alla funzione – Nuovi studi di teoria del diritto*. Milano: Edizioni di Comunità, 1977, p.39.

155. "São fundamentais para a ciência (e, por isso, são chamados de conceitos jurídicos fundamentais), pois correspondem à estrutura essencial de toda norma jurídica. Onde houver norma jurídica (onde houver Direito, pois), serão úteis". DIDIER JR., Fredie. *Sobre a Teoria Geral do Processo, essa desconhecida*. 5. ed. Salvador: Juspodivm, 2020, p. 56-58.

156. "(...) a despeito do conceito fundamental ter uma pretensão não só de universalidade, mas também de perenidade, ele não deve se desvincular das constantes transmudações por que passam os sistemas de direito positivo, de modo que é preciso sempre ter uma visão crítica da realidade temporal cambiante". VALE, Luís Manoel Borges do. *Precedentes Vinculantes no Processo Civil Brasileiro*. Rio de Janeiro: LMJ Mundo Jurídico, 2019, p. 10.

Estado Democrático de Direito[157], essa aparente limitação pode ser repensada a partir de novas concepções.

Na linha do que sustentam Darci Guimarães Ribeiro[158] e Castanheira Neves[159], as sanções devem ser compreendidas como consequências para estimular comportamentos (converter a intenção normativa em efeitos práticos), independentemente de sua natureza, não pressupondo, assim, um dever jurídico ou uma obrigação.[160]

Note-se que, no âmbito do processo civil, o termo sanção (em seu sentido negativo) não é empregado apenas como efeito do descumprimento de um dever/obrigação, mas também como "consequência" de outras situações jurídicas.

Parcela da doutrina entende, por exemplo, que a deserção é a sanção para o sujeito processual que não recolhe as custas judiciais (o que, a rigor, seria um ônus). A propósito, Fredie Didier Jr. e Leonardo Carneiro da Cunha[161] pontuam que "o preparo consiste no adiantamento das despesas relativas ao processamento do recurso. *À sanção* para a falta de preparo oportuno dá-se o nome de deserção".

---

157. "(...) a própria dimensão normativa da sanção premial ganhou novos contornos na instauração do Estado Democrático de Direito. Com isso, as políticas públicas ganharam dimensão de efetividade não apenas no sentido de compensar, mas também de antecipar e fomentar realização de condutas socialmente aceitas". GRACCO, Abraão Soares Dias dos Santos; SILVA, Marcela Vitoriano e. *As principais sanções premiais no novo Código Florestal:* a superação do dogma kelseniano em direção a uma sociedade resiliente. Disponível em http://www.publicadireito.com.br/artigos/?cod=eeb29740e8e9bcf1. Acesso em: 20.02.2020.

158. RIBEIRO, Darci Guimarães. *Da Tutela jurisdicional às formas de tutela*. Porto Alegre: Livraria do Advogado, 2010, p. 50.

159. CASTANHEIRA NEVES, António. *Curso de introdução ao estudo do direito* – O Sentido do Direito. Coimbra: Coimbra, 1976, p. 23-24.

160. Como já demonstrado, a etimologia da palavra sanção (*sancire* = estabelecer por lei – SILVA, De Plácido e. *Vocabulário Jurídico*. 14. ed. Rio de Janeiro: Forense, 1998, p. 732) não pode ser invocada para justificar eventual elo automático entre sanção e dever.

161. DIDIER JR., Fredie; CUNHA, Leonardo Carneiro da. *Curso de Direito Processual Civil* – Meios de Impugnação às Decisões Judiciais e Processo nos Tribunais. 14. ed. Salvador: Juspodivm, 2017, p. 149. No mesmo sentido CABRAL, Antonio do Passo. *Coisa julgada e preclusões dinâmicas* – entre continuidade, mudança e transição de posições processuais estáveis. 3. ed. rev., ampl. e atual. Salvador: Juspodivm, 2019, p. 548.

Fredie Didier Jr. também considera que a invalidade processual é uma sanção, a qual decorreria "da incidência de regra jurídica sobre um suporte fático composto: defeito + prejuízo"[162].

Outros doutrinadores sustentam que a nulidade é uma espécie de sanção. Eduardo de Avelar Lamy[163] afirma que, "além de impedirem a produção de efeitos próprios, as nulidades não constituem uma consequência automática do vício de forma, mas sim uma sanção decorrente da sua declaração judicial". Em sentido semelhante, Antonio do Passo Cabral[164] ressalva que não vê problema em considerar a nulidade como uma sanção, desde que não equiparada à sanção criminal. Na mesma toada, Aroldo Plínio Gonçalves[165] observa que a nulidade está abarcada pelo conceito de sanção, não se tratando, porém, de uma penalidade, já que "a sanção, no sentido amplo do termo, também não tem sempre esse caráter".

Sob outra ótica, Eduardo Henrik Aubert[166] defende que a presunção de veracidade na hipótese de não impugnação especificada dos fatos configura uma sanção. Em sua visão, "se o autor altera alegações de fato (jurídico), então o réu exerce defesa como exerceria na contestação, sofrendo a sanção da presunção de veracidade caso não impugne especificadamente uma ou mais alegações".

Por sua vez, Antonio Aurélio Abi Ramia Duarte[167] assevera que a antecipação da tutela é uma forma de sanção, havendo quem diga, ainda, que a

162. DIDIER JR., Fredie. *Curso de Direito Processual Civil.* v. 1. 17. ed. Salvador: Juspodivm, 2015, p. 404.

163. LAMY, Eduardo de Avelar. *Aproveitamento de meios no processo civil.* 2. ed. Salvador: Juspodivm, 2021, p. 72. Na mesma linha REDONDO, Bruno Garcia. *Negócios jurídicos processuais atípicos.* Salvador: Juspodivm, 2020, p. 251.

164. CABRAL, Antonio do Passo. Teoria das nulidades processuais no Direito Contemporâneo. *Revista de Processo.* São Paulo: Revista dos Tribunais, nº 255, maio/2016, p. 117-140. Vide também FASSIO, Rafael Carvalho de. Arguição de Descumprimento de Preceito Fundamental: parâmetro, objeto e subsidiariedade. *Revista Jurídica da Procuradoria-Geral do Distrito Federal*, Brasília, v. 40, nº 1, jan./jun./2015, p. 165-184.

165. GONÇALVES, Aroldo Plínio. *Nulidades no Processo.* Rio de Janeiro: Aide, 1993, p. 12-13.

166. AUBERT, Eduardo Henrik. *A impugnação especificada dos fatos no processo civil brasileiro.* Tese apresentada à Banca Examinadora do Programa de Pós-Graduação em Direito, da Faculdade de Direito da Universidade de São Paulo, como exigência parcial para obtenção do título de Doutor em Direito, na área de concentração de Direito Processual. São Paulo, 2019, p. 302.

167. DUARTE, Antonio Aurélio Abi Ramia. *Ética e comportamento das partes no novo processo civil brasileiro.* Salvador: Juspodivm, 2020, p. 181.

revogação da tutela antecipada antecedente em razão do não aditamento da petição inicial pelo autor depois da concessão da medida seria uma sanção[168].

Esse apanhado doutrinário revela que não existe uniformidade no tratamento do tema.

No plano jurisprudencial, a sanção – em seu aspecto negativo – também é utilizada desatrelada da ideia de dever/obrigação. Sustenta-se, por exemplo, que a majoração dos honorários sucumbenciais (art. 85, § 11, do CPC) – que, na verdade, é uma consequência negativa para desestimular a interposição de recursos – configura uma sanção processual[169]. Da mesma forma, afirma-se que a preclusão seria uma espécie de sanção para punir o litigante "desatento"[170] que não pratica determinado ato processual.

Nesse contexto, e partindo da premissa de que o processo civil deve ser "ordenado, disciplinado e interpretado" em conformidade com a Constituição Federal (art. 1º do CPC), as sanções premiais devem ser compreendidas como consequências jurídicas positivas para estimular comportamentos indicados na norma, a fim de dar concretude ao conjunto de garantias fundamentais[171] (eficiência processual, duração razoável do processo, estímulo à autocomposição, cooperação, boa-fé, entre outras[172]).

---

168. CHAMBERLAIN, Hector Cavalcanti; PEREIRA, Patrícia de Arruda. Estabilização da tutela antecipada concedida no âmbito recursal: uma necessária adaptação procedimental. *Revista de Processo* (versão eletrônica). São Paulo: Revista dos Tribunais, nº 301, mar./2020, p. 155-170 (mais especificamente na nota de rodapé 12).

169. STJ, AgInt no REsp 1.692.009/RS, Min. Rel. Moura Ribeiro, Terceira Turma, DJe 07.05.2020.

170. "A sanção processual é imposta ao autor desatento, pois decorre da ausência de prática de ato processual no prazo assinalado. Na esteira deste raciocínio, não é possível que a petição de apelação seja utilizada para suplantar a indicação dos fundamentos jurídicos do pedido". TJ/RJ, Apelação Cível nº 0054526-16.2017.8.19.0001, Des. Rel. Carlos Azeredo de Araújo, Nona Câmara Cível, DJe 12.11.2018.

171. "As garantias fundamentais do processo representam um dos pilares mais sólidos do Estado Democrático de Direito". DUARTE, Antonio Aurélio Abi Ramia. *Ética e comportamento das partes no novo processo civil brasileiro*. Salvador: Juspodivm, 2020, p. 353.

172. Tais garantias processuais são consideradas normas fundamentais do processo civil. Especificamente sobre as normas fundamentais, há quem defenda que estas "estão organizadas em três núcleos: i) os direitos constitucionais-fundamentais processuais (não exclusivamente os decorrentes dos incisos do art. 5º da Constituição Federal); ii) as normas processuais formalmente fundamentais (decorrentes dos dispositivos dos arts. 1º a 12 do Código de Processo Civil); e iii) as normas processuais materialmente fundamentais, decorrentes de dispositivos localizados no restante da Parte Geral e na Parte Especial do Código de Processo Civil (a exemplo dos arts. 190, 489, 926, 927 e

Veja-se, por exemplo, a hipótese do art. 90, § 3º, do CPC, que estabelece que, se a transação ocorrer antes da sentença, as partes ficam dispensadas do pagamento das custas processuais remanescentes.

Pela concepção sedimentada até hoje, essa dispensa das custas provavelmente não seria considerada uma sanção premial (afinal, fazer um acordo não é um dever e tampouco uma obrigação). Já na compreensão defendida neste trabalho, sim.[173]

Isso porque, o prêmio em questão visa a estimular um comportamento desejado pelo ordenamento jurídico (autocomposição das partes), o que está em linha com o preâmbulo da CF/88 ("solução pacífica das controvérsias")[174] e com as normas fundamentais do próprio processo civil (especialmente o art. 3º, §§ 2º e 3º, do CPC[175]).

Sob esse prisma, considerando que sanção é a consequência prevista pelo ordenamento, a sanção premial – agora ressignificada[176] e dissociada da ideia de dever ou de obrigação[177] – pode ser entendida como a consequência

---

928)". SOUZA, Marcus Seixas. *Normas processuais consuetudinárias*: história, teoria e dogmática. Salvador: Juspodivm, 2019, p. 162.

173. "(...) a tradição, muitas vezes, impede avanços classificatórios". ÁVILA, Raniel Fernandes de; RAIMUNDO, Andreza Lage. A eficácia do fato jurídico "morte" no processo civil: uma análise teórico-dogmática do procedimento de habilitação no CPC/2015. *Revista de Processo*. São Paulo: Revista dos Tribunais, nº 304, jun./2020, p. 135-155.

174. Vale lembrar que a CF preconiza a construção de uma sociedade livre, justa e solidária (art. 3º, I).

175. Art. 3º Não se excluirá da apreciação jurisdicional ameaça ou lesão a direito. § 2º O Estado promoverá, sempre que possível, a solução consensual dos conflitos. § 3º A conciliação, a mediação e outros métodos de solução consensual de conflitos deverão ser estimulados por juízes, advogados, defensores públicos e membros do Ministério Público, inclusive no curso do processo judicial.

176. "(...) partem hoje os processualistas para a busca de um instrumento mais efetivo do processo, dentro de uma ótica mais abrangente e mais penetrante de toda a problemática sociojurídica. Não se trata de negar os resultados alcançados pela ciência processual até esta data. O que se pretende é fazer dessas conquistas doutrinárias e de seus melhores resultados um sólido patamar para, com uma visão crítica e mais ampla da utilidade do processo, proceder ao melhor estudo dos institutos processuais – prestigiando ou adaptando ou reformulando os institutos tradicionais, ou concebendo novos – sempre com a preocupação de fazer com que o processo tenha plena e total aderência à realidade sociojurídica a que se destina, cumprindo sua principal vocação que é a de servir de instrumento à efetiva realização de direitos". WATANABE, Kazuo. *Cognição no processo civil*. 4. ed. São Paulo: Saraiva, 2010, p. 20.

177. "A vigência de um novo Código de Processo Civil enseja, naturalmente, novas reflexões. Muitas originais, em razão de inovações, outras, embora existentes na ordem jurídica

jurídica positiva para estimular determinado comportamento, independentemente de sua natureza (ônus, faculdade, dever, direito potestativo etc.).[178] O tema será esmiuçado no item 1.9.

Com base nessa nova compreensão, a "conduta socialmente desejável" de que falava Norberto Bobbio deve ser lida[179] como qualquer comportamento que possa, de algum modo, promover os direitos e as garantias fundamentais[180], o que, no plano do processo civil, engloba as suas normas estruturantes (destacadas essencialmente no capítulo inicial do CPC/15).

---

anterior, ressurgem adequadas à realidade contemporânea. (...) Ou seja, temos um novo sistema não por que temos um código novo ou novas regras, mas por que temos novas ideias legisladas, tais como a clara função constitucional do novo processo civil que importa na redefinição do papel tradicional da Justiça Pública". PORTO, Sérgio Gilberto. *Processo Civil Contemporâneo* – elementos, ideologia e perspectivas. 2. ed. Salvador: Juspodivm, 2020, p. 9 e 33.

178. "Talvez mais importante, e até mais difícil do que isso, é a revisitação dos institutos processuais, que carecem de contextualização para que se adaptem a novas premissas adotadas pelo sistema, em uma espécie de atualização de suas leituras. Lançar olhares sobre algo novo é, certamente, desafiador, porém mais complicado é lançar novos olhares sobre algo que já sedimentado, que se acostumou a ver de uma determinada forma". MACÊDO, Lucas Buril. *Objeto dos recursos cíveis*. Salvador: Juspodivm, 2019, p. 397.

179. Ao prefaciar a obra de Fredie Didier Jr. (*Pressupostos Processuais e condições da ação* – o juízo de admissibilidade do processo. São Paulo: Saraiva, 2005), José Carlos Barbosa Moreira incitou os processualistas a não tirarem "as mesmas fotografias de sempre", para que possam descobrir "ângulos novos" de modo a explorar perspectivas inusitadas. Em sentido semelhante, Daniel Mitidiero lembra que "é preciso ser suficientemente aberto à evolução do direito e não se furtar ao seu constante reexame por diferentes ângulos". MITIDIERO, Daniel. *Processo Civil*. 1. ed. São Paulo: Thomson Reuters Brasil, 2021, p. 136.

180. "(...) o exercício da liberdade processual [o que é marcante nas convenções processuais, por exemplo] constitui um direito fundamental e pode ser externado de diversas formas e em diversos graus, representando, em última análise, importante expressão da dignidade da pessoa humana, tendo como fonte primária a Constituição Federal (art. 5º, *caput*). Por essa razão, a intenção do legislador foi transpor o direito fundamental à liberdade para o processo civil, reconhecendo-o como meio legítimo de manifestação de vontade das partes". CABRAL, Trícia Navarro Xavier. Convenções processuais sobre a mediação e o mediador. In: DIDIER JR., Fredie (Coord. geral); CABRAL, Antonio do Passo; NOGUEIRA, Pedro Henrique (Coords.). *Negócios Processuais*. Coleção Grandes Temas do CPC. t. 2. Salvador: Juspodivm, 2020, p. 311.

1.6.3 Definição

Como já assentado no tópico anterior, a sanção premial pode ser definida[181] como a consequência jurídica positiva para estimular determinado comportamento indicado na norma (legal ou convencional)[182], independentemente de sua natureza (dever, direito potestativo, ônus, faculdade etc.).

Em termos simples, é um "prêmio" - e não a valorização de uma conduta pelo juiz com base em critérios legais[183] - para estimular o destinatário a praticar o comportamento apontado pela norma, cuja inobservância, porém, não gera qualquer penalidade ou prejuízo[184].

Importante frisar que o comportamento especificado na norma (fato gerador do prêmio) pode ser realizado ou não pelo indivíduo (facultatividade), sem que isso acarrete eventual punição.

---

181. Definir é "fazer conhecer o conceito que temos a respeito de uma coisa, é dizer o que a coisa é, sob o ponto de vista de nossa compreensão". RUDIO, Franz Vitor. *Introdução ao projeto de pesquisa científica*. 19. ed. Petrópolis: Vozes, 1995, p. 25.

182. No capítulo 6, será analisada a possibilidade de o juiz fixar diretamente o prêmio para incentivar determinada conduta.

183. O que acontece, por exemplo, quando o magistrado, após analisar a atuação do advogado, especialmente o trabalho desenvolvido, seu grau de zelo e comprometimento, e o tempo dedicado ao assunto (todos critérios legais), fixa os honorários sucumbenciais acima do mínimo legal, prestigiando a atuação do causídico. Da mesma forma, na execução, rejeitados os embargos ou não sendo estes opostos, o juiz *pode* majorar os honorários até vinte por cento, levando em consideração o trabalho do advogado do exequente (art. 827, § 2º, do CPC). Em ambas as situações, não há efetivamente um estímulo para induzir determinado comportamento, e sim a valorização *ex post* de um modo de agir. Voltaremos ao tema (sanção premial x atuação premial) no capítulo 6.

184. "(...) a sanção premial traz a ideia de opção entre o poder fazer ou o não fazer. O não fazer não gera (em regra) um prejuízo, se fizer, ao contrário, a prática daquela conduta resultará em uma vantagem". VILELA, Daniela Rodrigues Machado. *O direito premial trabalhista como perspectiva para o futuro do trabalho*. Dissertação apresentada ao Programa de Pós-Graduação em Direito, da Faculdade de Direito da Universidade Federal de Minas Gerais, como requisito parcial à obtenção do título de Mestre em Direito do Trabalho, 2016, p. 86. De fato, o não exercício da sanção premial não configura descumprimento de um dever, pois se trata de um ato de liberdade. Como destaca Daniel Brantes Ferreira, não haveria sequer pretensão contra o agente, pois a lei não obriga ninguém a exercer uma liberdade. FERREIRA, Daniel Brantes. Wesley Newcomb Hohfeld e os conceitos fundamentais do direito. *Revista Direito, Estado e Sociedade*. Rio de Janeiro: PUC/RJ, nº 31, jul./dez. 2007, p. 33-57.

Registre-se que a palavra "prêmio" está sendo utilizada em sentido "latíssimo" ou "marcadamente abrangente"[185], e compreende a noção de vantagem, benefício, incentivo, recompensa etc., o que, como visto no item 1.5.2, difere substancialmente da classificação apresentada por Norberto Bobbio na década de 70.

Convém salientar, por fim, que a melhora na posição jurídica (potencial incidência do prêmio) se dá no plano normativo e não necessariamente no plano fático (o que pode ocorrer ou não, sem desnaturar a sanção premial). Ou seja, o que importa é a previsão do prêmio para estimular um comportamento, e não propriamente a sua concretização no plano fático.

1.6.4 Críticas à expressão sanção premial

Até hoje a expressão sanção premial costuma causar alguma inquietude[186]. Afinal, é comum que se associe o substantivo sanção a algo negativo e o adjetivo premial a algo positivo.

Em razão disso, há quem diga que a expressão seria uma contradição em seus próprios termos[187], algo semelhante a um "castigo bom".

---

185. Expressões utilizadas por Teresa Arruda Alvim, ainda que em outro contexto (o sentido da palavra "prejuízo" na análise do interesse em recorrer). WAMBIER, Teresa Arruda Alvim. *Os agravos no CPC brasileiro*. 3. ed. São Paulo: Revista dos Tribunais, 2000, p. 154; ARRUDA ALVIM, Teresa. *Os agravos no CPC de 2015*. 5. ed. rev., ampl. e atual. Curitiba: Direito Contemporâneo, 2021, p. 213.

186. PISANI, Mario. *Diritto Premiale e sistema penale: rapporti e intersezioni*. In: *Atti del settimo simposio di studi di Diritto e Procedura Penali*. Milano: Giuffrè, 1983, p. 15.

187. "Aparentemente, os vocábulos sanção e prêmio repelem-se, parecendo ilógica a expressão sanção premial (...). Há normas, porém, que para lograrem eficácia, prometem uma recompensa. Diz-se que a sua sanção é uma vantagem. As leis fiscais comumente favorecem com um desconto o contribuinte que atender por antecipação o pagamento do imposto devido. Para estimular atividade em cujo exercício o Estado está interessado, embora pouco atraentes para a iniciativa privada, oferecem as leis proveitos para quem as promove. (...) Alguns autores consideram o prêmio modalidade de sanção. Admitem, portanto, uma sanção punitiva (sanção propriamente dita) e uma sanção premial (recompensa). Esta é a posição de LLAMBIAS DE AZEVEDO (1907), para quem as retribuições ou sanções chamam-se penas ou castigos, quando consistem em males, e prêmios ou recompensas, quando consistem em bens. Essencial do direito seria a retribuição, que tanto pode ser um castigo como uma recompensa". SOUZA, Daniel Coelho de. *Introdução à ciência do Direito*. 3. ed. rev. e aum. São Paulo: Saraiva, 1980, p. 138-139.

Tais críticas[188], algumas inclusive ferrenhas[189], revelam um apego excessivo à tradição histórica.

Como demonstrado no item 1.5.1, durante muito tempo os prêmios e as recompensas não foram tratados dentro da estrutura normativa[190]. As recompensas eram basicamente reservadas aos reis/príncipes e não estavam contempladas nas leis (quando muito, faziam parte da vida comercial).

Além disso, os pensamentos de Hans Kelsen e John Austin[191] contribuíram para essa distorção do conceito de sanção, que passou a ser vista

---

188. Daniel Amorim Assunção Neves critica a expressão sanção premial: "Apesar de lições tradicionais de direito estrangeiro, os termos 'sanções premiadoras' ou 'sanções premiais' empregados para designar essa espécie de execução indireta não parecem adequados, porque, apesar de a ideia do prêmio concedido a quem cumpre a obrigação estar correta, não se pode confundir sanção com pressão psicológica". NEVES, Daniel Amorim Assumpção. *Manual de Direito Processual Civil*. 10. ed. rev., ampl. e atual. Salvador: Juspodivm, 2018, p. 1057-1058.

189. "No Direito Processual Civil, nos deparamos com um paradoxo perturbador: uma disciplina instrumental que consegue ser mais truncada e incompreensível que o próprio Direito que pretende realizar. (...) Não faltam exemplos. Há um específico que particularmente gosto de desenvolver em sala de aula. Trata-se da chamada 'sanção premial', integrante da Teoria do Direito, muito comum no âmbito do Processo Civil. No art. 1.102-c, do CPC, que disciplina a ação monitória, consta que, caso o réu não se defenda, não precisará pagar os honorários advocatícios. Cuida-se, segundo a doutrina, de uma 'sanção premial', ou seja, um 'prêmio' em forma de sanção. Ocorre que qualquer indivíduo com o mínimo de bom-senso anda por aí com uma ideia clara de que 'sanção' consiste numa reação a algo indesejado. Pense, então, que, ao praticar algo indesejado (leia-se: contrário à lei), você receba um prêmio, uma graça". LORDELO, João Paulo. *Do Direito à chouriça*: o abuso do "reme-reme" no pensamento jurídico. Disponível em https://jean2santos.jusbrasil.com.br/artigos/125584790/do-direito-a-chourica-o-abuso-do-reme-reme-no-pensamento-juridico. Acesso em: 19.11.2019.

190. "*También el premiar puede hacerlo cualquiera. Pero únicamente el administrador de la ley, en cuyo nombre se impone la pena, puede castigar. Por eso el premiar no se encuentra entre los actos de la ley, y sí sólo castigar*". AQUINO, Santo Tomás. *Suma teológica*. t. VI. Trad. Teofilo Urdanoz. Madrid: Biblioteca de Autores Cristianos, MCMLIV, p. 76.

191. "*Los premios son, sin duda, motivos para cumplir los deseos de otros. Pero hablar de mandatos y deberes como sancionados o impuestos por recompensas, o al hablar de recompensas que obligan o constriñen a la obediencia, es seguramente una desviación del significado establecido de tales térmicos*". AUSTIN, John. *El objeto de la jurisprudencia*. Madrid: Centro de Estudios Políticos e Constitucionales, 2002, p. 39.

essencialmente como uma penalidade (uma consequência jurídica negativa) decorrente do ato ilícito.[192]

Porém, principalmente a partir do "salto teórico" de Norberto Bobbio e de sua contínua consolidação[193], concretizou-se a ideia de que a sanção não é apenas um castigo, sendo, na verdade, uma consequência positiva ou negativa da observância/inobservância da norma.

Essa compreensão desafiou (e continua desafiando) antigos dogmas - exigindo a superação do "vetusto conceito de sanção"[194] –, e até hoje sur-

---

192. Até hoje essa percepção gera reflexos em outros campos de pesquisa. O Professor norte-americano David Baldwin lamenta que - na ciência política - existe um déficit no seu estudo: "*It is not that political scientists have said wrong things about the role of positive sanctions in power relations; it is just that they have said little. Most of their discussion of power have focused on severe negative sanctions. (...) Although the primary focus of this discussion is political science, other social science disciplines have also underemphasized positive sanctions. The recent International Encyclopedia of the Social Sciences, for example, contains an index entry for 'threat' but none for 'promise' and an article on 'punishment' but none on 'reward'*". BALDWIN, David Allen. *The Power of Positive Sanctions*. Disponível em http://www.princeton.edu/~dbaldwin/selected%20articles/Baldwin%20(1971)%20The%20Power%20of%20Positive%20Sanctions.pdf. Acesso em: 20.12.2019.

193. "Aos actos das partes podem corresponder, em vez de conseqüências desfavoráveis, prêmios ou vantagens. Este tipo de reacção tem interessado sucessivamente mais aos autores modernos. Fala-se mesmo num Direito Premial, a este dedicado". ASCENSÃO, José de Oliveira. *O Direito:* Introdução e Teoria Geral. Lisboa: Fundação Caloustre Gulbenkian, 1977, p. 53.

194. "(...) o Estado hodierno vem adotando de maneira cada vez mais frequente técnicas promocionais e provocado, de certa maneira, um distanciamento da concepção tradicional do Direito como uma ordem de caráter protetor-repressivo, domina, ainda, nos meios científicos, a ideia de que o Direito é um ordenamento coativo, cuja união com a força é necessária e indissolúvel. Isto talvez se deva, conforme sinalado por Santo Agostinho, ao fato de historicamente a administração da justiça sempre ter-se preocupado prioritariamente com a mantença da ordem coexistencial, renegando a indução a comportamentos positivos a um segundo plano. Este vetusto conceito de sanção, tal como é empregado largamente na linguagem jurídica atual, é herança da tradicional corrente positivista inaugurada por John Austin, que impinge ao Direito, a partir de uma perspectiva funcional, a tarefa de assegurar determinados interesses através da proteção de condutas adotadas em conformidade com as normas marchetadas e com a repressão dos comportamentos desviantes, considerando exclusivamente à dimensão negativa da norma". BENEVIDES FILHO, Mauricio. O que é Sanção? Revista da Faculdade de Direito, Fortaleza, v. 34, n. 1, p. 355-373, jan./jun. 2013 Disponível em http://repositorio.ufc.br/bitstream/riufc/11850/1/2013_art_mbenevidesfilho.pdf. Acesso em: 30.07.2019.

preende "os espíritos mais tradicionais"[195] e a "parcialidade ideológica"[196] de alguns.

1.7 RECONHECIMENTO DA SANÇÃO PREMIAL NOS PLANOS LEGAL E JURISPRUDENCIAL

As críticas à expressão sanção premial[197] ou à sua própria aplicação[198], apesar de desidratadas no cenário contemporâneo, enriquecem o debate, justificando a investigação acerca de sua utilização nos planos legal e jurisprudencial.

1.7.1 Plano legal

Inicialmente, cabe registrar que a expressão sanção premial está positivada em algumas leis[199] - desvinculada, inclusive, da ideia de dever[200] –, e encontra-se amplamente disseminada no campo doutrinário[201].

---

195. VENOSA, Silvio de Salvo. *Sanção premial*. Disponível em https://m.migalhas.com.br/depeso/298207/sancao-premial. Acesso em: 19.11.2019. Para o doutrinador, "o Direito precisou adaptar-se às novas realidades e pressões sociais. As sanções premiais buscam também resguardar a paz social (...). A atual sociedade, muito dinâmica e tecnológica, está a exigir soluções surpreendentes e inovadoras, revolvendo antigos princípios".

196. GAVAZZI, Giacomo. *Elementi di teoria del diritto*. Torino: G. Giappichelli Editore, 1970, p. 64.

197. Maurício Benevides Filho, ao tratar especificamente do Direito Premial, preferiu usar o termo "recompensa" em vez de "sanção positiva", "sanção premial" ou "prêmio" sob o argumento de que aquela era a tradução literal dos termos mais utilizados por autores pesquisados à época e para permitir uma maior liberdade científica. Porém, em várias passagens de sua obra, usa normalmente a expressão "sanção premial", afirmando, inclusive, que "a aceitação conceitual e o uso da sanção premial já se encontra explicitamente cristalizada no ordenamento jurídico pátrio". BENEVIDES FILHO, Maurício. *A sanção premial no direito*. Brasília: Brasília Jurídica, 2009, p. 13 e 114.

198. Afirma-se que "(...) sendo um benefício para o sujeito do direito, a sanção premial é diretamente atuada no âmbito do direito material". WAMBIER, Luiz Rodrigues; TALAMINI, Eduardo. *Curso avançado de processo civil*. v. 3. 16. ed. São Paulo: Revista dos Tribunais, 2017, p. 50. Como será demonstrado no capítulo 6, as sanções premiais também repercutem no âmbito do direito processual.

199. Veja-se, por exemplo, a Lei Complementar nº 29/2004, do Município de Mogi das Cruzes/SP, que dispõe sobre o Programa de Recuperação Fiscal (REFIS Municipal): Capítulo IV - DA SANÇÃO PREMIAL. A mesma Lei também utiliza a expressão "abatimento premial". Da mesma forma, a Lei Estadual 11.181/20, do Mato Grosso (que fixa norma de interpretação do art. 1º da Lei nº 11.150/20 sobre o desconto e a flexibilização das mensalidades da rede privada de ensino durante o plano de contingenciamento, em virtude da pandemia causada pela covid-19), estabelece em seu art. 1º: Art. 1º Na in-

Especificamente no plano legal[202], as sanções premiais estão infiltradas nas mais diversas áreas[203].

Não raro, a sistemática premial é utilizada como ferramenta de política pública urbana[204] e de proteção ao patrimônio cultural[205], sendo implemen-

---

terpretação do art. 1º da Lei nº 11.150 , de 01 de junho de 2020, a expressão "nenhum outro desconto, bolsa ou outra forma de redução" não compreende, dentre os descontos que excluem a aplicação deste dispositivo, o denominado desconto de pontualidade, que é uma forma de sanção premial concedida a todos os alunos, indistintamente, como incentivo à realização da obrigação de pagamento tempestivamente; incidindo, portanto, cumulativamente, o desconto de 5% (cinco por cento) fixado no art. 1º da Lei nº 11.150 , de 01 de junho de 2020, sobre o valor calculado com a concessão também do desconto de pontualidade.

200. O art. 5º da Lei Municipal de Belém nº 8.563/07, por exemplo, dispõe: A regulamentação desta Lei tratará das *sanções premiais* a serem aplicadas àquele, pessoa física ou jurídica, pública ou privada, que se dispuser, espontaneamente, a alterar o uso já estabelecido de palavra ou expressão em língua estrangeira por palavra ou expressão equivalente em língua portuguesa. Parágrafo único - Para efeito do que dispõe o *caput* deste artigo, *a sanção premial será a concessão do Selo Municipal de Defesa da Língua Portuguesa* para pessoas físicas e jurídicas, públicas ou privadas, concedidas pela Prefeitura Municipal de Belém nos eventos concernentes à fundação da cidade de Belém.

201. Ao longo desta obra, serão citados muitos trabalhos. Vide, por exemplo, BENEVIDES FILHO, Mauricio. *A sanção premial no direito*. Brasília: Brasília Jurídica, 1999. MELO FILHO, Álvaro. *Introdução ao Direito Premial*. Tese submetida como requisito parcial para obtenção do grau de Mestre em Ciências Jurídicas. Pontifícia Universidade Católica do Rio de Janeiro, 1975, p. 60; SOUZA, Daniel Coelho de. *Introdução à ciência do Direito*. 3. ed. rev. e aum. São Paulo: Saraiva, 1980, p. 138-139; TALAMINI, Eduardo. *Tutela relativa aos deveres de fazer e de não fazer e sua extensão aos deveres de entrega de coisa* (CPC, arts. 461 e 461-A; CDC, art. 84). 2. ed. São Paulo: Revista dos Tribunais, 2001, p. 177-178; RIBEIRO, Darci Guimarães. *Da tutela jurisdicional às formas de tutela*. Porto Alegre: Livraria do Advogado, 2010.

202. Os exemplos relacionados à seara processual civil serão explorados no capítulo 4.

203. Não temos a menor pretensão de exaurir o tema, mas apenas indicar alguns exemplos.

204. O art. 4º, IV, "c", da Lei nº 10.251/2001 (Estatuto da Cidade) prevê a possibilidade de benefícios fiscais e financeiros como instrumentos para ordenar o desenvolvimento das funções sociais da cidade e da propriedade urbana. Nessa linha, no Município de Vila Velha, por exemplo, existe previsão de isenção/redução do IPTU aos contribuintes que cuidam adequadamente de suas calçadas e que plantam árvores em frente ao seu imóvel (arts. 6º e 7º da Lei Municipal nº 4.864/2009). A doutrina reconhece "a possibilidade de utilização dos tributos para implementação de políticas urbanas, a partir da concessão de benefícios e incentivos, pelo município, estimulando o bom comportamento do cidadão, isto é, um comportamento solidário, voltado para a construção do desenvolvimento urbano sustentável, possibilitando sua participação ativa na melhoria das cidades". BRANDÃO, Virginia Junqueira Rugani; ARAÚJO, Marinella Machado. A sanção premial e a Lei de Responsabilidade Fiscal no âmbito das políticas

tada, ainda, para estimular o desenvolvimento econômico de determinadas regiões[206] do país.

Da mesma forma, a lógica premial contribui para a promoção da diversidade e dos direitos humanos[207], da segurança pública[208] e da tecnologia[209], aplicando-se também às políticas climáticas sustentáveis[210].

---

urbanas municipais. *Revista de Direito Urbanístico, Cidade e Alteridade*. Minas Gerais, v. 1, n. 2, jul./dez./2015, p. 199.

205. "Nesse sentido, tem se mostrado como bastante eficaz para auxiliar a preservação de bens imóveis de valor cultural a isenção do Imposto Predial Territorial Urbano (IPTU), para facilitar aos proprietários dos bens protegidos cuidados específicos com sua manutenção. (...). Por fim, vale ressaltar que nos termos do art. 24 da Lei 8.313/91 o proprietário ou titular de posse legítima de bens móveis e imóveis tombados pela União, após apreciação de projeto pelo Instituto do Patrimônio Histórico e Artístico Nacional - IPHAN, pode deduzir do Imposto de Renda o valor das despesas efetuadas com o objetivo de conservar ou restaurar tais bens". MIRANDA, Marcos Paulo de Souza. *A justa distribuição de ônus e bônus na gestão de patrimônio cultural brasileiro*. Disponível em https://www.conjur.com.br/2019-jun-29/ambiente-juridico-justa-distribuicao-onus-bonus-gestao-patrimonio-cultural. Acesso em: 15.07.2019. No Município de Belo Horizonte, por exemplo, existe isenção do IPTU referente a imóvel tombado, desde que mantido em bom estado de conservação pelo contribuinte (art. 9º da Lei nº 5.839/1990).

206. A Lei nº 4.409/15 do Município de Nova Friburgo, por exemplo, estimula a produção de cervejas artesanais no âmbito daquela localidade em troca da redução/isenção do valor do IPTU. Disponível em http://www.novafriburgo.cespro.com.br/geraPDF.php?pasta=6811/2015/L4409. Acesso em 18.01.2018.

207. A propósito, o Selo de Direitos Humanos e Diversidade, instituído pelo Decreto nº 58.180, de 05 de abril de 2018, da Prefeitura de São Paulo, é um exemplo de política de reconhecimento de boas práticas de promoção dos direitos humanos e valorização da diversidade. Em linhas gerais, o objetivo do Selo é estimular iniciativas de promoção da diversidade e inclusão no mercado de trabalho por meio de dois eixos centrais: o reconhecimento de práticas inovadoras e a formação de uma rede de organizações premiadas. Assim, espera-se garantir que grupos sociais em situação de vulnerabilidade tenham mais oportunidades de inclusão na força de trabalho e sejam beneficiários de ações específicas. O Selo poderá ser utilizado em campanhas publicitárias, materiais gráficos, sacolas e embalagens disponibilizadas pelas empresas, entidades ou órgãos públicos, conferindo uma espécie de "referenciamento social".

208. A Lei nº 2.186/17 do Município de Araruama/RJ, por exemplo, estabelece bônus para agentes de segurança pública que cumprirem determinados requisitos. Com efeito, os 20 funcionários públicos que atingirem maior pontuação (a lei estabelece diferentes quantidades de pontos para cada medida: apreensão de drogas, armas, prisão de suspeito por roubo etc.) recebem a quantia de R$ 1.000,00 (mil reais) a título de bônus. Vale registrar que chegou a ser proposta uma Ação Direta de Inconstitucionalidade contra a referida lei, mas a ação foi rejeitada pelo Órgão Especial do TJ/RJ (o RE encontra-se pendente de julgamento). RODAS, Sergio. TJ-RJ valida lei municipal que premia

Até mesmo em questões "humanitárias" é possível visualizar a sistemática premial[211] (a Lei nº 13.656/2018, por exemplo, passou a isentar do pagamento de taxa de inscrição em concursos públicos – para provimento de cargo efetivo ou emprego permanente em órgãos da administração pública direta/indireta de qualquer dos Poderes da União –, os candidatos doadores de medula óssea em entidades reconhecidas pelo Ministério da Saúde).[212]

Na área penal, os acordos de colaboração premiada são terreno fértil para as sanções premiais, especialmente no plano do direito material. Com alguma frequência, controvérsias dessa natureza são dirimidas pelo Poder Judiciário.[213]

---

agentes de segurança que obtiverem mais pontos. Disponível em https://www.conjur.com.br/2019-nov-05/tj-rj-valida-bonus-agentes-seguranca-obtiverem-pontos. Acesso em: 11.11.2019.

209. Por exemplo, o Decreto Municipal de Belo Horizonte nº 17.044/19 tem como objetivo fomentar a instalação e expansão de empreendimentos e novas unidades empresariais de base tecnológica no Município, prevendo, em contrapartida, reduções no ISS e no IPTU.

210. BASTIAN, Maria Eduardo Gasparotto de Azevedo. *O Acordo de Paris como solução efetiva às questões climáticas a partir do uso de sanções premiais*. Trabalho de conclusão de curso de Pós-graduação apresentado à Universidade Federal do Rio Grande do Sul, como requisito parcial para a conclusão do curso de Novas tendências do Direito Internacional. Porto Alegre, 2016, p. 72.

211. Em Israel, noticia-se a existência de um programa para estimular voluntários (doadores de órgãos) em troca de incentivos, inclusive monetários. SACK, Kevin. A clash of religion and bioethics complicates organ donation in Israel. *The New York Times*, 2014. Disponível em https://www.nytimes.com/2014/08/17/world/middleeast/a-clash-of-religion-and-bioethics-complicates-organ-donation-in-israel.html. Acesso em: 22.04.2019.

212. No Estado do Acre, vale citar a Lei Complementar nº 345/18, que também concede isenção do pagamento da inscrição em concursos públicos - para provimento de cargos ou empregos públicos estaduais - a candidatos que forem doadores de sangue ou de medula óssea. Já no Município de São Paulo, cabe registrar a Lei nº 11.479/94, regulamentada pelo Decreto 43.560/03, que dispõe sobre a dispensa de pagamento de taxas, emolumentos e tarifas devidas em razão da realização de funeral de pessoa que tiver doado, por si ou por seus familiares ou responsáveis, seus órgãos corporais para fins de transplante médico.

213. O STF já consignou, por exemplo, que fixação de sanções premiais não expressamente previstas na Lei nº 12.850/2013, mas aceitas de modo livre e consciente pelo investigado, "não geram invalidade do acordo". STF, AgRg no Inquérito nº 4.405/DF, Rel. Min. Luís Roberto Barroso, Primeira Turma, DJe 05.04.2018. Vale lembrar que, com o pacote AntiCrime (Lei nº 13.964/2019), a colaboração premiada ganhou novos contornos, mas fugiria ao escopo deste trabalho analisar as respectivas alterações.

Na mesma linha, os acordos de não persecução penal permitem, por exemplo, que o investigado – que confessar a infração penal sem violência ou grave ameaça, e cumprir certos requisitos –, não sofra a respectiva ação penal (art. 28-A do CPP)[214].

Sob outro prisma, a figura do *whistleblower*[215] – informante do bem – trazida pela Lei nº 13.964/19 (pacote AntiCrime), que alterou dispositivos da Lei nº 13.608/18, evidencia exemplo de sanção premial. No caso de crime contra a administração pública, o informante será recompensado em até 5% do valor recuperado[216].

Além disso, muitos diplomas penais preveem benefícios, como a redução da pena, se o infrator denunciar o crime ou revelar a trama delituosa. A propósito, vale citar os arts. 159, § 4º, do Código Penal[217]; 16 da Lei nº 8.137/90 (que define crimes contra a ordem tributária, econômica e contra as relações de consumo)[218]; 25, § 2º, da Lei nº 7.492/86 (que define os crimes

---

214. Decreto-Lei nº 3.689/41 – Art. 28-A. Não sendo caso de arquivamento e tendo o investigado confessado formal e circunstancialmente a prática de infração penal sem violência ou grave ameaça e com pena mínima inferior a 4 (quatro) anos, o Ministério Público poderá propor acordo de não persecução penal, desde que necessário e suficiente para reprovação e prevenção do crime, mediante as seguintes condições ajustadas cumulativa e alternativamente (...).

215. Sobre o tema, ver GABRIEL, Anderson de Paiva. Whistleblower no Brasil: o informante do bem. Disponível em https://www.jota.info/opiniao-e-analise/colunas/juiz-hermes/whistleblower-no-brasil-o-informante-do-bem-20042020. Acesso em: 01.04.2020.

216. Como destaca Felipe Carvalho Gonçalves Silva, "ainda que pareça um percentual baixo, deve-se lembrar que, em regra, o informante está diante de corrupções que envolvem valores vultuosos". SILVA, Felipe. *Colaboração Premiada.* Rio de Janeiro: GZ, 2021, p. 103. Vide, a propósito, o art. 4º-C da Lei nº 13.608/18: Além das medidas de proteção previstas na Lei nº 9.807, de 13 de julho de 1999, será assegurada ao informante proteção contra ações ou omissões praticadas em retaliação ao exercício do direito de relatar, tais como demissão arbitrária, alteração injustificada de funções ou atribuições, imposição de sanções, de prejuízos remuneratórios ou materiais de qualquer espécie, retirada de benefícios, diretos ou indiretos, ou negativa de fornecimento de referências profissionais positivas. § 3º Quando as informações disponibilizadas resultarem em recuperação de produto de crime contra a administração pública, *poderá ser fixada recompensa em favor do informante em até 5% (cinco por cento) do valor recuperado.*

217. Decreto-Lei nº 2.848/40 – Art. 159. Sequestrar pessoa com o fim de obter, para si ou para outrem, qualquer vantagem, como condição ou preço do resgate. § 4º - Se o crime é cometido em concurso, o concorrente que o denunciar à autoridade, facilitando a libertação do sequestrado, terá sua pena reduzida de um a dois terços.

218. Lei nº 8.137/90 – Art. 16. Qualquer pessoa poderá provocar a iniciativa do Ministério Público nos crimes descritos nesta lei, fornecendo-lhe por escrito informações sobre o fato e a autoria, bem como indicando o tempo, o lugar e os elementos de convicção.

contra o sistema financeiro nacional)[219]; 8º da Lei nº 8.072/90 (que dispõe sobre os crimes hediondos)[220]; 1º, § 5º, da Lei nº 9.613/98 (que dispõe sobre os crimes de "lavagem" ou ocultação de bens, direitos e valores, e cria o Conselho de Controle de Atividades Financeiras - COAF)[221]; 14 da Lei nº 9.807/99 (que estabelece normas para a organização e a manutenção de programas especiais de proteção a vítimas e a testemunhas ameaçadas)[222]; 41 da Lei nº 11.343/06 ("Lei de Drogas")[223]; e 4º, §§ 4º e 5º, da Lei nº 12.850/13[224]

Parágrafo único. Nos crimes previstos nesta Lei, cometidos em quadrilha ou coautoria, *o coautor ou partícipe que através de confissão espontânea revelar à autoridade policial ou judicial toda a trama delituosa terá a sua pena reduzida de um a dois terços.*

219. Lei nº 7.492/86 – Art. 25, § 2º. Nos crimes previstos nesta Lei, cometidos em quadrilha ou coautoria, o coautor ou partícipe que através de confissão espontânea revelar à autoridade policial ou judicial toda a trama delituosa terá a sua pena reduzida de um a dois terços.

220. Lei nº 8.072/90 – Art. 8º. Será de três a seis anos de reclusão a pena prevista no art. 288 do Código Penal, quando se tratar de crimes hediondos, prática da tortura, tráfico ilícito de entorpecentes e drogas afins ou terrorismo. Parágrafo único. O participante e o associado que denunciar à autoridade o bando ou quadrilha, possibilitando seu desmantelamento, terá a pena reduzida de um a dois terços.

221. Lei nº 9.613/98 – Art. 1º. Ocultar ou dissimular a natureza, origem, localização, disposição, movimentação ou propriedade de bens, direitos ou valores provenientes, direta ou indiretamente, de infração penal. § 5º A pena poderá ser reduzida de um a dois terços e ser cumprida em regime aberto ou semiaberto, facultando-se ao juiz deixar de aplicá-la ou substituí-la, a qualquer tempo, por pena restritiva de direitos, se o autor, coautor ou partícipe colaborar espontaneamente com as autoridades, prestando esclarecimentos que conduzam à apuração das infrações penais, à identificação dos autores, coautores e partícipes, ou à localização dos bens, direitos ou valores objeto do crime.

222. Lei nº 9.807/99 – Art. 14. O indiciado ou acusado que colaborar voluntariamente com a investigação policial e o processo criminal na identificação dos demais coautores ou partícipes do crime, na localização da vítima com vida e na recuperação total ou parcial do produto do crime, no caso de condenação, terá pena reduzida de um a dois terços.

223. Lei nº 11.343/06 – Art. 41. O indiciado ou acusado que colaborar voluntariamente com a investigação policial e o processo criminal na identificação dos demais coautores ou partícipes do crime e na recuperação total ou parcial do produto do crime, no caso de condenação, terá pena reduzida de um terço a dois terços.

224. Lei nº 12.850/13 – Art. 4º. O juiz poderá, a requerimento das partes, conceder o perdão judicial, *reduzir em até 2/3 (dois terços) a pena privativa de liberdade ou substituí-la por restritiva de direitos daquele que tenha colaborado efetiva e voluntariamente com a investigação* e com o processo criminal, desde que dessa colaboração advenha um ou mais dos seguintes resultados (...). § 4º Nas mesmas hipóteses do *caput*, o Ministério Público poderá deixar de oferecer denúncia se o colaborador (...). § 5º Se a colaboração for posterior à sentença, a pena poderá ser reduzida até a metade ou será admitida a progressão de regime ainda que ausentes os requisitos objetivos.

(que define organização criminosa e dispõe sobre a investigação criminal), entre outros[225].

Na área tributária[226], cabe mencionar os arts. 138 e 160, parágrafo único, do Código Tributário Nacional[227].

---

225. Lei nº 7.210/84 (institui a Lei de Execução Penal) – Art. 126. O condenado que cumpre a pena em regime fechado ou semiaberto poderá remir, por trabalho ou por estudo, parte do tempo de execução da pena. § 1º A contagem de tempo referida no caput será feita à razão de (...). Recentemente, um juiz da Vara de Execução de Penas e Medidas Alternativas de Goiânia editou uma Portaria garantindo uma redução do tempo total da pena aos condenados à prestação de serviços à comunidade, caso doem sangue. Disponível em https://www.conjur.com.br/2020-abr-12/goiania-doacao-sangue-abater-servico-comunitario. Acesso em: 13.04.2020.

226. Desde a época das Ordenações, os benefícios fiscais já eram utilizados para estimular determinado comportamento. A propósito, vale citar o art. 44 da Lei nº 369, de 18 de setembro de 1845 ("fixando a despesa e orçando a receita para o exercício de 1845 a 1846"), que consta do apêndice do livro 5 das Ordenações Filipinas: "He permitido a quaisquer Corporações de mão morta permutar seus bens de raiz por Apolices da Dívida Pública Interna fundada, as quaes serão intransferíveis, ficando-lhes, desde já, concedido um abatimento de metade da siza devida pelas ditas permutações". Convém esclarecer que as Corporações eram família de servos que trabalhavam em feudos que, no caso de falecimento do patriarca, herdavam seus bens (bois, lavouras, utensílios domésticos e de trabalho). Estes poderiam ser permutados por títulos de dívida pública. Assim, podiam se valer de abatimentos em impostos (sizas) referentes ao patrimônio deixado pelo patriarca. Das Ordenações Manuelinas, extrai-se a regra do item 12, Livro 2, Título 16: "E porem fe alguú privilegiado laurar fuas terras proprias, e com ellas laurar outras alheas, paguará fomente Juguada das terras alheas, que aalem das fuas laurar." O dispositivo trata da figura do lavrador. Se ele lavrasse suas terras e outras das quais não fosse dono (alheias), pagaria somente o imposto sobre direito real (juguada) das terras que lavrou, mas que não a pertenciam. Sobre o tema, ver SUSANO, Luiz da Silva Alves de Azambuja. *Digesto brasileiro, ou, extracto e commentario das ordenações e leis posteriores ate ao presente*. 3. ed. Rio de Janeiro: Eduardo & Henrique Laemmert, 1865. Agradeço a Antônio Pereira Gaio Jr. pelo diálogo e pelas trocas de mensagens, que foram importantes na compreensão das hipóteses acima.

227. Lei nº 5.172/66 – Art. 138. A responsabilidade é excluída pela denúncia espontânea da infração, acompanhada, se for o caso, do pagamento do tributo devido e dos juros de mora, ou do depósito da importância arbitrada pela autoridade administrativa, quando o montante do tributo dependa de apuração. Parágrafo único. Não se considera espontânea a denúncia apresentada após o início de qualquer procedimento administrativo ou medida de fiscalização, relacionados com a infração. Art. 160. Quando a legislação tributária não fixar o tempo do pagamento, o vencimento do crédito ocorre trinta dias depois da data em que se considera o sujeito passivo notificado do lançamento. Parágrafo único. A legislação tributária pode conceder desconto pela antecipação do pagamento, nas condições que estabeleça.

Em relação ao art. 138, que materializa o instituto da denúncia espontânea, o STJ decidiu, em sede de recurso repetitivo, que a hipótese ocorre quando o contribuinte, após efetuar a declaração parcial do débito tributário sujeito a lançamento por homologação, acompanhado do respectivo pagamento integral, retifica-a antes de qualquer procedimento da Administração Tributária, noticiando a existência de diferença a maior, cujo pagamento se dá concomitantemente.

Na referida decisão, restou assentado que "a sanção premial contida no instituto da denúncia espontânea exclui as penalidades pecuniárias"[228], isto é, as multas de caráter punitivo, incluindo-se as multas moratórias decorrentes da impontualidade do contribuinte.

Ainda nesse campo, vale citar a Lei de Repatriação (Lei nº 13.254/2016), que prevê o afastamento de obrigações tributárias em caso de adesão ao programa e regularização da situação dos bens e direitos (art. 6º, § 4º[229]).

Na área ambiental, afirma-se que uma "sanção positiva (incentivo) traz mais resultados benéficos ao meio ambiente do que a imposição de uma sanção negativa (castigo)"[230].

---

228. REsp 1.149.022/SP, Rel. Min. Luiz Fux, Primeira Seção, DJe 24.06.10.

229. Lei nº 13.254/2016 – Art. 6º. Para fins do disposto nesta Lei, o montante dos ativos objeto de regularização será considerado acréscimo patrimonial adquirido em 31 de dezembro de 2014, ainda que nessa data não exista saldo ou título de propriedade, na forma do inciso II do *caput* e do § 1º do art. 43 da Lei nº 5.172, de 25 de outubro de 1966 (Código Tributário Nacional) , sujeitando-se a pessoa, física ou jurídica, ao pagamento do imposto de renda sobre ele, a título de ganho de capital, à alíquota de 15% (quinze por cento), vigente em 31 de dezembro de 2014. § 4º A regularização dos bens e direitos e o pagamento dos tributos na forma deste artigo e da multa de que trata o art. 8º implicarão a remissão dos créditos tributários decorrentes do descumprimento de obrigações tributárias e a redução de 100% (cem por cento) das multas de mora, de ofício ou isoladas e dos encargos legais diretamente relacionados a esses bens e direitos em relação a fatos geradores ocorridos até 31 de dezembro de 2014 e excluirão a multa pela não entrega completa e tempestiva da declaração de capitais brasileiros no exterior, na forma definida pelo Banco Central do Brasil, as penalidades aplicadas pela Comissão de Valores Mobiliários ou outras entidades regulatórias e as penalidades previstas na (...).

230. MARINHO, Yuri Rugai. *Incentivos positivos para a proteção do meio ambiente*. Dissertação de mestrado. Universidade de São Paulo, 2014, p. 14-16. Disponível em https://www.teses.usp.br/teses/disponiveis/2/2131/tde-24032017-120036/pt-br.php. Acesso em: 20.07.2019. Para um exame mais detalhado dos incentivos fiscais no direito ambiental, ver TRENNEPOHL, Terence Dornelles. *Incentivos fiscais no direito ambiental*: para uma matriz energética limpa e o caso do etanol brasileiro. São Paulo: Saraiva, 2011.

Nesse segmento, destacam-se – dentro da ótica do princípio protetor-recebedor[231] – os arts. 41, I, da Lei nº 11.428/2006 (que dispõe sobre a utilização e proteção da vegetação nativa do Bioma Mata Atlântica)[232]; 6º, VI, da Lei nº 12.187/09 (que institui a Política Nacional sobre Mudança do Clima – PNMC)[233]; 8º, IX, e 44 da Lei nº 12.305/10 (que institui a Política Nacional de Resíduos Sólidos)[234]; 2º da Lei nº 12.512/11 (que institui o Programa de Apoio à Conservação Ambiental e o Programa de Fomento às Atividades Produtivas Rurais)[235]; e 41 e 58 da Lei nº 12.651/12 (Código Florestal[236]).

---

231. "Entre os incentivos positivos alinhados ao princípio do protetor-recebedor encontram-se o Programa de Pagamento por Serviços Ambientais, o ICMS Ecológico, o IPTR Ecológico, o IPTU Ecológico, as Reservas Particulares do Patrimônio Natural, isenções fiscais e tarifárias, garantia ou preferência de acessos a mercados, apoio para capacitação, facilidades para a obtenção de crédito, subsídios para a aquisição de equipamentos, programas de isenções fiscais para tecnologias limpas, entre outros. Com tais estímulos e reconhecendo comportamentos ambientais positivos, o Estado pode cumprir com suas funções protetivas promovendo retorno econômico aos protetores do meio ambiente". HUPFFER, Haide Maria; SANTANNA, Gustavo da Silva; TORELLY, Priscila Manique. A sanção premial aplicável ao direito ambiental por meio do princípio do protetor-recebedor: o consumo consciente da água através do sistema de bandeiras tarifárias. *Revista da AGU*, Brasília-DF, v. 17, n. 04, out./dez. 2018, p. 131.

232. Lei nº 11.428/2006 – Art. 41. O proprietário ou posseiro que tenha vegetação primária ou secundária em estágios avançado e médio de regeneração do Bioma Mata Atlântica receberá das instituições financeiras benefícios creditícios, entre os quais: I - prioridade na concessão de crédito agrícola, para os pequenos produtores rurais e populações tradicionais.

233. Lei nº 12.187/09 –Art. 6º. São instrumentos da Política Nacional sobre Mudança do Clima: VI - as medidas fiscais e tributárias destinadas a estimular a redução das emissões e remoção de gases de efeito estufa, incluindo alíquotas diferenciadas, isenções, compensações e incentivos, a serem estabelecidos em lei específica.

234. Lei nº 12.305/10 – Art. 8º. São instrumentos da Política Nacional de Resíduos Sólidos, entre outros: IX - os incentivos fiscais, financeiros e creditícios. Art. 44. A União, os Estados, o Distrito Federal e os Municípios, no âmbito de suas competências, poderão instituir normas com o objetivo de conceder incentivos fiscais, financeiros ou creditícios, respeitadas as limitações da Lei Complementar no 101, de 4 de maio de 2000 (Lei de Responsabilidade Fiscal), a (...).

235. Lei nº 12.512/11 – Art. 2º. Para cumprir os objetivos do Programa de Apoio à Conservação Ambiental, a União fica autorizada a transferir recursos financeiros e a disponibilizar serviços de assistência técnica a famílias em situação de extrema pobreza que desenvolvam atividades de conservação de recursos naturais no meio rural, conforme regulamento.

236. Lei nº 12.651/12 – Art. 41. É o Poder Executivo federal autorizado a instituir, sem prejuízo do cumprimento da legislação ambiental, programa de apoio e incentivo à conservação do meio ambiente, bem como para adoção de tecnologias e boas práticas que conciliem

Já na seara administrativa, entende-se que a coerção estatal não é a única e nem sempre a forma mais efetiva de estimular comportamentos[237].

Nesse particular, Rafael Carvalho Rezende Oliveira[238] afirma que a atuação por incentivos é encontrada, principalmente, no fomento e na regulação estatais, "que estabelecem prêmios para os atores econômicos e sociais que atuarem de determinada forma ou atingirem as metas fixadas pela Administração Pública". Como exemplo, o autor cita o contrato de performance, que estipula remuneração diferenciada, em razão do desempenho do contratado na Parceria Público-Privada e no Regime Diferenciado de Contratação (RDC), à luz das Lei 11.079/04 e 12.462/11.[239]

---

a produtividade agropecuária e florestal, com redução dos impactos ambientais, como forma de promoção do desenvolvimento ecologicamente sustentável, observados sempre os critérios de progressividade, abrangendo as seguintes categorias e linhas de ação (...). Art. 58. Assegurado o controle e a fiscalização dos órgãos ambientais competentes dos respectivos planos ou projetos, assim como as obrigações do detentor do imóvel, o poder público poderá instituir programa de apoio técnico e incentivos financeiros, podendo incluir medidas indutoras e linhas de financiamento para atender, prioritariamente, os imóveis a que se refere o inciso V do *caput* do art. 3º, nas iniciativas de (...).

237. BINENBOJM, Gustavo. *Poder de polícia, ordenação e regulação*. Transformações político--jurídicas, econômicas e institucionais do direito administrativo ordenador. 2. ed. Belo Horizonte: Fórum, 2017, p. 75.

238. OLIVEIRA, Rafael Carvalho Rezende. *Novo perfil da regulação estatal*: Administração Pública de resultados e análise de impacto regulatório. Rio de Janeiro: Forense, 2015, p. 197-198. No mesmo sentido: "Daí a importância de que o regulador possa manejar um cardápio variado de respostas, tanto persuasivas como de comando e controle. Até porque estratégias regulatórias baseadas somente ou preponderantemente na punição tendem a reduzir o número de agentes dispostos a cooperar. De mais a mais, punir é caro, ao passo que persuadir, não (ou bem menos). Logo, a regulação ancorada apenas na punição desperdiça recursos em litígios que poderiam ser mais bem gastos com monitoramento e persuasão". VORONOFF, Alice. É preciso desmistificar a sanção administrativa. Disponível em https://www.jota.info/opiniao-e-analise/artigos/e-preciso--desmistificar-sancao-administrativa-02032018. Acesso em: 09.12.2019.

239. Afirma-se que "nas licitações que utilizam a remuneração variável, a empresa vencedora do certame aufere maior remuneração na medida em que cumpre determinadas metas, padrões de qualidade e prazos. Com a utilização desse instituto jurídico, há um estímulo à eficiência e à legitimidade das contratações públicas, ao mesmo tempo em que as desvantagens para a Administração Pública são mínimas. (...) A Administração, caso a empresa contratada falhe em atingir os objetivos previamente estabelecidos no edital e no contrato, não possui 'nada' a perder caso essas metas não sejam atingidas. Afinal a remuneração variável prevista no RDC é um mecanismo de sanção premial, em que se põe em prática a função promocional do direito, e não um instrumento de punição ou coação das empresas vencedoras. Trata-se de um estímulo ao melhor cumprimento do contrato, e não uma sanção por inexecução contratual. (...) a remuneração variável

Na mesma linha, Gustavo Binenbojm[240] assinala que "sancionar menos deve ser o ideal de eficiência a ser alcançado pela atividade ordenadora, já que a conformação voluntária dos particulares envolverá sempre menores custos em termos de tempo, energia e recursos despendidos".

A propósito, vale recordar que, no passado, a Agência Nacional de Telecomunicações impôs algumas metas às concessionárias de Serviço Telefônico Fixo Comutado para a implementação dos acessos individuais em pequenas localidades. Além dos parâmetros definidos pela agência reguladora, estimulou-se, "por meio da sanção premial, o cumprimento antecipado das chamadas metas de universalização, fazendo com que diversas empresas de telefonia as antecipassem para conseguir certos benefícios"[241].

Ainda nessa área, outros exemplos de sanções premiais podem ser encontrados nos arts. 35-B da Lei nº 10.149/00 (que alterou a Lei nº 8.884/94 – diploma que transformou o CADE em autarquia)[242]; 6º, § 1º, da Lei nº

é um plus ao modo de remuneração tradicional, estabelecendo uma relação mutuamente benéfica, na qual tanto a Administração beneficia-se pelo maior compromisso e esforço do contratado em finalizar as obras nos prazos de entrega definidos, atingindo as metas e padrões de qualidades positivos para o interesse público, como o ente privado – contratado –, é beneficiado pelo 'bônus', isto é, remuneração complementar devido ao sucesso em alcançar os objetivos – metas e padrões, definidos previamente no edital de contratação". SILVA, Lucas do Monte; GUIMARÃES, Patrícia Borba Vilar. A aplicação do regime diferenciado de contratações (RDC) aos megaeventos no Direito Administrativo contemporâneo. *Revista de Direito Administrativo & Constitucional*. Belo Horizonte, ano 15, n. 60, abr./jun. 2015, p. 259-260. Disponível em https://www.researchgate.net/publication/308088518_A_aplicacao_do_regime_diferenciado_de_contratacoes_RDC_aos_megaeventos_no_Direito_Administrativo_contemporaneo. Acesso em: 12.12.2019.

240. BINENBOJM, Gustavo. *Poder de polícia, ordenação e regulação*. Transformações político-jurídicas, econômicas e institucionais do direito administrativo ordenador. 2. ed. Belo Horizonte: Fórum, 2017, p. 80. Sobre o tema, ver também MENDONÇA, José Vicente Santos de. *Direito constitucional econômico*: a intervenção do Estado na economia à luz da razão pública e do pragmatismo. 2. ed. rev., atual. e ampl. Belo Horizonte, Fórum, 2018.

241. "Tal fato aconteceu no Estado de Minas Gerais, onde uma operadora de telefonia fixa, também concessionária do serviço de telefonia móvel, antecipou o cumprimento daquela meta estipulada para o ano de 2003, com o escopo de receber a autorização da Agência Nacional de Telecomunicações para o início de suas operações na telefonia celular". CORDOVIL, Leonor Augusta Giovine. A sanção premial no direito econômico. *Revista do Centro Acadêmico Afonso Pena* – Faculdade de Direito da UFMG, nº 1, 2004, p. 161.

242. Lei nº 10.149/00 – Art. 35-B. A União, por intermédio da SDE, poderá celebrar acordo de leniência, com a extinção da ação punitiva da administração pública ou a redução de

11.079/04 (que institui normas gerais para licitação e contratação de parceria público-privada no âmbito da administração pública)[243]; 10 da Lei nº 12.462/11 (que institui o regime diferenciado de contratações públicas - RDC)[244]; 16, § 2º, e 17 da Lei nº 12.846/13 (que dispõe sobre a responsabilização administrativa e civil de pessoas jurídicas pela prática de atos contra a administração pública, nacional ou estrangeira)[245]; e 45 da Lei nº 13.303/16 (que dispõe sobre o estatuto jurídico da empresa pública, da sociedade de economia mista e de suas subsidiárias, no âmbito da União, dos Estados, do Distrito Federal e dos Municípios)[246].

Mais recentemente, a Lei nº 14.230/2021, que alterou a Lei nº 8.429/1992 (Lei da Improbidade Administrativa - LIA), revogou o artigo 17, §1º , que

---

um a dois terços da penalidade aplicável, nos termos deste artigo, com pessoas físicas e jurídicas que forem autoras de infração à ordem econômica, desde que colaborem efetivamente com as investigações e o processo administrativo e que dessa colaboração resulte: (...).

243. Lei nº 11.079/04 - Art. 6º. A contraprestação da Administração Pública nos contratos de parceria público-privada poderá ser feita por (...). § 1º O contrato poderá prever o pagamento ao parceiro privado de remuneração variável vinculada ao seu desempenho, conforme metas e padrões de qualidade e disponibilidade definidos no contrato.

244. Lei nº 12.462/11 - Art. 10. Na contratação das obras e serviços, inclusive de engenharia, poderá ser estabelecida remuneração variável vinculada ao desempenho da contratada, com base em metas, padrões de qualidade, critérios de sustentabilidade ambiental e prazo de entrega definidos no instrumento convocatório e no contrato. Parágrafo único. A utilização da remuneração variável será motivada e respeitará o limite orçamentário fixado pela administração pública para a contratação.

245. Lei nº 12.846/13 - Art. 16. A autoridade máxima de cada órgão ou entidade pública poderá celebrar acordo de leniência com as pessoas jurídicas responsáveis pela prática dos atos previstos nesta Lei que colaborem efetivamente com as investigações e o processo administrativo, sendo que dessa colaboração resulte (...) 2º A celebração do acordo de leniência isentará a pessoa jurídica das sanções previstas no inciso II do art. 6º e no inciso IV do art. 19 e reduzirá em até 2/3 (dois terços) o valor da multa aplicável. Art. 17. A administração pública poderá também celebrar acordo de leniência com a pessoa jurídica responsável pela prática de ilícitos previstos na Lei no 8.666, de 21 de junho de 1993, com vistas à isenção ou atenuação das sanções administrativas estabelecidas em seus arts. 86 a 88.

246. Lei nº 13.303/16 - Art. 45. Na contratação de obras e serviços, inclusive de engenharia, poderá ser estabelecida remuneração variável vinculada ao desempenho do contratado, com base em metas, padrões de qualidade, critérios de sustentabilidade ambiental e prazos de entrega definidos no instrumento convocatório e no contrato. Parágrafo único. A utilização da remuneração variável respeitará o limite orçamentário fixado pela empresa pública ou pela sociedade de economia mista para a respectiva contratação.

havia sido alterado pelo pacote "Anticrime"[247], e incluiu o artigo 17-B para prever a possibilidade de o Ministério Público (e outros entes públicos eventualmente prejudicados), conforme as circunstâncias do caso concreto, celebrar acordo de não persecução civil (ANPC), abrindo espaço para a formatação de arranjos premiais.[248]

Já sob o prisma concorrencial, pode-se citar o art. 86 da Lei nº 12.529/11 (que estrutura o Sistema Brasileiro de Defesa da Concorrência). Tal dispositivo prevê a possibilidade de o CADE celebrar acordo de leniência, "com a extinção da ação punitiva da Administração Pública ou a redução de 1 (um) a 2/3 (dois terços) da penalidade aplicável", em relação às pessoas físicas e jurídicas que forem autoras de infração à ordem econômica, desde que colaborem efetivamente com as investigações, trazendo elementos importantes para a apuração da infração.[249]

Em relação ao segmento trabalhista, afirma-se que as "práticas premiais são cooperativas"[250] e viabilizam benefícios tanto aos empregados como aos empregadores.

Nesse campo, vale citar os arts. 457, § 4º, da Consolidação das Leis do Trabalho (CLT)[251]; 10 da Lei nº 10.666/03 (que dispõe sobre a concessão

---

247. MARTINS, Tiago do Carmo. A Lei Anticrime e seus reflexos na improbidade administrativa. *Revista da Escola da Magistratura do TRF da 4ª Região*, ano 6, nº 14, Porto Alegre, 2020, p. 147-159. Vide também MELLO PORTO, José Roberto. O pacote "anticrime" e os acordos em matéria de improbidade administrativa. Disponível em https://www.conjur.com.br/2020-fev-13/mello-porto-pacote-anticrime-acordos-improbidade. Acesso em: 20.03.2023.

248. Sobre o tema, ver MAZZOLA, Marcelo; OLIVEIRA, Rafael Carvalho Rezende. Sanções premiais e o acordo de não persecução cível. Disponível em https://www.conjur.com.br/2022-mai-30/mazzolae-oliveira-sancoes-premiais-anpc . Acesso em: 10.09.2023. Vide, ainda, Enunciado 734 do FPPC: "As medidas atípicas do art. 139, IV, CPC, aplicam-se à pretensão ressarcitória no processo da ação de improbidade administrativa".

249. Para uma análise mais ampla do tema, ver FORGIONI, Paula Andrea. *Os Fundamentos do Antitruste.* 6. ed. rev., atual. e ampl. São Paulo: Revista dos Tribunais, 2013.

250. VILELA, Daniela Rodrigues Machado. *O direito premial trabalhista como perspectiva para o futuro do trabalho.* Dissertação apresentada ao Programa de Pós-Graduação em Direito, da Faculdade de Direito, da Universidade Federal de Minas Gerais, como requisito parcial à obtenção do título de Mestre em Direito do Trabalho. Belo Horizonte, 2016, p. 142.

251. Decreto-Lei nº 5.452/43 – Art. 457. Compreendem-se na remuneração do empregado, para todos os efeitos legais, além do salário devido e pago diretamente pelo empregador, como contraprestação do serviço, as gorjetas que receber. § 4º Consideram-se prêmios as liberalidades concedidas pelo empregador em forma de bens, serviços ou valor em dinheiro a empregado ou a grupo de empregados, *em razão de desempenho superior*

da aposentadoria especial ao cooperado de cooperativa de trabalho ou de produção)[252]; e 35, § 2º, da Portaria nº 854/15, do Ministério do Trabalho e Emprego (que aprova normas para a organização e tramitação dos processos de multas administrativas e de Notificação de Débito de Fundo de Garantia do Tempo de Serviço e/ou Contribuição Social)[253].

Destaque-se também o art. 5º da Lei nº 11.770/2008 (que criou o programa Empresa Cidadã). Em linhas gerais, tal dispositivo permite que a pessoa jurídica tributada com base no lucro real - que prorrogar a licença maternidade por mais 60 dias - poderá deduzir do imposto devido, em cada período de apuração, o total da remuneração integral da empregada.

Como se vê, são muitos exemplos espalhados em diversos campos[254].

---

ao ordinariamente esperado no exercício de suas atividades. (Redação dada pela Lei nº 13.467, de 2017).

252. Lei nº 10.666/03 - Art. 10. A alíquota de contribuição de um, dois ou três por cento, destinada ao financiamento do benefício de aposentadoria especial ou daqueles concedidos em razão do grau de incidência de incapacidade laborativa decorrente dos riscos ambientais do trabalho, poderá ser reduzida, em até cinquenta por cento, ou aumentada, em até cem por cento, conforme dispuser o regulamento, em razão do desempenho da empresa em relação à respectiva atividade econômica, apurado em conformidade com os resultados obtidos a partir dos índices de frequência, gravidade e custo, calculados segundo metodologia aprovada pelo Conselho Nacional de Previdência Social.

253. Portaria nº 854/15 - Art. 35, § 2º. A Superintendência Regional do Trabalho e Emprego dará ciência da decisão ao autuado ou notificado para recolher o valor da multa administrativa ou do débito para com o FGTS e/ou contribuição social, no prazo de 10 (dez) dias. (...) § 2º A multa administrativa será reduzida de 50% (cinquenta por cento) se o infrator, renunciando ao recurso, a recolher no prazo de 10 (dez) dias contados do recebimento da notificação, da decisão ou da publicação do edital, observando a contagem de prazo estabelecida no art. 24 da presente Portaria.

254. Na área da Recuperação Judicial, vale mencionar o art. 67 da Lei nº 11.101/05, que estimula fornecedores a continuarem a prestar serviços à recuperanda em troca de privilégio no recebimento do respectivo crédito, caso decretada a falência: Os créditos decorrentes de obrigações contraídas pelo devedor durante a recuperação judicial, inclusive aqueles relativos a despesas com fornecedores de bens ou serviços e contratos de mútuo, serão considerados extraconcursais, em caso de decretação de falência, respeitada, no que couber, a ordem estabelecida no art. 83 desta Lei. Parágrafo único. Os créditos quirografários sujeitos à recuperação judicial pertencentes a fornecedores de bens ou serviços que continuarem a provê-los normalmente após o pedido de recuperação judicial terão privilégio geral de recebimento em caso de decretação de falência, no limite do valor dos bens ou serviços fornecidos durante o período da recuperação. Sobre o tema, o TJ/SP já assinalou: "O momento da prestação do serviço é que deve ser sopesado para que o credor faça *jus* ao enquadramento no art. 84 da Lei 11.101/2005, *pois, ao prever as hipóteses de extraconcursalidade (e aí inclui-se também o art. 67, da*

1.7.2 Plano jurisprudencial

Também em âmbito jurisprudencial[255] a expressão sanção premial está largamente difundida.

No Supremo Tribunal Federal, muitas decisões fazem referência às sanções premiais, especialmente no campo penal.

Por exemplo, o STF já reconheceu que o acordo de colaboração, ao estabelecer as sanções premiais a que fará jus o colaborador, pode dispor sobre questões de caráter patrimonial – como o destino de bens adquiridos com o produto da infração pelo agente colaborador –, sendo a sanção premial "legítima contraprestação ao adimplemento da obrigação por parte do colaborador"[256].

Também na área pública, o STF já reconheceu a importância das sanções premiais, destacando que o marco legal das Organizações Sociais "inclina-se para a atividade de fomento público no domínio dos serviços sociais (...) cujo desempenho em atividades de interesse público é estimulado por sanções premiais"[257], à luz dos princípios da consensualidade e da participação na Administração Pública.[258]

LRF), a norma estabeleceu uma espécie de prêmio àqueles que, assumindo os riscos de contratarem/prestarem serviços a uma empresa em recuperação judicial ou em situação falimentar, colaborem para a superação da crise empresarial". TJ/SP, Agravo de Instrumento nº 2244310-83.2017.8.26.0000, Rel. Des. Alexandre Lazzarini, Primeira Câmara Reservada de Direito Empresarial, julgamento em 11.05.2018.

255. A expressão sanção premial consta, inclusive, da seção "Vocabulário Jurídico", no site do STF, com a seguinte nota: "Usar para se referir à consequência jurídica positiva pelo cumprimento de uma norma". Disponível em http://www.stf.jus.br/portal/jurisprudencia/listarTesauro.asp?txtPesquisaLivre=SAN%C3%87%C3%83O%20PREMIAL. Acesso em: 02.08.2019. A expressão também é indicada na seção "Vocabulário" do Tribunal de Contas da União, para se referir à "reação ou retribuição prevista no ordenamento normativo quando o agente adota a conduta aprovada ou esperada". Disponível em https://contas.tcu.gov.br/ords/f?p=1678:10:114408514975439::NO::P10_COD_TERMO:1102458. Acesso em: 20.09.2020.

256. STF, HC 127.483/PR, Rel. Min. Dias Toffoli, Tribunal Pleno, DJe 04.02.2016.

257. "A finalidade de fomento, in casu, é posta em prática pela cessão de recursos, bens e pessoal da Administração Pública para as entidades privadas, após a celebração de contrato de gestão, o que viabilizará o direcionamento, pelo Poder Público, da atuação do particular em consonância com o interesse público, através da inserção de metas e de resultados a serem alcançados, sem que isso configure qualquer forma de renúncia aos deveres constitucionais de atuação". STF, ADI 1.923/DF, Rel. Min. Ayres Britto, Rel. para acórdão Min. Luiz Fux, Tribunal Pleno, DJe 17.12.2015.

258. Sobre a aplicação de sanções premiais na relação trabalhista, ver STF, AI 598.457/SP, Rel. Min. Sepúlveda Pertence, DJ 10.11.2006.

Por sua vez, o Superior Tribunal de Justiça já reconheceu, em algumas oportunidades, a importância das sanções premiais[259-260] e a possibilidade de sua coexistência com as sanções punitivas.[261]

---

259. "Recurso Especial. Execução de título extrajudicial. Art. 827, *caput*, do CPC/2015. Despacho inicial. Honorários advocatícios. Fixação no percentual mínimo de 10%. Obrigatoriedade. 1. No tocante à execução por quantia certa, estabelece o art. 827 do Código de Processo Civil que, 'ao despachar a inicial, o juiz fixará, de plano, os honorários advocatícios de dez por cento, a serem pagos pelo executado'. 2. Malgrado se saiba que, como qualquer norma jurídica, o dispositivo de lei não pode ser interpretado de maneira isolada e distanciada do sistema jurídico que o vincula, a clareza da redação do art. 827 do CPC não permite uma digressão sobre seu conteúdo, devendo o aplicador respeitar a escolha legiferante. 3. A opção do legislador foi a de justamente evitar lides paralelas em torno da rubrica 'honorários de sucumbência', além de tentar imprimir celeridade ao julgamento do processo, *estabelecendo uma espécie de sanção premial ao instigar o devedor a quitar, o quanto antes, o débito exequendo* (§ 1° do art. 827). 4. Na hipótese, o magistrado de piso e o Tribunal de origem, na fase inicial da execução por quantia certa, fixaram os honorários advocatícios em percentual diverso do estabelecido na norma, devendo, portanto, ser reformados. 5. Recurso especial provido". REsp 1.745.773/DF, Rel. Min. Luis Felipe Salomão, Quarta Turma, DJe 08.03.2019.

260. "A análise teleológica do instituto, tão bem ilustrada no voto do Desembargador Marcos Alaor Diniz Grangeia (vencedor), define a licença prêmio como uma sanção positiva ou premial, de modo que 'sendo de evidente incentivo à assiduidade do servidor, gerando benefícios à continuidade do próprio serviço público, de um lado, e evita a atuação da Administração Pública com processos repressivos em face da inassiduidade, de outro (...)". RMS nº 45.334/RO, Rel. Min. Mauro Campbell Marques, Segunda Turma, DJe 06.08.2015. Nesse particular, vale pinçar o seguinte trecho do voto (vencedor) do Desembargador Marcos Alaor Diniz Grangeia, no julgamento do Mandado Segurança impetrado junto ao TJ/RO: "A licença prêmio caracteriza-se como uma evidente sanção premial, como o próprio nome está a indicar, na medida em que comportamentos funcionais desejados são incentivados pelo Estado, a serem praticados pelos administrados em troca de uma recompensa. Essas sanções positivas podem ter função retributiva, na medida em que é uma reação favorável a um comportamento que traz vantagem ao próprio Estado e à sociedade. Portanto, asseguram benefícios aos destinatários da norma ao invés de reprimendas, promovendo um comportamento lícito e desejado pelo ordenamento jurídico. Ao evitar um comportamento ilícito (inassiduidade funcional), consistente na a ausência injustificada do servidor público ao serviço, a licença prêmio previne também a necessidade da atuação dos mecanismos jurídicos repressivos, como, por exemplo, a instauração processo administrativo disciplinar, cuja instauração não deixa de representar a mobilização de significativos recursos organizacionais (humanos, financeiros e administrativos) da instituição pública".

261. "Desse modo, absolutamente possível a coexistência de sanções negativas, consistentes em consequências gravosas e/ou punitivas oriundas do descumprimento da obrigação, com a estipulação de meios aptos a facilitar o adimplemento, ou mesmo de vantagens (sanções positivas) ao contratante que, ao tempo e modo ajustado, cumpri com o seu

Nesse particular, vale citar dois casos julgados pelo STJ envolvendo o chamado "desconto pontualidade" ou "bônus pontualidade", uma espécie de sanção premial de natureza convencional.

No primeiro caso, o Ministério Público do Estado de São Paulo ajuizou ação civil pública em face de uma instituição de ensino, alegando ser abusiva determinada prática comercial por ela adotada.

Em síntese, a universidade concedia um desconto ao estudante que efetuasse o pagamento antecipado, o que, na visão do *Parquet*, seria uma "multa camuflada".

No entendimento da instituição de ensino, porém, o referido desconto seria um benefício concedido em virtude da antecipação do pagamento, importando em estímulo para o adimplemento.

A sentença de primeiro grau julgou procedente o pedido autoral, declarando a ilegalidade da prática comercial adotada pela instituição e reconhecendo a nulidade da disposição contratual inserida em todos os contratos realizados no passado e no futuro. A universidade também foi condenada a restituir os valores pagos em excesso pelos consumidores.

Em sede recursal, o Tribunal de Justiça de São Paulo deu parcial provimento ao recurso para determinar que a restituição dos valores pagos indevidamente abrangesse apenas os valores não prescritos, sem dobra.

No STJ, o Ministro Marco Aurélio Bellizze reconheceu que o desconto de pontualidade ofertado pela instituição de ensino é um legítimo e importante instrumento premial ("uma sanção premial pelo adimplemento"), destinado "a encorajar, incentivar o contratante a realizar um comportamento positivo, almejado pelas partes e pela sociedade, premiando-o."

Do voto cabe pinçar o seguinte trecho:

> A par das medidas diretas que atuam imediatamente no comportamento do indivíduo (proibindo este, materialmente, de violar a norma ou compelindo-o a agir segundo a norma), ganham relevância as medidas indiretas que influenciam psicologicamente o indivíduo a atuar segundo a norma. Assim, o sistema jurídico promocional, para o propósito de impedir um comportamento social indesejado, não se limita a tornar essa conduta mais difícil ou desvantajosa, impondo obstáculos e punições para o descumprimento da norma (técnica do desencorajamento, por meio de sanções negativas). O ordenamento jurídico promocional vai além, vai ao encontro do com-

dever pactuado". STJ, REsp 1.579.321/SP, Rel. Min. Paulo de Tarso Sanseverino, Terceira Turma, DJe 21.02.2018.

portamento social desejado, estimulando a observância da norma, seja por meio da facilitação de seu cumprimento, seja por meio da concessão de benefícios, vantagens e prêmios decorrentes da efetivação da conduta socialmente adequada prevista na norma (técnica do encorajamento, por meio de sanções positivas).[262]

No segundo caso[263], a discussão versava sobre a possibilidade de coexistir em um contrato de locação de imóvel um desconto, para estimular o locatário a pagar o aluguel até determinada data, e uma multa moratória, para penalizar o devedor pelo atraso.

As instâncias ordinárias reconheceram a validade da sistemática contratual (bônus para induzir o cumprimento antecipado da obrigação e multa para punir a impontualidade), o que foi confirmado pelo STJ, que apenas deu provimento ao recurso em virtude de uma incompatibilidade nas condições contratuais (não existia a previsão do valor do "aluguel cheio", mas apenas com desconto e multa, configurando, portanto, *bis in idem* a aplicação da multa sobre o valor sem desconto).

Na parte que interessa, o STJ destacou que o desconto para pagamento pontual do aluguel é liberalidade do locador, "representando um incentivo concedido ao locatário para pagamento do aluguel em data convencionada, precedente à do vencimento normal da obrigação".

Além disso, assinalou que as cláusulas de abono pontualidade e de multa por impontualidade "são válidas, não havendo impedimento a que estejam previstas no contrato de locação de imóvel, desde que compatibilizadas entre si, nas respectivas lógicas de incidência antípodas".

---

262. REsp 1.424.814/SP, Rel. Min. Marco Aurélio Bellizze, Terceira Turma, DJe 10.10.2016. No mesmo sentido REsp 1.745.916/PR, Rel. Min. Nancy Andrighi, DJe 22.02.2019: "Embora o abono de pontualidade e a multa moratória sejam, ambos, espécies de sanção, tendentes, pois, a incentivar o adimplemento da obrigação, tratam-se de institutos com hipóteses de incidência distintas: o primeiro representa uma sanção positiva (ou sanção premial), cuja finalidade é recompensar o adimplemento; a segunda, por sua vez, é uma sanção negativa, que visa à punição pelo inadimplemento. (...) À luz desses conceitos de pontualidade e boa-fé objetiva, o abono de pontualidade, enquanto ato de liberalidade pela qual o credor incentiva o devedor ao pagamento pontual, revela-se, não como uma 'multa moratória disfarçada', mas como um comportamento cooperativo direcionado ao adimplemento da obrigação, por meio do qual ambas as partes se beneficiam".

263. REsp 832.293/PR, Rel. Min. Raul Araújo, Quarta Turma, DJe 28.10.2015.

No âmbito dos Tribunais de Justiça, uma pesquisa[264] realizada junto aos 27 (vinte e sete) Tribunais do país revela a larga utilização da expressão, destacando-se decisões do TJ/CE[265], TJ/DF[266], TJ/ES[267], TJ/MG[268], TJ/PA[269], TJ/PE[270], TJ/PR[271], TJ/RJ[272], TJ/SC[273] e TJ/SP[274].

---

264. A busca foi feita nos sites dos tribunais pelas expressões "sanção premial" e "sanções premiais". Levou-se em consideração apenas os julgados cujas ementas contêm tais termos, citando-se na tese apenas um exemplo de cada TJ (após a leitura do inteiro teor de todas as decisões). Dentro da metodologia adotada, não foram encontrados exemplos nos Tribunais de Justiça do Acre, Alagoas, Amazonas, Amapá, Bahia, Goiás, Maranhão, Mato Grosso do Sul, Mato Grosso, Paraíba, Piauí, Rio Grande do Norte, Rondônia, Roraima, Sergipe e Tocantins, em que pese tenham sido localizados julgados que fazem referência a tais expressões no inteiro teor dos votos. A pesquisa foi feita em janeiro de 2020.

265. EDcl nº 0523482-89.2011.8.06.0001, Des. Rel. Durval Aires Filho, Quarta Câmara Direito Privado, DJe 04.04.2017. Acesso pelo endereço eletrônico https://www.tjce.jus.br/ em: 24.03.2021.

266. APL nº 0005418-76.2016.8.07.0004, Des. Rel. Diaulas Costa Ribeiro, Oitava Turma Cível, DJe 07.02.2018. Acesso pelo endereço eletrônico https://www.tjdft.jus.br/ em: 24.03.2021.

267. AI nº 0023023-23.2012.8.08.0012, Des. Rel. Eliana Junqueira Munhos Ferreira, Quarta Câmara Cível, DJe 26.10.2012. Acesso pelo endereço eletrônico http://www.tjes.jus.br/ em: 24.03.2021.

268. APL nº 1761936-39.2012.8.13.0024, Des. Rel. José Marcos Vieira, Décima Sexta Câmara Cível, DJe 24.02.2014. Acesso pelo endereço eletrônico https://www.tjmg.jus.br/ em: 24.03.2021.

269. Recurso Administrativo nº 00006893920078140000, Des. Rel. Eliana Rita Daher Abufaiad, Conselho da Magistratura, DJe 19.10.2007. Acesso pelo endereço eletrônico http://www.tjpa.jus.br/ em: 24.03.2021.

270. AI nº 0011750-97.2013.8.17.0000, Des. Rel. Roberto da Silva Maia, Primeira Câmara Cível, DJe 23.10.2014. Acesso pelo endereço eletrônico https://www.tjpe.jus.br/ em: 24.03.2021.

271. APL nº 1696358-5, Des. Rel. Desembargador José Sebastião Fagundes Cunha, Terceira Câmara Cível, DJe 28.08.2017. Acesso pelo endereço eletrônico https://www.tjpr.jus.br/ em: 24.03.2021.

272. AI nº 0043876-39.2019.8.19.0000, Des. Rel. Alexandre Antônio Franco Freitas Câmara, Segunda Câmara Cível, DJe 19.09.2019. Acesso pelo endereço eletrônico http://www.tjrj.jus.br/ em: 24.03.2021.

273. AI nº 4018441-25.2017.8.24.0000, Des. Rel. Luiz Zanelato, Primeira Câmara de Direito Comercial, DJe 14.10.2019. Acesso pelo endereço eletrônico https://www.tjsc.jus.br/ em: 24.03.2021.

274. AI nº 2248286-30.2019.8.26.0000, Des. Rel. Ana de Lourdes Coutinho Silva da Fonseca, Décima Terceira Câmara de Direito Privado, DJe 16.01.2020. Acesso pelo endereço eletrônico https://www.tjsp.jus.br/ em: 24.03.2021.

Em relação aos 5 (cinco) Tribunais Regionais Federais[275], a expressão também pode ser encontrada em muitos julgados do TRF-1[276], TRF-2[277], TRF-3[278], TRF-4[279] e TRF-5[280], o que confirma a sua ampla disseminação.

1.8 SANÇÕES PREMIAIS E SACRIFÍCIO À SITUAÇÃO JURÍDICA DE OUTREM

Ainda que a assertiva tenha sabor de obviedade, importante frisar que, no caso das sanções premiais, o não exercício da conduta pelo destinatário da norma apenas lhe impede de receber o prêmio, não gerando qualquer punição[281].

Ou seja, o sujeito não é penalizado (como normalmente ocorre nas sanções punitivas), mas somente não faz jus ao benefício[282]. Há, por assim dizer, uma facultatividade incapaz de gerar, por si só, qualquer penalidade.

275. A busca foi feita nos sites dos Tribunais Regionais Federais pelas expressões "sanção premial" e "sanções premiais". Levou-se em consideração apenas os julgados cujas ementas contêm tais expressões, citando-se nesta obra apenas um exemplo de cada TRF (após a leitura do inteiro teor de todas as decisões).

276. APL nº 0020338-11.2011.4.01.3600, Rel. Des. Clemencia Maria Almada Lima de Angelo, Oitava Turma, DJe 06.12.2019. Acesso pelo endereço eletrônico https://portal.trf1.jus.br/ em: 24.03.2021.

277. AI nº 2015.00.00.002189-7, Des. Rel. Marcus Abraham, Quinta Turma Especializada, DJe 14.03.2016. Acesso pelo endereço eletrônico https://www10.trf2.jus.br/ em: 24.03.2021.

278. APL nº 0014809-86.2012.4.03.6100, Des. Rel. Marcelo Saraiva, Quarta Turma, DJe 24.10.2019. Acesso pelo endereço eletrônico https://www.trf3.jus.br/ em: 24.03.2021.

279. APL em Reexame Necessário nº 5001199-73.2013.4.04.7111, Des. Rel. Maria de Fátima Freitas Labarrère, Primeira Turma, Data de julgamento 11.12.2013. Acesso pelo endereço eletrônico https://www.trf4.jus.br/ em: 24.03.2021.

280. APL nº 08020589120174058302, Des. Rel. Rodrigo Vasconcelos Coelhos de Araújo, Primeira Turma, DJe 26.03.2018. Acesso pelo endereço eletrônico https://www.trf5.jus.br/ em: 24.03.2021.

281. "Não há sanção negativa pela não-adoção da opção privilegiada, mas o agente econômico não poderá usufruir as vantagens oferecidas para quem as adote". CORDOVIL, Leonor Augusta Giovine. A sanção premial no direito econômico. *Revista do Centro Acadêmico Afonso Pena* – Faculdade de Direito da UFMG, nº 1, 2004, p. 157-161. Como explica a doutrinadora, "embora sua adesão seja facultativa ao particular, constitui imposição ao Estado. Desde que a atividade seja protegida pela lei e exista previsão de estímulo pelo Poder Público, este não pode escolher se quer ou não utilizar a técnica de incentivo".

282. A propósito, vale registrar trecho do voto do Ministro Carlos Ayres Brito, da Primeira Turma, nos autos do HC 86.173-3/SP, DJ 24.04.2006: "Sanção é palavra gênero, por abarcar tanto uma consequência favorável quanto um efeito desfavorável pelo cumprimento, ou, então, pelo descumprimento de uma norma. E é precisamente no primeiro

Por outro lado, tal benefício pode implicar algum sacrifício à situação jurídica de outrem (redução de honorários advocatícios, isenção das custas etc.). Trata-se, porém, de escolha legislativa – ainda que sem estudo prévio – que avalia e sopesa, em cenário *ex ante*, os valores em jogo.[283]

Nesse particular, recomenda-se ao legislador "prudência e responsabilidade para definir os prêmios concedidos, os incentivos, os subsídios, as isenções"[284], já que, embora tenham o condão de influenciar comportamentos, podem gerar sacrifício a interesse alheio.

No campo das convenções processuais, ajustes premiais podem perfeitamente conjugar benefícios e restrições a direitos e posições jurídicas, à luz da autonomia de vontade (o tema será desenvolvido no capítulo 5).

Em ambas as situações, uma vez adotado o comportamento pelo destinatário, cabe ao Estado – ou àquele que se obrigou – garantir/honrar a efetivação do prêmio.

1.9 SANÇÕES PREMIAIS E SANÇÕES PUNITIVAS: UMA SIMBIOSE NO ORDENAMENTO JURÍDICO NACIONAL

Na atual concepção do Estado Democrático de Direito, as sanções premiais e as sanções punitivas compõem o repertório de instrumentos à disposição do Estado e dos operadores do Direito em geral.

Como visto, enquanto as sanções punitivas são consequências negativas decorrentes do descumprimento da norma (o fato gerador é a transgressão),

---

sentido que se insere a sanção premial, por significar um benefício pela obediência a determinada regra de Direito. Cuida-se de uma distinção que parte de um claro pressuposto: o gênero humano costuma ser mais sensível a promessas de recompensa do que a ameaças de castigo. Por isso que o Direito às vezes prefere operar pela técnica do estímulo ao comportamento socialmente desejável, abrindo ao seu destinatário a possibilidade de obtenção de uma dada recompensa. (...) Convém repetir. Pela sanção premial, sanção da espécie positiva, o Direito promete uma recompensa, um benefício, uma vantagem, um ganho, uma mercê, enfim, na hipótese do cumprimento de uma dada norma. Impondo ao destinatário dessa promessa, não propriamente um dever. (...) Por esse modo de ver as coisas, a norma veiculadora de sanção premial nenhuma perda acarreta para o seu endereçado, se por acaso descumprida. Tal endereçado apenas deixa de obter o ganho para cujo desfrute a norma lhe acenou".

283. Como se verá mais adiante, na sanção premial estipulada pelo juiz não se pode afetar direito alheio.

284. BENEVIDES FILHO, Maurício. *A sanção premial no direito*. Brasília: Brasília Jurídica, 2009, p. 64-65.

as sanções premiais são consequências positivas para estimular determinado comportamento (o fato gerador é o adimplemento).[285]

Na visão de Darci Guimarães Ribeiro[286], as sanções premiais se distinguem das punitivas (repressivas) pelos fins, pelos meios e pela finalidade.

Em relação aos fins, as sanções premiais buscam estimular uma conduta, enquanto as sanções punitivas visam principalmente a impedir um ato antijurídico. Já quanto aos meios, as sanções premiais estão ligadas à técnica da promessa, enquanto as sanções punitivas adotam o mecanismo da ameaça. Por sua vez, no que toca à finalidade, as sanções premiais possuem função inovadora, enquanto as sanções punitivas têm função conservadora, embora, em algumas situações, essa diferenciação possa ser mitigada.[287]

Na prática, a desconformidade provoca a imposição de penas, enquanto a conformidade justifica a concessão de prêmios[288], sendo a *lógica premial* "uma alternativa construtiva à alternativa polar da punição pela inadimplência"[289].

Em termos caricaturais, a sanção jurídica funciona como um ímã do comportamento humano, sendo a sanção punitiva a força de repulsão e a sanção premial a força de atração[290].

---

285. "(...) enquanto as sanções negativas, punitivas, buscam induzir o comportamento do executado por meio da ameaça de um mal, as positivas se destinam a incentivar a conduta do executado por meio da oferta de posições jurídicas de vantagem (ou de menor desvantagem), normalmente acompanhada de incentivos fiscais, da redução de encargos moratórios, honorários advocatícios ou até pela possibilidade de cumprimento parcelado da prestação devida". GISMONDI, Rodrigo Altenburg Odebrecht Curi. *Processo civil de interesse público e medidas estruturantes:* da execução negociada à intervenção judicial. 250 f. Dissertação (Mestrado em Direito Processual) – Universidade do Estado do Rio de Janeiro (UERJ), Rio de Janeiro, 2016, p. 130.

286. RIBEIRO, Darci Guimarães. Contribuição ao estudo das sanções desde a perspectiva do Estado Democrático de Direito. In: LEONEL, Severo Rocha; STRECK, Lenio Luiz. (Orgs.) *Constituição, sistemas sociais e hermenêuticas.* Porto Alegre, Livraria do Advogado, 2005, p. 198.

287. Sanções premiais podem, por exemplo, estimular comportamentos conservadores, quando estes já se tornaram a tônica na sociedade.

288. ROCHER, Guy. *Sociologia Geral.* 3. ed. Lisboa: Editorial Presença, 1977, p. 94.

289. MOREIRA NETO, Diogo de Figueiredo. *Curso de Direito Administrativo.* 16. ed. Rio de Janeiro: Forense, 2014, p. 578.

290. "A sanção repressiva ideal é aquela que jamais incide! (...). Curiosamente, portanto, a sanção repressiva ideal é aquela que jamais incida em razão da dissuasão por ela causada. No extremo oposto há a sanção premial, cuja zona ideal de aplicação **é a de almejar** sempre incidir, ao propiciar sempre comportamentos desejáveis em função da premiação

Antes de finalizar este tópico, cabe registrar que, além de necessárias[291] e educativas[292], as sanções punitiva e premial podem coexistir perfeitamente[293], sendo que essa simbiose pode existir não apenas sob o prisma legal, mas

---

por ela concedida. Ou seja, a sanção premial ideal é aquela que sempre incide! (...) Em outras palavras, não se pode permitir que qualquer conduta lícita enseje a incidência de sanções premiais, sob pena de, *em tudo sendo premiado*, não mais se obter a força de atração necessária para se conseguir o comportamento verdadeiramente meritório, este sim, destinatário das sanções premiais. (...) Por outro diapasão, mas ainda sobre o mesmo tema, registre-se que o grande mérito obtido com a adoção das sanções premiais é justamente a característica de polarizar os comportamentos - exatamente como os polos de um imã - afastando os comportamentos indesejados em um polo e, atraindo os comportamentos meritórios, de outro. Foge-se assim do desenho clássico, onde a sanção era sempre, somente, compreendida em seu sentido punitivo, não havendo nenhum incentivo para que houvesse comportamentos que superassem as expectativas medianas e normais". ALOISIO, Anderson Bellini. *Epistemologia das sanções processuais:* uma análise com enfoque nas *astreintes* e seu impacto na concretização de direitos. Dissertação apresentada como requisito parcial para a obtenção do título de Mestre em Direito pelo Programa de Pós-Graduação em Direito da Universidade do Vale do Rio dos Sinos - UNISINOS, São Leopoldo, 2015, p. 30-31.

291. "Mas nenhuma sociedade viverá apenas de sanção positiva. Onde há luz, haverá sempre um reflexo de sombras. A repressão é uma fatalidade que jamais abandonará o homem no curso da História. Reprimir sua conduta para salvar a ordem social é um remédio extremo, mas necessário e insubstituível. Porém, incentivar a conduta correta é também uma missão histórica que deveria construir a meta dos governos em qualquer sociedade organizada, pois violação e pena estão na mesma proporção que cumprimento e prêmio das normas". SILVA, Antônio Álvares da. *Cinco estudos de direito do trabalho.* São Paulo: LTr, 2009, p. 19.

292. "A sanção negativa pretende desencorajar as condutas dissonantes, preservando os preceitos esculpidos no ordenamento normativo ou, em caso de violação, providenciar sua restauração na medida do possível, tendo, por conseguinte, uma função reparadora. Já a sanção positiva objetiva incentivar os comportamentos conformes, compensando o esforço e o sacrifício requisitado ao cidadão". BENEVIDES FILHO, Maurício. *A sanção premial no direito.* Brasília: Brasília Jurídica, 2009, p. 95.

293. "Mediante gratificações e punições a sociedade controla o comportamento dos seus membros. É possível obter que um indivíduo cumpra a ação socialmente devida, segundo o papel que desempenha, gratificando-o com prestígio, benefícios materiais, segurança psicológica, prêmios etc. Ou o controle da conduta dos membros de uma sociedade se efetua castigando-se condutas desviadas, seja com o repúdio moral dos outros membros do grupo, o isolamento do infrator, o castigo físico, as privações patrimoniais etc. Debaixo desse critério, sociologicamente irrecusável, sanção e prêmio seriam técnicas de eficácia comuns a todas as normas de convivência". SOUZA, Daniel Coelho de. *Introdução à ciência do Direito.* 3. ed. rev. e aum. São Paulo: Saraiva, 1980, p. 140.

também sob a ótica convencional (como já reconheceu, inclusive, o STJ[294]) e, ainda, no plano judicial, o que será investigado no capítulo 6.

1.10 DIFERENTES ESPECTROS DE INCIDÊNCIA DAS SANÇÕES PREMIAIS E DAS SANÇÕES PUNITIVAS

Diferentemente das sanções punitivas, que, na concepção clássica, incidem exclusivamente no caso de transgressão de um dever ou de uma obrigação, as sanções premiais servem para estimular determinado comportamento indicado na norma, podendo ser estipuladas a partir de diferentes situações jurídicas[295], como deveres[296]/obrigações (ex., redução de honorários advocatícios e isenção de custas judiciais, na hipótese de pagamento do débito), faculdades[297] (ex: isenção de custas remanescentes, em caso

---

294. STJ, REsp 1.579.321/SP, Rel. Min. Paulo de Tarso Sanseverino, Terceira Turma, DJe 21.02.2018.

295. Foge ao propósito do presente trabalho revisitar a Teoria Geral do Direito e examinar teorias e classificações envolvendo as situações jurídicas (que constituiriam uma "categoria fundamental do direito". FONTES, André. *A pretensão como situação jurídica subjetiva*. Belo Horizonte: Del Rey, 2002, p. 75). Para um aprofundamento das situações jurídicas, ver CASTRO, Torquato. *Teoria da Situação Jurídica em Direito Privado Nacional*. São Paulo: Saraiva, 1985; MELLO, Marcos Bernardes de. *Teoria do fato jurídico*: plano da eficácia. 1ª parte. 8. ed. São Paulo: Saraiva, 2013.

296. (...) "o dever jurídico se diferencia do ônus porque no primeiro atende-se ao interesse público ou de terceiro, e no ônus a um interesse próprio. Por isso mesmo é que, quanto ao ônus, deixa-se a parte livre para optar por exercer o seu direito ou não (sujeitando-se, nesse segundo caso, à desvantagem que dessa omissão decorre), sendo indiferente para a autoridade jurisdicional se a parte optou por uma ou outra alternativa; quanto ao dever, ao contrário, o inadimplemento implica imediatamente uma reação do sistema, que não aceita aquele comportamento omissivo". SICA, Heitor Vitor Mendonça. *Preclusão processual civil*. 2. ed. São Paulo: Atlas, 2008, p. 103. Na prática, "os deveres são situações jurídicas passivas que constituem imperativos de conduta no interesse alheio". COSTA, Marília Siqueira da. *Convenções processuais sobre intervenção de terceiros*. Salvador: Juspodivm, 2018, p. 64. A propósito, o art. 77, IV, do CPC, dispõe que são *deveres das partes* "cumprir com exatidão as decisões jurisdicionais, de natureza provisória ou final, e não criar embaraços à sua efetivação". No capítulo 6, vamos investigar se o juiz pode, por exemplo, determinar que a parte cumpra o comando judicial, prevendo uma penalidade na hipótese de descumprimento e, ao mesmo tempo, um prêmio, caso a ordem seja cumprida antes do prazo fixado.

297. "Aquelas {as faculdades} têm por premissa a disponibilidade de bens ou de situações jurídicas e, daí, serem conceituadas como *liberdade de conduta*; cada qual age ou omite-se segundo sua vontade e sua própria escolha, tendo em vista o resultado que mais lhe agrade". DINAMARCO, Cândido Rangel. *Instituições de direito processual civil*. v. 2. 2. ed. São Paulo: Malheiros, 2007, p. 213-214. No mesmo sentido: "as faculdades são os

de celebração de acordo até a sentença), bem como ônus[298], poderes[299] e direitos[300], sobretudo por meio de convenções processuais[301].

---

poderes aos quais não são previstas consequências negativas pelo não exercício (...) o que, além de conferir à parte maior liberdade de atuação comparativamente ao ônus, também reduz (para não dizer que elimina) a possibilidade de benefício indireto para a parte adversa". COSTA, Marília Siqueira da. *Convenções processuais sobre intervenção de terceiros*. Salvador: Juspodivm, 2018, p. 63-64.

298. Para James Goldschmidt, o ônus seria o imperativo do próprio interesse. GOLDSCHMIDT, James. *Principios Generales del Proceso*. 2. ed. Buenos Aires: Ediciones Jurídicas Europa-América, 1961, p. 91. Já na visão de Alfred Buzaid, "como o ônus consiste na necessidade de realizar uma atividade, sob pena de sofrer um efeito danoso, pela ausência do ato só o litigante é atingido, podendo beneficiar-se o adversário; ocorrendo, todavia, o descumprimento de obrigação legal, nasce para a outra parte o direito de haver ressarcimento do dano que lhe foi causado". BUZAID, Alfredo. Processo e verdade no direito brasileiro. *Revista de Processo*. São Paulo: Revista dos tribunais, nº 47, jul.set./1987, p. 96. Em sentido semelhante: "O ônus, destarte, é um vínculo imposto à vontade do sujeito em razão de seu próprio interesse. Nisto se distingue do dever – e da obrigação – que consubstancia vínculo imposto àquela mesma vontade, porém no interesse de outrem. (...) o ônus é o instrumento através do qual o ordenamento jurídico impõe ao sujeito de um determinado comportamento, que deverá ser adotado se não pretender ele arcar com as consequências que lhe serão prejudiciais". GRAU, Eros. Nota sobre a distinção entre obrigação, dever e ônus. *Revista da Faculdade de Direito*, Universidade de São Paulo, v. 77, 1982, p. 181. Vide também ABREU, Rafael Sirangelo Belmonte de. *O processo civil entre o jurídico e o econômico*: o Caráter Institucional e Estratégico do Fenômeno Processual. Tese apresentada ao Programa de Pós-Graduação em Direito da Faculdade de Direito da Universidade Federal do Rio Grande do Sul como requisito parcial para obtenção do título de Doutor em Direito. Porto Alegre, 2018, p. 128.

299. Há quem entenda, por exemplo, que as partes têm um "poder recursal". ALVES, Tatiana Machado. Ensaio sobre a classificação das convenções probatórias. In: DIDIER JR., Fredie (Coord. geral); CABRAL, Antonio do Passo; NOGUEIRA, Pedro Henrique (Coords.). *Negócios Processuais*. Coleção Grandes Temas do CPC. t. 2. Salvador: Juspodivm, 2020, p. 331.

300. Para quem defende que a escolha do procedimento é um direito potestativo (a parte pode, por exemplo, optar pela via do mandado de segurança em vez de propor uma ação sob o procedimento comum), também é possível pensar em ajustes premiais. Sobre o tema, ver DIDIER JR., Fredie. O direito de ação como complexo de situações jurídicas. Disponível em http://www.frediedidier.com.br/artigos/o-direito-de-acao--como-complexo-de-situacoes-juridicas[1]/. Acesso em: 20.02.2020; DIDIER JR., Fredie; CABRAL, Antonio do Passo; CUNHA, Leonardo Carneiro da. *Por uma nova teoria dos Procedimentos Especiais* – dos procedimentos às técnicas. Salvador: Juspodivm, 2018, p. 43. Alguns exemplos serão fornecidos no item 5.3.1. Registre-se apenas que, para alguns doutrinadores, a escolha do procedimento é "faculdade". DINAMARCO, Cândido Rangel. *Instituições de Direito Processual Civil*. v. 2. São Paulo: Malheiros, 2001, p. 461.

Ainda que a diferenciação das situações jurídicas possa ter alguma utilidade para este trabalho – para evidenciar, por exemplo, o maior espectro de incidência das sanções premiais –, não se pode olvidar que a relação jurídica é dinâmica e muitas vezes um mesmo ato processual pode traduzir mais de uma situação jurídica[302], inclusive com "mistura entre posições jurídicas"[303].

A propósito, Candido Rangel Dinamarco[304] alerta que as definições legais não contêm poderes, faculdades, obrigações, deveres, ônus etc., revelando, na verdade, "uma tomada de posição, meramente doutrinária, da pessoa do legislador em face de certos institutos, e, se errôneas ou contrárias à realidade, acabam por não prevalecer".[305]

Prova disso é que, embora o legislador tenha se valido da expressão "ônus da impugnação especificada" (art. 341, parágrafo único, do CPC), há quem entenda que a hipótese, na verdade, materializa um dever[306], salvo no

---

301. Vale lembrar que, à luz do art. 190 do CPC, as partes podem convencionar sobre os seus ônus, poderes, faculdades e deveres processuais, antes ou durante o processo. Enunciado nº 258 do FPPC: "As partes podem convencionar sobre seus ônus, poderes, faculdades e deveres processuais, ainda que essa convenção não importe ajustes às especificidades da causa".

302. "Aparentemente, esse dissenso doutrinário decorre da possibilidade de a parte, ao praticar um ato exercer múltiplas situações jurídicas ativas e passivas ao mesmo tempo. O exemplo do abuso de recorrer é paradigmático. Quando a parte opõe embargos de declaração manifestamente protelatórios, ela está exercendo o poder e a faculdade de recorrer, que são situações ativas; simultaneamente, ela está se desincumbindo do ônus de recorrer e também está violando o dever de lealdade (....), que são situações passivas". CARRADITA, Andre Luis Santoro. *Abuso de situações jurídicas processuais no Código de Processo Civil*. Dissertação apresentada ao curso de Pós-Graduação em Direito Processual da Faculdade de Direito da Universidade de São Paulo como requisito parcial para obtenção do título de Mestre, São Paulo, 2013, p. 131. Em sentido semelhante, DIDIER JR., Fredie. O direito de ação como complexo de situações jurídicas. Disponível em http://www.frediedidier.com.br/artigos/o-direito-de-acao-como-complexo-de-situacoes-juridicas%C2%B9/. Acesso em: 28.02.2020.

303. PEREIRA, Lara Dourado Mapurunga. *Negócios jurídicos processuais sobre presunções*. Salvador: Juspodivm, 2020, p. 145.

304. DINAMARCO, Candido Rangel. *Direito Processual Civil*. São Paulo: José Bushatsky, 1975, p. 14.

305. Muitas vezes também as categorias doutrinárias são importadas para o texto legal. Veja-se, por exemplo, a expressão "condições da ação", que era utilizada no CPC/73 e foi suprimida do CPC/15.

306. AUBERT, Eduardo Henrik. *A impugnação especificada dos fatos no processo civil brasileiro*. Tese apresentada à Banca Examinadora do Programa de Pós-Graduação em Direito, da Faculdade de Direito da Universidade de São Paulo, como exigência parcial para

caso do defensor público, do advogado dativo e do curador especial (em que haveria uma faculdade).

Controvérsias à parte, alguns exemplos podem ajudar a comprovar o maior campo de incidência das sanções premiais.

Imagine-se que, ao final da audiência de mediação/conciliação do art. 334 do CPC e por força dos debates preliminares, as partes estabeleçam que, se o autor desistir da ação em até 5 (cinco) dias antes da contestação (faculdade processual - art. 485, § 4º, do CPC[307]), não precisará pagar honorários sucumbenciais ao advogado do réu (que também concorda com esse arranjo premial).[308]

Muitas vezes uma convenção processual dessa natureza contempla vantagens recíprocas[309], sobretudo quando o desfecho da causa é incerto. No caso do autor, evita-se eventual sucumbência futura, enquanto para o réu elimina-se o risco de condenação e a respectiva sucumbência. Já em relação ao advogado do réu, podem existir motivos que justifiquem sua concordância, inclusive o interesse de fidelizar seu cliente e eventuais honorários contratuais de êxito. Tudo isso sem falar nos aspectos de eficiência processual e de

---

obtenção do título de Doutor em Direito, na área de concentração de Direito Processual. São Paulo, 2019, p. 345.

307. "A parte que desiste da ação engendra faculdade processual, deixando incólume o direito material, tanto que descompromete o Judiciário de se manifestar sobre a pretensão de direito material". STJ, REsp 901.497/AM, Rel. Min. Luiz Fux, Primeira Turma, DJ 12.05.2008.

308. Na hipótese de desistência, o STJ entende que os honorários sucumbenciais são devidos desde a citação do réu, independentemente da apresentação da contestação. Vide, por exemplo: "Processual civil. Agravo Interno no Agravo em Recuso Especial. Honorários advocatícios. Desistência após citação. Acordão recorrido em consonância com a jurisprudência desta Corte. Súmula nº 83. Decisão mantida. (...) 2. O entendimento do Tribunal a quo está em conformidade com a jurisprudência desta Corte, segundo a qual *é cabível a condenação em* honorários advocatícios na hipótese de o pedido de desistência da ação ter sido protocolado após a ocorrência da citação da ré, ainda que em data anterior à apresentação da contestação. 3. Agravo interno a que se nega provimento." AgInt no AREsp 1449328/SP, Rel. Min. Antonio Carlos Ferreira, Quarta Turma, DJe 22.08.2019. O STJ também já reconheceu que são devidos honorários advocatícios pela parte desistente, mesmo quando o pedido de desistência ocorreu antes da citação (que veio a ser efetivada, com a apresentação de contestação). REsp 548.559/PE, Rel. Min. Teori Albino Zavascki, Primeira Turma, DJ 03.05.2004.

309. Em muitos casos o encerramento do processo pode ser interessante para ambos os litigantes, não apenas em razão dos custos, mas também por questões estratégicas (por exemplo, empresas que estejam em processo de avaliação para futura abertura de capital, que pretendam participar de licitações específicas etc.).

duração razoável do processo, caso a conduta estimulada seja praticada, além dos próprios benefícios ao Estado, em razão das despesas com a atividade jurisdicional (salários de servidores, juízes, insumos, materiais etc.).

Em tal exemplo, o prêmio – não pagamento dos honorários sucumbenciais – foi convencionado a partir de uma faculdade processual do autor (desistir da ação até a contestação).

Da mesma forma, as partes podem convencionar que, na hipótese de litígio, se o réu se abstiver de alegar, no prazo da contestação, a existência de convenção de arbitragem (ônus), será reembolsado ao final do processo das custas judiciais eventualmente adiantadas, independentemente de eventual sucumbência. Trata-se de ajuste que visa a premiar aquele que concordou em se submeter à jurisdição estatal, em detrimento da jurisdição arbitral (conforme havia sido pactuado).

Ou seja, o referido prêmio – reembolso das custas judiciais adiantadas – foi estipulado a partir de um ônus processual do réu (alegar a convenção de arbitragem na peça de defesa).

Não é difícil perceber, portanto, que o espectro de incidência das sanções premiais é muito mais amplo do que o das sanções punitivas, o que evidencia a sua potencialidade e a capacidade de otimizar a própria prestação jurisdicional.

Capítulo 2

INTERFACE ENTRE SANÇÕES PREMIAIS E NORMAS FUNDAMENTAIS DO PROCESSO CIVIL

As normas fundamentais do processo civil formam a espinha dorsal do CPC/15 e estão disciplinadas no primeiro capítulo do código (arts. 1º a 12).[1]

Na prática, são "eixos normativos a partir dos quais o processo civil deve ser interpretado, aplicado e estruturado"[2]. Por meio delas, "o legislador pretende deixar muito claro quais são os seus compromissos fundamentais"[3].

Como destaca Fredie Didier Jr.[4], a norma é fundamental porque "estrutura o modelo do processo civil brasileiro e serve de norte para a compreensão de todas as demais normas jurídicas processuais civis".

Afirma-se, ainda, que, se "essas normas são garantias fundamentais, então devem iluminar todo o sistema jurídico, impondo às regras processuais interpretação que ofereça a esses valores a sua maior densidade e mais ampla aplicabilidade"[5].

Alexandre Freitas Câmara[6] afirma, com razão, que o rol não é exaustivo, dando como exemplo o princípio do juiz natural, que não é ali mencionado.

---

1. De acordo com o Enunciado 370 do FPPC, "norma processual fundamental pode ser regra ou princípio". Por sua vez, Daniel Mitidiero entende que as normas fundamentais podem ser princípios, regras e postulados. MITIDIERO, Daniel. *Processo Civil*. 1. ed. São Paulo: Thomson Reuters Brasil, 2021, p. 108.
2. MARINONI, Luiz Guilherme; ARENHART, Sérgio Cruz; MITIDIERO, Daniel. *O novo processo civil*. 2. ed. São Paulo: Revista dos Tribunais, 2016, p. 165. Para um estudo detalhado das normas fundamentais e seus reflexos, ver a obra DIDIER JR., Fredie (Coord. Geral); DIDIER JR., Fredie; NUNES, Dierle; FREIRE, Alexandre (Coords.). *Normas fundamentais*. Coleção Grandes Temas do novo CPC. Salvador: Juspodivm, 2016.
3. MITIDIERO, Daniel. *Processo Civil*. 1. ed. São Paulo: Thomson Reuters Brasil, 2021, p. 108.
4. DIDIER JR., Fredie. *Curso de Direito Processual Civil*. v. 1. 19. ed. rev., ampl. e atual. Salvador: Juspodivm, 2017, p. 71.
5. ARENHART, Sérgio Cruz; OSNA, Gustavo; JOBIM, Marco Félix. *Curso de Processo Estrutural*. São Paulo: Thomson Reuters Brasil, 2021, p. 13.
6. CÂMARA, Alexandre Freitas. *O novo processo civil brasileiro*. 4. ed. rev. e atual. São Paulo: Atlas, 2018, p. 7. No mesmo sentido o Enunciado 369 do FPPC: "O rol de normas

Diferentemente do artigo inicial do CPC/73, que travava da jurisdição, o art. 1º do CPC/15 estabelece que o processo civil será ordenado, disciplinado e interpretado conforme os valores e as normas fundamentais estabelecidos na Constituição Federal.

Significa dizer que "todos os princípios constitucionais devem ser utilizados para a correta interpretação e aplicação das normas processuais. Estas devem ser lidas e compreendidas a partir daqueles"[7].

Procura-se, dessa forma, "conceber um processo civil compatível com o ideal de protetividade dos direitos inerentes à cláusula do Estado Democrático de Direito (art. 1º, CRFB)"[8].

Nesse contexto, o objetivo deste capítulo é demonstrar a estreita interconexão entre sanções premiais e normas fundamentais do processo civil.

Como será demonstrado adiante, os prêmios podem maximizar a eficiência processual, contribuir para a duração razoável do processo, prestigiar os métodos autocompositivos, valorizar a cooperação e fomentar a boa-fé, entre outros.

Na prática, as sanções premiais ajudam a dar concretude às normas fundamentais do processo civil. Não raro, os prêmios se conectam a mais de uma norma fundamental.

Sob outro prisma, as sanções premiais também são consentâneas com as próprias funções do processo (existe um interesse público na resolução de conflitos; há constante preocupação com os custos do Judiciário e com o tempo de duração das demandas, entre outros aspectos inerentes à atividade jurisdicional[9]).

---

fundamentais previsto no Capítulo I do Título Único do Livro I da Parte Geral do CPC não é exaustivo".

7. CAMBI, Eduardo; DOTTI, Rogéria; PINHEIRO, Paulo Eduardo d'Arce; MARTINS, Sandro Gilbert; KOZIKOSKI, Sandro Marcelo. *Curso de processo civil completo*. 1. ed. São Paulo: Revista dos Tribunais, 2017, p. 61.

8. MARINONI, Luiz Guilherme. *Comentários ao Código de Processo Civil*: artigos 1º ao 69. 1. ed. São Paulo: Revista dos Tribunais, 2016, p. 95. No mesmo sentido, mas com ênfase no paradigma filosófico, ver RIBEIRO, Marcelo. Levando a sério as normas fundamentais. In: MAZZOLA, Marcelo; RIBEIRO, Nathalia. *Impactos do Código de Processo Civil de 2015 na advocacia*. Londrina: Thoth, 2021, p. 305-320.

9. Para uma análise histórica do conceito de jurisdição e a apresentação de uma Teoria Geral da Jurisdição, com análise de características, princípios e funções, ver GONÇALVES, Marcelo Barbi. *Teoria Geral da Jurisdição*. Salvador: Juspodivm, 2020.

É o que será explorado a seguir, inclusive com exemplos extraídos do CPC/15.[10]

2.1 EFICIÊNCIA PROCESSUAL

A palavra eficiência vem do latim *efficientia*[11] e possui diversos significados a depender do campo de aplicação (medicina, economia, esportes etc.). O foco será no campo do Direito, mais especificamente processual.[12]

Para fins deste trabalho, não interessa perquirir se a eficiência caracteriza um princípio[13] ou um postulado normativo[14], mas sim analisar a sua interface com as sanções premiais.

---

10. A análise detalhada das normas premiais previstas no CPC/15 será feita no capítulo 4.
11. BATISTA JÚNIOR, Onofre Alves. *Princípio constitucional da eficiência administrativa.* 2. ed. Belo Horizonte: Fórum, 2012, p. 91.
12. Para uma análise vertical do tema, ver JOBIM, Marco Félix. *As funções da eficiência no processo civil brasileiro.* São Paulo: Revista dos Tribunais, 2018.
13. DIDIER JR., Fredie. *Curso de Direito Processual Civil.* v.1. 18. ed. Salvador: Juspodivm, 2016, p. 101; CUNHA, Leonardo Carneiro da. A previsão do princípio da eficiência no projeto de novo Código de Processo Civil Brasileiro. *Revista de Processo.* São Paulo, Revista dos tribunais, nº 233, jul./2014, p. 79. No mesmo sentido CAMPOS, Eduardo Luiz Cavalcanti. *O Princípio da Eficiência no Processo Civil Brasileiro.* 1. ed. Rio de Janeiro: Forense, 2018, p. 64; GARCIA, Gustavo Filipe Barbosa. *Novo Código de Processo Civil*: Lei 13.105/2015 - principais modificações. Rio de Janeiro: Forense, 2015, p. 42; BARREIROS, Lorena Miranda Santos. *Convenções processuais e poder público.* Salvador: Juspodivm, 2016, p. 368.
14. ÁVILA, Humberto. *Teoria dos princípios.* Da definição à aplicação dos princípios jurídicos. 10. ed. atual. e ampl. São Paulo: Malheiros, 2009, p. 125-139; CABRAL, Antonio do Passo. *Juiz natural e eficiência procedimental*: flexibilização, delegação e coordenação de competências no processo civil. Tese apresentada no concurso de provas e títulos para provimento do cargo de Professor Titular de Direito Processual Civil da Faculdade de Direito da Universidade do Estado do Rio de Janeiro, 2017, p. 242-244. Versão comercial da tese (CABRAL, Antonio do Passo. *Juiz natural e eficiência procedimental*: flexibilização, delegação e coordenação de competências no processo civil. São Paulo: Thomson Reuters, 2021). Vide também MOUZALAS, Rinaldo. Executividade das decisões de improcedência de acordo com o Código de Processo Civil de 2015. *Revista de Processo.* São Paulo: Revista dos Tribunais, nº 283, set./2018, p. 331. No mesmo sentido Müller, Julio Guilherme. *Negócios Processuais e Desjudicialização da Produção da Prova* - Análise econômica e jurídica. São Paulo: Revista dos Tribunais, 2017, p. 303; RIBEIRO, Darci Guimarães. *Da Tutela jurisdicional às formas de tutela.* Porto Alegre: Livraria do Advogado, 2010, p. 81.

Inicialmente, vale lembrar que o art. 37 da Constituição Federal[15] prevê que a administração pública direta e indireta de qualquer dos Poderes da União, dos Estados, do Distrito Federal e dos Municípios obedecerá aos princípios de legalidade, impessoalidade, moralidade, publicidade e *eficiência.*[16]

Como afirma a doutrina, a eficiência, como matriz constitucional[17], também vincula o Judiciário na prestação de seus serviços e pressupõe a "observância do ordenamento jurídico e utilização de recursos financeiros, materiais e pessoais de forma racional, para possibilitar que as partes alcancem um resultado útil"[18].

---

15. "Na realidade, se bem interpretado, o que o texto constitucional está preconizando – de forma abrangente – é a eficiência do Estado, princípio ao qual estão condicionados, em razão disso, além dos órgãos administrativos, também os órgãos legislativos e os órgãos jurisdicionais". DIAS, Ronaldo Brêtas de Carvalho. *A responsabilidade do Estado pela função jurisdicional.* Belo Horizonte: Del Rey, 2004, p. 154. A eficiência também é prevista expressamente em alguns diplomas no campo administrativo: art. 2º da Lei nº 9.784/99 (que regula o processo administrativo no âmbito da Administração Pública Federal); art. 3º, II, da Lei nº 13.334/2016 (que cria o Programa de Parcerias de Investimentos – PPI); entre outros.
16. "(...) a eficiência não pode ser entendida apenas como maximização financeira, mas sim como um melhor exercício das missões de interesse coletivo que incumbem ao Estado, que deve obter a maior realização prática possível das finalidades do ordenamento jurídico, com os menores ônus possíveis, tanto para o Estado, inclusive de índole financeira, como para as liberdades dos cidadãos". ARAGÃO, Alexandre Santos de. *Curso de Direito Administrativo.* 2. ed. Rio de Janeiro: Forense, 2013, p. 73.
17. "Ora, parece desnecessário dizer que o princípio da eficiência encontra expressa previsão na Constituição Brasileira (art. 37) e que, sendo o serviço 'justiça' um serviço público, deve ele também estar orientado por esse critério". ARENHART, Sérgio Cruz. *A tutela coletiva dos direitos individuais*: para além da proteção dos interesses individuais homogêneos. 2. ed. São Paulo: Revista dos Tribunais, 2014, p. 46.
18. "No contexto atual, acredita-se que a superação da ineficiência do Judiciário dependeria mais de técnicas administrativas para gestão daqueles recursos, bem como dos serviços que são executados, além de uma atividade fiscalizadora séria por parte dos órgãos estatais e pessoas que atuam perante o Judiciário; e menos alterações legais". CASAGRANDE, Érico Vinicius Prado. Efetividade do direito e eficiência do Judiciário. In: TAVARES, Fernando Horta (Coord.). *Urgência de tutela.* Curitiba: Juruá, 2008, p. 91. No mesmo sentido: "É evidente que esse dever da Administração é igualmente aplicável ao Poder Judiciário. Primeiramente, porque ainda que a função administrativa seja a função típica do Poder Executivo, sabe-se que os demais poderes (Judiciário e Legislativo) também exercem atividade administrativa, ainda que de forma atípica. Em segundo lugar, porque mesmo para o exercício da função típica jurisdicional, é evidente que a eficiência deve ser igualmente observada, sendo possível, inclusive, considerar o 'serviço jurisdicional' como uma espécie de 'serviço público'". REDONDO, Bruno Garcia. Eficiência da prestação jurisdicional e flexibilização do procedimento pelo juiz

Nessa linha, cabe recordar que o CPC/15, em seu art. 8º[19], estabelece que, ao aplicar o ordenamento jurídico, o juiz atenderá aos fins sociais e às exigências do bem comum, resguardando e promovendo a dignidade da pessoa humana e observando a proporcionalidade, a razoabilidade, a legalidade[20], a publicidade e a eficiência[21].

---

e pelas partes. *Revista Jurídica UNIGRAN*. Dourados, Mato Grosso do Sul, v. 15, nº 30, jul./dez. 2013. Disponível em https://www.unigran.br/revista_juridica/ed_anteriores/30/artigos/artigo06.pdf. Acesso em: 07.07.2018.

19. Na Exposição de Motivos do CPC/15, fica clara a preocupação da Comissão de Juristas em valorizar a eficiência processual: "Sendo ineficiente o sistema processual, todo o ordenamento jurídico passa a carecer de real efetividade. De fato, as normas de direito material se transformam em pura ilusão, sem a garantia de sua correlata realização, no mundo empírico, por meio do processo". SENADO FEDERAL. *Código de processo civil e normas correlatas*. 7. ed. Brasília, 2015, p. 24. Disponível em https://www2.senado.leg.br/bdsf/bitstream/handle/id/512422/001041135.pdf. Acesso em: 21.02.2020.

20. A referência à legalidade é um legado do tempo em que se via apenas a lei como fonte do Direito, sendo "um lapso causado pela tentativa de reproduzir a parte final do dispositivo do art. 37, *caput*, da Constituição Federal (o que faz sentido, sobretudo, se se pensar a jurisdição estatal como um serviço público)". SOUZA, Marcus Seixas. *Normas processuais consuetudinárias*: história, teoria e dogmática. Salvador: Juspodivm, 2019, p. 140. No processo civil contemporâneo, há uma "paulatina substituição da noção de legalidade pela de juricidade (...) a lei não deve ser considerada o local exclusivo, senão mais uma das fontes normativas de prescrição de estruturas procedimentais". CERQUEIRA, Társis Silva de. *O procedimento comum e sua relação com os procedimentos especiais* – a análise do conteúdo normativo do art. 327, § 2º, do Código de Processo Civil. Salvador: Juspodivm, 2020, p. 100.

21. Para Fredie Didier Jr., "o processo, para ser devido, há de ser eficiente, o que repercute não só na dimensão da administração judiciária, como também na condução eficiente de um determinado processo pelo órgão jurisdicional". DIDIER JR., Fredie. *Curso de Direito Processual Civil*. v. 1. 17 ed., rev., ampl. e atual. Salvador: Juspodivm, 2015, p. 98-100. Sobre os reflexos da eficiência no processo, a doutrina observa: "O CPC/2015 prestigia a eficiência quando, por exemplo, torna obrigatória a reunião de processos para julgamento em conjunto, ainda que não sejam conexos entre si (art. 55, § 3º), mas possam gerar decisões conflitantes ou contraditórias. Em outras situações, o código permite que as partes se antecipem consensualmente na prática de atos que ordinariamente seriam judiciais. É o caso do saneamento consensual (art. 357, § 2º), no qual a delimitação das questões controvertidas de fato e direito é feita pelos litigantes e, após homologada, vincula também o juiz. O mesmo ocorre na possibilidade de que as partes escolham perito para a prova pericial já deferida (art. 471), caso em que a prova substitui para todos os efeitos a perícia que seria realizada por expert nomeado judicialmente. São casos em que, além de privilegiar o autorregramento da vontade, o CPC/2015 propicia bons resultados – máximo aproveitamento no mínimo possível de atos processuais". ARRUDA ALVIM NETO, José Manoel de. *Novo contencioso cível no CPC/2015*: de acordo com o novo CPC – Lei 13.105/2015. São Paulo: Revista dos Tribunais, 2016, p. 73.

Ou seja, o CPC transportou para o processo judicial "um princípio que está previsto para a atuação da Administração Pública"[22].

Note-se que a eficiência repercute no modelo de gerenciamento[23] existente no Poder Judiciário[24] e na própria atividade jurisdicional[25], embora não haja consenso doutrinário no ponto[26].

---

22. CUNHA, Leonardo Carneiro da. O princípio da eficiência no novo Código de Processo Civil. In: DIDIER JR., Fredie; NUNES, Dierle; FREIRE, Alexandre (Coords.). *Normas fundamentais*. Salvador: Juspodivm, 2016, p. 365-366 e 374-375. O doutrinador identifica na gestão judiciária dois exemplos que estão na Constituição Federal: o modo de promoção dos juízes e os respectivos cursos de aperfeiçoamento (art. 93, II, alínea "c", e IV), concluindo que a própria criação do CNJ é a confirmação do conteúdo da eficiência.
23. "Uma gestão administrativa eficiente contribui decisivamente para uma gestão eficiente do processo. Inclusive, algumas medidas de gerenciamento encontram-se numa linha tênue que separa essas modalidades de gestão. A criação de rotinas e procedimentos internos, por exemplo, ao mesmo tempo em que representa a forma pela qual é organizado o trabalho dos servidores da unidade jurisdicional (gestão administrativa), também representa a forma pela qual é conduzido cada tipo de procedimento na unidade (gestão processual). Da mesma maneira, a utilização da técnica da calendarização, ao tempo em que diminui o trabalho da equipe e representa organização da agenda do magistrado, interfere na prática de atos processuais, como publicações e intimações, dispensando-as". CAMPOS, Eduardo Luiz Cavalcanti. *O Princípio da Eficiência no Processo Civil Brasileiro*. 1.ed. Rio de Janeiro: Forense, 2018, p. 82.
24. "O gerenciamento de processos pode ser compreendido como o planejamento da condução de demandas judiciais em direção à resolução mais adequada ao conflito, com menor dispêndio de tempo e custos. Depende de uma postura ativa do juiz no controle do andamento dos feitos e organização da unidade judiciária". SILVA, Paulo Eduardo Alves. *Gerenciamento de processos judiciais*. São Paulo: Saraiva, 2010, p. 35.
25. Vale lembrar que a Lei nº 13.655/18 alterou a Lei de Introdução às Normas do Direito Brasileiro, incluindo dispositivos que prestigiam expressamente o aspecto da eficiência: Art. 23. A decisão administrativa, controladora ou judicial que estabelecer interpretação ou orientação nova sobre norma de conteúdo indeterminado, impondo novo dever ou novo condicionamento de direito, deverá prever regime de transição quando indispensável para que o novo dever ou condicionamento de direito seja cumprido de modo proporcional, equânime e eficiente e sem prejuízo aos interesses gerais. Art. 26. Para eliminar irregularidade, incerteza jurídica ou situação contenciosa na aplicação do direito público, inclusive no caso de expedição de licença, a autoridade administrativa poderá, após oitiva do órgão jurídico e, quando for o caso, após realização de consulta pública, e presentes razões de relevante interesse geral, celebrar compromisso com os interessados, observada a legislação aplicável, o qual só produzirá efeitos a partir de sua publicação oficial. § 1º O compromisso referido no *caput* deste artigo: I - buscará solução jurídica proporcional, equânime, eficiente e compatível com os interesses gerais.

De acordo com Michele Taruffo[27], é possível apontar duas perspectivas sob o viés da eficiência: a primeira ligada à celeridade e à redução de custos; e a segunda à qualidade das decisões judiciais. A doutrina também fala em eficiência quantitativa[28] e eficiência qualitativa[29].

Sabe-se, porém, que o "princípio da eficiência não significa quanto antes melhor: o processo tem seu tempo e o princípio simplesmente significa que não deve ser desnecessariamente alargado esse prazo"[30].

Na realidade, deve-se dimensionar adequadamente o tempo e os custos da solução de cada litígio, "observando a ideia de proporcionalidade entre os meios e os fins almejados"[31], bem como os legítimos interesses dos jurisdicionados.[32]

---

26. Entendendo que a eficiência não se aplica à atividade jurisdicional, mas apenas às atividades administrativas do Poder Judiciário, ver BORBA, Isabela Souza; CADEMARTORI, Sérgio Urquhart; ROSA, Alexandre Morais da. O dilema da eficiência na democrática constitucional. In: DIDIER JR., Fredie; LEVY, Wilson; NALINI, José Renato; RAMOS, Glauco Gumerato (Coords.). *Ativismo judicial e Garantismo Processual*. Salvador: Juspodivm, 2013, p. 326.
27. TARUFFO, Michele. Orality and writing as factors of efficiency in civil litigation. In: CARPI, Federico; ORTELLS, Manuel (Coords.). *Oralidad y escritura en un proceso civil eficiente*. Valencia: Universidad de Valencia, 2008, p. 185 e seguintes.
28. A eficiência quantitativa preconiza uma relação proporcional entre celeridade e redução de custos. Decisões mais baratas e rápidas materializariam um sistema eficiente. Tal visão é criticada, com razão, por NUNES, Dierle; BAHIA, Alexandre. Processo constitucional: uma abordagem a partir dos desafios do Estado Democrático de Direito. *Revista Eletrônica de Direito Processual*, v. 4, p. 252-253, jul./dez. 2009.
29. "A 'eficiência qualitativa', por outro lado, tem como escopo a busca de decisões técnicas, bem fundamentadas, adequadas, corretas, justas, equânimes e democráticas, exigindo-se uma atividade participativa do juiz; sob tal viés, quanto mais democráticas e coparticipativas as decisões, mais eficiente seria o sistema, ainda que para tanto se exigisse maior dispêndio de tempo, dinheiro e energias". FARIA, Márcio Carvalho. *A lealdade processual na prestação jurisdicional*: em busca de um modelo de juiz legal. São Paulo: Revista dos Tribunais, 2017, p. 317.
30. FRANCO, Fernão Borba. *Processo Administrativo*. São Paulo: Atlas, 2008, p. 41.
31. MARINONI, Luiz Guilherme; ARENHART, Sergio; MITIDIERO, Daniel. *Novo Código de Processo Civil comentado*. 3. ed. São Paulo: Revista dos Tribunais, 2017, p. 170.
32. Teresa Arruda Alvim, ao prefaciar a obra de Jean Carlos Dias, assim se manifestou: "hoje se entende que o direito, pois, deve, acima de tudo, ser eficiente. E quando digo que o direito deve ser eficiente, na verdade estou pensando na necessidade de eficiência de um direito que não foi eficiente, tanto que se instaurou o processo. Refiro-me à eficiência do direito realizada por meio da eficiência do processo! E o padrão de verificação desta eficiência é, sem dúvida, a ótica do jurisdicionado. O jurisdicionado que é, não

Não se deve confundir, ainda, eficiência com efetividade[33].

Como destaca Fredie Didier Jr.[34], "efetivo é o processo que realiza o direito afirmado e reconhecido judicialmente. Eficiente é o processo que atingiu esse resultado de modo satisfatório". Nessa linha, um processo pode ser efetivo sem ter sido eficiente, mas "jamais poderá ser considerado eficiente sem ter sido efetivo".

Na visão de Luís Roberto Barroso[35], eficiente é o meio apto para atingir certos fins, "com otimização dos resultados da prestação jurisdicional". Já a efetividade seria medida pelo resultado alcançado concretamente.[36]

---

raramente, esquecido pelo processualista". ARRUDA ALVIM, Teresa. In: DIAS, Jean Carlos. *Análise econômica do processo civil brasileiro*. São Paulo: Método, 2009.

33. "O conceito de processo efetivo não pode ser, jamais, confundido com o conceito de processo eficaz ou de processo eficiente, trabalhando, cada qual, num determinável nível de intensidade no processo. Por exemplo, um processo poderá ser eficaz, pois foi satisfeito o direito declarado em sentença, mesmo sem garantir o devido processo legal, mas ele não terá sido efetivo, tampouco eficiente sob o ponto de custa qualitativo". JOBIM, Marco Félix; PEREIRA, Rafael Caselli. Produção antecipada de provas como técnica processual de incentivo à composição processual. In: FUGA, Bruno Augusto Sampaio; RODRIGUES, Daniel Colnago; ANTUNES, Thiago Caversan (Orgs.). *Produção antecipada da prova* – questões relevantes e aspectos polêmicos. 1. ed. Londrina: Thoth, p. 362. Em sentido semelhante: "A análise de eficiência perpassa todas as etapas da condução do procedimento, enquanto a efetividade apenas diz respeito ao cumprimento da norma individualizada criada. Por outro lado, é possível que a decisão judicial seja efetivada, mas o processo não seja eficiente. Isso ocorre quando o comando normativo é estritamente cumprido, mas a condução do procedimento se deu sem eficiência, isto é, sem a observância das finalidades do processo, sem gestão ou adequação, em tempo excessivo diante de dilações indevidas ou com custos desnecessários e exorbitantes". CAMPOS, Eduardo Luiz Cavalcanti. *O Princípio da Eficiência no Processo Civil Brasileiro*. 1. ed. Rio de Janeiro: Forense, 2018, p. 75.
34. DIDIER JR. Fredie. *Curso de Direito Processual Civil*. v. 1. 17. ed. Salvador: Juspodivm, 2015, p. 102-103.
35. "No plano jurídico, portanto, a efetividade corresponde à realização do direito, na perspectiva empírica ou prática, é a própria realização do direito, no desempenho concreto de sua função social". BARROSO, Luís Roberto. *O direito constitucional e a efetividade de suas normas*. 7. ed. Rio de Janeiro: Renovar, 2003, p. 83-85.
36. Há quem entenda que os termos "efetividade" e "eficiência" são expressões equivalentes. BONICIO, Marcelo José Magalhães. *Princípios do processo no novo Código de Processo Civil*. São Paulo: Saraiva, 2016, p. 39. Por outro lado, grande parcela da doutrina faz a devida diferenciação. Para Leonardo Carneiro da Cunha, "eficiência não se confunde com a eficácia, nem com a efetividade. (...) A eficácia é, então, uma noção lógico-normativa, enquanto a efetividade constitui uma noção empírico-normativa, sendo a eficiência uma noção finalístico-normativa". CUNHA, Leonardo Carneiro da. A previsão do princípio da eficiência no Projeto do Novo Código de Processo Civil. *Revista de Processo*. São

Em termos objetivos, o sistema de justiça será eficiente[37] se viabilizar a obtenção dos resultados esperados[38] com o menor dispêndio[39] de tempo[40] e de energia[41], sem descurar das garantias fundamentais[42].

Paulo: Revista dos Tribunais, nº 233, jul./2014, p. 66-67. Na mesma linha, Valter Foleto Santin registra que "a eficiência é o processo (ação para produzir um efeito), eficácia é a qualidade e efetividade o resultado verdadeiro". SANTIN, Valter Foleto. *Controle judicial da segurança jurídica*: eficiência do serviço na prevenção e repressão ao crime. 2. ed. São Paulo: Verbatim, 2013, p. 85.

37. "Assim, se um processo judicial alcança a decisão de mérito, que passa a revestir-se da coisa julgada material, ele foi eficaz, porque a tanto se preordena a função judicial do Estado; todavia, se tal processo evolveu a dilação temporal muito alentada; se a decisão final não se revelou justa ou não veio fundamentada de modo consistente, ou, ainda, se o bem da vida reconhecida no julgado não vem efetivamente entregue à plena fruição do vencedor da causa, então esse processo não foi eficiente". MANCUSO, Rodolfo de Camargo. *Incidente de resolução de demandas repetitivas*: a luta contra dispersão da jurisprudência excessiva. São Paulo: Revista dos Tribunais, 2016, p. 75.
38. "*Court adjudication is effective if it determines claims with reasonable accuracy, within a reasonable time, and with proportionate investment of litigant and public resources. Court adjudication is efficient if public and litigant resources are employed to maximize effectiveness and are not wasted unnecessarily. Lastly, court adjudication is fair if the system ensures that its resources and facilities are justly distributed between all litigants seeking court help and between present and future litigants*". ZUCKERMAN, Adrian. *Civil litigation*: a public service for the enforcement of civil rights. Disponível em http://adrianzuckerman.co.uk/media/CJQ2007-1%20Public%20Service%20Rights%20enforcement.pdf. Acesso em: 01.08.2019.
39. BARBOSA MOREIRA, José Carlos. Tendências na execução de sentenças e ordens judiciais. In: BARBORA MOREIRA, José Carlos. *Temas de direito processual*: quarta série. São Paulo: Saraiva, 1989, p. 215.
40. Para Paulo Cezar Pinheiro Carneiro, a eficiência tem relação direta com a gestão do processo, que deve se pautar na busca por melhores resultados no menor espaço de tempo. CARNEIRO, Paulo Cezar Pinheiro. Comentários aos artigos 1 a 15. In: WAMBIER, Teresa Arruda Alvim; DIDIER JR., Fredie; TALAMINI, Eduardo; DANTAS, Bruno (Coords.). *Breves comentários ao novo código de processo civil*. São Paulo: Revista dos Tribunais, 2015, p. 77.
41. Alexandre Freitas Câmara destaca que "o sistema de prestação de justiça civil será eficiente se for capaz de conduzir à produção dos resultados esperados do processo com o mínimo de dispêndio de tempo e energias". CÂMARA, Alexandre Freitas. O direito à duração razoável do processo: entre eficiência e garantias. *Revista de Processo*. São Paulo: Revista dos Tribunais, nº 223, set./2013, p. 39-53.
42. Para Loïc Cadiet, "o processo civil não tem que eleger entre eficiência e as garantias: deve ser ao mesmo tempo eficaz e proporcionar as necessárias garantias de boa justiça". CADIET, Loïc. *Perspectivas sobre o sistema da justiça civil francesa*: seis lições brasileiras. Trad. Daniel Mitidiero, Bibiana Gava, Toscano de Oliveira, Luciana Robles de Almeida e Rodrigo Lomando. São Paulo: Revista dos Tribunais, 2017, p. 19.

Para tanto, o processo deve dispor de instrumentos de tutela adequados[43] para que o resultado "assegure à parte vitoriosa o gozo pleno da específica utilidade a que faz jus segundo o ordenamento"[44].

A doutrina costuma relacionar eficiência processual com economia processual[45] e duração razoável do processo[46]; destacando a sua importância na valorização dos padrões decisórios[47]; na coisa julgada[48]; na "construção do

---

43. Sobre a importância de o juiz agir com eficiência em sua atividade-fim, e não apenas em sua atividade-meio, ver CAMPOS, Eduardo Luiz Cavalcanti. *O Princípio da Eficiência no Processo Civil Brasileiro*. 1. ed. Rio de Janeiro: Forense, 2018, p. 105.

44. BARBOSA MOREIRA, José Carlos. Notas sobre a efetividade do processo. In: BARBOSA MOREIRA, José Carlos. *Temas de direito processual*: terceira série. São Paulo: Saraiva, 1984; BARBOSA MOREIRA, José Carlos. Efetividade do processo e técnica processual. *Revista de Processo*. São Paulo: Revista dos Tribunais, nº 77, 1995, p. 168-176. No mesmo sentido BARBOSA MOREIRA, José Carlos. Por um processo socialmente efetivo. In: BARBOSA MOREIRA, José Carlos. *Temas de direito processual*: nona série. São Paulo: Saraiva, 2007. Para Luiz Fux, "a efetividade do processo consiste na sua aptidão de alcançar os fins para os quais foi instituído". FUX, Luiz. *Tutela de segurança e Tutela de evidência*. São Paulo: Saraiva, 1996, p. 137-139.

45. CÂMARA, Alexandre Freitas. *O novo processo civil brasileiro*. São Paulo: Atlas, 2015, p. 16; CAMPOS, Eduardo Luiz Cavalcanti. *O Princípio da Eficiência no Processo Civil Brasileiro*. 1. ed. Rio de Janeiro: Forense, 2018, p. 107. Para Fredie Didier Jr., "a aplicação do princípio da economia processual é uma versão contemporânea (e também atualizada) do conhecido princípio da economia processual". DIDIER JR., Fredie. *Cooperação Judiciária Nacional* – esboço de uma teoria para o Direito brasileiro (arts. 67-69, CPC). Salvador: Juspodivm, 2020, p. 54. Em sentido contrário, defendendo a diferença entre eficiência e economia processual, ver COSTA, Eduardo José da Fonseca. As noções jurídico-processuais de eficácia, efetividade e eficiência. *Revista de Processo*. São Paulo: Revista dos Tribunais, nº 121, mar./2005, p. 94.

46. CUNHA, Leonardo Carneiro da. A previsão do princípio da eficiência no projeto do novo código de processo civil brasileiro. *Revista de Processo*. São Paulo: Revista dos Tribunais, nº 233, jul./2014, p. 71; HARTMANN, Guilherme Kronemberg. *Controle da Competência Adequada no Processo Civil*. Tese (Doutorado em Direito Processual) – Faculdade de Direito, Universidade do Estado do Rio de Janeiro, Rio de Janeiro, 2018. Vide também a versão comercial da tese (HARTMANN, Guilherme Kronemberg. *Competência no processo civil*: da teoria tradicional à gestão judicial da competência adequada. Salvador: Juspodivm, 2021).

47. CÂMARA, Alexandre Freitas. *Levando os padrões decisórios a sério*: formação e aplicação de precedentes e enunciados de súmula. São Paulo: Atlas, 2018, p. 350. No mesmo sentido ROSITO, Francisco. *Teoria dos precedentes judiciais*: racionalidade da tutela jurisdicional. Curitiba: Juruá, 2012, p. 453. Vide também FICANHA, Gresieli Taise. Decisões vinculantes, sua aplicação e garantia do contraditório: uma possível solução através da representação argumentativa. *Revista de Processo*. São Paulo: Revista dos Tribunais, nº 275, jan./2018, p. 445.

sistema de cooperação judiciária, nacional e internacional"[49]; no estímulo aos métodos autocompositivos[50]; na flexibilização procedimental[51]; na aplicação do sistema de invalidades do CPC[52]; na concessão de tutelas provisórias[53]; na produção probatória[54], inclusive no procedimento de produção antecipada de prova[55]; nas convenções processuais[56]; no calendário processual[57]; na

---

48. CABRAL, Antonio do Passo. *Coisa julgada e preclusões dinâmicas* – entre continuidade, mudança e transição de posições processuais estáveis. 3. ed. rev., ampl. e atual. Salvador: Juspodivm, 2019, p. 326.
49. DIDIER JR., Fredie. *Cooperação Judiciária Nacional* – esboço de uma teoria para o Direito brasileiro (arts.67-69, CPC). Salvador: Juspodivm, 2020, p. 58.
50. MENDES, Viviane Alfradique Martins de Figueiredo. Mecanismos de consenso no direito administrativo e sua contribuição para a desjudicialização da política pública. In: PINHO, Humberto Dalla Bernardina de; RODRIGUES, Roberto de Aragão Ribeiro (Orgs.). *Mediação e Arbitragem na Administração Pública.* Curitiba: CRV, 2018, p. 221. Ver também RODRIGUES, Marco Antonio dos Santos; MELLO PORTO, José Roberto Sotero de. Princípio da Eficiência Processual e o direito à boa jurisdição. *Revista de Processo.* São Paulo: Revista dos Tribunais, nº 275, jan./2018, p. 101-103.
51. GAJARDONI, Fernando da Fonseca. *Flexibilização procedimental*: um novo enfoque para o estudo do procedimento em matéria processual. São Paulo: Atlas, 2008, p. 88.
52. ARRUDA ALVIM NETO, José Manoel de. *Novo contencioso cível no CPC/2015*: de acordo com o novo CPC – Lei 13.105/2015. São Paulo: Revista dos Tribunais, 2016, p. 73.
53. BODART, Bruno Vinícius da Rós. *Tutela de evidência*: teoria da cognição, análise econômica do direito processual e considerações sobre o projeto do novo CPC. São Paulo: Revista dos Tribunais, 2014, p. 94-95.
54. BARBOSA MOREIRA, José Carlos. Alguns problemas atuais da prova civil. Atividade probatória. In: WAMBIER, Luiz Rodrigues; WAMBIER, Teresa Arruda Alvim (Orgs.). *Coleção doutrinas essenciais*: processo civil. v. 4. São Paulo: Revista dos Tribunais, 2011, p. 132.
55. ARSUFFI, Arthur Ferrari. *A nova produção antecipada da prova* – estratégia, eficiência e organização do processo. Salvador: Juspodivm, 2019, p. 57; FUGA, Bruno Augusto Sampaio. A produção antecipada da prova e seus aspectos gerais e contraditórios. In: MAZZOLA, Marcelo; RIBEIRO, Nathalia. *Impactos do Código de Processo Civil de 2015 na advocacia.* Londrina: Thoth, 2021, p. 120-121.
56. YARSHELL, Flávio Luiz. Convenção das partes em matéria processual. In: DIDIER JR., Fredie (Coord. geral); CABRAL, Antonio do Passo; NOGUEIRA, Pedro Henrique (Coords.). *Negócios Processuais.* Salvador: Juspodivm, 2015, p. 64.
57. BUENO, Cassio Scarpinella. *Manual de direito processual civil:* inteiramente estruturado à luz do novo CPC – Lei 13.105, de 16-3-2015. São Paulo: Saraiva, 2015, p. 194. Na mesma linha ALMEIDA, Diogo Rezende Assumpção de. *A contratualização do processo:* das convenções processuais no processo civil. São Paulo: LTr, 2015, p. 213; COSTA, Eduardo José da Fonseca. Calendarização processual. In: DIDIER JR., Fredie

dinâmica de suspensão do processo[58], entre outros, o que demonstra que a eficiência processual é um cânone transversal da atividade jurisdicional.

Afirma-se, ainda, que as novas tecnologias podem tornar o processo mais eficiente[59].

Sabe-se, contudo, que a materialização dos resultados esperados[60] exige a remoção de diversos obstáculos e uma reforma estrutural profunda[61], a começar pela resistência de alguns juízes em observar os padrões decisórios vinculantes, fundamentar adequadamente as decisões, respeitar as convenções processuais, cumprir os prazos, entre outros.

Feitas todas essas considerações, é possível perceber a inegável conexão entre sanções premiais e eficiência processual[62].

(Coord. geral); CABRAL, Antonio do Passo; NOGUEIRA, Pedro Henrique (Coords.). Negócios processuais. Salvador: Juspodivm, 2015, p. 368-369.

58. A exigir um "temperamento" em algumas situações. DIDIER JR., Fredie. *Cooperação Judiciária Nacional* – esboço de uma teoria para o Direito brasileiro (arts.67-69, CPC). Salvador: Juspodivm, 2020, p. 58.
59. "Partindo das inovações tecnológicas, o processo judicial se torna digital e eletrônico, prometendo tornar o processo mais célere, econômico e eficiente, e ainda contribuindo para a satisfação de outras proteções constitucionais, pois elimina toneladas de insumos, como o papel". SALDANHA, Alexandre Henrique Tavares; MEDEIROS, Pablo Diego Veras. Processo judicial eletrônico e inclusão digital para acesso à justiça na sociedade de informação. *Revista de Processo*. São Paulo: Revista do Tribunais, nº 277, mar./2018, p. 542. No mesmo sentido IWAKURA, Cristiane Rodrigues. *Princípio da Interoperabilidade* – acesso à justiça e processo eletrônico. Belo Horizonte: Dialética, 2020, p. 226-239.
60. "A efetividade do processo, portanto, pressupõe a existência de um sistema capaz de eliminar concretamente, com justiça, as insatisfações e os conflitos, fazendo cumprir o Direito. O processo apenas é realmente efetivo quando possui aptidão para alcançar os escopos sociais e políticos da jurisdição". RODRIGUES, Horácio Wanderlei; LAMY, Eduardo de Avelar. *Teoria geral do processo*. 4. ed. rev., atual. e ampl. São Paulo: Atlas, 2016, p. 102.
61. CÂMARA, Alexandre Freitas. *Levando os padrões decisórios a sério*: formação e aplicação de precedentes e enunciados de súmula. São Paulo: Atlas, 2018, p. 89.
62. Como explica Fredie Didier Jr., às vezes a eficiência é importante para temperar determinadas regras processuais: "Os enunciados normativos da legislação processual devem ser interpretados de modo a observar a eficiência. Dispositivos relacionados à suspensão do processo, por exemplo, que impõe um limite temporal máximo para a suspensão (art. 313, § 4º, CPC), devem ser interpretados com temperamento: em certas situações, o prosseguimento do processo, após o vencimento do prazo máximo de suspensão, é medida que pode revelar-se extremamente ineficiente, sob o ponto de vista da administração do processo". DIDIER JR., Fredie. *Curso de Direito Processual Civil*. v. 1. 18. ed. Salvador: Juspodivm, 2016, p. 105.

Atraídos por consequências jurídicas positivas, os indivíduos podem vir a adotar comportamentos capazes de otimizar a prestação jurisdicional.

Muitas vezes, esse incremento de eficiência não se limita à órbita pessoal dos litigantes (ex: redução de custos e despesas relacionadas ao acompanhamento do processo e, eventualmente, de valores a serem desembolsados, em caso de derrota), mas também à esfera do Estado, já que a movimentação da máquina judiciária implica, por si só, elevados custos de estrutura, material, pessoal de apoio, salários de funcionários, magistrados etc.[63]

Apenas para que se tenha uma ideia, de acordo com dados do CNJ[64], em 2019 as despesas totais do Poder Judiciário somaram R$ 100,2 bilhões, refletindo um aumento de 2,6% em relação a 2018. Tal aumento foi ocasionado principalmente pelas despesas com recursos humanos. O referido montante corresponde a 1,5% do Produto Interno Bruto (PIB) nacional. Em 2019, o custo pelo serviço de Justiça foi de R$ 479,16 por habitante.

Dessa forma, se o executado efetuar o pagamento do débito no prazo de 3 (três) dias para se beneficiar da redução do percentual de honorários (art. 827, § 1º, do CPC), ocorrerá a satisfação do crédito de forma mais eficiente, com menor dispêndio de recursos e de tempo, não apenas para os jurisdicionados, mas também para o Estado. Há, assim, a otimização da prestação jurisdicional e a maximização dos resultados.

Na mesma linha, se o devedor quita a dívida objeto da ação monitória no prazo de 15 (quinze) dias para obter a isenção quanto às custas processuais (art. 701, § 1º, do CPC), a consequência imediata é a satisfação do direito do credor, com economia de recursos e de tempo para os litigantes e para o ente público.

Em ambas as situações, um processo que poderia se arrastar por anos, em um cenário de incerteza quanto à efetiva satisfação do crédito e de pesados custos para o Estado, pode ser resolvido em poucas semanas, com o adimplemento do débito e a redução dos custos operacionais do Judiciário.

---

63. Um relatório completo sobre esses custos e despesas pode ser encontrado no Justiça em Números, organizado pelo Conselho Nacional de Justiça. Para acessar a edição de 2020, ver https://www.cnj.jus.br/wp-content/uploads/2020/08/WEB-V3-Justi%C3%A7a-em--N%C3%BAmeros-2020-atualizado-em-25-08-2020.pdf. Acesso em: 20.09.2020.

64. CONSELHO NACIONAL DE JUSTIÇA. Justiça em números 2020. Disponível em WEB-V3-Justiça-em-Números-2020-atualizado-em-25-08-2020.pdf (cnj.jus.br). Acesso em: 18.12.2020.

A mesma lógica se aplica às convenções processuais[65], uma vez que as partes podem ajustar vantagens e benefícios (conforme será detalhado no capítulo 5) para estimular determinados comportamentos, ensejando uma prestação jurisdicional mais eficiente[66], com economia de tempo e de energia.

Não é difícil perceber, portanto, a importância de se valorizar as normas premiais, não apenas por conta dos reflexos endoprocessuais, mas também pelos impactos nos custos da máquina judiciária.

2.2 DURAÇÃO RAZOÁVEL DO PROCESSO

Não é de hoje o problema da duração razoável do processo.[67]

---

65. "Às partes também são atribuídos deveres em decorrência do princípio da eficiência, em especial quando se imbuem na gestão do processo, através da prática dos negócios processuais. Quando tais negócios tornem ineficiente o processo, isto é, quando esses atos das partes não promoverem os fins enunciados pelo princípio da eficiência, eles poderão ser invalidados, por conterem um vício. Quanto se deparar com um negócio que torne ineficiente o processo, a exemplo da convenção que imponha a realização de uma inspeção judicial ou de uma perícia num processo em que se discuta matéria unicamente de direito, a que vede ao juiz a criação de um calendário para perícia designada, ou a que prorrogue excessivamente os prazos processuais, o órgão jurisdicional deverá realizar uma ponderação concreta entre o direito fundamental à eficiência processual e o direito fundamental à liberdade, e verificar, nessa ponderação, se o negócio firmado ou a sua invalidação vulnera o núcleo essencial de um desses direitos". CAMPOS, Eduardo Luiz Cavalcanti. *O Princípio da Eficiência no Processo Civil Brasileiro*. 1. ed. Rio de Janeiro: Forense, 2018, p. 115.
66. "Uma das vantagens mais evidentes dos acordos processuais é a eficiência processual". CABRAL, Antonio do Passo. *Convenções Processuais*. Salvador: Juspodivm, 2016, p. 194. Em sentido semelhante: "Os negócios jurídicos processuais não podem apenas ser concebidos como repercussão da autonomia privada, mas também a partir do acesso à justiça e do princípio da adaptabilidade e da economia processual, permitindo que o processo se adeque às circunstâncias específicas da relação conflituosa e produza melhores resultados e com economia de esforços, tempo e de recursos". MACHADO, Marcelo Pacheco. Comentários ao Art. 190. In: CRUZ E TUCCI, José Rogério; FERREIRA FILHO, Manoel Caetano; APRIGLIANO, Ricardo de Carvalho; DOTTI, Rogéria Fagundes; MARTINS, Sandro Gilbert (Coords). *Código de Processo Civil anotado*. AASP e OAB/PR, 2019. Disponível em capa-revista-cpc-comentado-oab-parana-1 (windows.net), p. 342. Acesso em: 18.01.2021.
67. Para um amplo apanhado histórico, ver JOBIM, Marco Félix. *Direito à duração razoável do processo*: responsabilidade civil do Estado em decorrência da intempestividade processual. 2. ed. rev. e. ampl. Porto Alegre: Livraria do Advogado, 2012.

Afirma-se que o primeiro registro remete ao ano de 1215, com a concepção da Carta Magna das Liberdades do Rei João[68], embora se trate de marco temporal controvertido[69].

Na visão de José Carlos Barbosa Moreira[70], a demora na resolução dos conflitos é constatada desde o direito canônico, cuja lentidão, inclusive, teria levado o Papa Clemente V a editar bula específica sobre o assunto.

Com previsão constitucional (art. 5º, LXXVIII)[71] e infraconstitucional (ex: arts. 4º, 6º e 139, II, do CPC), o princípio da duração razoável do processo[72] assegura a todos, em âmbito judicial e administrativo, meios

---

68. Art. 40 - "*To no one Will we sell, to no one Will we refuse or delay, righ or justice*". Sobre o tema, ver PRIEBE, Victor Saldanha. Tempo social e do direito como instrumentos de razoável duração do processo. *Revista de Processo*. São Paulo: Revista dos Tribunais, nº 282, ago./2018, p. 64. No mesmo sentido VALE, Luís Manoel Borges do. *Precedentes Vinculantes no Processo Civil Brasileiro*. Rio de Janeiro: LMJ Mundo Jurídico, 2019, p. 84.
69. Frederico Koehler faz referência à disposição capitular 775 do Imperador Carlos Magno, no século VIII: "Quando o juiz demorar a proferir sentença, o litigante deverá instalar-se em casa dele e aí viverá da cama e mesa à custa dele". KOEHLER, Frederico Augusto Leopoldino. *A razoável duração do processo*. 2. ed. Salvador: Juspodivm, 2013, p. 21. Por sua vez, Antonio Carlos Marcato assinala que a preocupação com a celeridade remonta ao século XIII, tendo em vista que a Lei das Sete Partidas determinava que os juízes julgassem "*todos los pleitos con la brevedad posible", para "dar justamente a los pleitos el fin más breve que pueda*". MARCATO, Antonio Carlos. Algumas considerações sobre a crise da justiça. In: ZULEFATO, Camilo; YARSCHELL, Flávio Luiz (Orgs.). *40 anos da Teoria Geral do Processo no Brasil*. São Paulo: Malheiros, 2013, p. 22-23.
70. BARBOSA MOREIRA, José Carlos. O problema para a duração dos processos: premissas para uma discussão séria. In: BARBOSA MOREIRA, José Carlos. *Temas de Direito processual*: nona série. São Paulo: Saraiva, 2007, p. 369.
71. Fernando Gajardoni assinala que a previsão da duração razoável já estava em nosso ordenamento jurídico (art. 5º, § 2º, da CF) antes da Emenda Constitucional 45, por força do pacto de São José da Costa Rica. GAJARDONI, Fernando da Fonseca. *Técnicas de aceleração do processo (uma análise crítica à luz de dados estatísticos)*. Dissertação de Mestrado, Faculdade de Direito da Universidade de São Paulo, 2002, p. 35.
72. No plano internacional, muitos dispositivos legais prestigiam a duração razoável do processo, como, por exemplo, os arts. 6º, 1º, da Convenção Europeia de Direitos do Homem, 8º, § 1º, do Pacto de São José da Costa Rica, 7.1 dos Principles of Transnational Civil Procedure, 15 da Constituição da Província de Buenos de Aires, 111 da Constituição italiana, 24.2 da Constituição da Espanha, 20 da Constituição de Portugal, 11.4 do Código de Processo Civil do Uruguai (alteração conforme Lei nº 19.090, de 26 de junho de 2013), 47, nº 2, da Carta dos Direitos Fundamentais da União Europeia, 14, § 1º, do Pacto Internacional relativo aos Direitos Civis e Políticos de 1966, 6ª emenda da Constituição Americana, e 1.4, nº 2, alíneas "c", "g" e "l", das Civil Procedural Rules, entre outros.

que garantam a celeridade na tramitação dos feitos e a efetiva entrega da prestação jurisdicional.[73]

Note-se, porém, que essa busca por celeridade não pode sacrificar outras garantias fundamentais[74], como o contraditório[75], o devido processo legal[76] e a efetividade[77], uma vez que a duração razoável não goza de hierarquia frente aos demais preceitos constitucionais.[78]

---

73. Como afirma José Lebre de Freitas, "o entendimento do direito de acesso à justiça como direito efectivo à jurisdição implica ainda que a resposta judicial à pretensão deduzida tenha lugar em tempo razoável, pois uma decisão ou uma providência executiva tardia pode equivaler à denegação de justiça". FREITAS, José Lebre. *Introdução ao Processo Civil*: conceito e princípios gerais. 2. ed. Coimbra: Coimbra Editora, 2008, p. 125.
74. "(...) além de slogan, a celeridade processual ganhou entre nós ares de fetiche, cuja plasticidade do senso comum do jurista que sobre ela discorre acabou por torná-la ferramenta perfurocortante em favor do exercente da jurisdição. A partir dela, ou justificada nela, opera-se amputações no arco procedimental que deslegitimam, em perspectiva republicana, a arte do proceder que conduz o órgão jurisdicional – singular ou colegiado – ao momento mais relevante de sua atuação, que é representado pela arte de julgar (...)". RAMOS, Glauco Gumerato. Crítica macroscópica ao fetiche da celeridade processual. Perspectiva do CPC de hoje e de amanhã. *Revista de Processo*. São Paulo: Revista dos Tribunais, nº 239, jan.2015, p. 421-430.
75. "A busca da celeridade, que tem sido uma das principais metas da administração da justiça contemporânea, gera pressões sobre o contraditório". SCHENK, Leonardo Faria. *Legitimidade Constitucional da cognição sumária*: limites impostos pelo contraditório participativo. Tese de doutoramento defendida no Programa de Pós-Graduação em Direito da Universidade do Estado do Rio de Janeiro, 2012, p. 63. Versão comercial da tese (SCHENK, Leonardo Faria. *Cognição Sumária* – limites impostos pelo contraditório no processo civil. São Paulo: Saraiva, 2013).
76. "O tempo razoável é aquele necessário para que as partes exerçam com plenitude os direitos que lhe são assegurados pela Constituição Federal, principalmente os inerentes ao devido processo legal, ao contraditório e à ampla defesa, bem como o tempo necessário para que o juiz possa decidir com tranquilidade, segurança e justiça". DUARTE, Ricardo Quass. *O tempo inimigo no processo civil brasileiro*. Dissertação de mestrado, Faculdade de Direito da Universidade de São Paulo, 2008, p. 19.
77. A doutrina assinala que "constitui perigosa ilusão pensar que simplesmente conferir celeridade é suficiente para alcançar a tão almejada efetividade. Não se nega a necessidade de reduzir a demora, mas não se pode fazê-lo em detrimento do mínimo de segurança, valor também essencial ao processo justo. Em princípio, não há efetividade sem contraditório e ampla defesa. A celeridade é apenas mais uma das garantias que compõem a ideia do devido processo legal, não a única". MEDEIROS NETO, Elias Marques de. O artigo 139, IV, do novo Código de Processo Civil: a atipicidade dos meios executivos. In: JATAHY, Carlos Roberto; ALMEIDA, Diogo Assumpção Rezende de; AYOUB, Luiz Roberto (Coords.). *Reflexões sobre o novo Código de Processo Civil*. Rio de Janeiro: FGV, 2016, p. 120.

Até porque, duração razoável não significa que o processo não tenha pausas[79] ou que tenha uma duração instantânea[80]. Ainda que o tempo seja um inimigo do processo e caiba ao juiz travar contra ele uma luta sem tréguas[81], não se pode, sob o pretexto de tornar melhor a prestação jurisdicional, acelerá-la a qualquer preço[82].

Como lembra o Ministro aposentado Ayres Brito[83], a duração razoável do processo não significa pisar no acelerador, mas sim tirar o pé do freio.

---

78. "A exigência do contraditório, o direito à produção de provas e aos recursos certamente atravancam a celeridade, mas são garantias que não podem ser desconsideradas ou minimizadas. É preciso fazer o alerta, para evitar discursos autoritários, que pregam a celeridade como valor. Os processos da Inquisição eram rápidos. Não parece, porém, que se sinta saudade deles". DIDIER JR., Fredie. *Curso de Direito processual civil*. v. 1. 18 ed. Salvador: Juspodivm, 2016, p. 98.

79. CIPRIANI, Franco. *I problemi del processo di cognizione tra passato e presente*. In: *Il processo civile nello stato democratico - saggi*. Napoli: Edizione Scientifiche Italiane, 2006, p. 59.

80. Na mesma linha, Roberto Apolinário destaca que "a duração do procedimento deve ser razoável, e não instantânea. Juízos relâmpagos, que vêm acompanhados da supressão das garantias processuais, remetem a uma carga de subjetividade que coloca nas mãos do julgador o poder de pacificação dos conflitos a ele submetidos, como se o mesmo fosse portador de um dom messiânico, de uma prodigiosidade divina". CASTRO JR., Roberto Apolinário de. *Eficiência jurisdicional*: a razoável duração dos procedimentos frente às garantias constitucionais. Belo Horizonte: Arraes, 2012, p. 73-74. Para Camila Martta, "o tempo fisiológico do processo deve ser respeitado. O que se pretende evitar é o desperdício de tempo, o tempo patológico". MARTTA, Camila Victorazzi. *Saneamento do processo*: a decisão de saneamento e sua funcionalidade no processo civil brasileiro. Londrina: Thoth, 2020, p.171.

81. CARNELUTTI, Francesco. *Diritto e Processo*. Nápoles: Morano, 1958, p. 354. A propósito, vale mencionar o art. 20 do Código de Ética dos Magistrados (aprovado na 68ª Sessão Ordinária do Conselho Nacional de Justiça, do dia 06 de agosto de 2008): Cumpre ao magistrado velar para que os atos processuais se celebrem com a máxima pontualidade e para que os processos a seu cargo sejam solucionados em um prazo razoável, reprimindo toda e qualquer iniciativa dilatória ou atentatória à boa-fé processual.

82. BARBOSA MOREIRA, Jose Carlos. O futuro da Justiça: alguns mitos. In: BARBOSA MOREIRA, José Carlos. *Temas de Direito Processual Civil*: oitava série. São Paulo: Saraiva, 2004.

83. Voto proferido no RE 586.789, Rel. Min. Ricardo Lewandowski, Tribunal Pleno, julgamento em 16.11.11.

Na realidade, o processo não pode demorar "nem um dia a mais, e nem um dia a menos, do que o tempo necessário para produzir um resultado justo"[84].

Atualmente, a própria garantia do devido processo legal se conecta à ideia de duração razoável[85], pois não é crível conceber a tramitação de um processo com dilações indevidas[86], já que o tempo é "o primeiro indicativo de efetividade dos sistemas de justiça"[87].

---

84. CÂMARA, Alexandre Freitas. *Levando os padrões decisórios a sério*: formação e aplicação de precedentes e enunciados de súmula. São Paulo: Atlas, 2018, p. 88. Há quem sustente, porém, que "o processo é feito para demorar! Isso porque, para julgar adequadamente, o julgador – seja ele juiz ou autoridade administrativa – deve se debruçar com cuidado sobre as questões para sua cognição. Além disso, o contato constante e reiterado com as partes é também essencial para o amadurecimento do processo decisório". CABRAL, Antonio do Passo. A duração razoável do processo e a gestão do tempo no projeto no novo Código de Processo Civil. In: FREIRE, Alexandre; DANTAS, Bruno; NUNES, Dierle; DIDIER JR., Fredie; MEDINA, José Miguel Garcia; FUX, Luiz; CAMARGO, Luiz Henrique Volpe; OLIVEIRA, Pedro Miranda de. (Orgs.). *Novas tendências do processo civil*: estudos sobre o projeto do novo Código de Processo Civil. Salvador: Juspodivm, 2013, p. 79-81.
85. Como adverte Humberto Theodoro Jr., "o direito à razoável duração do processo não constitui e não implica direito a processo rápido ou célere. As expressões não são sinônimas. A própria ideia de processo já repele a instantaneidade e remete ao tempo como algo inerente à fisiologia processual. A natureza necessariamente temporal do processo constitui imposição democrática, oriunda do direito das partes de nele participarem de forma adequada, donde o direito ao contraditório e aos demais direitos que confluem para a organização do processo justo ceifam qualquer possibilidade de compreensão do direito ao processo com duração razoável simplesmente como direito a um processo célere". THEODORO JR. Humberto. *Novo curso de processo civil*: teoria do processo civil. v. 1. São Paulo: Revista dos Tribunais, 2015, p. 264.
86. PICÓ I JUNOY, Joan. *Las garantías constitucionales del Proceso*. 2. ed. Barcelona: J. M. Bosch, 2011, p. 118-130. "A existência de um direito ao processo sem dilações indevidas precisa ser compreendida adequadamente. Se o direito que se tem é o de que o processo não sofra dilações indevidas, significa isso dizer que não pode existir processo sem dilações temporais. Só não pode haver dilação indevida. As dilações devidas são, todas, imprescindíveis para que o processo produza os mesmos resultados constitucionalmente legítimos". CÂMARA, Alexandre Freitas. O direito à duração razoável do processo. *Revista de Processo*. São Paulo: Revista dos Tribunais, nº 223, set./2013, p. 52. No mesmo sentido OLIVEIRA, Vallisney de Souza. O direito à razoável duração do processo após a Emenda Constitucional nº 45/2004. In: OLIVEIRA, Vallisney de Souza (coord.). *Constituição e Processo Civil*. São Paulo: Saraiva, 2008, p. 37. Vide também MARINONI, Luiz Guilherme. *Abuso de defesa e parte incontroversa da demanda*. 2. ed. São Paulo: Revista dos Tribunais, 2011, p. 28. Como destaca Carlos Alberto Alvaro de Oliveira, "não basta apenas abrir a porta de entrada do Poder Judiciário, mas prestar jurisdição tanto quanto possível eficiente, efetiva e justa, mediante um processo sem

Nesse particular, é clara a simbiose entre duração razoável do processo e sanções premiais.

Isso porque, muitos dos prêmios previstos em normas podem influenciar o modo de agir do indivíduo (tomada de decisão), com repercussão direta na duração do processo ou mesmo na satisfação da atividade executiva.

Assim, quando o legislador estabelece uma redução de honorários para aquele que reconhece a procedência do pedido e cumpre a obrigação (art. 90, § 4º, do CPC), está, na prática, valorizando a duração razoável do processo[88], já que, se o comportamento indicado for adotado, a consequência prática será o encerramento do processo de modo mais célere (sem necessidade de produção de provas, de desenvolvimento de atividade cognitiva para proferir a sentença etc.).

Da mesma forma, quando a Fazenda Pública é liberada de pagar honorários no cumprimento de sentença que enseje expedição de precatório, se não oferecer impugnação (art. 85, § 7º, do CPC), o que se quer é viabilizar o recebimento do montante pelo credor de modo mais célere, permitindo a satisfação da atividade executiva.

Nesse contexto, também sob o prisma da duração razoável do processo, é fácil perceber a potencialidade das normas premiais, não apenas no plano endoprocessual (para os litigantes), mas também para o próprio Estado, já que a abreviação do tempo do processo repercute diretamente nos custos da máquina judiciária.

2.3 INCENTIVO À AUTOCOMPOSIÇÃO

Desde as Ordenações Afonsinas, Manuelinas e Filipinas já se estimulava a conciliação das partes[89], o que também era previsto nas Constituições de

---

dilações ou formalismos excessivos". OLIVEIRA, Carlos Alberto Alvaro de. *Teoria e prática da tutela jurisdicional*. Rio de Janeiro: Forense, 2008, p. 126.

87. SILVA, Paulo Eduardo Alves da. *Gerenciamento de processos judiciais*. São Paulo: Saraiva, 2010, p. 91.

88. "O artigo 90, § 4º, CPC é espécie de sanção premial voltada a estimular comportamentos que promovam a resolução antecipada da crise jurídica, evitando o prolongamento desnecessário da relação processual e prevenindo esforços das partes em juízo". TJ/MG, APL 1.0000.19.003136-9/001, Rel. Des. Kildare Carvalho, Quarta Câmara Cível, DJe 31.05.2019.

89. TAKAHASHI, Bruno. Entre a liberdade e a autoridade: os meios consensuais no novo Código de Processo Civil. *Revista de Processo*. São Paulo: Revista dos Tribunais, nº 264, fev./2017, p. 499-500.

1824 (art. 161), 1934 (art. 122, parágrafo único), 1937 (art. 18, "d"), 1946 (arts. 122 e 123) e 1967 (arts. 133 e 134).

Nesse recuo histórico[90], vale lembrar do preâmbulo da Constituição Federal de 1988, que, embora não tenha força normativa[91], prevê expressamente que o Estado Democrático de Direito deve assegurar a igualdade e a justiça como valores supremos de uma sociedade fraterna, pluralista e sem preconceitos, fundada na harmonia social e comprometida com a "solução pacífica das controvérsias".

Especificamente no âmbito do CPC/15, compete ao juiz fomentar os métodos adequados de resolução de conflitos (art. 3º, §§ 2º e 3º)[92]. Trata-se de comando imperativo, inserido no capítulo das normas fundamentais do processo civil[93], cuja ideologia está estampada ao longo de todo o código (ex: art. 139, V).[94]

---

90. No CPC de 1939 (arts. 644 e 646, por exemplo) e no CPC de 1973 (arts. 125, IV, 331 e 448, por exemplo), a conciliação já era incentivada.
91. STF, ADI 2076/AC, Rel. Min. Carlos Velloso, Pleno, DJ 08.08.2003.
92. Para Marco Antonio Rodrigues, o legislador tratou dos meios adequados de resolução de conflitos (arbitragem, mediação e conciliação) no mesmo dispositivo legal, como forma de demonstrar sua igual dignidade enquanto mecanismos de pacificação social. RODRIGUES, Marco Antonio. *A Fazenda Pública no Processo Civil.* 2. ed. São Paulo: Atlas, 2016, p. 373.
93. O CPC/15 dedicou também um capítulo específico ao assunto ("Dos Conciliadores e Mediadores Judiciais" - arts. 165 a 175), disciplinando a) a obrigação dos tribunais de criarem centros judiciários de solução consensual de conflitos, responsáveis pela realização de sessões e audiências de conciliação e mediação e, ainda, pelo desenvolvimento de programas destinados a auxiliar, orientar e estimular a autocomposição (art. 165); b) os princípios da conciliação e da mediação (art. 166); c) o cadastro dos mediadores, dos conciliadores e das câmaras privadas no cadastro nacional e no cadastro dos tribunais (art. 167); d) a possibilidade de escolha do mediador, do conciliador ou da câmara privada (art. 168); e) a previsão de remuneração dos auxiliares da justiça e o rito a ser seguido em caso de impossibilidade temporária ou impedimento (arts. 169, 170, 171 e 172), disciplinando algumas restrições legais; f) as causas de exclusão do mediador e do conciliador (art. 173); g) a possibilidade dos entes públicos criarem câmaras de mediação e conciliação (174); e h) o incentivo à mediação e conciliação realizada de forma extrajudicial (art. 175). O código também previu uma audiência de mediação/conciliação na fase de conhecimento (art. 334), nas ações de família (art. 695) e em conflitos coletivos da posse (art. 565). Além disso, existem muitos outros dispositivos que comprovam esse estímulo à autocomposição (vide, por exemplo, art. 359).
94. Muitas das alterações do CPC/15 foram influenciadas pela Resolução nº 125/10, do Conselho Nacional de Justiça, que "dispõe sobre a Política Judiciária Nacional de tratamento adequado dos conflitos de interesses no âmbito do Poder Judiciário". Em linhas gerais, por força da referida Resolução, a) incumbe ao Poder Judiciário oferecer mecanismos

Na mesma linha, a Lei nº 13.140/15 (Marco Legal da Mediação) reforça a transformação da cultura do litígio pela cultura do diálogo[95], disciplinando a mediação extrajudicial, a mediação judicial e a autocomposição no âmbito da Administração Pública.

Os influxos dessa nova mentalidade também repercutiram nas alterações do novo Código de Ética e Disciplina da Ordem dos Advogados do Brasil (2016) – que prevê expressamente como dever do advogado estimular a qualquer tempo a conciliação e a mediação entre os litigantes (art. 2º, parágrafo único, VI) –, bem como em diversos outros diplomas legais[96].

Essa evolução normativa confirma a crescente valorização dos métodos adequados de resolução de conflitos e o maior engajamento da sociedade e da comunidade jurídica em geral, o que reflete, de certa forma, o que Mauro Cappelletti[97] já defendia há mais de duas décadas.

Atualmente, é possível falar em um microssistema de métodos adequados de resolução de conflitos, que envolve basicamente a conciliação, a mediação, a negociação, os *dispute boards*[98], além da arbitragem.

---

de soluções de controvérsias (mediação e conciliação), orientando o cidadão (art. 1º, parágrafo único); b) compete ao CNJ organizar programas com o objetivo de promover ações de incentivo à autocomposição de litígios e à pacificação social por meio da conciliação e da mediação (art. 4º); e c) cabe aos tribunais criar Núcleos Permanentes de Métodos Consensuais de Solução de Conflitos (art. 7º) e Centros Judiciários de Solução de Conflitos e Cidadania (art. 8º), mantendo banco de dados atualizado com as atividades de cada centro (art. 13).

95. MAZZOLA, Marcelo. Mediação e Direito Intertemporal: duas leis em vacância e um convite à compatibilização. *Revista de Arbitragem e Mediação – RArb*. São Paulo: Revista dos Tribunais, nº 46, jul./set./2015, p. 210.

96. Por exemplo, a Lei nº 13.867/19 (que alterou o Decreto-Lei nº 3.365/41) dispõe sobre o uso da mediação e da arbitragem no processo de desapropriação (art. 10-B); a nova Lei de Franquias (Lei nº 13.966/19) prevê expressamente a possibilidade de as partes elegerem o juízo arbitral (at. 7º, § 1º); a Lei nº 14.112/20 (que alterou a Lei nº 11.101/05) contém uma seção específica para a conciliação/mediação antecedentes ou incidentais ao processo de recuperação judicial; a nova Lei de Licitações (Lei nº 14.133/21) regula expressamente a possibilidade de uso da conciliação, da mediação, do comitê de resolução de disputas e da arbitragem (arts. 151 a 154).

97. Para o jurista italiano, dever-se-ia fomentar a "justiça coexistencial", em desfavor da "justiça contenciosa", uma vez que a decisão adjudicada se revela muito lenta, formal, rígida e extremamente opressiva. CAPPELLETTI, Mauro. *Dimensioni Della Giustizia Nelle Società Contemporanee: studio di diritto giudiziario comparato*. Bologna: Il Mulino, 1994, p. 168-183.

98. A nova Lei de Licitações e Contratos Administrativos prevê expressamente a figura dos "comitês de resolução de disputas" (vide, por exemplo, artigos 151 e 154 da Lei nº

Quanto à relação entre sanções premiais e estímulo à autocomposição, o liame é de fácil visualização.

Atraídos por consequências jurídicas positivas (capazes de influenciar o seu processo de tomada de decisão), os indivíduos podem optar pela celebração de acordos, inclusive antes do escalonamento do próprio conflito.

Veja-se, por exemplo, o art. 29 da Lei de Mediação, que estabelece que, uma vez solucionado o conflito pela mediação antes da citação do réu, não serão devidas custas judiciais finais.

Na mesma vereda, o art. 90, § 3º, do CPC dispõe que, se a transação ocorrer antes da sentença, as partes ficam dispensadas do pagamento das custas processuais remanescentes, se houver.

Ainda que tais prêmios legais sejam módicos (especialmente o do art. 29 da Lei de Mediação – a crítica será feita no capítulo 4) e devam ser repensados (viabilizando o seu incremento), não se pode negar que servem de estímulo à autocomposição.

Além dos reflexos para os litigantes (obtenção de benefícios legais e as próprias vantagens decorrentes da solução consensual x decisão adjudicada), a celebração de acordos pode viabilizar o encerramento dos processos, o que também gera economia de recursos para o Estado (custos operacionais do Judiciário).

A lógica também se aplica às convenções processuais que contemplam prêmios (tema do capítulo 5), já que a interação das partes pode viabilizar benefícios aos envolvidos e, ao mesmo tempo, materializar ganhos sistêmicos.

2.4 COOPERAÇÃO

Cooperação vem do verbo latino *cooperari* e traduz a ideia de trabalhar em conjunto, obrar simultaneamente para determinado fim.

14.133/2021). Sobre os *Dispute Boards*, ver SKITNEVSKY, Karin Hlavnicka. *Dispute Boards*: Meio de Prevenção de Controvérsias. Belo Horizonte: Arraes Editores, 2016. De acordo com o Enunciado 49 da I Jornada de Prevenção e Solução Extrajudicial de Litígios, promovida pelo Centro de Estudos Judiciários do Conselho da Justiça Federal (CEJ/CJF), o art. 3º, § 3º, do CPC/15 também pode ser invocado como base legal dos *Dispute Boards*. Disponível em https://www.cjf.jus.br/enunciados/enunciado/912. Acesso em: 24.03.2021.

No plano processual, é possível pensar na cooperação entre órgãos do Poder Judiciário[99], entre juiz e árbitro[100], entre juiz e partes[101], entre as próprias partes (ex: convenções processuais), além de outras situações[102].

Neste tópico, será abordada apenas a cooperação sob o prisma das partes "entre si" (art. 6º do CPC).

Em linhas gerais, a atividade cooperativa assenta-se na ideia de um procedimento *fair*, valorizando-se a lealdade e o respeito na atuação jurisdicional.

Nesse compasso, a cooperação favorece a criação de um canal de diálogo capaz de permitir a interação de ideias, interesses e posições. As próprias convenções processuais (que serão examinadas do capítulo 5) são a maior expressão do espírito colaborativo que deve permear a relação processual.

Não se trata, obviamente, de contribuir para a vitória do adversário, mas sim de atuar de forma proba, ética, leal, inclusive interagindo com a parte contrária quando houver convergência de interesses (como na escolha consensual do perito, do mediador, do depositário, na delimitação consensual das questões de fato e de direito etc.).

Essa aproximação, longe de retirar o caráter bélico do processo, viabiliza ganhos recíprocos e muitas vezes pode contribuir para otimizar a prestação jurisdicional.

Não há dúvidas de que o desenvolvimento do processo sobre bases colaborativas permite o incremento das sanções premiais, pois algumas normas (legais ou convencionais) – para serem concretizadas – exigem essa aproximação entre os sujeitos processuais. Muitas vezes é necessária uma harmonização prévia ou, no mínimo, uma atuação com foco convergente.

---

99. DIDIER JR., Fredie. *Cooperação Judiciária Nacional* – esboço de uma teoria para o Direito brasileiro (arts. 67-69, CPC). Salvador: Juspodivm, 2020.

100. MAZZOLA, Marcelo. É possível a realização de atos concertados entre o Judiciário e o Juízo Arbitral? Disponível em https://www.migalhas.com.br/depeso/293183/e-possivel--a-realizacao-de-atos-concertados-entre-o-judiciario-e-o-juizo-arbitral. Acesso em: 19.09.2019.

101. MITIDIERO, Daniel. *Colaboração no Processo Civil* – Pressupostos sociais, lógicos e éticos. 3. ed. São Paulo: Revista dos Tribunais, 2015.

102. Para uma visão mais ampla do tema, ver MAZZOLA, Marcelo. *Tutela Jurisdicional Colaborativa*: a cooperação como fundamento autônomo de impugnação. Curitiba: CRV, 2017.

Sob o prisma legal, vale mencionar a lógica premial relacionada à ação de dissolução parcial de sociedade (arts. 599 a 609 do CPC)[103]. De acordo com o art. 601 do CPC, os sócios e a sociedade serão citados para, no prazo de 15 (quinze) dias, *concordar* com o pedido ou apresentar contestação. No caso de manifestação expressa e unânime pela concordância da dissolução, o art. 603 estabelece que o juiz a decretará, passando-se imediatamente à fase de liquidação, sendo certo que, nessa hipótese, *não haverá condenação em honorários advocatícios de nenhuma das partes* e as custas serão rateadas segundo a participação das partes no capital social.

Ou seja, a isenção dos honorários advocatícios e o rateio proporcional das custas podem aproximar as partes e estimular um alinhamento quanto ao pedido de dissolução, permitindo que a controvérsia fique circunscrita à apuração dos valores devidos.

Além da própria sanção premial (isenção dos honorários advocatícios e rateio específico das custas), essa conduta cooperativa tem o condão de evitar outras despesas processuais (gastos com produção de provas, custas recursais etc.) e reduz o próprio tempo de tramitação da demanda[104], refletindo, ainda, em economia para o Estado (valores necessários para a movimentação da máquina judiciária).

2.5 PRIMAZIA DE MÉRITO

A ideia de primazia de mérito[105] está intimamente ligada ao princípio da cooperação (em sua faceta dever de prevenção[106]) e pode ser extraída do

---

103. Para uma análise detalhada das hipóteses legais (Código Civil e CPC/15), ver BELLOCCHI, Márcio. Breves reflexões sobre o art. 607, CPC. In: BIANCHI, José Flávio; PINHEIRO, Rodrigo Gomes de Mendonça; ARRUDA ALVIM, Teresa (Coords.). *Jurisdição e Direito Privado* – Estudos em homenagem aos 20 anos da Ministra Nancy Andrighi do STJ. São Paulo: Revista dos Tribunais, 2020, p. 449-464.

104. "A utilização de técnicas de colaboração entre as partes acrescenta também eficiência ao processo, pois se as partes têm o dever de litigar de forma colaborativa, os atos processuais serão praticados com maior agilidade". ARSUFFI, Arthur Ferrari. *A nova produção antecipada da prova* – estratégia, eficiência e organização do processo. Salvador: Juspodivm, 2019, p. 63.

105. A expressão foi difundida por Fredie Didier Jr. em textos e palestras (http://www.frediedidier.com.br/editorial/editorial-53/), e abordada em DIDIER JR., Fredie. *Curso de Direito Processual Civil*. v. 1. 17. ed. Salvador: Juspodivm, 2015, p. 136-137. Para o doutrinador, "o órgão deve priorizar a decisão de mérito, tê-la como objetivo e fazer o possível para que ocorra. A demanda deve ser julgada – seja ela a demanda principal (veiculada pela petição inicial), seja um recurso, seja uma demanda incidental". Outros

art. 4º do CPC/15, que estabelece que as partes têm direito à solução integral do mérito, incluída a atividade satisfativa.

Em linhas gerais, a ideia é viabilizar, sempre que possível, a entrega da prestação jurisdicional, afastando eventuais óbices e vícios processuais.

Essa preocupação do legislador em assegurar uma decisão de mérito, em prazo razoável, e a satisfação da execução é externada em vários dispositivos do código.[107]

Nesse particular, a doutrina destaca que o objetivo do processo é solucionar o conflito[108] e a sentença que não julga o mérito "é frustrante e inócua"[109], assim como é ineficaz uma execução não satisfeita[110].

---

doutrinadores aderiram à formulação, como, por exemplo, CABRAL, Antonio do Passo. Comentários aos arts. 276-283. In: CABRAL, Antonio do Passo; CRAMER, Ronaldo (Coords.). *Comentários ao novo Código de Processo Civil*. 2. ed. Rio de Janeiro: Forense, 2016, p. 432-433; OLIVEIRA, Pedro Miranda de. O novo CPC e o princípio da primazia do julgamento do mérito recursal. *Revista Dialética de Direito Processual*. São Paulo: Dialética, nº 147, jun./2015, p. 93-110.

106. Comunga do mesmo entendimento Leonardo Carneiro da Cunha (Opinião 49 – Princípio da Primazia do Julgamento do Mérito). Disponível em http://www.leonardocarneirodacunha.com.br/opiniao/opiniao-49-principio-da-primazia-do-julgamento-do--merito/. Acesso em: 30.09.2018.

107. Arts. 64, § 4º, 76, 139, IX, 282, *caput*, §§ 1º e 2º, 186, § 2º, 303, § 6º, 317, 319, §§ 2º e 3º, 321, 329, II, 331, 338, 339, 352, 485, § 7º, 488, 700, § 5º, 775, parágrafo único, II, 932, parágrafo único, 938, §§ 1º e 2º, 968, § 5º, 972, 1.007, §§ 2º, 4º, 6º e 7º, 1.013, § 3º, incisos I a IV, § 4º, 1.017, § 3º, 1.024, § 5º, 1.027, § 2º, 1.029, § 3º, 1.031, §§ 2º e 3º, 1.032, *caput* e parágrafo único, 1.033, 1.041, § 2º, e 1.044, § 2º.

108. De acordo com Luís Alberto Reichelt, "o juiz deve sempre privilegiar a interpretação e a aplicação de normas que caminharem no sentido de assegurar a máxima amplitude de possibilidades de a atividade jurisdicional ser vista como meio hábil para o enfrentamento da lesão ou ameaça de lesão a direito. (...) deve ser preferida a exegese do texto legal na qual se possa vislumbrar a existência de um caminho livre de barreiras em favor daquele que busca proteção constitucional". REICHELT, Luís Alberto. O direito fundamental à inafastabilidade do controle jurisdicional e sua densificação no novo CPC. *Revista de Processo*. Revista dos Tribunais: São Paulo, nº. 258, ago./2016, p. 48-49.

109. ARRUDA ALVIM, Teresa. Prefácio. In: TESHEINER, José Maria Rosa, THAMAY Rennan Faria Krüger. *Pressupostos Processuais e nulidades no novo processo civil*. Rio de Janeiro: Forense, 2015. Para Antonio do Passo Cabral, a primazia de mérito preza a "solução do conflito em torno do direito material, evitando decisões de natureza procedimental que não contribuam para resolver o litígio". CABRAL, Antonio do Passo. *Juiz natural e eficiência processual:* flexibilização, delegação e coordenação de competências no processo civil. Tese apresentada no concurso de provas e títulos para provimento do cargo de Professor Titular de Direito Processual Civil da Faculdade de Direito da Universidade do Estado do Rio de Janeiro, Rio de Janeiro, 2017, p. 425-426.

Sob essa ótica, quando o legislador estabelece prêmios para estimular as partes a alcançarem uma composição amigável (isenção de custas processuais remanescentes – art. 90, § 3º) ou ainda para viabilizar uma prestação jurisdicional mais célere (redução de honorários – art. 90, § 4º), ensejando, em ambos os casos, a resolução do mérito, prestigia diretamente a ideia de primazia de mérito ("solução integral do mérito").

Da mesma forma, quando o legislador prevê consequências jurídicas positivas para estimular a satisfação do crédito (isenção de custas ou redução de honorários – ex: arts. 701, § 1º e 827, § 1º), valoriza a solução da atividade executiva.

Em todas essas situações, existem ganhos endoprocessuais para os litigantes e, ao mesmo tempo, vantagens para o Estado, já que, como visto, a abreviação de um processo gera economia de tempo e de recursos.

2.6 BOA-FÉ

Como se sabe, a boa-fé é norma fundamental aplicável a todas as relações jurídicas, cuja noção decorre essencialmente do direito privado, especialmente do campo negocial e dos contratos.

Embora estivesse regulada em legislações anteriores (Código Comercial de 1850[111], Código Civil de 1916[112], Código de Defesa do Consumidor[113], Lei nº 9.784/99[114], entre outras – ainda que sob diferentes conotações), o grande ápice de valorização da boa-fé adveio com o Código Civil de 2002.[115]

---

110. LEMOS, Vinícius Silva. A concessão de medidas atípicas de efetividade de ordem judicial e o necessário diálogo com as normas fundamentais do CPC/15. In: DIDIER JR., Fredie (Coord. geral); TALAMINI, Eduardo; MINAMI, Marcos Youji (Coords.). *Medidas Executivas Atípicas* –Coleção Grandes temas do Novo CPC. Salvador: Juspodivm, 2018, p. 485-487.

111. Art. 131. Sendo necessário interpretar as cláusulas do contrato, a interpretação, além das regras sobreditas, será regulada sobre as seguintes bases: 1 - a inteligência simples e adequada, que for mais conforme à boa-fé, e ao verdadeiro espírito e natureza do contrato, deverá sempre prevalecer à rigorosa e restrita significação das palavras.

112. Vide, por exemplo, arts. 112, 221, 255, parágrafo único, 337, 490 e 491.

113. Arts. 4º, III, e 51, IV.

114. Arts. 2º, parágrafo único, IV, e 4º, II.

115. Mais recentemente, a Lei da Liberdade Econômica, que tem como um dos princípios a "boa-fé do particular perante o poder público" (art. 2º, II), alterou o Código Civil, incluindo o § 1º e incisos ao art. 113: (...) § 1º - A interpretação do negócio jurídico deve lhe atribuir o sentido que: III - corresponder à boa-fé. Na mesma linha, a Lei nº

Isso porque, a boa-fé passou a ser considerada não apenas em casos de ignorância escusável (aspecto subjetivo), mas também como fonte de deveres autônomos nas relações contratuais (aspecto objetivo)[116].

Com isso, acentuou-se a distinção entre boa-fé subjetiva e boa-fé objetiva.

A primeira denota estado de consciência, importando a intenção do sujeito da relação jurídica, o seu estado psicológico ou a sua íntima convicção[117], isto é, a crença do indivíduo de que seu comportamento está em conformidade com o direito e que de nenhum modo ofende aos direitos de outrem[118]. Uma espécie de "não consciência do injusto"[119].

Já a boa-fé objetiva pressupõe um padrão objetivo de conduta, de lealdade e transparência. Ao contrário da boa-fé subjetiva, o estado de ânimo e a intenção dos agentes não têm qualquer relevância[120]. Trata-se de algo externo ao agente e compreende um comportamento marcado por padrões de correção, de probidade e eticamente recomendável[121].

Em boa hora, o CPC/15 alçou a boa-fé (objetiva)[122] à norma fundamental do processo civil (art. 5º). Assim, todo aquele que participa do processo deve comportar-se de acordo com a boa-fé, o que abrange não apenas os litigantes, mas todos os demais sujeitos, como auxiliares do juiz, advogados[123], terceiros intervenientes, instituições públicas ou privadas, *amici curiae* etc.

14.129/21 estabelece como princípio e diretriz do Governo Digital "a presunção de boa-fé do usuário dos serviços públicos (art. 3º, XV).

116. BIERWAGEN, Mônica Yoshizato. *Princípios e regras de interpretação dos contratos no novo código civil*. São Paulo: Saraiva, 2003, p. 53.

117. MARTINS COSTA, Judith. *A boa-fé no direito privado*: sistema e tópica no processo obrigacional. São Paulo: Revista dos Tribunais, 1999, p. 411.

118. OLIVEIRA, Eduardo Ribeiro de. *Comentários ao Novo Código Civil*. v. II. Rio de Janeiro: Forense, 2008, p. 251-252.

119. MENEZES CORDEIRO, Antonio Manuel da Rocha e. *Da boa-fé no Direito Civil*. 3. ed. reimp. Coimbra: Almedina, 2007, p. 411.

120. KHOURI, Paulo R. Roque A. O direito contratual no novo Código Civil. *Enfoque Jurídico* – Suplemento Informe do TRF da 1ª Região, nº 105, out./2001, p. 4.

121. OLIVEIRA, Eduardo Ribeiro de. *Comentários ao Novo Código Civil*. v. II. Rio de Janeiro: Forense, 2008, p. 252.

122. Enunciado 374 do FPPC: "O art. 5º prevê a boa-fé objetiva".

123. "(...) a crença na boa-fé das partes é um fator importante no respeito aos direitos subjetivos processuais das partes e na busca da justiça substantiva. Para efetivá-la, é fundamental a colaboração dos advogados. Calamandrei, mais do que qualquer outro, exaltou a importância para a administração da justiça da presença de advogados competentes, independentes, honestos e dedicados, que exerçam a plenitude de defesa

No contexto do novo diploma processual, a boa-fé também repercute na interpretação dos pedidos[124] e na construção dos pronunciamentos judiciais (arts. 322, § 2º, e 489, § 3º), trazendo, ainda, reflexos na fase recursal (art. 1.013, § 3º, II) e na ação rescisória (art. 966, V).

Na percepção de Paulo Cezar Pinheiro Carneiro[125], a boa-fé no processo não é um conceito vago – de interpretação subjetiva – e compreende duas funções precípuas: i) estabelecer comportamentos probos e éticos aos diversos personagens do processo; e ii) restringir ou proibir a prática de atos considerados abusivos.

De um modo geral, a doutrina reconhece que a boa-fé processual é um valor que embasa todo o ordenamento jurídico[126] e suas raízes podem ser encontradas no texto constitucional.

Há quem associe a boa-fé processual à dignidade da pessoa humana (art. 1º, III, da CF)[127], como fiadora do princípio da confiança legítima[128], e aqueles[129] que invocam o art. 3º, I, da Constituição Federal como seu funda-

---

dos interesses de seus clientes com absoluta lealdade e respeito ao princípio da boa-fé". GRECO, Leonardo. Publicismo e Privatismo no processo civil. *Revista de Processo*. São Paulo: Revista dos Tribunais, nº 164, out./2008, p. 29-56. Nesse particular, vale lembrar a clássica comparação feita por Calamandrei entre a relação juízes-advogados e namorados tímidos: "(...) *De esta manera, el proceso se diluye en promociones escritas, en las que tanto juez como abogados se comportan como enamorados tímidos, que cuando se encuentran no saben qué decirse, pero apenas se separan, escriben larguísimas cartas de amor, que conservan por algunas semanas en espera de cambiárselas en silencio durante la próxima cita*". CALAMANDREI, Piero. *Carácter dialéctico del proceso. Proceso y democracia*. Trad. Santiago Sentis Malendi. Buenos Aires: EJEA, 1960, p. 170.

124. Para Taruffo, a boa-fé atua como meio de integração, preenchendo lacunas existentes em regras processuais. TARUFFO, Michele. Abuso dos direitos processuais: padrões comparativos de lealdade processual – relatório geral. *Revista de Processo*. São Paulo: Revista dos Tribunais, nº 177, nov./2009, p. 158.

125. CARNEIRO, Paulo Cezar Pinheiro. Comentários aos artigos 1 ao 15º. In: WAMBIER, Teresa Arruda Alvim; DIDIER JR., Fredie; TALAMINI, Eduardo; DANTAS, Bruno (Coords.). *Breves comentários ao novo código de processo civil*. São Paulo: Revista dos Tribunais, 2015, p. 68.

126. PRETEL, Mariana Pretel e. *A boa-fé objetiva e a lealdade no processo civil brasileiro*. Porto Alegre: Núria Fabris, 2009, p. 51.

127. NEGREIROS, Teresa. *Fundamentos para uma interpretação constitucional do princípio da boa-fé*. Rio de Janeiro: Renovar, 1998, p. 282.

128. CALMES, Sylvia. *Du principe de protection de la confiance légitime en droits allemand, communautaire et français*. Paris: Dalloz, 2001, p. 231 e seguintes.

129. ROSENVALD, Nelson. *Dignidade humana e boa-fé no Código Civil*. São Paulo: Saraiva, 2005, p. 186 e seguintes.

mento constitucional – dever de *solidariedade* –, do qual decorreria o dever de não quebrar a confiança e de não agir com deslealdade.

Costuma-se fazer também um paralelo entre boa-fé processual e contraditório[130], e ainda ao devido processo legal, de modo a assegurar um processo com todas as garantias[131], o que, aliás, reflete o posicionamento do Supremo Tribunal Federal[132].

Na verdade, o princípio da boa-fé processual tem uma relação de complementaridade[133] com a igualdade, a dignidade da pessoa humana, a solidariedade, o devido processo legal e o contraditório, sendo considerado o grande fundamento de todos os princípios constitucionais do processo[134].

Nesse sentido, como vetor interpretativo de outras normas e corolário do processo legal, a boa-fé cria para todos os sujeitos processuais "uma imposição de atuar"[135] em consonância com os fins do processo.

De fato, sempre que alguém se desgarra da linha de probidade esperada e/ou cruza as fronteiras da lealdade passa a flertar com a ilegalidade e a abusividade.

Sob esse prisma, pode-se afirmar que a boa-fé também se conecta diretamente às sanções premiais, pois, sem o comportamento leal dos envolvidos, a própria finalidade dos prêmios seria corrompida.

Afinal, de nada adiantariam os benefícios legais, se o destinatário não age com boa-fé e tenta burlar o espírito da norma, para procrastinar a entrega da prestação jurisdicional.

Por exemplo, o art. 916 do CPC/15 prevê que, se o executado, no prazo dos embargos, reconhecer o crédito do exequente e comprovar o depósito de trinta por cento do valor em execução, acrescido de custas e de honorários

---

130. CABRAL, Antonio do Passo. "O contraditório como dever e a boa-fé processual objetiva". *Revista de Processo*. São Paulo: Revista dos Tribunais, nº 126. ago./2005, p. 63-76. Para o doutrinador, como o direito ao contraditório não pode ser exercido ilimitadamente, o respeito à boa-fé objetiva é exatamente um desses limites.

131. PICÓ I JUNOY, Joan. El debido proceso legal: reflexiones en torno al fundamento constitucional del principio de la buena fe procesal. *Revista Peruana de Derecho Procesal*, Lima, nº. 9, 2006, p. 341 e seguintes.

132. STF, RE 464.963/GO, Segunda Turma, Rel. Min. Gilmar Mendes, DJ 30.06.2006.

133. PINTER, Rafael Wobeto. A boa-fé no processo civil e o abuso de direitos processuais. *Revista de Processo*. São Paulo: Revista dos Tribunais, nº. 253, mar./2016, p. 135.

134. BEDAQUE, José Roberto dos Santos. *Efetividade do processo e técnica processual*. São Paulo: Malheiros, 2006, p. 21.

135. VINCENZI, Brunela Vieira de. *A boa-fé no processo civil*. São Paulo: Atlas, 2003, p. 170.

de advogado, poderá parcelar o restante do débito em até 6 (seis) parcelas mensais, acrescidas de correção monetária e de juros de um por cento ao mês.

A previsão materializa inegável benefício processual, pois permite ao executado, independentemente de consentimento do exequente, o melhor gerenciamento e provisionamento das despesas. Ao exercer tal opção, parte-se da presunção que o executado está de boa-fé e terá condições de honrar os pagamentos futuros.

Nesse contexto, viola a boa-fé o executado que efetua o pagamento de 30% (trinta por cento) do débito para obter o direito de parcelar o restante em seis vezes, quando sabe, de antemão, que não terá condições de honrar as prestações posteriores e, mesmo assim, exerce a opção para tumular o processo e embaçar a execução. Tal conduta é reprovável e não faz o menor sentido.

Até porque, a consequência prática será o vencimento das parcelas subsequentes, com o prosseguimento do processo e o imediato reinício dos atos executivos, incluindo a condenação do executado ao pagamento de "multa de dez por cento sobre o valor das prestações não pagas" (art. 916, § 5º, I e II).

Por fim, em relação às convenções processuais que contenham sanções premiais (tema do capítulo 5), a boa-fé também é ingrediente indispensável na sua negociação, execução e interpretação[136] (arts. 113 e 422 do Código Civil), sobretudo na hipótese de conflito.

---

136. Sobre a ideia de obrigação como processo, valorizando-se a autonomia da vontade, a boa-fé e o dinamismo das relações, ver SILVA, Clóvis Veríssimo do Couto e. *A obrigação como processo*. Rio de Janeiro: FGV, 2007.

Capítulo 3
SANÇÕES PREMIAIS, ANÁLISE ECONÔMICA DO DIREITO E ECONOMIA COMPORTAMENTAL

O comportamento humano é estudado por diversas áreas do conhecimento, como a Filosofia, a Sociologia, a Política, a Medicina e o próprio Direito (embora, muitas vezes, faltem estudos empíricos[1] para confirmar as constatações).

No plano do Direito[2], a Análise Econômica do Direito e a Economia Comportamental contribuem para o estudo do processo de tomada de decisão, com reflexos na órbita do comportamento humano.

3.1 APROXIMAÇÃO AO TEMA

Há muito tempo, Calmon de Passos[3] já pregava que o Direito não deve ignorar seus pressupostos econômicos, políticos e ideológicos.

1. Critica-se, por exemplo, a ausência de estudos empíricos capazes de demonstrar o êxito ou o fracasso dos procedimentos especiais, a maior qualidade e adequação da tutela prestada, entre outras questões. Sobre o ponto, ver DIDIER JR., Fredie; CABRAL, Antonio do Passo; CUNHA, Leonardo Carneiro da. *Por uma nova teoria dos Procedimentos Especiais* – dos procedimentos às técnicas. Salvador: Juspodivm, 2018, p. 84.
2. Não analisaremos a relação entre Neurociência e Direito. Em linhas gerais, a Neurociência se ocupa do "estudo científico dos mecanismos biológicos subjacentes à cognição, com foco específico nos substratos neurais dos processos mentais e nas suas manifestações comportamentais". COSTA, Eduardo José da Fonseca. *Levando a imparcialidade a sério* – proposta de um modelo interseccional entre direito processual, economia e psicologia. Salvador: Juspodivm, 2018, p. 27. Na Universidade de Vanderbilt, situada em Nashville (Texas), por exemplo, já se oferece um programa interdisciplinar de Direito e Neurociência. Disponível em https://law.vanderbilt.edu/courses/178. Acesso em: 07.08.2018. Recentemente, a Escola da Magistratura Federal do Paraná divulgou a primeira de pós-graduação em Neurociência aplicada ao Direito. Disponível em AJUFEMS. Acesso em: 10.03.2021.
3. CALMON DE PASSOS, José Joaquim. *Revisitando o Direito, o Poder, a Justiça e o Processo*. Salvador: Juspodivm, 2013, p. 75. Em sentido semelhante: "Não há exigir do processualista que faça, com igual desenvoltura, as vezes do sociólogo, do economista, do cientista político etc. Exige-se dele, porém, antes de tudo, humildade intelectual suficiente para aceitar o fato de que a sua visão de técnico não penetra a inteira realidade do universo

Por ser uma ciência interdisciplinar[4], "fenômenos técnicos, econômicos, sociais, políticos, culturais têm de ser juridicamente apreciados com base nas normas jurídicas preexistentes"[5].

Cada vez mais, sustenta-se que o "cruzamento transdisciplinar"[6] entre ramos do Direito, Economia e Psicologia deve ser estreitado e aprofundado.[7]

---

processual, e de que a sua palavra de técnica não é a única, nem a última que merece ser ouvida a respeitos dos assuntos da Justiça. Dele se exige, ainda, que mantenha a cada instante uma atitude de disponibilidade mental, capaz de fazê-lo receptivo a propostas oriundas de outros quadrantes científicos". BARBOSA MOREIRA, José Carlos. Sobre a multiplicidade de perspectivas no estudo do processo. In: BARBOSA MOREIRA, José Carlos. *Temas de direito processual*: quarta série. São Paulo: Saraiva, 1989, p. 20.

4. Apesar dessa interação entre diferentes ciências, José Carlos Barbosa Moreira adverte que "o que se recomenda é a colaboração, jamais a confusão" entre elas. BARBOSA MOREIRA, José Carlos. Efetividade do processo e técnica processual. In: BARBOSA MOREIRA, José Carlos. *Temas de direito processual*: sexta série. São Paulo: Saraiva, 1997, p. 28.
5. ENGISCH, Karl. *Introdução ao Pensamento Jurídico*. Trad. João Baptista Machado. 6. ed. Lisboa: Fundação Calouste Gulbenkian, 1988, p. 172-173.
6. ALOISIO, Anderson Bellini. *Epistemologia das sanções processuais:* uma análise com enfoque nas *astreintes* e seu impacto na concretização de direitos. Dissertação apresentada como requisito parcial para a obtenção do título de Mestre em Direito pelo Programa de Pós-Graduação em Direito da Universidade do Vale do Rio dos Sinos – UNISINOS, São Leopoldo, 2015, p. 155-156.
7. "Nenhum aspecto de nossos sistemas jurídicos modernos é imune à crítica. Cada vez mais pergunta-se como, a que preço e em benefício de quem estes sistemas de fato funcionam. Essa indagação fundamental que já produz inquietação em muitos advogados, juízes e juristas torna-se tanto mais perturbadora em razão de uma invasão sem precedentes dos tradicionais domínios do Direito, por sociólogos, antropólogos, economistas, cientistas políticos e psicólogos, entre outros. Não devemos, no entanto, resistir a nossos invasores; ao contrário, devemos respeitar seus enfoques e reagir a eles de forma criativa. Através do atual modo de funcionamento dos nossos sistemas jurídicos, os críticos oriundos das outras ciências podem, na realidade, ser nossos aliados na atual fase de uma longa batalha histórica – a luta pelo 'acesso à Justiça'". CAPPELLETTI, Mauro; GARTH, Bryant. *Acesso à Justiça*. Trad. Ellen Gracie Northfleet. Porto Alegre: Sergio Antonio Fabris Editor, 1988, p. 7-8. Em sentido semelhante: "(...) a economia da mesma maneira tenha ganhado cada vez mais destaque no processo civil. A análise do comportamento das partes e do juiz com fundamento em um sistema de incentivas que conduzam a determinadas escolhas e que permitam um espaço adequado de estratégias começa a aparecer dentro da doutrina processual". MITIDIERO, Daniel. *Processo Civil*. 1. ed. São Paulo: Thomson Reuters Brasil, 2021, p. 36.

Especificamente no campo do processo civil[8], é importante analisar como os ensinamentos da Análise Econômica do Direito[9] e da Economia Comportamental ajudam a compreender as escolhas, o modo de agir[10] e o processo de tomada de decisão do indivíduo[11].

---

8. "(...) o processualista não está dispensado de dedicar atenção a um problema pela simples circunstância de que a respectiva solução depende também – ou mesmo principalmente – de fatores estranhos ao universo da sua disciplina, ou quem sabe, em termos mais genéricos, ao mundo do direito. Por menor que se afigure o provável relevo de sua contribuição, corre ao processualista o dever de prestá-la". BARBORA MOREIRA, José Carlos. Notas sobre a efetividade do processo. In: BARBOSA MOREIRA, José Carlos. *Temas de direito processual*: terceira série. São Paulo: Saraiva, 1984, p. 30. Na mesma linha: "A abordagem econômica do direito processual, assim, servirá como instrumento para análise das condutas esperadas em diversos 'momentos decisórios processuais', tais como a propositura da ação, a transação, a interposição de recurso, a produção de novas provas". DIDIER JR., Fredie. *Sobre a Teoria Geral do Processo, essa desconhecida*. 5. ed. Salvador: Juspodivm, 2020, p. 184.
9. Como destacam Luiz Fux e Bruno Bodart, a Análise Econômica do Direito é "indiferente às tradicionais concepções ao redor das quais disputavam diferentes escolas de pensamento no Direito, como formalismo, realismo, jusnaturalismo e positivismo. (...) Atualmente, contudo, muitas das sofisticadas ferramentas adotadas pelos economistas são também compartilhadas por cientistas políticos, psicólogos, sociólogos e demais interessados na análise científica da interação humana em suas variadas nuances. Portanto, a tendência é de contínua convergência entre as disciplinas, para que formem um corpo unificado da ciência social". FUX, Luiz; BODART, Bruno. *Processo Civil e Análise Econômica do Direito*. Rio de Janeiro: Forense, 2019, p. 22-25.
10. "(...) a contribuição da análise econômica do direito é valiosa para uma compreensão pragmática do direito, ao revelar a estrutura de incentivos criada pelas normas jurídicas para nortear os comportamentos dos indivíduos. A resposta dos agentes ao sistema de custos e benefícios implícito nas normas jurídicas é de grande utilidade para a efetividade e a eficiência do direito, na medida em que permite uma avaliação de seus resultados práticos, verificados ou prováveis, sob determinadas circunstâncias". BINENBOJM, Gustavo. *Poder de polícia, ordenação e regulação*. Transformações político-jurídicas, econômicas e institucionais do direito administrativo ordenador. 2. ed. Belo Horizonte: Fórum, 2017, p. 146.
11. "(...) o comportamento humano é motivado, em grande parte, pelos interesses, variados, que animam os homens e dinamizam a vida social. Como o Direito é um conjunto de leis e de princípios, regulamentadores da atividade do homem, não poderia deixar de levar em consideração o interesse e a necessidade, e outros elementos que circundam o homem e lhe definem o comportamento, como ser social que é. O Direito tem que ter sempre como elementos básicos, sobre os quais se erige o ordenamento jurídico, precisamente, os comportamentos humanos fundamentais". ARRUDA ALVIM NETTO, José Manoel de. *Tratado de direito processual civil*. 2. ed., refundida, do "Código de Processo Civil Comentado". v. 1 (arts. 1º ao 6º). São Paulo: Revista dos Tribunais, 1990, p. 7.

Ora, se as pessoas respondem a incentivos[12] e as sanções premiais são justamente prêmios (benefícios, vantagens etc.) para estimular determinado comportamento[13] – embora as escolhas nem sempre sejam feitas de forma racional e possa existir um descompasso entre incentivos individuais e sociais –, nada mais natural que examinar a temática.

3.2 ANÁLISE ECONÔMICA DO DIREITO

No passado, os economistas focavam seus estudos em questões essencialmente econômicas, como inflação, desemprego, poupança, investimento, taxas de juros e comércio exterior.[14]

Porém, ao longo do tempo[15] e com o desenvolvimento dos trabalhos de Gary Becker (1959), Ronald Coase (1960) e Guido Calabresi (1961), entre

---

12. POSNER, Richard Allen. *Economic analysis of law*. 9. ed. New York, Aspen Publishers, 2014 (Kindle version). No original: "(...) *This implies that people respond to incentives*". No mesmo sentido LANDSBURG, Stephen E. *The Armchair economist*: economics & everyday life. New York: Free Press, 2012, p. 3 ("*people respond to incentives, the rest is commentary*"); MANKIW, Gregory. Principles of Microeconomics. 7. ed. Stamford: Cengage Learning, 2013, p. 7 ("*An incentive is something (such as a prospect of a punishment or reward) that induces a person to act*"; SCHAUER, Frederick. *The force of Law*. Cambridge: Harvard University Press, 2015, p. 110 ("*Even to the extent that behavior is determined largely or entirely by self- interest, however, individuals appear often to be motivated not only by a fear of unpleasant sanctions but also by a hope for rewards);* GAVAZZI, Giacomo. *L'onere – tra la libertà e l'obbligo*. Torino: Giappichelli, 1970, p. 164.
13. "Todo o direito é construído sobre a premissa implícita de que as pessoas respondem a incentivos. Criminosos cometerão mais ou menos crimes se as penas forem mais ou menos brandas. As pessoas tomarão mais ou menos cuidado se forem ou não responsabilizadas pelos danos que causarem a terceiros. Agentes públicos trabalharão mais ou se corromperão menos se seus atos forem públicos. Os exemplos são incontáveis. Por outro lado, se as pessoas não respondessem a incentivos, o direito seria de pouca ou nenhuma utilidade. Todos continuariam a se comportar da mesma forma e a criação de regras seria uma perda de tempo. Contudo, a experiência nos mostra que isso não acontece". GICO JÚNIOR, Ivo Teixeira. Introdução à análise econômica do direito. In: RIBEIRO, Márcia Carla Pereira; KLEIN, Vinícius (Coords.). *O que é análise econômica do direito*: uma introdução. Belo Horizonte: Fórum, 2011, p. 22-23. Ver também JORDÃO, Eduardo Ferreira; ADAMI, Mateus Piva. "Steven Shavell e o preço do processo: notas para uma análise econômica do direito processual". In: DIDIER JR., Fredie; JORDÃO, Eduardo (Coords.). *Teoria do Processo*: panorama doutrinário mundial. Salvador: Juspodivm, 2008, p. 205.
14. SANDEL, Michael J. *O que o dinheiro não compra*: os limites morais do mercado. Trad. Clóvis Marques. Rio de Janeiro: Civilização Brasileira, 2012, p. 50.
15. "O Direito e Economia é, atualmente, uma das mais influentes escolas metodológicas de pensamento jurídico americano. As suas origens remontam aos séculos XVIII e

outros, percebeu-se que a Análise Econômica do Direito[16], ao "buscar compreender de forma racional o ordenamento jurídico, assim como explicar e prever as implicações fáticas da sua aplicação"[17], contribui para a análise do processo de tomada de decisão do indivíduo.[18]

A premissa é de que os seres humanos tendem a agir de modo racional e responder a incentivos[19]. Dessa forma, tomam suas decisões[20] sopesando os custos e os benefícios das opções que lhes são oferecidas[21].

XIX, com os escritos de, por exemplo, Bentham, mas a análise econômica do direito somente ganhou notoriedade com os artigos dos ganhadores do prêmio Nobel Ronald Case e Gary Becker, e os livros de Guido Calabresi e Richard Posner. Nos últimos 40 anos, o Direito e Economia expandiu-se a todas as áreas do direito, abrangendo aquelas com mais óbvia importância econômica (direito concorrencial e regulatória, societário, falimentar, trabalhista), mas também aquelas centrais aos estudos jurídicos (direito contratual, responsabilidade civil, direitos reais, direito penal, direito processual civil e penal) e também novas áreas de interesse para os economistas do direito (direito de família, direito ambiental e direito constitucional". GAROUPA, Nuno; GINSBURG, Tom. Análise econômica e direito comparado. In: TIMM, Luciano Benetti (Org.). *Direito e economia no Brasil.* São Paulo: Atlas, 2012, p. 140.

16. "*AED consiste en estudiar – bien con una finalidad práctica, bien con una finalidad puramente cognoscitiva – las normas jurídicas aplicando los conocimientos y métodos proporcionados por la economía*". PASCUAL, Gabriel Doménech. Por qué y cómo hacer análisis económico del derecho. *Revista de Administración Pública*, nº 195, Madrid, 2014, p. 101.
17. VARGAS, Daniel Vianna. Análise econômica da execução no direito processual. In: FUX, Luiz; FUX, Rodrigo; PEPE, Rafael Gaia (Coods.). Temas de Análise Econômica do Direito Processual. Rio de Janeiro: GZ, 2021, p. 195.
18. Como será detalhado no capítulo 6, as proposições da AED demonstram que é possível criar, por meio da atuação judicial, incentivos para a ação ou reação dos atores envolvidos, estimulando ou desestimulando comportamentos.
19. "(...) além de ter um grande poder de explicar as realidades do mundo (assim como a cultura), a economia mexe com a escassez e os incentivos, questões presentes em todos os instantes do direito. É certo que a economia costuma ser vista como disciplina preocupada não tão só com o corte de custos, em detrimento dos sujeitos, mas essa parece ser uma ideia reducionista. (...) no perímetro do processo civil, onde o pragmatismo é essencial, avulta a utilidade do prisma econômico. Não foi por acaso que o princípio da economia processual amealhou tanto prestígio. Além disso, o sistema processual trabalha frequentemente com estímulos e incentivos". SOUSA, José Augusto Garcia de. *A tempestividade no processo civil brasileiro*: papel catalisador, enquadramento constitucional e dimensão conflituosa. Tese aprovada como requisito parcial para obtenção do grau de Doutor na Universidade Estadual do Rio de Janeiro, 2016, p. 94-95. Versão comercial da tese (SOUSA, José Augusto Garcia de. *A tempestividade da justiça no processo civil brasileiro* – Repercussão no Sistema, Desenho Constitucional e Dimensão Conflituosa. Salvador: Juspodivm, 2020).

Ao final, optam por aquela que acreditam ser capaz de lhes proporcionar maior bem-estar[22] ou maior utilidade de acordo com seus interesses.

Nesse contexto, a teoria econômica clássica busca explicar a lógica de tomada de decisões, partindo do pressuposto de que os indivíduos fazem escolhas racionais[23], previsíveis, optando pela alternativa que traz o melhor custo-benefício, dentro de um cenário de recursos escassos[24].

---

20. "*Incentives matter — choice is influenced in a predictable way by changes in incentives. This is probably the most important guidepost in economic thinking. It is sometimes called the basic postulate of all economics. On the one hand, as the personal benefits from an option increase, a person will be more likely to choose it. On the other hand, as the personal costs associated with an option increase, a person will be less likely to choose it*". GWARTNEY, James; STROUP, Richar; SOBEL, Russell; MACPHERSON, David A. *Microeconomics*: Private and Public Choice (1976). 13. ed. Mason: South-Western Cengage Learning, 2011, p. 10. No mesmo sentido: "(...) *being the study of human behavior or, so as to speak, of the human decision making process, it is almost mandatory to say that incentives for a certain kind of behaving (or not behaving) have a central importance in what is to be studied*". TEIXEIRA JÚNIOR, José Borges. The Emrek vs Sabranovic: an economic analysis of the consumer's jurisdiction rule for the European Union. *Civil Procedure Review*, v.10, nº 1, jan./abr./2019, p. 93.
21. "Em boa hora, a AED vem ganhando terreno nas discussões acadêmicas e recebendo atenção especial pelos tribunais pátrios, que têm assumido a liderança no emprego de conceitos econômicos - notadamente da microeconomia - como instrumento para interpretação das normas e/ou princípios legais, em inequívoca demonstração da preocupação com incentivos, análise de custo-benefício e consequências agregadas da aplicação direta das leis e das decisões". FUX, Rodrigo. A evolução da Análise Econômica do Direito no Brasil. Disponível em https://www.editorajc.com.br/a-evolucao-da--analise-economica-do-direito-no-brasil/ Acesso em: 30.07.2019.
22. Richard Posner critica a ideia utilitarista pautada em bem-estar, diante da imprecisão do termo e das variáveis envolvidas na análise. POSNER, Richard A. *The Economics of Justice*. Cambridge, Massachusetts and London: Harvard University Press, 1981, p. 68-69. Sobre o tema, ver também SANDEL, Michael J. *O que o dinheiro não compra*: os limites morais do mercado. Trad. Clóvis Marques. Rio de Janeiro: Civilização Brasileira, 2012, p. 50.
23. ALVAREZ, Alejandro Bugallo. Análise econômica do direito: contribuições e desmistificações. *Revista Direito, Estado e Sociedade*. Rio de Janeiro: PUC/RJ, v. 9, nº 29, jul./dez. 2006, p. 51. Na mesma linha: "*Si es cierto que el hombre es un ser racional maximizador de su propio interés y que la gente responde a ellos, se puede deducir predicciones sobre lo que harán los hombres; esto es, las leyes. Además, se puede establecer que cambiando los incentivos se pueden cambiar las conductas*". OSSA, Jahir Alexander Gutiérrez. Análisis económico del derecho. Revisión al caso colombiano. *Revista de Derecho y Economía*, nº 24, 2008, p. 18.
24. POSNER, Richard A. *Economic analysis of law*. 6. ed. New York: Aspen Publishers, 2003, p. 3-4. No mesmo sentido: "O modelo da escolha racional permite generaliza-

Ou seja, sob o prisma da racionalidade (maximização consciente do auto interesse[25]) e da escassez[26], os indivíduos buscam incrementar seus benefícios com menor dispêndio de tempo e de custos.[27]

ções quanto ao comportamento humano. Atribui aos humanos uma linha de conduta previsível; supõe que os humanos escolherão, sempre, entre as opções disponíveis, aquela que lhes ofereça a maior satisfação. Isso implica, por exemplo, que se os custos de uma opção (preço de um bem que se quer adquirir, sacrifício para empreender uma ação) aumenta, as pessoas afetadas escolherão menos frequentemente essa opção (lei da demanda)". MACKAAY, Ejan; ROUSSEAU, Stéphane. *Análise Econômica do Direito*. 2. ed. São Paulo: Atlas, 2015, p. 31.

25. SMITH, Vernon L. Rational choice: the contrast between economics and Psychology. *The Journal of Political Economy*, v. 99, nº 4, 1991, p. 878. Na mesma linha: "A análise econômica do fenômeno jurídico parte da premissa de que, quando depare com mais de uma opção de atuação, ou mais de uma conduta possível, o homem racional inevitavelmente levará em consideração a relação custo-benefício entre as opções possíveis, de modo a optar pela que melhor atende aos seus interesses". BITTENCOURT, Maurício Vaz Lobo. Princípio da eficiência. In: RIBEIRO, Marcia Carla Pereira; KLEN, Vinicius (Coords.). *O que é a análise econômica do direito*: uma introdução. Belo Horizonte: Fórum, 2011, p. 29.

26. "(...) a escassez como oposto de abundância ou de excesso de demanda é a premissa e o pressuposto básico da própria existência da tomada de decisão – e esta, dando forma a um círculo ininterrupto, é a maneira pela qual o indivíduo enfrenta o fato de que as coisas são finitas". GOULART, Bianca Bez. *Análise Econômica do Litígio* – entre acordos e ações judiciais. Salvador: Juspodivm, 2019, p. 33.

27. "A análise econômica do direito – AED propõe um olhar interdisciplinar para a superação desses problemas, com foco na compreensão da racionalidade dos agentes dentro do sistema. Segunda a principal premissa da AED, a escassez força os indivíduos a realizarem escolhas, considerando os seus benefícios e custos. Compreendida essa racionalidade, é possível identificar as regras capazes de estimular ou desestimular determinada conduta, que se pretende alcançar ou repreender. (...) o Direito regula o comportamento humano e a Economia estuda como o ser humano toma decisões e se comporta em um mundo de recursos escassos e suas consequências. Da união dessas duas ciências, surgiu a Análise Econômica do Direito (ou law and economics) (...). Os principais conceitos de Economia utilizados na AED são: (i) escassez, pois, diante de recursos escassos, devem ser considerados tanto os benefícios quanto os custos para *trade-offs*, ou seja, escolhas/sacrifícios legislativos e judiciais; (ii) maximização racional, decorrente da avaliação dos maiores benefícios e dos menores custos, que vão desde uma opção legislativa, passando pelo incentivo para o ajuizamento de uma ação judicial, até um decisão judicial; (iii) equilíbrio, que representa um padrão, após todos os atores maximizarem simultaneamente seus interesses, para elaborar uma lei, negociar um acordo ou obter uma decisão judicial; (iv) incentivos, que são preços implícitos que levam à opção por um determinada conduta, como o ajuizamento de uma ação; e (v) eficiência, relacionada à maximização de ganhos e minimização de custos, para, por exemplo, aferir a constitucionalidade de uma lei ou o impacto financeiro e social de

Desse modo, seria possível prever determinados comportamentos[28] dos indivíduos com base na lógica da racionalidade e dos incentivos[29].

De acordo com Luiz Fux e Bruno Bodart[30], a abordagem do Direito sob o prisma econômico pode assumir três diferentes aspectos.

O primeiro, denominado heurístico, preocupa-se com a identificação da racionalidade que informa a existência de diferentes institutos jurídicos e lhes confere coesão. O segundo aspecto, chamado descritivo, é voltado à determinação dos efeitos das normas jurídicas na sociedade, ou seja, in-

---

uma decisão". D'AVILA, Daniela Pereti; GONÇALVES, Mauro Pedroso. A relevância dos precedentes vinculantes do CPC/2015 sob a ótica da análise econômica do direito. *Revista de Processo*. São Paulo: Revista do Tribunais, nº 288, fev./2019, p. 375-393.

28. "A Análise Econômica do Direito pode especialmente contribuir na medida em que se busca valer, precipuamente, de uma teoria comportamental econômica (que se não perfeita, é bastante útil) e da realidade empírica, para então conceber e desenhar normas jurídicas que efetivamente venham a atingir os fins almejados, através da identificação e calibragem (ajustes) dos incentivos que são irradiados pelo sistema processual". TIMM, Luciano Benetti; TRINDADE, Manoel Gustavo Neubarth; MACHADO, Rafael Bica. O problema da morosidade e do congestionamento no âmbito do processo civil brasileiro: uma abordagem de law and economics. *Revista de Processo*. São Paulo: Revista dos Tribunais, nº 290, abril/2019, p. 443. No mesmo sentido: "A economia, assim, serviria como forma de prever as consequências das diversas regras jurídicas. Trata-se de tentar identificar os prováveis efeitos das regras jurídicas sobre o comportamento dos atores sociais relevantes em cada caso. Busca-se modelar o comportamento humano de modo que seja possível ao profissional do Direito entender os prováveis efeitos que advirão como consequências das diferentes posturas legais. A análise econômica do direito, usando conceitos de ciência econômica, atualiza uma racionalidade subjacente das normas jurídicas e os principais efeitos previsíveis de suas mudanças. Propõe leitura das regras jurídicas que as avalie pelos seus efeitos de estímulo e pelas mudanças de comportamento das pessoas em reposta aos mesmos". GIANNKOS, Demétrio Beck da Silva. A uniformização da jurisprudência: uma justificativa a partir da hermenêutica jurídica e da análise econômica do direito. *Revista de Processo*. São Paulo: Revista dos Tribunais, nº 288, fev./2019, p. 413.

29. "*Economics is, at root, the study of incentives: how people get what they want, or need, especially when other people want or need the same thing. Economists love incentives. They love to dream them up and enact them, study them and tinker with them. The typical economist believes the world has not yet invented a problem that he cannot fix if given a free hand to design the proper incentive scheme. His solution may not always be pretty - it may involve coercion or exorbitant penalties or the violation of civil liberties - but the original problem, rest assured, will be fixed*". LEVITT, Steven D.; DUBNER, Stephen J. *Freakonomics: A Rogue Economist Explores the Hidden Side of Everything*. New York: Harper Collins, 2005, p. 16.

30. FUX, Luiz; BODART, Bruno. *Processo Civil e Análise Econômica do Direito*. Rio de Janeiro: Forense, 2019, p. 2.

vestiga as consequências decorrentes das normas legais em análise. Como destacam os autores, esses dois primeiros aspectos são por vezes reunidos sob a expressão "análise econômica do Direito positiva". Por fim, o último aspecto é o de cunho normativo, que busca definir quais normas jurídicas são desejáveis, comparando sua eficiência a partir das conclusões obtidas nos dois aspectos anteriores da análise.

No entanto, como explicam os referidos autores[31], nem sempre essa sistematização objetiva e racional corresponde à realidade das escolhas individuais, seja porque algumas escolhas humanas não são simplesmente racionais (existem motivações políticas, pessoais etc.), seja porque a assimetria de informações (desconhecimento do leque de opções e das respectivas consequências) impede a tomada de decisões racionais.

Com o tempo, a suposição de que os seres humanos agem de modo estritamente racional começou a ser "difamada e ridicularizada"[32], o que levou alguns pesquisadores a estudarem esses desvios das predições da teoria da escolha racional.[33]

---

31. "A teoria econômica moderna tem por base o chamado modelo da escolha racional, o qual se espalhou também para outros campos de investigação de fenômenos sociais, como a Ciência Política. Não se deve, contudo, sobredimensionar o conceito de racionalidade adotado pela teoria da escolha racional, a qual abrange apenas algumas premissas. A primeira delas é a de que todo agente possui preferências, e justamente porque 'prefere' certas coisas mais que outras, se comportará como se buscasse atender da melhor forma possível o seu conjunto de interesses. (...) A segunda e terceira premissas são denominadas de completude e transitividade. Consoante o conceito de completude, todo agente é capaz de ordenar as suas preferências estabelecendo entre elas prioridades. Um leitor que conhece um drama e uma comédia pode preferir um ao outro, pode ser indiferente quanto a ambos, bem como pode entender que ambos satisfazem seu gosto com igual intensidade, mas jamais estará em uma situação na qual não consegue decidir suas preferências em relação aos dois. Por sua vez, a transitividade diz respeito à contabilidade lógica entre as ordens eleitas para as diversas preferências individuais. Assim, se alguém prefere romances a dramas, bem como prefere dramas a comédias, é de esperar que a sua opção seja por um romance quando instado a escolher entre romance e comédia". FUX, Luiz; BODART, Bruno. *Processo Civil e Análise Econômica do Direito*. Rio de Janeiro: Forense, 2019, p. 9-13.
32. VELJANOVSKI, Cento. *A economia do direito e da lei*: uma introdução. Rio de Janeiro: Instituto Liberal, 1994, p. 46. Para Richard Posner, o fato de as pessoas nem sempre fazerem escolhas racionais não invalida a teoria da escolha racional. No original: "*the fact that people do not always make rational choice do not invalidate rational choice theory*". POSNER, Richard Allen. Economic analysis of law. 9. ed. New York, Aspen Publishers, 2014 (Kindle version).
33. Para uma análise mais detalhada, ver ARAÚJO, Fernando. *Introdução à Economia*. 3. ed. Coimbra: Almedina, 2005, p. 32.

Nesse particular, destacam-se os trabalhos de Herbert Alexander Simon[34] (*bounded rationality* – racionalidade limitada, segundo a qual o ser humano não age de forma verdadeiramente racional), e de Amos Tversky e Daniel Kahneman[35] (*prospect theory* – Teoria da Prospecção, chamada por alguns de Teoria da Perspectiva, que trabalha com a ideia dos sistemas 1 e 2[36], isto é, modelos aproximativos sobre as duas formas pela qual o cérebro age durante a tomada de decisões).

---

34. SIMON, Herbert Alexander. A behavioral model of rational choice. *The Quaterly Journal of Economics*, Oxford University Press, v. 69, nº, 1955, p. 99-118. Vale destacar que o autor foi agraciado com o Prêmio Nobel de Ciências Econômicas em 1978, em razão de suas pesquisas no processo de tomada de decisões.
35. KAHNEMAN, Daniel; TVERSKY, Amos. *Prospect Theory*: an analysis of decision under risk. EUA: Econometrica, v. 47, nº 2, 1979.
36. "A Teoria da Perspectiva é um modelo de economia comportamental que foi desenvolvido por Daniel Kahneman e Amos Tversky, partindo da premissa de que a nossa mente funciona de duas formas: uma rápida e intuitiva (sistema 1 – S1), decorrente de atividades completamente involuntárias ou suscetíveis de controle, mas que normalmente funcionam automaticamente, como, por exemplo, compreender sentenças simples, ler palavras em grandes cartazes e dirigir um carro por uma rua vazia; e outra lenta, lógica e deliberativa (sistema 2 – S2), decorrente de atividades que exigem atenção e são interrompidas quando a atenção é desviada, como, por exemplo, preencher um formulário fiscal, verificar a validade de um argumento lógico complexo e monitorar a conveniência do seu comportamento numa situação social. O sistema 1 opera de forma automática gerando padrões de ideias a partir dos quais o sistema 2 construirá pensamentos em série, seja modificando o modo como o sistema 1 funciona, seja adotando as suas sugestões, o que ocorre na maior parte do tempo, caso em que impressões e intuições tornar-se-ão crenças e ações involuntárias respectivamente. O sistema 2 é quem pensamos que somos, já que faz julgamentos e escolhas racionalizando ideias e sentimentos, mas frequentemente endossa percepções geradas pelo sistema 1. A divisão de trabalho entre os sistemas 1 e 2 é eficiente, minimizando o esforço mental e otimizando seu desempenho, o que permite o desenvolvimento de habilidades e competências complexas, bem como a realização de tarefas sofisticadas com relativa facilidade. Na maior parte do tempo, o sistema 1 funciona adequadamente, isto é, como previsão nas previsões de curto prazo e reações iniciais apropriadas e rápidas a desafios, porém sujeitos a erros sistemáticos, isto é, a heurísticas e vieses que podem distorcer a capacidade de julgamento e a escolha individual. Entretanto, não se pode atribuir todos os erros nas tomadas de decisões ao sistema 1, já que o sistema 2 pode não possuir o conhecimento necessário para permitir que o indivíduo opte pela melhor escolha. (...) A maioria das decisões cotidianas são tomadas com base no sistema 1, que é falho por agir impulsivamente, fazendo com o que sistema 2, vinculado ao julgamento racional, muitas vezes não seja acionado, inclusive por ser lento e ineficiente. Assim, decisões relevantes, que exigem raciocínio estatístico, por exemplo, acabam sendo tomadas com base no sistema 1, que não tem capacidade de executá-lo, induzindo em erro o agente, ao fazer escolhas com base em premissas equivocadas (...)". SOUZA. Danielle Nascimento

No próximo tópico, serão analisados de forma mais detalhada os mencionados estudos de Economia Comportamental, que, de certo modo, acabaram influenciando novas perspectivas no seio da própria Análise Econômica do Direito.

De qualquer modo, não se pode negar a relevância da lógica da teoria racional para tentar compreender os processos decisórios dos indivíduos[37] e a dinâmica do comportamento humano[38], o que é relevante no estudo das sanções premiais (o tema será desenvolvido mais adiante).

3.3 ECONOMIA COMPORTAMENTAL

Diferentemente da racionalidade exacerbada[39] propalada pela Análise Econômica do Direito clássica, a Economia Comportamental[40] – que

---

Nogueira de. *Psicologia Fiscal e Economia Comportamental no Direito Tributário como fonte de redução das práticas evasivas no Brasil.* Dissertação de Mestrado em Finanças, Tributação e Desenvolvimento, Universidade do Estado do Rio de Janeiro, 2018, p. 57.

37. "De fato, a teoria econômica acerca do comportamento humano tem o mérito de tornar previsível – ou pelo menos bastante provável – determinados tipos de comportamentos, baseados em relações de *custo-benefício* a qual se configura como um elemento instintivo e forte a inclinar a adoção de um determinado comportamento. Se não é verdade que a teoria econômica do comportamento humano seja capaz de explicar todo e qualquer processo de tomada de decisão, ela, de fato, tem o mérito de explicar um modo lógico de tomada de decisão, onde a melhor escolha faz sentido, numa análise de correlação entre custo-benefício". ALOISIO, Anderson Bellini. *Epistemologia das sanções processuais:* uma análise com enfoque nas *astreintes* e seu impacto na concretização de direitos. Dissertação apresentada como requisito parcial para a obtenção do título de Mestre em Direito pelo Programa de Pós-Graduação em Direito da Universidade do Vale do Rio dos Sinos – UNISINOS, São Leopoldo, 2015, p. 18-19.

38. "Se pessoas respondem a incentivos, então, do ponto de vista de uma ética consequencialista, as regras de nossa sociedade devem levar em consideração a estrutura de incentivos dos agentes afetados e a possibilidade de que eles mudem de conduta caso essas regras sejam alteradas". GICO JÚNIOR, Ivo Teixeira. Introdução à análise econômica do direito. In: RIBEIRO, Márcia Carla Pereira; KLEIN, Vinícius (Coords.). *O que é análise econômica do direito*: uma introdução. Belo Horizonte: Fórum, 2011, p. 25.

39. Como explica Erik Navarro, "os desenvolvimentos da psicologia acabaram colocando em xeque a premissa fundamental da abordagem econômica clássica: a racionalidade do ser humano". WOLKART, Erik Navarro. *Análise econômica e comportamental do processo civil:* como promover a cooperação para enfrentar a tragédia da Justiça no processo civil brasileiro. Tese (Doutorado em Direito Processual) – Centro de Estudos e Pesquisas no Ensino do Direito, Universidade do Estado do Rio de Janeiro, Rio de Janeiro, 2018, p. 387. Versão comercial da tese (WOLKART, Erik Navarro. *Análise*

incorpora estudos de outras ciências[41], como a Neurociência e a Psicologia Cognitiva (estudo do processo mental humano) –, enxerga uma realidade formada por pessoas que decidem com base em hábitos, experiências pessoais,

---

Econômica do Processo Civil: como o direito, a economia e a psicologia podem vencer a tragédia da justiça. São Paulo: Revista dos Tribunais, 2019).

40. "Uma parcela importante dos pesquisadores tem questionado, e por vezes rejeitado, a teoria da escolha racional, com base em conclusões sobre o comportamento humano colhidas a partir de pesquisas empíricas, majoritariamente experimentos, em especial no campo da Psicologia cognitiva, mas também envolvendo Sociologia, Neurociência e Biologia. Convenciona-se chamar esta corrente de 'Economia comportamental'. A denominação é inexata, pois, consoante já explicado anteriormente, a Economia é por definição um estudo do comportamento humano, como qualquer outra ciência social. Nada obstante a imprecisão terminológica, essa verte reuniu diversos adeptos nas últimas décadas, cabendo a menção às suas principiais características e críticas. Em primeiro lugar, critica-se, na perspectiva de alguns entusiastas da corrente 'comportamental', a presunção de que indivíduos são capazes de valorar situações em uma ordem lógica de preferências, em razão de inconsistências verificadas em experimentos envolvendo troca de bens, dando origem a teorias como a teoria dos prospectos ('*prospect theory*') e suas subteorias da aversão a perdas ('*loss aversion*') e da dotação ('*endowment theory*'). (...) Outro tipo de inconsistência apontada diz respeito à avaliação de escolhas intertemporais, situações que envolvem perdas (ou ganhos) imediatos e ganhos (ou perdas) diferidos no tempo. Essas escolhas podem envolver resultados monetários (como investimento para aposentadoria) ou não (a exemplo de uma dieta ou rotina de exercícios físicos). A corrente comportamental aponta a existência de conflitos internos entre preferências de curto prazo e de longo prazo, em razão de uma tendência a sucumbir a tentações presentes em detrimento do interesse futuro. (...) Além disso, essa corrente levanta objeções à teoria da utilidade esperada, ao arguir limitações à capacidade das pessoas de avaliar razoavelmente a probabilidade de ocorrência de eventos. Argumenta-se, também, com fundamento no experimentalismo, que indivíduos sobredimensionam eventos de probabilidade reduzida e subestimam eventos de incidência mais recorrente, por decidirem com base em 'atalhos mentais' denominados heurísticas que conduziriam a erros de estimação". FUX, Luiz; BODART, Bruno. *Processo Civil e Análise Econômica do Direito*. Rio de Janeiro: Forense, 2019, p. 17-22.

41. "A disciplina busca seus fundamentos principalmente na área da Psicologia tentando explicar a motivação dos fenômenos que causam um desvio da atitude humana esperada, considerando-se o ser humano como um ser racional". SCALEA, José Augusto; TABAK, Benjamin Miranda. Direito de propriedade intelectual: formas de proteção, seu impacto no desenvolvimento econômico e propostas para sua melhoria. *Revista de Direito Econômico e Socioambiental*, Curitiba, v. 7, n. 2, p. 154-174, jul./dez. 2016. Disponível em https://periodicos.pucpr.br/index.php/direitoeconomico/article/view/5837. Acesso em: 30.07.2019.

intuições e regras práticas simplificadas, e não por um sujeito superdotado de raciocínio lógico[42].

Assim, a abordagem psicológica acerca do comportamento humano considera a individualidade da pessoa que está decidindo, sua mente[43], suas experiências pessoais e seu condicionamento acerca da questão objeto da decisão.[44]

Não raro, necessidades, desejos, emoções, experiências pessoais, preconceitos, tendenciosidades, hábitos e interesses compõem o complexo mosaico do processo de tomada de decisão.[45]

---

42. "*Understanding predictions is important because we often face situations that force us do make decisions based on our intuition, without the ability to first test our hunches. (...) So you have to rely on your intuition, which may or may not correspond with reality. In fact, we have to use our intuition every time we don´t have sufficient data, which is much of the time*". ARIELY, Dan. *Payoff – The Hidden Logic That Shapes Our Motivation* (ebook). Simon & Schuster/TED, 2016, chapter 1. No mesmo sentido STERNBERG, Robert J. *Psicologia cognitiva.* Porto Alegre: Artmed, 2000, p. 340; ÁVILA, Flávia; BIANCHI, Ana Maria. *Guia de economia comportamental e experimental.* São Paulo: economia comportamental.org., 2015, p. 14. Disponível em: http://www.economiacomportamental.org/guia-economia-comportamental.pdf. Acesso em: 30.07.2019.
43. "Não há como entender o Direito sem compreender o ser humano, sendo essencial, nessa ordem de ideias, conhecer a sua mente". MACHADO SEGUNDO, Hugo de Brito. Ciência do direito tributário, economia comportamental e extrafiscalidade. *Revista Brasileira de Políticas Públicas*, v. 8, nº 02, 2018, p. 646-647.
44. "Há muitas provas de que as avaliações de probabilidade e risco não soem estar de acordo com as leis racionais. Em tese, ao tomarem decisões, as pessoas deveriam buscar maximizar o prazer [= utilidade positiva] e minimizar a dor [= utilidade negativa]; porém, ao agir assim, cada um de nós usa cálculos de utilidade subjetiva, que é um cálculo baseado na avaliação, por parte do indivíduo, da utilidade (valor) em lugar de critérios objetivos, e de probabilidade subjetiva, que é um cálculo baseado nas estimativas de probabilidade, por parte do indivíduo, em lugar de cálculos estatísticos objetivos". COSTA, Eduardo José da Fonseca. *Levando a imparcialidade a sério* – proposta de um modelo interseccional entre direito processual, economia e psicologia. Salvador: Juspodivm, 2018, p. 82.
45. "A crença em nossa absoluta racionalidade decisória foi extremamente enfraquecida pelos avanços da psicologia comportamental e por estudos empíricos que demonstram o impacto dos atalhos cognitivos (heurísticas) que nos fazem decidir com deturpações e sem levar em consideração a informação relevante. Se esse comportamento decisório já nos induz a equívocos em assuntos cotidianos, se torna imperativo para o estudioso do direito analisar estas heurísticas nas decisões tomadas no campo do direito". NUNES, Dierle; LUD, Natanael; PEDRON, Flávio Quinaud. *Desconfiando da imparcialidade dos sujeitos processuais*: um estudo sobre os vieses cognitivos, a mitigação de seus efeitos e o *debiasing*. 2. ed. rev., atual. e ampl. Salvador: Juspodivm, 2020, p. 10.

Ocorre que esses fatores - que influenciam nas mais diversas escolhas - não são detectáveis a nível consciente, já que existem mecanismos emocionais e cognitivos, muitas vezes inconscientes, que estão por trás das escolhas e das decisões dos indivíduos, gerando consequências comportamentais[46].

Para alguns estudiosos da Economia Comportamental[47], como o processo de tomada de decisões não se baseia exclusivamente na racionalidade[48], os indivíduos podem, inclusive, fazer escolhas contrárias aos seus próprios interesses[49].

---

46. CALABRESI, Guido. *The future of law and economics*. New Heaven: Yale University Press, 2016, p. 3-4
47. Sobre o impacto do Direito e da Economia Comportamental em âmbito global, ver WHITEHEAD, Mark; JONES, Rhys; HOWELL, Rachel; LILLEY, Rachel; PYKETT, Jessica. Nudging all over the world: assessing the global impact of the behavioural sciences on publicy policy. *Economic & Social Research Council*, Aberystwyth, p. 1-38, sep. 2014.
48. "A fim de exemplificar - com elementos que são clássicos na explicação desta teoria - suponha-se que se ofereça a alguém, para que faça uma escolha entre uma maça e uma laranja. Estatisticamente falando, há 50% de chance de que tal pessoa escolha ou a laranja ou a maçã. Na nossa hipótese, a pessoa escolhe a maçã. Pois bem. Ato contínuo, se pede que a mesma pessoa escolha entre a laranja, a maçã e um pêssego. Há estatisticamente, 33% de chance para a escolha de cada uma das frutas mas, no entanto - e este é o ponto - não há lógica de que a laranja seja escolhida pois, entre a maçã e a laranja - quando havia 50% de chance para cada uma - esta última (a laranja) já havia sido rejeitada. A lógica - pura e simples - aponta que o sujeito escolha entre a maçã (primeira escolha) e o pêssego (que não havia sido ofertado da primeira vez). Isto faz sentido do ponto de vista lógico, pois entre a maçã e a laranja, já se sabe que quem 'ganha' é a maçã do ponto de vista da escolha daquele indivíduo. A dúvida, do ponto de vista de uma lógica estrita, ficaria então entre a maçã e o pêssego. No entanto, o ser humano, *talvez escolha a laranja*, pelo simples fato de que tenha vontade de, naquele momento fazê-lo! Ou seja, *as escolhas humanas não seguem um padrão puramente lógico-racional*". ALOISIO, Anderson Bellini. *Epistemologia das sanções processuais:* uma análise com enfoque nas *astreintes* e seu impacto na concretização de direitos. Dissertação apresentada como requisito parcial para a obtenção do título de Mestre em Direito pelo Programa de Pós-Graduação em Direito da Universidade do Vale do Rio dos Sinos - UNISINOS, São Leopoldo, 2015, p. 18-19.
49. "Assim, se o projeto de uma obra está atrasado, não trará o retorno esperado, sendo necessário investir o dobro do inicialmente previsto para a sua conclusão, seria mais racional abandonar o empreendimento e investir em outro negócio, porém os interesses pessoais do responsável, que tem receio de ter uma imagem negativa no mercado, acabam fazendo com que se empenhem esforços fadados ao fracasso, baseando-se, portanto, em um comportamento irracional". SOUZA, Danielle Nascimento Nogueira de. *Psicologia Fiscal e Economia Comportamental no Direito Tributário como fonte de*

Nesse campo, ganharam destaque as pesquisas de Herbert Alexander Simon[50], precursor da chamada *bounded rationality theory* (Teoria da Racionalidade Limitada).

Apesar de não refutar o modelo da escolha racional, o pesquisador reconhece que nem sempre os tomadores de decisões dispõem de todos os dados necessários para fazer suas escolhas. Ou seja, o indivíduo não possui uma visão completa da informação.

Ainda na percepção do pesquisador, os indivíduos não buscam necessariamente a maximização da utilidade, contentando-se, na verdade, com a primeira solução que lhes parece satisfatória.

Por sua vez, Amos Tversky e Daniel Kahneman[51], sob o viés da *prospect theory* (Teoria da Prospecção), questionam a lógica matemática da teoria econômica, consignando que a ideia do custo-benefício não deve ser considerada isoladamente (e desconectada de fatores externos), uma vez que é influenciada por razões de toda ordem, inclusive as de cunho irracional, com base em heurísticas.[52]

As heurísticas são os reais (em contraste com a lógica ideal) processos mentais decisórios, que revelam a impossibilidade de se ignorar as tendências cognitivas e decisórias[53].

---

redução das práticas evasivas no Brasil. Dissertação de Mestrado em Finanças, Tributação e Desenvolvimento, Universidade do Estado do Rio de Janeiro, 2018, p. 63.

50. SIMON, Herbert Alexander. Teorías acerca de la adopción de decisiones en economía y la ciencia del comportamiento. In: SIMON, Herbert Alexander et al (Orgs.). *Panoramas contemporáneos de la teoría económica: asignación de recursos*. Madrid: Alianza Universidad Editorial, 1970, v. III, p. 24.

51. KAHNEMAN, Daniel; TVERSKY, Amos. *Prospect Theory*: an analysis of decision under risk. EUA: Econometrica, v. 47, nº 2, 1979.

52. "*The model offered by Kahneman and Tversky, called prospect theory, seems to do a good job of explaining many features of observed behavior*". SUNSTEIN, Cass Robert; JOLLS, Christine; THALER, Richard H. *A behavioral approach to law and economics*. 50 Stanford Law Review, p. 1478. Disponível em https://digitalcommons.law.yale.edu/cgi/viewcontent.cgi?referer=https://scholar.google.com.br/&httpsredir=1&article=2797&context=fss_papers. Acesso em: 20.02.2020.

53. Heurística seria o "*simple procedure that helps to find adequate, though often imperfect, answers to difficult questions*". KAHNEMAN, Daniel. Thinking: fast and slow. New York: Farrar, Straus and Giroux, 2013, p. 98. De acordo com a doutrina especializada, "nossa mente é baseada em certas heurísticas (regras rápidas e frugais). Essas regras são úteis para avaliar determinadas situações, onde não há tempo para raciocinar e certos atalhos podem ser fundamentais para uma decisão rápida. Na maioria das situações, essas heurísticas nos ajudam a tomar as decisões corretas, mas também podem

No artigo intitulado "Judgement under Uncertainty: Heuristics and Biases"[54], os mencionados autores descrevem três heurísticas: representatividade (os indivíduos tendem a analisar a probabilidade de ocorrência de um evento desconsiderando fatores e informações importantes)[55]; disponibilidade (as pessoas tendem a avaliar a probabilidade de ocorrência de um evento pela facilidade com que essas situações são trazidas às suas mentes); e ancoragem (as pessoas costumam determinar a probabilidade de algum acontecimento a partir de um ponto de partida ou de um valor inicial).[56]

A doutrina estrangeira também ressalta a heurística do afeto (*affect heuristic*[57] – em algumas situações, as pessoas são guiadas por sentimentos e não pela lógica racional) e a heurística do excesso de confiança (*overcon-*

---

nos influenciar a cometer erros realmente estúpidos. Existem dezenas de heurísticas que estruturam nossa racionalidade. Somos péssimos em avaliar a significância das correlações estatísticas; descartamos evidências desfavoráveis a nosso ponto de vista; tendemos a seguir o comportamento mais comum em nosso grupo (efeito rebanho); e tendemos a explicar eventos passados com base em nosso conhecimento presente, concluindo que tais eventos seriam facilmente previsíveis à época (viés de retrovisor)". ALMEIDA, Fábio Portela de. *O impacto das ciências comportamentais na teoria jurídica*. Disponível em https://www.conjur.com.br/2019-nov-02/fabio-almeida-impacto--ciencias-comportamentais-direito. Acesso em: 18.12.2019.

54. "*This article described three heuristics that are employed in making judgements under uncertainty: (i) representativeness, which is usually employed when people are asked to judge the probability that an object or event A belongs to class or process B: (ii) availability of instances or scenarios, which is often employed when people are asked to assess the frequency of a class or the plausibility of a particular development; and (iii) adjustment from an anchor which is usually employed in numerical prediction when a relevant value is available*". TVERSKY, Amos: KHNEMAN, Daniel. Judgement under Uncertainty: Heuristics and Biases. Disponível em http://links.jstor.org/sici?sici=0036--8075%2819740927%293%3A185%3A4157%3C1124%3AJUUHAB%3E2.0.CO%3B2-M. Acesso em: 20.07.2019.

55. Afirma-se que "a heurística da representatividade atua tomando o todo pela parte, ou seja, enxergando em uma partícula fragmentada um motivo para a caracterização de alguém ou de alguma situação a partir de um estereótipo". NUNES, Dierle; LUD, Natanael; PEDRON, Flávio Quinaud. *Desconfiando da imparcialidade dos sujeitos processuais*: um estudo sobre os vieses cognitivos, a mitigação de seus efeitos e o *debiasing*. 2. ed. rev., atual. e ampl. Salvador: Juspodivm, 2020, p. 55.

56. Para uma visão mais detalhada das heurísticas, ver GOULART, Bianca Bez. *Análise Econômica do Litígio* – entre acordos e ações judiciais. Salvador: Juspodivm, 2019, p. 78-90.

57. FINUCANE, Melissa L; ALHAKAMI, Ali; SLOVIC, Paul. The affect heuristic in judgements of risks and benefits. *Journal of Behavioral Decision Making*, v. 13, issue 1, 200, p. 1-17.

fidence heuristic[58] – quanto mais conhecimento sobre determinado tema a pessoa tiver, maior será seu excesso de confiança).

Por sua vez, no plano dos vieses (que são os erros sistemáticos ocorridos durante o processo mental, isto é, erros de pensamento e filtros seletivos[59]), destacam-se o viés confirmatório (*confirmation bias*[60] – tendência de confirmação da experiência anterior), o viés egocêntrico (*egocentric bias*[61] – probabilidades são superestimadas em razão da visão egocêntrica) e o viés otimista (*optimistic bias*[62] – as expectativas são supervalorizadas).

Outros vieses também já foram analisados pela doutrina, como o *attentional bias, automations bias, backfire effect, belief bias, congruence bias, regressive bias, disposition effect, distinction bias, impact bias, normalcy bias, omission bias, outcome bias* etc.[63]

De um modo geral, sustenta-se que tanto a Teoria da Racionalidade Limitada quanto a Teoria da Prospecção possibilitaram a inserção de elementos "psicológicos, de caráter subjetivo, e cada uma, a seu modo, demonstrou que a racionalidade da abordagem neoclássica não acontece no dia a dia do ser humano"[64].

Não se trata puramente de negar as teorias econômicas clássicas, mas filtrá-las e adaptá-las para um modelo mais real, que leva em conta um ser

58. FISHHOFF, Baruch; SLOVIC Paul; LICHTENSTEIN. Knowing with certainty: the appropriateness of extreme confidence. *Journal of Experimental Psychology: Human Perception and Performance*. Washington, v. 3, nº 4, 1977, p. 552-564.
59. NUNES, Dierle; LUD, Natanael; PEDRON, Flávio Quinaud. *Desconfiando da imparcialidade dos sujeitos processuais*: um estudo sobre os vieses cognitivos, a mitigação de seus efeitos e o *debiasing*. 2. ed. rev., atual. e ampl. Salvador: Juspodivm, 2020, p. 29 e 277.
60. PLOUS, Scott. The psychology of judgement and decision making. New York: McGraw-Hill, 1993, p. 233. Pelo viés de confirmação (*confirmation bias*), existe uma tendência de validar resultados em conformidade com aquilo que já se pensava desde o início.
61. GILOVICH, Thomas; SAVITSKY, Kenneth; MEDVEC, Victoria Husted. The spotlight effect in social judgement: an egocentric bias in estimates of the salience of one's own actions and appearance. *Journal of Personality and Social Psychology*. Washington, v. 78, nº 2, 2000, p. 211-222.
62. SHAROT, Tali. The optimism bias. *Current Biology*, v. 21, issue 23, 2001, p. R941-R945.
63. COSTA, Eduardo José da Fonseca. *Levando a imparcialidade a sério*: proposta de um modelo interseccional entre direito processual, economia e psicologia. Salvador: Juspodivm, 2018, p. 60-70.
64. GOULART, Bianca Bez. *Análise Econômica do Litígio* – entre acordos e ações judiciais. Salvador: Juspodivm, 2019, p. 108.

humano falho em suas tomadas de decisão, em vez de um modelo ideal, que parte da premissa de um ser humano inteiramente racional.

Essa compreensão pode explicar, por exemplo, – e aqui se projeta o viés de aversão à perda[65] – a razão de um credor rejeitar um acordo com o devedor por entender que conseguirá executar, futuramente, todos os valores devidos, não percebendo que muitas vezes o recebimento mais rápido do crédito (ainda que com alguma redução) pode lhe trazer maiores benefícios e evitar riscos.

Por acreditar que receberá o valor total e diante da dificuldade em tolerar a possibilidade de perdas, o credor age de modo automático, sem levar em consideração a relação custo-benefício de eventual transação. Acontece que, além das imprevisibilidades inerentes à própria execução, as crises financeiras, as mudanças no cenário político-econômico e outros fatores externos podem impactar a situação financeira do devedor, frustrando integralmente a execução.[66]

A mesma situação se verifica quando o credor, irritado com as alegações deduzidas pelo devedor ao longo do processo, se recusa a celebrar uma convenção processual, em que o devedor, logo após a sentença, renunciaria ao

---

65. SUNSTEIN, Cass. Behavioral analysis of law. *Chicago Working Paper in Law & Economic*, 1997, p. 5. Para Juarez Freitas, o viés de aversão à perda corresponde a uma "predisposição de valorizar mais as perdas do que os ganhos". FREITAS, Juarez. A hermenêutica jurídica e a ciência do cérebro: como lidar com os automatismos mentais. *Revista da AJURIS*, v. 40, nº 130, jun./2013, p. 234.
66. "Outra explicação para impasses em negociações é o chamado viés de autointeresse (*self-serving bias*), uma tendência humana de interpretar os fatos da forma que melhor atenda aos próprios interesses, a qual influencia também os prognósticos de cada sujeito sobre as suas chances de vitória em juízo. Cuida-se do resultado de um processamento seletivo de informações, pois seres humanos procuram em suas memórias por informações relevantes favorecendo aquelas que são consistentes com as suas conclusões desejadas. Quando alcançam essas conclusões, os indivíduos mantêm uma ilusão de objetividade, apesar de inconscientemente excluírem fatores importantes no contexto decisório que sejam contrários aos seus desejos. No contexto dos acordos, caso as partes interpretem a situação conflituosa de uma forma favorável aos interesses de cada um, mesmo possuindo idênticas informações, poderão superestimar as suas chances de sucesso na via judicial. O excessivo otimismo derivado do viés de autointeresse aumenta o preço de reserva do autor e diminui o preço de reserva do réu, o que pode eliminar a existência de uma 'zona de acordo'. Além disso, se ambas as partes acreditam realizar uma análise imparcial da situação, uma poderá compreender a postura agressiva da outra nas tentativas de negociação como uma tentativa cínica de adquirir uma vantagem estratégica injusta". FUX, Luiz; BODART, Bruno. *Processo Civil e Análise Econômica do Direito*. Rio de Janeiro: Forense, 2019, p. 66-67.

direito de interpor apelação cível (o que seria uma vantagem para o credor – na prática, viabilizaria o trânsito em julgado) em troca do parcelamento da dívida em 4 (quatro) vezes.

O desconforto emocional não permite que o credor reflita e perceba que o recebimento do montante em quatro vezes pode ser muito mais efetivo do que a futura execução (que, a rigor, só poderá ser deflagrada após o julgamento da apelação cível[67]), mesmo que o devedor, eventualmente, não interponha recurso (em razão do tempo a ser gasto com a elaboração da petição de cumprimento do julgado, a conclusão dos autos e a abertura de intimação eletrônica, sem falar o próprio prazo de quinze dias úteis para pagamento).

Logo, não aceitar a renúncia ao direito de interpor apelação para não dar a "benesse" requerida pelo devedor (parcelamento) é agir sem a racionalidade esperada, já que a recusa do credor não acelera em nada o recebimento dos valores devidos. Muito pelo contrário.

Nesse sentido, considerando a possibilidade de incidência de vieses e heurísticas no processo de tomada de decisão, os ensinamentos da Economia Comportamental são importantes no estudo das sanções premiais, especialmente na avaliação e formatação de convenções processuais com a lógica premial (tema que será examinado no capítulo 5).

A seguir, analisar-se-á efetivamente a interface entre Análise Econômica do Direito, Economia Comportamental e sanções premiais.

3.4 SANÇÕES PREMIAIS, ANÁLISE ECONÔMICA DO DIREITO E ECONOMIA COMPORTAMENTAL

3.4.1 Análise Econômica do Direito e sanções premiais

Como demonstrado, os indivíduos respondem a incentivos e tendem a agir de modo racional, tentando maximizar seus benefícios em um cenário de escassez.

Nesse particular, Luiz Fux e Bruno Bodart[68] ressalvam que a teoria da escolha racional não define as preferências dos agentes e tampouco a sua ordem de organização, bem como não faz juízo de valor sobre as escolhas individuais. De acordo com os autores, "assume-se apenas que há um conjunto

---

67. Salvo nos casos em que a apelação não goza de efeito suspensivo.

68. FUX, Luiz; BODART, Bruno. *Processo Civil e Análise Econômica do Direito*. Rio de Janeiro: Forense, 2019, p. 12-13.

de preferências, correspondentes às contingências possíveis ou relevantes, e que esse conjunto possui as propriedades de completude e transitividade".

Sob esse prisma, a Análise Econômica do Direito (clássica) permite a análise do custo do litígio em um sentido mais amplo, introduzindo no debate, por exemplo, os conceitos de "custo de oportunidade" – isto é, o "custo de uso alocativo alternativo de recurso financeiro, que fica parado durante a disputa"[69] –, e de "custo de transação"[70], o que, de algum modo, já vem sendo prestigiado pela jurisprudência[71].

Dessa forma, discutem-se padrões comportamentais (ex: excesso de litigiosidade), custos sociais, externalidades negativas, eficiência e racionalidade, entre outros temas.

A propósito, a Lei nº 13.655/18, que alterou a Lei de Introdução às Normas do Direito Brasileiro (LINDB), prestigia a lógica da Análise Econômica do Direito, ao prever que, nas esferas administrativa, controladora e judicial, não se decidirá com base em valores jurídicos abstratos e tampouco se decretará a invalidação de ato, contrato, ajuste, processo ou norma administrativa, sem que sejam consideradas as consequências práticas da decisão (o chamado consequencialismo – arts. 20 e 21).[72]

---

69. TIMM, Luciano Benetti. *Artigos e ensaios de Direito e Economia*. Rio de Janeiro: Lumen Juris, 2018, p. 85.

70. FUX, Rodrigo. Os Influxos da Análise Econômica do Direito no Código de Processo Civil 2015. *Revista de Processo*. São Paulo: Revista dos Tribunais, nº 308, out./2020, p. 321-349. As novas tecnologias também podem interferir nos custos da transação, acelerando e abreviando etapas, com diminuição de custos e de tempo (ex. plataformas online que viabilizam negociações prévias; robôs contratados por empresas que rastreiam a distribuição de demandas e viabilizam propostas de acordo antes mesmo da citação; e jurimetria como ferramenta de previsibilidade decisória, entre outros).

71. "A análise econômica do direito não pretende, por óbvio, esclarecem seus estudiosos, submeter as normas jurídicas à economia, mesmo porque o Direito não existe para atender exclusivamente aos anseios econômicos. Por outro lado, visa à aproximação das normas jurídicas à realidade econômica, por meio do conhecimento de institutos econômicos e do funcionamento dos mercados". STJ, REsp 1.163.283/RS, Rel. Min. Luis Felipe Salomão, Quarta Turma. Julgamento em: 07.04.2015.

72. Sobre o tema, incluindo uma análise crítica, ver ABBOUD, Georges. Consequencialismo jurídico: o lugar da análise de consequências em direito e os perigos do ativismo judicial consequencialista. *Revista dos Tribunais*. São Paulo: RT, v. 1.009, nov./2019, p. 123-135. Para uma visão mais geral, ver ARRUDA ALVIM, Teresa. *Modulação na alteração da jurisprudência firme ou de precedentes vinculantes*. 2. ed. São Paulo: Thomson Reuters Brasil, 2021, p. 218.

No mesmo sentido, a Lei nº 13.874/19 (Lei da Liberdade Econômica) alterou o art. 113 do Código Civil estabelecendo que a interpretação do negócio jurídico deve levar em conta a "racionalidade econômica das partes, consideradas as informações disponíveis no momento de sua celebração" (inciso V).

O CPC/15 também possui diversos dispositivos que interferem na equação econômica da litigância, cabendo citar alguns deles.

Por exemplo, o art. 85, § 11, prevê a fixação de honorários sucumbenciais recursais para desestimular a interposição de recursos (a ideia é forçar a parte a analisar as consequências e o custo-benefício de recorrer, e valorizar, ao mesmo tempo, o trabalho do advogado).

Já os arts. 1.026, §§ 2º e 3º, e 1.021, § 4º preveem multas para recursos protelatórios ou improcedentes/inadmissíveis, respectivamente, o que impacta o aspecto econômico da litigância.

Por sua vez, a autorização do art. 190 para que as partes customizem o procedimento e convencionem sobre seus ônus, poderes, faculdades e deveres processuais permite o maior controle dos custos e do tempo (eliminação de etapas processuais, dispensa de produção de provas, distribuição das despesas processuais etc.).

Na mesma linha, a produção autônoma de prova (arts. 381 a 383) contribui para a autocomposição (art. 381, inciso II), o que muitas vezes pode gerar benefícios recíprocos (principalmente a redução de custos e a eliminação do efeito corrosivo do tempo).

Ademais, a própria valorização de um sistema de padronização decisória[73] confere maior racionalidade e previsibilidade, refletindo no custo-benefício da litigância. Como destaca Luiz Fux[74], o respeito às decisões de observância obrigatória é importante, "porquanto elabora um arcabouço informativo destinado a diminuir a possibilidade de erros judiciários", e ainda garante segurança jurídica, o que é valorizado pelos agentes econômicos.

---

73. ARRUDA ALVIM, Teresa. *Modulação na alteração da jurisprudência firme ou de precedentes vinculantes*. 2. ed. São Paulo: Thomson Reuters Brasil, 2021, p. 18. Para a doutrinadora, a não oscilação jurisprudencial (arts. 23 e 24 da Lei nº 13.655/18) é importante para o ambiente de negócios do país.

74. FUX, Luiz. Prefácio. In: ARRUDA ALVIM, Teresa. *Modulação na alteração da jurisprudência firme ou de precedentes vinculantes*. 2. ed. São Paulo: Thomson Reuters Brasil, 2021. Ver também FUX, Luiz. *Teoria Geral do Processo Civil*. 3. ed. Rio de Janeiro: Forense, 2019.

Dentro dessa lógica econômica, também se destacam as sanções premiais.

Quando o CPC prevê consequências jurídicas positivas (redução de honorários advocatícios, isenção de custas etc.) para estimular determinado comportamento, está, na prática, induzindo[75] o indivíduo a avaliar o custo-benefício e as consequências de sua escolha, dentro de uma lógica de racionalidade econômica e de melhora da posição jurídica.

No campo da execução, se o devedor pagar o débito no prazo de 3 (três) dias, terá uma redução de 5% (cinco por cento) nos honorários advocatícios devidos (art. 827, § 1º, do CPC).

No caso da monitória, se o pagamento for feito em 15 (quinze) dias, o devedor não precisará pagar as custas processuais (art. 701, *caput* e § 1º, do CPC), o que, muitas vezes, pode importar em grande economia financeira.

Para empresas solventes e dependendo do valor do débito, esses benefícios podem realmente influenciar o processo de tomada da decisão.

Note-se, ainda, que, caso o devedor adote as condutas descritas nas normas, os processos serão extintos, o que, além de valorizar a eficiência processual (art. 8º do CPC), prestigia a duração razoável do processo e a ideia de cooperação (arts. 4º e 6º do CPC), o que confirma a interconexão entre sanções premiais e normas fundamentais do processo civil (tema do capítulo 2).

---

75. "As normas processuais, operando como fatores de ordem e organização da atividade das partes, estipulam comportamentos sequenciais ou simultâneos, em estruturas rígidas ou flexíveis relativamente ao conteúdo das manifestações. Pode-se dizer que as normas processuais, assim, atuam como 'regras do jogo' para a coordenação das atividades de cada sujeito no tempo. Essa atividade de coordenação de condutas não pode deixar de levar em conta o fato de que 'as leis são feitas para os homens vivos' que, justamente porque são motivados pelas suas preferências pessoais, podem ser estimulados a determinados comportamentos de modo mais ou menos eficaz a depender da estrutura de incentivos que é posta". ABREU, Rafael Sirangelo Belmonte de. *O processo civil entre o jurídico e o econômico*: o Caráter Institucional e Estratégico do Fenômeno Processual. Tese apresentada ao Programa de Pós-Graduação em Direito da Faculdade de Direito da Universidade Federal do Rio Grande do Sul como requisito parcial para obtenção do título de Doutor em Direito, 2018, p. 121. Versão comercial da tese (ABREU, Rafael Sirangelo de. *Incentivos processuais*: Economia Comportamental e nudges no processo civil. São Paulo: Revista dos Tribunais, 2020). No mesmo sentido RODRIGUES, Vasco. *Análise econômica do direito*. 2. ed. Lisboa: Almedina, 2016, p. 32.

Para o Estado, os benefícios também são inegáveis, uma vez que a extinção satisfatória de um processo judicial implica redução dos custos inerentes à máquina judiciária.[76]

Sob o prisma das convenções processuais, a lógica econômica também se aplica.[77] O tema será explorado no capítulo 5, com foco no aspecto premial, mas vale ilustrar desde logo uma situação.

Suponha-se que determinada empresa queira evitar o leilão de seus bens, em caso de futura execução decorrente de um contrato. Para tanto, a empresa pode oferecer desde logo um bem idôneo como garantia do contrato (o que também é interessante para o outro contratante), ajustando-se que, em caso de penhora, a respectiva alienação será feita exclusivamente por iniciativa particular, levando-se em conta o preço de mercado, sendo o vedado o leilão judicial. O prêmio na hipótese - que serve para estimular o oferecimento de um bem em garantia - é a certeza de que o referido bem não será alienado por um valor abaixo do mercado. Tal arranjo, além de maximizar a eficiência da execução para ambas as partes, evita, ao mesmo tempo, os custos do leilão judicial.

Em resumo, o investimento em mecanismos premiais, à luz da Análise Econômica do Direito, traz benefícios tanto para o Estado[78] quanto para os jurisdicionados.

---

76. Não se deve levar em conta apenas os custos do autor/credor, mas também as despesas do réu/executado e de toda a máquina judiciária. Existe um custo social embutido. SHAVELL, Steven. *The social versus the private incentive to bring suit in a costly legal system. The Journal of Legal Studies*, v. 11, nº 2, 1982, p. 333-339. Na execução, por exemplo, existem normalmente gastos para realização de penhora, custos com o depósito do bem e despesas de leilão judicial que poderiam ser evitados.

77. "Assim, em todo o momento em que a autonomia da vontade está presente, faz-se necessária a análise econômica do direito para, assim, justificar, de certa forma, o(s) benefício(s) para a utilização dos negócios jurídicos processuais". GIANNAKOS, Demétrio Beck da Silva. Análise econômica dos negócios jurídicos processuais. *Revista de Processo*. São Paulo: Revista dos Tribunais, nº 278, abr./2018, p. 510.

78. "Adequar a lógica da Análise Econômica do Direito à lógica premial pressupõe conjecturar que o investimento em mecanismos premiais seja interessante para o Estado (...)". VILELA, Daniela Rodrigues Machado. O direito premial trabalhista como perspectiva para o futuro do trabalho. Dissertação apresentada ao Programa de Pós-Graduação em Direito, da Faculdade de Direito, da Universidade Federal de Minas Gerais, como requisito parcial à obtenção do título de Mestre em Direito do Trabalho. Belo Horizonte, 2016, p. 156.

3.4.2 Economia Comportamental e sanções premiais

Como já destacado, muitas vezes as decisões dos indivíduos não são estritamente racionais.

Embora não haja um completo "abandono da racionalidade", motivações são incorporadas e o agente, "independentemente das limitações cognitivas, estará sempre buscando a satisfação de algum de seus desejos"[79].

Isso porque, existe uma série de fatores inerentes à própria evolução humana[80], como os múltiplos vieses[81] e as heurísticas, que influenciam o

79. ABREU, Rafael Sirangelo Belmonte de. *O processo civil entre o jurídico e econômico*: o Caráter Institucional e Estratégico do Fenômeno Processual Tese apresentada ao Programa de Pós-Graduação em Direito da Faculdade de Direito da Universidade Federal do Rio Grande do Sul como requisito parcial para obtenção do título de Doutor em Direito, 2018, p. 379.
80. "(...) os indivíduos não nascem com o intelecto pronto e acabado, de maneira que seus estados mentais vão se formando aos poucos, conforme mantém contato com outras pessoas e na medida em que participam das relações sociais. Por outras palavras, a formação psicológica do homem é fruto da sua interação com o meio, no qual as experiências são vivenciadas e internalizadas, transformando-o". LIGERO, Gilberto Notário. *Sanções Processuais por Improbidade na Execução Civil.* Tese apresentada à Banca Examinadora da Pontifícia Universidade Católica de São Paulo, como exigência parcial para obtenção do título de Doutor em Direito. Pontifícia Universidade Católica de São Paulo, 2014, p. 185-186.
81. "Um viés cognitivo que influencia a dinâmica dos acordos é o 'efeito de subaditividade' (*subadditivity effect*). Cuida-se da tendência de estimar a probabilidade de ocorrência de todo um conjunto de eventos como inferior à soma da probabilidade de cada um desses eventos ocorrer. Em um importante estudo, pesquisadores solicitaram a advogados que estimassem a probabilidade de futura sentença situar-se em cada uma das seguintes faixas de valores: até $ 25 mil, entre R$ 25 e $ 50 mil, de $ 50 a $ 100 mil e acima de $ 100 mil. Em média, a soma das probabilidades estimadas para cada uma das faixas foi de 170%. Outro fator relevante é o denominado 'efeito âncora' (*anchor effect*), a tendência de basear decisões de forma desproporcional com base na primeira informação recebida (a âncora), que terá saliência exagerada em relação a informações subsequentemente obtidas. Assim, se as ofertas inicialmente realizadas em negociações por acordos influenciam fundamentalmente o resultado das tratativas. Na mesma linha, deve ser considerado o 'viés da disponibilidade' (*availability bias*), a tendência de estimar a probabilidade de eventos com base em exemplos similares facilmente acessíveis na memória". FUX, Luiz; BODART, Bruno. *Processo Civil e Análise Econômica do Direito*. Rio de Janeiro: Forense, 2019, p. 69-70.

processo de tomada de decisão, o que não pode ser ignorado pelo Direito[82] e pelo legislador no momento de criação de novas normas[83].

No campo negocial, a Economia Comportamental revela que, quando se trata de "ganhos", os indivíduos tendem a ser mais conservadores do que em caso de perdas[84], o que, na prática, pode motivá-los a adotar o comportamento indicado para garantir o prêmio ao invés de correr o risco de perdê-lo. Essa percepção reforça a potencialidade das sanções premiais convencionais (tema do capítulo 5).

Sob outro prisma, alguns desses atalhos mentais podem explicar a razão de um devedor querer celebrar convenção processual, oferecendo – antes mesmo de eventual penhora – um bem para garantia do juízo de valor superior à dívida, em troca da impenhorabilidade[85] de outro bem (de valor correspondente ao débito, mas que possui importância emocional para ele).

---

82. "(...) um século depois do surgimento da Psicologia Comportamental e décadas depois da instrumentalização da Neurociência, nenhuma área do conhecimento humano, em especial o Direito, pode ignorar as contribuições teóricas e empíricas daí advindas, já que em todo fenômeno jurídico há uma dinâmica criada, operacionalizada e dirigida a seres humanos". SOUZA, Danielle Nascimento Nogueira de. *Psicologia Fiscal e Economia Comportamental no Direito Tributário como fonte de redução das práticas evasivas no Brasil.* Dissertação de Mestrado em Finanças, Tributação e Desenvolvimento, Universidade do Estado do Rio de Janeiro, 2018, p. 176.

83. "(...) se os legisladores pretendem projetar normas e instituições efetivas, devem tomar em consideração a racionalidade limitada que rege a realidade psicológica de tomada de decisão humana. Sob o ponto de vista pragmático, é preciso lembrar que o Direito é sistema de comportamentos; logo, necessita de um modelo comportamental que lhe esteja à base". COSTA, Eduardo José da Fonseca. *Levando a imparcialidade a sério* – proposta de um modelo interseccional entre direito processual, economia e psicologia. Salvador: Juspodivm, 2018, p. 107.

84. KAHNEMAN, Daniel; TVERSKY, Amos. *Prospect Theory*: an analysis of decision under risk. EUA: Econometrica, v. 47, nº 2, 1979.

85. Enunciado nº 19 do FPPC: São admissíveis os seguintes negócios processuais, dentre outros: pacto de impenhorabilidade (...). Há quem defenda a possibilidade de se afastar convencionalmente a garantia processual da impenhorabilidade (talvez em troca de benefícios): "É possível cogitar de negócios jurídicos pré-processuais e processuais que veiculem uma abdicação do devedor da garantia processual de impenhorabilidade. Apesar do tema ser controvertido na jurisprudência, inclusive do Superior Tribunal de Justiça (EDcl no AREsp 511.486/SC, Rel. Min. Raul Araújo, DJe 10.03.2016), parece-nos possível que o devedor, voluntariamente, abdique do direito à arguição de impenhorabilidade (a chamada 'exceção de impenhorabilidade')". DIDIER JR., Fredie; CABRAL, Antonio do Passo. Negócios jurídicos processuais atípicos e execução. *Revista de Processo*. São Paulo: Revista dos Tribunais, nº 275, jan./2018, p. 193-228. No mesmo sentido NOGUEIRA, Pedro Henrique. Gestão de execução por meio de negócios jurídicos processuais no

De fato, o mapa mental dos indivíduos não é algo linear – e muitas vezes indícios de irracionalidade podem influenciar o processo de decisão[86] –, o que não pode ser desconsiderado na formatação de ajustes premiais.

Tais *insights* também podem ser levados em consideração pelos juízes na construção de comandos premiais, o que será detalhado no capítulo 6.

Tudo isso confirma que, apesar de relevante para entender o processo de tomada de decisão, a lógica estritamente racional da Análise Econômica do Direito não pode ser vista como um dogma, já que muitas vezes os processos decisórios estão impregnados de irracionalidade.[87]

Não raro, o que é "racionalmente esperado" na visão de um pode não ser "emocionalmente lógico" sob a perspectiva do outro. Simples assim.

De qualquer modo, não há dúvidas de que os ensinamentos da Análise Econômica do Direito e da Economia Comportamental contribuem para o estudo do comportamento humano e para o processo de tomada de decisão do indivíduo, com reflexos no campo das sanções premiais.

---

processo civil brasileiro. *Revista de Processo*. São Paulo: Revista dos Tribunais, nº 286, dez./2018, p. 334-335.

86. "*The ultimate end of action is always the satisfaction of some desires of the acting man. Since nobody is in a position to substitute his own value judgments for those of the acting individual, it is vain to pass judgment on other people's aims and volitions. No man is qualified to declare what would make another man happier or less discontented*". MISES, Ludwig von. Human Action: a treatise on economics. 4. ed. San Francisco: Fox & Wilkes, 1996, p. 19.

87. "As consequências produzidas por um comportamento ocorrem tão naturalmente no nosso dia-a-dia, que, muitas vezes, nem nos damos conta de que elas estão presentes o tempo todo. Algo bastante interessante é que, se refletirmos por alguns instantes, perceberemos que só continuamos tendo uma infinidade de atitudes diárias porque determinadas consequências ocorrem. Ainda há outras atitudes que abandonamos em função de suas consequências, ou, simplesmente, em função de que uma consequência produzida por um determinado comportamento deixou de ocorrer. (...) As consequências de nossos comportamentos vão influenciar as suas ocorrências futuras. Dizer que as consequências dos comportamentos chegam a afetá-los é o mesmo que dizer que as consequências determinarão, em algum grau, se os comportamentos que as produziram ocorrerão ou não outra vez, ou se ocorrerão com maior ou menor frequência". MOREIRA, Márcio Borges; MEDEIROS, Carlos Augusto. *Princípios básicos de análise do comportamento.* São Paulo: Artmed, 2007, p. 49.

PARTE II

Capítulo 4

SANÇÕES PREMIAIS NO PROCESSO CIVIL: PREVISÃO LEGAL

Antes de mergulhar no estudo das sanções premiais na seara processual brasileira, vale visitar o direito estrangeiro, que frequentemente é invocado como fonte de inspiração para o direito nacional, especialmente em uma era de "interpenetração das civilizações"[1].

4.1 MIRADAS NO DIREITO PROCESSUAL CIVIL ESTRANGEIRO

Como pontua Teresa Arruda Alvim[2], a cultura influencia o processo civil e os brasileiros são abertos ao estudo do direito comparado, destacando-se a contribuição de acadêmicos e professores de direito, que, em sintonia com o que acontece mundo afora, procuram saber quais institutos estão gerando bons resultados.

Sem dúvida, o direito estrangeiro pode "fornecer elementos para o conhecimento do próprio direito nacional, naqueles aspectos em que se revelam insuficientes as formulações teóricas pátrias"[3].

Tal investigação, sobretudo nos ordenamentos jurídicos em que o tema foi estudado com maior minudência, contribui na análise sobre a compatibilidade e a pertinência de se aplicar "regras similares no sistema processual brasileiro"[4].

---

1. Expressão utilizada pela Comissão de Juristas na Exposição de Motivos do CPC/15.
2. No original: "(...) *are very open to comparative law and important statutes are written with the help of jurists (scholars, law professors), who are aware of what is happening around the world, and seek to know where new devices are producing results*". WAMBIER, Teresa Arruda Alvim. Civil Procedural Systems: Pro and contra (Brazilian National Report). *Revista de Processo*. São Paulo: Revista dos Tribunais, nº. 214, dez./2012, p. 381.
3. ARRUDA ALVIM NETTO, José Manoel de. *Tratado de direito Processual Civil*. v. 1. 2. ed. São Paulo: Revista dos Tribunais, 1990, p. 37.
4. CABRAL, Antonio do Passo. *Convenções Processuais*. Salvador: Juspodivm, 2016, p. 40. Em outra oportunidade, o referido autor destaca: "(...) abeberar-se do que foi produzido em outros sistemas jurídicos, mais que um fator ilustrativo, é uma incontornável necessidade". CABRAL, Antonio do Passo. *Juiz natural e eficiência processual*: flexibilização, delegação e coordenação de competências no processo civil. Tese apresentada no concurso de provas e títulos para provimento do cargo de Professor Titular de Direito

Nesse contexto, a doutrina ressalta que a incursão no direito estrangeiro representa um potente instrumento de circulação transnacional e de homogeneização de regras de direito[5], o que tem o condão de "provocar a reflexão para a reforma do processo civil"[6].

Defende-se, inclusive, que seria "imanente à própria condição humana uma propensão inata a buscar outros povos e culturas e, a partir deles, conhecer e aprender novos hábitos e ideias e aprimorá-los"[7].

Feito esse registro introdutório, serão catalogados exemplos de sanções premiais processuais em alguns países[8], indicando, quando aplicável, a existência de dispositivos semelhantes em âmbito nacional.[9]

No CPC português[10], o art. 528, nº 2, estabelece que, "nos casos de transação de algum dos litisconsortes, aqueles que transigirem beneficiam de uma redução de 50% no valor das custas". A norma visa claramente a estimular a autocomposição em troca de uma redução no montante das custas judiciais (a sanção premial).

Processual Civil da Faculdade de Direito da Universidade do Estado do Rio de Janeiro, Rio de Janeiro, 2017, p. 42.

5. TARUFFO, Michele. Precedente e Jurisprudência. *Revista de Processo*. São Paulo: Revista dos Tribunais, nº 199, set./2011, p. 139.
6. MITIDIERO, Daniel. *Processo Civil*. 1. ed. São Paulo: Thomson Reuters Brasil, 2021, p. 34.
7. HILL, Flávia Pereira. *O direito processual transnacional como forma de acesso à justiça no século XXI*: os reflexos e desafios da sociedade contemporânea para o direito processual civil e a concepção de um título executivo transnacional. Rio de Janeiro: GZ, 2013, p. 25.
8. Cândido Rangel Dinamarco assinala que "os estudos de direito comparado devem endereçar-se preferencialmente aos ordenamentos jurídicos em que as novas realidades de interesse atual já tenham sido mais vivenciadas e àqueles com cujos países o Brasil vem estreitando relações culturais e comerciais". DINAMARCO, Cândido Rangel. *Instituições de Direito Processual Civil*. 8. ed., atualizada segundo o novo CPC e a Lei 13.256. São Paulo: Malheiros, 2016, p. 122-123. Em nossa pesquisa, não foi possível examinar todos os países e muito menos tivemos a pretensão de exaurir os exemplos de cada ordenamento. Não houve, ainda, preocupação em definir uma metodologia específica, pois o objetivo principal não era analisar o panorama em continentes específicos, mas apenas buscar exemplos mundo afora. Começamos por Portugal e Espanha em razão da interconexão histórica entre os países.
9. Como assinala o Professor da Universidade de Zagreb, Alan Uzelac, "*the moment when we embark on a comparative journey, the adventure starts*". UZELAC, Alan. *Goals of Civil Justice and Civil Procedure in Contemporary Judicial Systems*, 34 IUS Gentium 3, 2014.
10. Disponível em: Lei n.º 41/2013, de 26 de Junho (pgdlisboa.pt). Acesso em: 18.10.2020.

Tal sistemática não é integralmente reproduzida no ordenamento jurídico pátrio, ainda que existam alguns dispositivos análogos. É o caso, por exemplo, do art. 29 da Lei de Mediação (Lei nº 13.140/15) - que prevê a hipótese de dispensa das custas judiciais finais, em caso de acordo antes da citação –, bem como do art. 90, § 3º, do CPC – que estabelece que, se a transação ocorrer antes da sentença, as partes ficam dispensadas do pagamento das custas processuais remanescentes, se houver.

Na Espanha, o art. 10[11] da Lei nº 10/2012 (que regula determinadas taxas no campo da Administração da Justiça) estabelece uma bonificação de 10% sobre o valor das taxas, caso os meios "telemáticos" (eletrônicos) sejam usados na apresentação de documentos. Nesse mesmo diploma, o art. 8.5[12] prevê uma devolução de 60% (sessenta por cento) das taxas devidas quando as partes alcançarem uma solução extrajudicial do conflito.

Já na *Ley de Enjuiciamiento Civil*, o art. 22[13] estabelece que, em caso de acordo, não haverá condenação em custas.

Na Itália, são previstos alguns benefícios fiscais para quem participar de arbitragem (vide, por exemplo, art. 21-bis do Decreto-Lei nº 83/2015 – que dispõe sobre medidas urgentes em matéria falimentar, civil e processual

11. No original: "*Se establece una bonificación del 10 por ciento sobre la tasa por actividad judicial para los supuestos en que se utilicen medios telemáticos en la presentación de los escritos que originan la exigencia de la misma y en el resto de las comunicaciones con los juzgados y tribunales en los términos que establezca la ley que regula las mismas*". Disponível em BOE.es - BOE-A-2012-14301 Ley 10/2012, de 20 de noviembre, por la que se regulan determinadas tasas en el ámbito de la Administración de Justicia y del Instituto Nacional de Toxicología y Ciencias Forenses. Acesso em: 18.10.2020.

12. No original: "*Se efectuará una devolución del 60 por ciento del importe de la cuota de esta tasa, que en ningún caso dará lugar al devengo de intereses de demora, cuando, en cualquiera de los procesos cuya iniciación dé lugar al devengo de este tributo, se alcance una solución extrajudicial del litigio. Se tendrá derecho a esta devolución desde la firmeza de la resolución que ponga fin al proceso y haga constar esa forma de terminación.*" Tal previsão também se aplica à Administração Pública (8.6): "*Esta devolución también será aplicable en aquellos supuestos en los que la Administración demandada reconociese totalmente en vía administrativa las pretensiones del demandante*".

13. No original: "*Cuando, por circunstancias sobrevenidas a la demanda y a la reconvención, dejare de haber interés legítimo en obtener la tutela judicial pretendida, porque se hayan satisfecho, fuera del proceso, las pretensiones del actor y, en su caso, del demandado reconviniente o por cualquier otra causa, se pondrá de manifiesto esta circunstancia y, si hubiere acuerdo de las partes, se decretará por el Secretario judicial la terminación del proceso, sin que proceda condena en costas*". Disponível em BOE.es - BOE-A-2000-323 Ley 1/2000, de 7 de enero, de Enjuiciamiento Civil. Acesso em: 18.10.2020.

civil, e de organização de funcionamento da administração judiciária[14]) e/ou buscar mediação[15], como forma de estimular os métodos adequados de resolução de conflito.[16]

---

14. Art. 21-bis. (*Incentivi fiscali alla degiurisdiziona- lizzazione*). — *1. In via sperimentale, alle parti che corrispondono o che hanno corrisposto nell'anno 2015 il compenso agli avvocati abilitati ad assisterli nel procedimento di negoziazione assistita ai sensi del capo II del decreto-legge 12 settembre 2014, n. 132, convertito, con modifi-cazioni, dalla legge 10 novembre 2014, n. 162, nonché alle parti che corrispondono o che hanno corrisposto, nel medesimo periodo, il compenso agli arbitri nel procedimento di cui al capo I del medesimo decreto, è riconosciuto, in caso di successo della negoziazione, ovvero di conclusione dell'arbitrato con lodo, un credito di imposta commisurato al compenso fino a concorrenza di 250 euro, nel limite di spesa di 5 milioni di euro per l'anno 2016.* Tal dispositivo foi introduzido pela Lei nº 132, de 2015. Não é possível usar o crédito tributário como reembolso, mas apenas para fins de dedução do imposto a pagar. Disponível em https://www.gazzettaufficiale.it/eli/gu/2015/08/20/192/so/50/sg/pdf. Note-se que, em março de 2017, foi publicado um novo Decreto, tornando a previsão – que era inicialmente "experimental" – definitiva. Disponível em https://www.gazzettaufficiale.it/eli/id/2017/04/01/17A02479/sg. Acesso em: 22.09.2020.
15. Art. 20 do Decreto Legislativo nº 28/2010 (*Credito d'imposta*). 1. *Alle parti che corrispondono l'indennita' ai soggetti abilitati a svolgere il procedimento di mediazione presso gli organismi è riconosciuto, in caso di successo della mediazione, un credito d'imposta commisurato all'indennita' stessa, fino a concorrenza di euro cinquecento, determinato secondo quanto disposto dai commi 2 e 3. In caso di insuccesso della mediazione, il credito d'imposta è ridotto della metà.* Disponível em https://www.altalex.com/documents/news/2013/11/04/disposizioni-in-materia-fiscale-e-informativa. Acesso em: 20.01.2020.
16. Na Itália, também são marcantes os exemplos na esfera penal: *Art. 452-decies (Ravvedimento operoso) – Le pene previste per i delitti di cui al presente titolo, per il delitto di associazione per delinquere di cui all'articolo 416 aggravato ai sensi dell›articolo 452 octies, nonché per il delitto di cui all'articolo 260 del decreto legislativo 3 aprile 2006, n. 152, e successive modificazioni, sono diminuite dalla metà a due terzi nei confronti di colui che si adopera per evitare che l'attività delittuosa venga portata a conseguenze ulteriori, ovvero, prima della dichiarazione di apertura del dibattimento di primo grado, provvede concretamente alla messa in sicurezza, alla bonifica e, ove possibile, al ripristino dello stato dei luoghi, e diminuite da un terzo alla metà nei confronti di colui che aiuta concretamente l'autorità di polizia o l'autorità giudiziaria nella ricostruzione del fatto, nell'individuazione degli autori o nella sottrazione di risorse rilevanti per la commissione dei delitti. Ove il giudice, su richiesta dell'imputato, prima della dichiarazione di apertura del dibattimento di primo grado disponga la sospensione del procedimento per un tempo congruo, comunque non superiore a due anni e prorogabile per un periodo massimo di un ulteriore anno, al fine di consentire le attività di cui al comma precedente in corso di esecuzione, il corso della prescrizione è sospeso.* Disponivel em Legislatura 17ª - Disegno di legge n. 1345-B (senato.it). Acesso em: 18.10.2020.

Na Alemanha, o Anexo 1 da Lei que regulamenta as Custas Judiais na ZPO alemã (*Anlage 1 - Gerichtskostengesetz – GKG*) tem algumas previsões específicas.

Conforme os itens 1210/1211 (*Verfahren in Allgemeinen*), em caso de acordo em primeiro grau antes da sentença, as custas judiciais se reduzem na proporção de 3,0 para 1,0. Já na fase recursal (itens 1220/1222), se o acordo ocorrer antes do julgamento do recurso, a redução é na proporção de 4,0 para 2,0. Já no BGH – *Bundesgerichtshof* (equivalente ao STJ) – itens 1230/1232 –, as custas judiciais sofrem redução de 5,0 para 3,0, na hipótese de acordo antes do julgamento do recurso[17].

No ordenamento processual suíço, o art. 66[18] da Lei do Supremo Tribunal Federal Suíço (LTF) dispõe que, em caso de desistência ou acordo, o tribunal pode dispensar a totalidade ou parte da cobrança de custas judiciais. Já a Lei de custas de Genebra[19] tem previsão no sentido de que, em caso de acordo, a taxa mínima pode ser reduzida até um máximo de ¾ (art. 7º).

Em Taiwan[20] e na China[21], algumas previsões estimulam a desistência da ação até determinada fase do processo e fomentam a celebração de acordo em troca do ressarcimento de parte das custas judiciais.

---

17. Disponível em https://www.gesetze-im-internet.de/gkg_2004/anlage_1.html. Acesso em: 26.01.2018.
18. Disponível em https://www.admin.ch/opc/it/classified-compilation/20010204/index.html. Acesso em: 30.01.2018.
19. Disponível em https://www.ge.ch/legislation/rsg/f/s/rsg_e1_05p10.html. Acesso em: 12.01.2018.
20. Vide, por exemplo, os arts. 83 e 84 do Código de Processo Civil de Taiwan. *Art. 83 - In cases of voluntary dismissal, the plaintiff shall bear the litigation expenses. When the plaintiff voluntarily dismisses the action prior to the conclusion of the oral-argument session in the first instance, he/she may, within three months after such dismissal, move for the return of two-thirds of the court costs paid for that instance. The provision of the preceding paragraph shall apply mutatis mutandis to cases of voluntary dismissal of an appeal from a judgment or an appeal from a ruling.*

    Art. 84 - In cases of a settlement, the parties shall respectively bear the expenses of the settlement and the litigation expenses, except as otherwise may be agreed upon. When a settlement is reached, the parties may, within three months after the settlement date, move for the return of two-thirds of the court costs paid for the current court action. Disponível em http://jirs.judicial.gov.tw/eng/FLAW/FLAWDAT0201.asp?lsid=FL001362&beginPos=13. Acesso em: 29.10.2018.
21. O art. 15 das chamadas *Measures on Payment of Litigation Fees* estabelece que, quando o caso é encerrado por mediação ou na hipótese de desistência, as taxas pagas são reduzidas pela metade. Disponível em http://www.gov.cn/zwgk/2006-12/29/content_483407.

Já nos Estados Unidos, vale mencionar a Regra 68, (d), das *Federal Rules of Civil Procedure* (*paying costs after an unaccepted offer*)[22]. Em síntese[23], aquele que recusar uma proposta e, ao final – quando do julgamento –, receber menos do que o valor proposto, deve arcar com as custas judiciais dispendidas a partir do momento da oferta.[24]

---

htm. Acesso em: 20.03.2020. Agradeço ao Professor Hangping Chen pela interlocução por email.

22. *Rule 68 – Offer of Judgment. (a) Making an Offer; Judgment on an Accepted Offer. At least 14 days before the date set for trial, a party defending against a claim may serve on an opposing party an offer to allow judgment on specified terms, with the costs then accrued. If, within 14 days after being served, the opposing party serves written notice accepting the offer, either party may then file the offer and notice of acceptance, plus proof of service. The clerk must then enter judgment. (b) Unaccepted Offer. An unaccepted offer is considered withdrawn, but it does not preclude a later offer. Evidence of an unaccepted offer is not admissible except in a proceeding to determine costs. (c) Offer After Liability is Determined. When one party's liability to another has been determined but the extent of liability remains to be determined by further proceedings, the party held liable may make an offer of judgment. It must be served within a reasonable time – but at least 14 days – before the date set for a hearing to determine the extent of liability. (d) Paying Costs After an Unaccepted Offer. If the judgment that the offeree finally obtains is not more favorable than the unaccepted offer, the offeree must pay the costs incurred after the offer was made.* Disponível em Federal Rules of Civil Procedure - Dec 1, 2019.pdf (uscourts.gov). Acesso em: 18.10.2020.
23. Para uma análise sobre o histórico legislativo da norma e suas controvérsias ao longo do tempo, ver BONE, Robert G. "*To encourage settlement*": *rule 68, offers of judgment, and the history of the Federal Rules of Civil Procedure*. Disponível em https://papers.ssrn.com/sol3/papers.cfm?abstract_id=1081423. Acesso em: 23.09.2020.
24. "O diploma brasileiro não contemplou a chamada regra da 'oferta do acordo' (offer-of-settlement), segundo a qual a parte que rejeita uma oferta de acordo fica sujeita a pagar os custos da litigância judicial ainda que obtenha sentença favorável, a depender da comparação entre o conteúdo da sentença e a proposta recusada. Segundo a Federal Rules of Civil Procedure 68, nos Estados Unidos, se a sentença obtida pelo autor que tiver rejeitado a proposta do acordo formulado pelo réu não for mais favorável que a oferta recusada, a parte vencedora suportará todas as custas da litigância gerada a partir do momento em que a proposta foi realizada. Regra semelhante existe na Inglaterra, com a diferença de que é aplicável a qualquer das partes que rejeitar uma oferta e não obtiver benefício maior na sentença. A literatura aponta que regras como essa podem aumentar a frequência de acordos, pois o fato de uma oferta possuir consequências quanto à alocação dos custos da litigância aumenta a sua credibilidade perante o adversário. Portanto, regras de distribuição dos custos baseadas nas ofertas de acordos realizadas podem remediar problemas de assimetria de informações, facilitando a transmissão crível de informações entre os litigantes. A possibilidade de sofrer consequências adversas desestimulará demandas excessivas por parte do autor, de modo que as partes terão incentivos para negociar de boa-fé. (...) A perspectiva de suportar todos os custos

Do ponto de vista daquele que recusa a proposta, há, a rigor, uma sanção punitiva. Por outro lado, sob a perspectiva do ofertante, é possível vislumbrar um benefício (não pagamento das custas que lhe caberiam em caso de derrota) para estimular determinado comportamento (apresentação da melhor proposta de acordo – capaz de se revelar melhor do que a futura condenação).[25]

O cenário é semelhante na Inglaterra (art. 36 das *Civil Procedure Rules*)[26], sendo que a sistemática se aplica a qualquer das partes que recusar

---

de litigância por realizar uma proposta irreal ou recusar uma proposta legítima retira a vantagem que disporia a parte com menos custos de litigância. Dessa maneira, o valor do acordo aproximar-se-á do valor que seria esperado para uma sentença, significando que a regra do offer-of-settlement pode também corrigir outro problema presente em acordos: a diluição dos incentivos para obedecer a lei em relação à parte com maior poder de barganha". FUX, Luiz; BODART, Bruno. *Processo Civil e Análise Econômica do Direito*. Rio de Janeiro: Forense, 2019, p. 63-65.

25. Aqui no Brasil, não existe regra semelhante. O dispositivo que mais se aproxima é o art. 22, § 1º, IV, da Lei de Mediação ("o não comparecimento da parte convidada à primeira reunião de mediação acarretará a assunção por parte desta de cinquenta por cento das custas e honorários sucumbenciais caso venha a ser vencedora em procedimento arbitral ou judicial posterior, que envolva o escopo da mediação para a qual foi convidada"). A norma, porém, contém apenas uma sanção punitiva, para o caso de inadimplemento de expressa obrigação contratual, não havendo, a rigor, uma consequência jurídica positiva para estimular determinado comportamento (não obrigatório).

26. "*Costs consequences following judgment. 36.17 (1) Subject to rule 36.21, this rule applies where upon judgment being entered—(a) a claimant fails to obtain a judgment more advantageous than a defendant's Part 36 offer; or (b) judgment against the defendant is at least as advantageous to the claimant as the proposals contained in a claimant's Part 36 offer. (2) For the purposes of paragraph (1), in relation to any money claim or money element of a claim, "more advantageous" means better in money terms by any amount, however small, and "at least as advantageous" shall be construed accordingly. (3) Subject to paragraphs (7) and (8), where paragraph (1)(a) applies, the court must, unless it considers it unjust to do so, order that the defendant is entitled to (a) costs (including any recoverable pre-action costs) from the date on which the relevant period expired; and (b) interest on those costs. (4) Subject to paragraph (7), where paragraph (1)(b) applies, the court must, unless it considers it unjust to do so, order that the claimant is entitled to(a) interest on the whole or part of any sum of money (excluding interest) awarded, at a rate not exceeding 10% above base rate for some or all of the period starting with the date on which the relevant period expired; (b) costs (including any recoverable pre-action costs) on the indemnity basis from the date on which the relevant period expired; (c) interest on those costs at a rate not exceeding 10% above base rate; and (d) provided that the case has been decided and there has not been a previous order under this sub-paragraph, an additional amount, which shall not exceed £75,000, calculated by applying the prescribed percentage set out below to an amount which is (i) the sum awarded to the claimant by*

uma oferta e obtiver benefício menor na futura decisão.[27] A propósito, Neil Andrews[28] afirma que, "por causa do alto nível do custo dos processos que correm perante o Judiciário Inglês, esses 'riscos de custas' significam um incentivo poderoso para se aceitarem os termos do acordo proposto".

Regra semelhante à dos ordenamentos americanos e ingleses pode ser encontrada nos *Principles of Transnational Civil Procedure*, do Instituto Internacional para Unificação do Direito Privado – UNIDROIT[29], em conjunto com o *American Law Institute – ALI.*[30]

Por fim, no ordenamento processual francês, Loïc Cadiet[31] destaca as convenções de disposição processual (obrigações ou padrões de conduta a

---

the court; or (ii) where there is no monetary award, the sum awarded to the claimant by the court in respect of costs". Disponível em PART 36 - OFFERS TO SETTLE - Civil Procedure Rules (justice.gov.uk). Acesso em: 18.10.2020.

27. "*Part 36 provides a mechanism for a party, the offeror, to make an offer or payment to settle a dispute which, if rejected by the opponent, the offeree, and the case proceeds to trial, can be used as an indicator as to whether those proceedings were a waste of time and money*". LOUGHLIN, Paula; GERLIS, Stephen. *Civil Procedure (2001)*. 2. ed. London: Cavendish, 2004, p. 379.

28. ANDREWS, Neil. *O moderno processo civil:* formas judiciais e alternativas de resolução de conflitos na Inglaterra. Orient. e rev. de trad. Teresa Arruda Alvim Wambier. 2. ed. São Paulo: Revista dos Tribunais, 2012, p. 348.

29. Organização intergovernamental independente, criada em 1926, com sede em Roma, voltada à harmonização e modernização do direito privado, do qual o Brasil faz parte.

30. "*Settlement. 24.1 The court, while respecting the parties' opportunity to pursue litigation, should encourage settlement between the parties when reasonably possible. 24.2 The court should facilitate parties' participation in alternative-dispute-resolution processes at any stage of the proceeding. 24.3 The parties, both before and after commencement of litigation, should cooperate in reasonable settlement endeavors. The court may adjust its award of costs to reflect unreasonable failure to cooperate or bad-faith participation in settlement endeavors*." Disponível em https://www.unidroit.org/english/principles/civilprocedure/ali-unidroitprinciples-e.pdf. Acesso em: 16.10.2019. Sobre esse regramento, Andre Pagani destaca que o mesmo "é digno de aplausos por exortar as partes a cooperar em esforços razoáveis de solução de controvérsias e indicar que o juiz pode ajustar a sua atribuição de quem arcará com os custos do processo para refletir a falta de cooperação razoável ou a participação de má-fé em tentativas de conciliação". SOUZA, Andre Pagani de. A importância do princípio da cooperação para construção da transação na conciliação judicial: uma leitura do Direito Português e do Direito Brasileiro (parte III). *Revista de Processo*. São Paulo: Revista dos Tribunais, nº 295, out./2019, p. 58.

31. CADIET, Loïc. *La qualification juridique des accords processuels*. In: DIDIER JR., Fredie (Coord. geral); NOGUEIRA, Pedro Henrique; CABRAL, Antonio do Passo (Coords.). *Negócios Processuais*. Coleção Grandes Temas do Novo CPC. 4. ed. Salvador: Juspodivm, 2019, p. 137-148.

serem observados), em que a livre disposição das partes permite a estipulação de vantagens, favorecendo a celebração de ajustes premiais (o que é perfeitamente admissível em âmbito nacional, à luz dos arts. 190 e 200 do CPC, conforme será demonstrado no próximo capítulo).

Esse breve panorama internacional demonstra a existência de normas que dispensam, reduzem ou determinam o reembolso do valor das custas (inclusive iniciais), em caso de autocomposição, a exemplo do que ocorre nos ordenamentos português, espanhol, alemão, suíço, chinês e taiwanês, o que, eventualmente, pode ser fonte de inspiração para o ordenamento jurídico nacional[32].

4.2 SANÇÃO PREMIAL NO DIREITO PROCESSUAL CIVIL BRASILEIRO

Antes de analisar as sanções premiais no CPC/15, vale uma breve incursão no CPC/73. Fugiria ao propósito deste trabalho revisitar todos os diplomas processuais anteriores (Ordenações, Decreto nº 737, Códigos de Processo Civil dos Estados, CPC/39 etc.), já que a intenção é examinar a evolução do instituto no passado recente.

4.2.1 Sanções premiais no CPC/73

No código revogado, a lógica premial estava presente em poucos dispositivos. Alguns deles foram importados para o CPC/15 e outros foram ajustados e/ou suprimidos.[33] Adiante-se desde logo que a análise completa das sanções premiais no CPC/15 será feita no próximo tópico.

Em relação à ação monitória[34], o art. 1.102.b dispunha que, estando a petição inicial devidamente instruída, o juiz poderia deferir de plano a expedição do mandado de pagamento ou de entrega da coisa no prazo de 15 (quinze) dias, sendo certo que, se o réu cumprisse o mandado, ficaria isento

---

32. No ordenamento jurídico pátrio, como visto, em caso de transação, é possível a dispensa das "custas processuais remanescentes" (art. 90, § 3º, do CPC) e das "custas judiciais finais" (art. 29 da Lei nº 13.140/15).

33. Para um quadro comparativo completo (CPC/73 x CPC/15), ver FUX, Luiz. *Novo Código de Processo Civil Temático*. 2. ed. São Paulo: Mackenzie, 2016.

34. Sobre as origens da ação monitória, ver CRUZ E TUCCI, Jose Rogério. *Ação monitória*. São Paulo: Revista dos Tribunais, 1995, especialmente p. 29-31. Para José Aurélio Araújo, a ação monitória é um processo injuncional documental que consiste em técnica de sumarização do processo. ARAÚJO, José Aurélio. *Cognição sumária, cognição exaustiva e coisa julgada*. 1. ed. São Paulo: Revista dos Tribunais, 2017, p. 236.

de custas e honorários (§ 1º). Ou seja, o prêmio para estimular o pagamento do débito ou a entrega da coisa era a isenção das custas e dos honorários.[35]

Tal dispositivo não passou imune a críticas[36]. Isso porque, havia, à época, uma expectativa de que a isenção de custas e de honorários advocatícios permitiria que "apenas um número reduzido de monitórias fosse embargado. Tal quadro, todavia, não se confirmou, reduzindo significativamente a expectativa de efetividade deste instrumento processual"[37].

Já na execução por quantia certa, o parágrafo único do art. 652-A previa que, se o executado pagasse integramente o valor do débito no prazo de 3 (três) dias (considerado peremptório[38]), os honorários seriam reduzidos pela metade.[39]

No capítulo dos embargos à execução, o art. 745-A (incluído pela Lei nº 11.382/06)[40] estabelecia que, se o executado, no prazo dos embargos, reconhecesse o crédito e comprovasse o depósito de 30% (trinta por cento) do

35. No CPC/15, não há mais a isenção dos honorários advocatícios (houve redução para cinco por cento), mas somente das custas processuais (art. 701, *caput* e § 1º).

36. "Se a isenção compreendesse, apenas, as custas despendidas pelo réu e os honorários do advogado que ele próprio contratou, nada se teria a opor ao texto legal, mas, ao que tudo indica, a intenção foi isentá-lo de reembolsar, também, as custas despendidas pelo autor e os honorários do advogado que contratou. Se é assim, é preciso reconhecer que o legislador, ao desfalcar o patrimônio do credor, em proveito do devedor, fez cortesia com o chapéu alheio, com desprezo à velha máxima de Chiovenda, de acordo com a qual a atuação da lei não pode representar uma diminuição patrimonial para a parte a cujo favor ela se efetiva". MARQUES, Wilson. A ação monitória. Artigo 1.102 a. b. e c. do Código de Processo Civil. *Revista da EMERJ*, v.1, n.1, 1998, p. 96.

37. CÂMARA, Helder Moroni. *Código de Processo Civil Comentado*. São Paulo: Almedina, 2016, p. 586.

38. "A vantagem legal somente se aplica ao pagamento integral dentro do referido prazo. Se o depósito for de importância inferior à quantia realmente devida (principal corrigido, juros e custas e 50% dos honorários), não terá cabimento a aludida redução. Mesmo que posteriormente o executado complete a soma devida, perderá direito à redução dos honorários, se a complementação se der além dos três dias previstos no parágrafo *sub examine*". THEODORO JÚNIOR, Humberto. *Processo de execução e cumprimento de sentença*. 28. ed. São Paulo: Leud, 2014, p. 267.

39. A mesma lógica se manteve no art. 827, § 1º, do CPC/15.

40. Sobre o tema, ver THEODORO JR., Humberto. *A reforma da execução do título extrajudicial.* Rio de Janeiro: Forense, 2007; DINAMARCO, Cândido Rangel. *Instituições de direito processual civil.* 3. ed. São Paulo: Malheiros, 2009, p. 919-921; GRECO FILHO, Vicente. *Direito processual civil brasileiro.* v. 3. 19. ed. São Paulo: Saraiva, 2007, p. 136-137.

valor em execução, incluindo custas e honorários, poderia parcelar o restante em 6 (seis) parcelas mensais, acrescidas de juros e correção monetária.[41]

Em tal situação, o prêmio (possibilidade de parcelamento do saldo em seis vezes sem anuência do exequente[42]) objetivava estimular o executado a reconhecer o crédito e a efetuar o pagamento desde logo de 30% (trinta por cento) do montante devido, acrescido das custas e dos honorários.[43]

Ainda na parte da execução, o parágrafo único do art. 601 - redação dada pela Lei nº 5.925/73 -, estipulava que o juiz poderia relevar a pena do devedor (eventual multa), se este se comprometesse a não mais praticar quaisquer dos atos definidos no art. 600 e apresentasse fiador[44] idôneo

41. A mesma sistemática foi reproduzida no art. 916 do CPC/15.

42. "Quanto à essa possibilidade de 'pagamento parcelado da dívida', vale uma observação: o controle exercido pelo juiz quanto ao pedido de parcelamento é *apenas formal*, e não dá ao magistrado poder para examinar a *conveniência* ou não no pedido formulado. Vale dizer que na menção ao deferimento do pedido de parcelamento não dá ao juiz o poder de negar tal pleito sob a só justificativa de que não há interesse no emprego da medida. Somente pode o juiz indeferir tal pedido se *formalmente* ele não puder ser realizado (porque, por exemplo, o executado não faz o depósito de trinta por cento, exigido de imediato, porque não se trata de execução de título extrajudicial, ou por outro motivo formal semelhante). Desse modo, presentes os pressupostos adequando e observadas as formalidades exigidas, é direito do executado pretender o parcelamento, ainda que se oponha o credor". MARINONI, Luiz Guilherme; ARENHART, Sérgio Cruz. *Curso de processo civil*. Execução. 6. ed. São Paulo: Revista dos Tribunais, 2014, p. 459-460. Ver também PINHO, Humberto Dalla Bernardina de. *Manual de Direito Processual Civil Contemporâneo*. 2. ed. São Paulo: SaraivaJur, 2020.

43. Como no CPC/73 não havia vedação expressa à aplicação do parcelamento na fase de cumprimento de sentença (diferentemente do art. 916, § 7º, do CPC/15), a prática era autorizada pelo Superior Tribunal de Justiça (AgInt no REsp 1.620.904/SP; Rel. Min. Marco Buzzi, Quarta Turma, DJe 02.10.2017; REsp 1.589.757/SP; Rel. Min. Nancy Andrighi, Terceira Turma, DJe 31.10.2017.

44. "Mediante comparecimento do fiador apresentado pelo devedor, será lavrado termo de fiança que, assinado, comprometerá o garantidor até a consagração do crédito trazido à execução colocando-o ao lado do executado no polo passivo da ação de execução, conforme art. 568, IV, do Código: no caso da obrigação de pagar, até o levantamento do principal, mais os juros, despesas processuais e honorários advocatícios; no caso da obrigação de entrega de coisa, até o recebimento desta pelo credor bem como das despesas da execução e mais os honorários advocatícios ou, não entregue a coisa ou quando esta tiver sido deteriorada ou não encontrada ou não reclamada do poder de terceiro adquirente, até o pagamento do valor da coisa mais perdas e danos (art. 627 do CPC) e as custas e honorários advocatícios; no caso da obrigação de fazer ou não fazer, pelo pagamento das despesas do cumprimento por terceiro à custa do devedor ou das perdas e danos indenizáveis no caso de inadimplemento (arts. 633 e 634), sempre sendo acrescentadas as despesas do processo e honorários advocatícios". MILMAN,

para garantir a dívida principal, os juros, as despesas e os honorários advocatícios.[45]

A doutrina[46] criticava severamente tal previsão, considerando-a inócua, ingênua e ineficiente.

Para arrematar, havia quem defendesse que o art. 475-J do CPC/73 (incluído pela Lei nº 11.232/05) continha uma sanção premial. Tal dispositivo dispunha que, se o devedor não efetuasse o pagamento da quantia no prazo de 15 (quinze) dias, o montante da condenação seria acrescido de multa de 10% (dez por cento), podendo, ainda, ser expedido mandado de penhora e avaliação (algo semelhante ao disposto no art. 523, *caput* e § 1º, do CPC/15).

A argumentação era no sentido de que, se o devedor pagasse o valor no prazo legal, acabava sendo premiado com o perdão da multa. Logo, a sanção premial seria "a liberação do pagamento da multa para aqueles que quitarem o débito em até quinze dias após a intimação acerca do requerimento"[47].

Não faz sentido.

Com base nas premissas adotadas nesta obra, a sanção premial é um prêmio (benefício, incentivo, vantagem, recompensa etc.) para estimular determinado comportamento indicado na norma, que pode ser exercido ou não, sem qualquer consequência negativa.

Fabio. *Improbidade processual.* Comportamento das partes e de seus procuradores no processo civil. 2. ed. Rio de Janeiro: Forense, 2009, p. 294.

45. "Duas são as condições a serem atendidas pelo devedor para receber o perdão: a) assumir o compromisso formal de não mais praticar ato atentatório à dignidade da justiça; e b) dar fiador idôneo, que responda pelo principal da dívida e os seus encargos, bem como pelas despesas de custas e honorários devidos ao credor. Com a primeira condição visa-se neutralizar novas investidas contra o desenvolvimento regular dos atos executivos; com a segunda, busca-se criar base material para que a execução alcance resultados efetivos". ZAVASCKI, Teori Albino. *Comentários ao código de processo civil.* v. 8. São Paulo: Revista dos Tribunais, 2000, p. 318.

46. ASSIS, Araken de. *Manual da execução.* 13. ed. rev., atual. e ampliada. São Paulo: Revista dos Tribunais, 2010, p. 398; DINAMARCO, Cândido Rangel. *Instituições de direito processual civil.* 6. ed. São Paulo: Malheiros, 2009, p. 278; LIGERO, Gilberto Notário. *Sanções Processuais por Improbidade na Execução Civil.* Tese apresentada à Banca Examinadora da Pontifícia Universidade Católica de São Paulo, como exigência parcial para obtenção do título de Doutor em Direito. Pontifícia Universidade Católica de São Paulo, 2014, p. 149-150.

47. MALTA, Alberto Emanuel Albertin. *Multas e sanções processuais em sentido estrito no novo Código de Processo Civil.* Disponível em http://bdm.unb.br/bitstream/10483/10058/1/2014_AlbertoEmanuelAlbertinMalta.pdf, p. 66. Acesso em: 28.01.2020.

No caso do art. 475-J, porém, não existia um prêmio, e sim uma sanção punitiva (multa) para forçar o cumprimento da obrigação, em caso de inadimplemento. Ou seja, o não pagamento do débito ensejava uma consequência negativa (a incidência da penalidade), situação que difere completamente da ideia de sanção premial, em que o destinatário pode simplesmente deixar de adotar o comportamento indicado – facultatividade – sem sofrer qualquer punição.

Não fosse assim, todas as normas prevendo multas para o caso de inadimplemento poderiam ser consideradas fontes de sanções premiais, já que o prêmio, em caso de cumprimento da obrigação, seria a não incidência da própria penalidade, o que não faz sentido e inverte toda a lógica premial, ao menos nos moldes defendidos neste trabalho.

Por fim, vale apenas registrar que, em 1997, Ada Pellegrini Grinover[48] elaborou uma proposta de alteração do CPC/73, contendo previsão que autorizava a conversão do provimento antecipatório em sentença, sujeita à apelação sem efeito suspensivo. Se o réu abrisse mão de sua apelação, ficaria isento de custas e de honorários advocatícios[49]. A proposta, porém, acabou não vingando.

4.2.2 Sanções premiais no CPC/15

Inicialmente, deve-se destacar o trabalho da Comissão de Juristas do CPC/15, presidida pelo Ministro Luiz Fux, que contribuiu para a aprovação de diversas normas que prestigiam a lógica premial.

Com efeito, existem muitos dispositivos no código atual que contemplam benefícios para estimular determinada conduta ou comportamento.

A Fazenda Pública, por exemplo, ficará isenta de pagar honorários no cumprimento de sentença que enseje expedição de precatório, se não oferecer impugnação (art. 85, § 7º[50]). De acordo com o STJ, tal dispositivo não afasta

48. GRINOVER, Ada Pellegrini. Proposta de Alteração ao Código de Processo Civil – Justificativa. *Revista de Processo*. São Paulo: Revista dos Tribunais, nº 86, abr./jun./1997, p. 191.

49. Art. 273, § 8º – Havendo impugnação, o processo seguirá até final julgamento. Não oferecida impugnação ou sendo julgada inadmissível pelo juiz, o provimento antecipatório converter-se-á em sentença de mérito, sujeita a apelação sem efeito suspensivo, *ficando o réu isento de custas e honorários advocatícios se não a interpuser.*

50. Art. 85, § 7º – Não serão devidos honorários no cumprimento de sentença contra a Fazenda Pública que enseje expedição de precatório, desde que não tenha sido impugnada.

a aplicação do Enunciado 345 da Súmula da referida Corte[51], razão pela qual são devidos honorários advocatícios nos procedimentos individuais de cumprimento de sentença decorrente de ação coletiva.[52]

Por sua vez, o art. 90, § 3º[53] estabelece que, se as partes alcançarem uma composição amigável antes da sentença, ficam dispensadas de pagamento de custas processuais remanescentes[54]. O STJ já consignou que o benefício não abrange a taxa judiciária, que não pode ser confundida com custas processuais remanescentes, em razão de suas diferentes finalidades[55].

Em sentido semelhante o art. 1º-D da Lei nº 9.494/97 – Não serão devidos honorários advocatícios pela Fazenda Pública nas execuções não embargadas.

51. São devidos honorários advocatícios pela Fazenda Pública nas execuções individuais de sentença proferida em ações coletivas, ainda que não embargadas.

52. Tema 973 (julgamento sob a sistemática dos recursos repetitivos): "O art. 85, § 7º, do CPC/2015 não afasta a aplicação do entendimento consolidado na Súmula 345 do STJ, de modo que são devidos honorários advocatícios nos procedimentos individuais de cumprimento de sentença decorrente de ação coletiva, ainda que não impugnados e promovidos em litisconsórcio". REsp 1.648.238/RS, Rel. Min. Gurgel de Faria; Corte Especial, DJe 27.06.2018; REsp 1.648.498/RS, Rel. Min. Gurgel de Faria, Corte Especial, DJe 27.06.2018; REsp 1.650.588/RS, Rel. Min. Gurgel de Faria, Corte Especial, DJe 27.06.2018.

53. Art. 90, § 3º – Se a transação ocorrer antes da sentença, as partes ficam dispensadas do pagamento das custas processuais remanescentes, se houver. Neste sentido, o Enunciado 112 do FPPC: "No processo do trabalho, se a transação ocorrer antes da sentença, as partes ficam dispensadas do pagamento das custas processuais, se houver".

54. Em caso em que se discutia a abrangência da expressão "custas remanescentes", o TJ/RJ consignou que, no caso de transação, as custas iniciais (que deveriam ter sido adiantadas, mas não foram) não se confundem com as "custas remanescentes". TJ/RJ, AI 0055598-07.2018.8.19.0000, Des. Rel. Renata Machado Cotta, Terceira Câmara Cível, DJe 07.02.2019. No ano de 2019, o Órgão Especial do TJ/RJ analisou a constitucionalidade do referido dispositivo em Arguição de Incidente de Inconstitucionalidade. O debate foi intenso. De um lado, aqueles que entendiam pela constitucionalidade do artigo, considerando que a União Federal pode legislar sobre direito processual. Do outro, os que defendiam que as custas judiciais são taxas e que a União não pode estabelecer isenção sobre tributo estadual. Ao final, o Colegiado, por maioria de votos, julgou improcedente o Incidente. TJ/RJ, Processo nº 0041017-84.2018.8.19.0000, Des. Rel. Antonio Iloizio Barros Bastos, DJe 03.09.2019.

55. REsp, 1.880.944/SP, Rel. Min. Nancy Andrighi, Terceira Turma, DJe 26.03.2021: "(...) As custas judiciais têm natureza tributária e visam a remunerar os serviços praticados pelos serventuários em juízo. A taxa judiciária, a seu turno, também é um tributo, mas é devida ao Estado em contraprestação aos atos processuais. Essa diferenciação permite concluir que, se as partes transacionarem antes da prolação da sentença, independentemente da espécie de procedimento, ficarão dispensadas do recolhimento das custas processuais remanescentes, nos exatos termos do art. 90, § 3º, do CPC/2015.

No caso do réu que reconhece a procedência do pedido[56] e, simultaneamente, cumpre a obrigação, os honorários serão reduzidos pela metade (art. 90, § 4º[57]). De acordo com o STJ, tal dispositivo insere no ordenamento jurídico "salutar medida de estímulo à solução célere e efetiva das demandas judiciais, beneficiando o réu com a redução da verba pela metade, sempre que reconheça a procedência do pedido e cumpra integralmente a obrigação".[58]

A doutrina afirma que o referido dispositivo – também aplicado pela Justiça do Trabalho[59] (art. 15 do CPC) – "positivou verdadeiro estímulo

---

Entretanto, se a legislação estadual prever o recolhimento da taxa judiciária ao final do processo – como ocorre no Estado de São Paulo relativamente ao processo de execução –, elas não estarão desobrigadas de recolhê-la, haja vista que não se confunde com as custas processuais e, portanto, não se enquadra nas custas remanescentes".

56. "O reconhecimento do pedido é um ato unilateral praticado pelo demandado pelo qual ele elimina, espontaneamente, toda e qualquer resistência à pretensão formulada pelo demandante, e aceita a tutela jurisdicional pleiteada. Esse ato de disposição e reconhecimento implica, como regra, o julgamento de procedência da demanda". LUCCA, Rodrigo Ramina. *Disponibilidade Processual* – a liberdade das partes no processo. São Paulo: Thomson Reuters Brasil, 2019, p. 253.

57. Art. 90, § 4º – Se o réu reconhecer a procedência do pedido e, simultaneamente, cumprir integralmente a prestação reconhecida, os honorários serão reduzidos pela metade. A propósito, vale citar o Enunciado 114, aprovado no V Fórum Nacional do Poder Público, evento realizado em Recife nos dias 29 e 30 de agosto de 2019: "A necessária submissão ao procedimento de ofício requisitório não é obstáculo para a aplicação do benefício do art. 90, §4º, do CPC no que se refere ao reconhecimento do pedido pelo Poder Público". Vide também os Enunciados 9 e 10 da I Jornada de Direito Processual Civil, do Conselho da Justiça Federal. Enunciado 9: "Aplica-se o art. 90, § 4º, do CPC ao reconhecimento da procedência do pedido feito pela Fazenda Pública nas ações relativas às prestações de fazer e não fazer". Enunciado 10: "O benefício do § 4º do art. 90 do CPC aplica-se apenas à fase de conhecimento".

58. REsp 1.672.833/MG, Rel. Min. Herman Benjamin, Segunda Turma, DJe 05.10.2020. No mesmo sentido: "Como se vê, o § 4º inseriu novidade no processo civil brasileiro ao prever a redução da verba honorária à metade se: houver reconhecimento do pedido e cumprimento integral e espontâneo da obrigação, situação visível no caso dos autos. Portanto, trata-se clara hipótese de aplicar o redutor previsto no Codex Processual Civil (também chamado de sanção premial), eis que preenchidos os requisitos para tanto". TJ-RS, Reexame necessário nº 0071686-81.2019.8.21.7000, Des. Rel. Léo Romi Pilau Júnior, Vigésima Quinta Câmara Cível, DJe 09.05.2019.

59. Em reclamação trabalhista, a 1ª Turma do Tribunal Regional do Trabalho da 4ª Região reformou sentença de primeiro grau para reduzir o percentual dos honorários advocatícios de 15% para 7,5%, considerando o reconhecimento do pedido e o cumprimento da obrigação. TRT/4º Região, RO nº 0020516-25.2016.5.04.0008, Des. Rel. Lais Helena Jaeger Nicotti, Primeira Turma, DJe 17.10.2017.

econômico ao reconhecimento jurídico do pedido"[60], buscando "incentivar a parte a cumprir sua obrigação mediante o oferecimento de uma melhora na sua situação"[61].

Quanto à possibilidade de reconhecimento do pedido (art. 90, § 4º) em sede de oposição (art. 684 do CPC[62]), Marcelo Pacheco Machado[63] destaca que, para ter direito à redução dos honorários advocatícios, a parte oposta deve, "diante da incerteza quanto ao titular do bem (adversário na ação principal ou opoente), efetuar a consignação em pagamento da coisa, seguindo os requisitos legais deste procedimento".

Em relação à ação de dissolução parcial de sociedade, o art. 603 determina que, havendo manifestação expressa e unânime pela concordância da dissolução, o juiz a decretará, passando-se imediatamente à fase de liquidação, sendo certo que, nessa hipótese, não haverá condenação em honorários advocatícios de nenhuma das partes e as custas serão rateadas segundo a participação das partes no capital social.

Na hipótese acima, o legislador estimula as partes a consentirem com o pedido de dissolução, isentando-as do pagamento de honorários sucumbenciais e determinando o rateio proporcional das custas. Assim, "solucionado o pedido de dissolução, gasta-se energia apenas, e com mais rapidez, na apuração dos haveres"[64]. A norma é considerada "bastante oportuna"[65], sobretudo diante dos elevados custos para uma perícia especializada.

---

60. MACHADO, Marcelo Pacheco. In: GOUVÊA, José Roberto Ferreira; BONDIOLI, Luis Guilherme Aidar; FONSECA, João Francisco Neves da. (Coords.). *Comentários ao Código de Processo Civil* – dos Embargos de Terceiro até da Restauração dos Autos. São Paulo: Saraiva, 2017, p. 136.
61. NEVES, Daniel Amorim Assumpção. *Novo Código de Processo Civil comentado*. Salvador: Juspodivm, 2016, p. 145.
62. Art. 684. Se um dos opostos reconhecer a procedência do pedido, contra o outro prosseguirá o opoente.
63. MACHADO, Marcelo Pacheco. In: GOUVÊA, José Roberto Ferreira; BONDIOLI Luis Guilherme Aidar; FONSECA, João Francisco Neves da. (Coords.). *Comentários ao Código de Processo Civil* – dos Embargos de Terceiro até da Restauração dos Autos. São Paulo: Saraiva, 2017, p. 137.
64. NOGUEIRA, Luiz Fernando Valladão. *A alteração da ordem processual no novo CPC* – aspectos gerais e o Direito Empresarial. Disponível emhttp://m.migalhas.com.br/depeso/272365/a-alteracao-da-ordem-processual-no-novo-cpc-aspectos-gerais-e-o. Acesso em: 26.01.2018.
65. LUPI, André Lipp Pinto Basto. A dissolução parcial de sociedade na vigência do novo CPC: apontamentos a partir da jurisprudência recente (2016-2018). *Revista de Processo*. São Paulo: Revista dos Tribunais, nº 293, jul./2019, p. 286-287.

Quanto à ação monitória, se o réu efetuar o pagamento da dívida no prazo legal, incluindo o percentual de 5% (cinco por cento) a título de honorários advocatícios (metade do mínimo legal), ficará eximido das custas processuais (art. 701, *caput* e § 1º[66]). Note-se que, uma vez oferecidos os embargos monitórios e com a conversão do procedimento para o comum, não há mais espaço para a aplicação do percentual de 5% (cinco por cento) a título de honorários, devendo o juiz, quando for sentenciar, observar o disposto no art. 85, §§ 2º e 8º, do CPC.

Sustenta-se que "a generalização das tutelas de evidência (art. 311) pôs em xeque a utilidade da monitória" no sistema processual", de modo que, "se antes os resultados eram insuficientes, a tendência não é de prognósticos positivos"[67]. Parte da crítica se deve ao fato de que um dos "benefícios"

66. Art. 701. Sendo evidente o direito do autor, o juiz deferirá a expedição de mandado de pagamento, de entrega de coisa ou para execução de obrigação de fazer ou de não fazer, concedendo ao réu prazo de 15 (quinze) dias para o cumprimento e o pagamento de honorários advocatícios de cinco por cento do valor atribuído à causa. § 1º. O réu será isento do pagamento de custas processuais se cumprir o mandado no prazo. Na jurisprudência: "1. Os honorários advocatícios fixados no art. 701 do CPC caracterizam-se como um benefício legal ao devedor (sanção premial), para incentivá-lo a cumprir a sua obrigação". TJ-DF, APL nº 0005418-76.2016.8.07.0004, Des. Rel. Diaulas Costa Ribeiro, Oitava Turma Cível, DJe 07.02.2018. Ainda sobre a isenção de custas processuais, vale mencionar o art. 30 do Decreto-Lei nº 3.365/41 (dispõe sobre desapropriações por utilidade pública), que isenta o réu das custas, se este concordar com o valor oferecido pelo autor a título de desapropriação: "As custas serão pagas pelo autor se o réu aceitar o preço oferecido; em caso contrário, pelo vencido, ou em proporção, na forma da lei".

67. MACHADO. Marcelo Pacheco. In: GOUVÊA, José Roberto Ferreira; BONDIOLI Luis Guilherme Aidar; FONSECA, João Francisco Neves da. (Coords.). *Comentários ao Código de Processo Civil* – dos Embargos de Terceiro até da Restauração dos Autos. São Paulo: Saraiva, 2017, p. 196. No mesmo sentido: "O propósito da isenção era estimular o requerido a cumprir a obrigação sem mais delongas, dando fim ao procedimento e resolvendo pela submissão o conflito, liberando-o de qualquer ônus sucumbencial (medida indutiva típica). Inobstante a regra em questão não tenha gerado os resultados esperados, já que pouquíssimas eram as obrigações cumpridas espontaneamente pelo devedor nesta fase inicial, não há dúvida que a inovação, embora prestigie reivindicação antiga dos advogados, representa mais uma barreira para a implementação da '*tutela diferenciada de direitos*' que fundamenta a utilização, em si, da monitória. Representa, pois, um retrocesso em relação ao diploma anterior. Certamente os poucos devedores que já cumpriam espontaneamente a obrigação pensarão duas vezes antes de realizar a prestação a que estão vinculados e, ainda, pagar ao advogado da parte adversa o correspondente a 5% do valor da causa (art. 701, *in fine*, do CPC) a título de honorários advocatícios sucumbenciais. O problema se agrava conforme o valor do crédito se exaspera. Certamente em prestações de grande vulto o devedor não se sentirá estimulado a

previstos no CPC/73 foi suprimido pelo CPC/15 (a isenção dos honorários advocatícios).

Há quem pontue, porém, que a alteração legislativa foi positiva, sob o argumento de que a previsão dos honorários de 5% (cinco por cento) valoriza o trabalho do advogado[68], o que é fundamental para garantir "os direitos dos próprios cidadãos"[69].

De qualquer modo, forçoso reconhecer que, em relação à ação monitória, os benefícios no CPC/15 são menores do que aqueles previstos no CPC/73. Embora tenha sido mantida a dispensa das custas, não há mais isenção quanto aos honorários advocatícios (e sim uma redução para 5% do valor atribuído à causa[70]).

Sob o prisma da execução, se o executado efetuar o pagamento integral[71] do débito no prazo de 3 (três) dias, o valor dos honorários advocatícios será

---

cumpri-la tendo em vista o acréscimo de 5% sobre sua obrigação em razão da simples distribuição da petição inicial pelo advogado do requerente". CARVALHO FILHO, Antonio. *Os honorários de advogado na decisão inicial da monitória*. Disponível em https://emporiododireito.com.br/leitura/abdpro-85-os-honorarios-de-advogado-na--decisao-inicial-da-monitoria. Acesso em: 19.12.2019.

68. RAVAGNANI, Giovani dos Santos. *Análise Comparada entre a Ação Monitória no Código de Processo Civil de 1973 e no Novo Código de Processo Civil*. Disponível em http://www.mondaq.com/brazil/x/440472/Civil+Law/Anlise+Comparada+entre+a+Ao+Monitria+no+Cdigo+de+Processo+Civil+de+1973+e+no+Novo+Cdigo+de+Processo+Civil. Acesso em: 28.01.2020.

69. "O novo diploma processual civil avança na tutela da dignidade dos honorários e no sentido de proibir o seu aviltamento. Afinal, valorizar a advocacia representa, em última instância, proteger os direitos dos próprios cidadãos e garantir que a Justiça e os processos judiciais tramitem de maneira escorreita, observando o devido processo legal, a ampla defesa e o contraditório e proporcionem um acesso à justiça não apenas formal, representado pelo acesso ao Poder Judiciário, mas um acesso à Justiça material, consubstanciado na solução dos conflitos no seio social e na efetivação dos direitos dos cidadãos". LAMACHIA, Claudio Pacheco Prates et al. *As conquistas da advocacia no novo CPC*. Brasília: OAB, Conselho Federal, 2015, p. 48. Disponível em http://oabsergipe.org.br/wp-content/uploads/2016/03/As-conquistas-da-advocacia-no-novoCPC.pdf. Acesso em: 29.01.2020.

70. Se o valor da ação monitória for muito baixo ou irrisório, a fixação dos honorários pode ser feita de forma equitativa, invocando-se o art. 318, parágrafo único, c/c art. 85, § 8º, do CPC.

71. "Questão que se põe é saber se, havendo o pagamento parcial, há incidência da sanção premial aqui indicada. Entendo que não há como se aplicar esse benefício, porquanto a norma é clara ao dizer que somente haverá a redução dos honorários, se houver o pagamento integral da dívida dentro do prazo de três dias, e não qualquer pagamento".

reduzido pela metade (art. 827, § 1º[72]). Tal dispositivo também se aplica às execuções fundadas em título executivo extrajudicial de obrigação de fazer, não fazer e entrega de coisa.[73]

Por sua vez, no prazo dos embargos à execução, se o executado reconhecer o crédito do exequente e comprovar o depósito de trinta por cento[74] do valor da execução, acrescido de custas e honorários, poderá parcelar o restante em até seis parcelas mensais, acrescidas de correção monetária e juros de mora de um por cento ao mês, independentemente de concordância

---

BECKER, Rodrigo Frantz. *Manual do Processo de Execução* – dos títulos judiciais e extrajudiciais. Salvador: Juspodivm, 2021, p. 425.

72. Art. 827. Ao despachar a inicial, o juiz fixará, de plano, os honorários advocatícios de dez por cento, a serem pagos pelo executado. § 1º. No caso de integral pagamento no prazo de 3 (três) dias, o valor dos honorários advocatícios será reduzido pela metade. De acordo com a doutrina, "trata-se de dispositivo que visa a induzir o devedor ao cumprimento voluntário da prestação. A diferença é que, no particular, em vez de buscar esse adimplemento voluntário pela imposição de uma ameaça, como ocorre com a previsão da multa legal a que alude o art. 523, § 1º, do CPC, o legislador optou por valer-se de um incentivo. É o exemplo do que se convencionou chamar de sanção premial, assim entendida a técnica por meio da qual se busca induzir o cumprimento voluntário de uma prestação mediante incentivo". DIDIER JR., Fredie; CUNHA, Leonardo Carneiro da; BRAGA, Paula Sarno; OLIVEIRA, Rafael Alexandria de. *Curso de Direito Processual Civil*: execução. v. 5. 7. ed. Salvador: Juspodivm, 2017, p. 752. No mesmo sentido: "(...) 3. A opção do legislador foi a de justamente evitar lides paralelas em torno da rubrica 'honorários de sucumbência', além de tentar imprimir celeridade ao julgamento do processo, estabelecendo uma espécie de sanção premial ao instigar o devedor a quitar, o quanto antes, o débito exequendo (§ 1º do art. 827)". TJ/SC, AI nº 4018441-25.2017.8.24.0000, Des. Rel. Luiz Zanelato, Primeira Câmara de Direito Comercial, DJe 14.10.2019. Vide também TJ/RJ, AI nº 0007326-79.2018.8.19.0000, Des. Rel. Marcia Ferreira Alvarenga, Décima Sétima Câmara Cível, DJe 15.06.2018.

73. Enunciado 451 do FPPC: "A regra decorrente do *caput* e do § 1º do art. 827 aplica-se às execuções fundadas em título executivo extrajudicial de obrigação de fazer, não fazer e entrega de coisa".

74. "O percentual de 30% (trinta por cento) é o mínimo, nada havendo de empecilho para que montante mais alargado seja depositado judicialmente, com a diminuição do saldo devedor, tendo em vista que o executado pode pretender diminuir os efeitos dos juros de 1% (um por cento)". MAZZEI, Rodrigo. Notas sobre a possibilidade de pagamento parcelado na execução extrajudicial: principais mudanças entre o art. 745-A do CPC revogado em relação ao art. 916 do CPC/15. In: DIDIER JR., Fredie (Coord. Geral); MACÊDO, Lucas Buril de; PEIXOTO, Ravi; FREIRE, Alexandre (Orgs.). *Novo CPC doutrina selecionada (execução)*. v. 5. 2. ed., rev. e atual. Salvador: Juspodivm, 2016, p. 582.

do exequente (art. 916[75]). A opção pelo parcelamento importa renúncia ao direito de oferecer embargos (art. 916, § 6º).[76]

Vale destacar que esse benefício não se aplica à fase de cumprimento de sentença (art. 916, § 7º), em que pesem algumas decisões isoladas em sentido contrário[77]. Por outro lado, tal previsão é aplicável à ação monitória envolvendo obrigação de pagar (art. 701, § 5º)[78], sendo certo que, nessa hipótese de parcelamento, não incidem os benefícios da isenção das custas.[79]

---

75. Art. 916. No prazo para embargos, reconhecendo o crédito do exequente e comprovando o depósito de trinta por cento do valor em execução, acrescido de custas e de honorários de advogado, o executado poderá requerer que lhe seja permitido pagar o restante em até 6 (seis) parcelas mensais, acrescidas de correção monetária e de juros de um por cento ao mês.

76. A doutrina diverge sobre a possibilidade de parcelamento no caso de reconhecimento parcial da dívida (por exemplo, quando diante de uma execução extrajudicial lastreada em dois títulos executivos, o executado reconhece a dívida materializada em apenas um deles). Pelo cabimento do parcelamento, BUENO, Cassio Scarpinella. *Curso sistematizado de direito processual civil*. v. 3. 9. ed. São Paulo: Saraiva, 2020, p. 676-677; FARIA, Márcio Carvalho. *O Processo Civil Brasileiro na busca de critérios objetivos:* uma tentativa de resolução das questões ainda em aberto acerca da moratória executiva. Texto ainda inédito gentilmente cedido pelo autor. Em sentido contrário (posição com qual concordamos, considerando que o art. 916, *caput*, faz referência ao "crédito do exequente", estabelecendo que o percentual a ser depositado é sobre o "valor em execução"), ASSIS, Araken de. *Manual da execução*. 20. ed. São Paulo: Revista dos Tribunais, 2018, p. 737-738; CÂMARA, Alexandre Freitas. O *novo processo civil brasileiro*. 6. ed. Rio de Janeiro: Forense, 2020, p. 410.

77. TJ-PR, AI 0013569-91.2016.8.16.0000, Des. Rel. Marcelo Gobbo Dalla Dea, Décima Oitava Câmara Cível, DJe 12.05.2017.

78. "Há que se fazer algumas adaptações, pois a regra do art. 916 somente se aplica às ações monitórias que envolvam pagamento de quantias, não se cogitando sua aplicação nos casos de entrega de coisa ou para execução de obrigação de fazer ou não fazer". MAZZEI, Rodrigo. Notas sobre a possibilidade de pagamento parcelado na execução extrajudicial: principais mudanças entre o art. 745-A do CPC revogado em relação ao art. 916 do CPC/15. In: DIDIER JR., Fredie (Coord. Geral); MACÊDO, Lucas Buril de; PEIXOTO, Ravi; FREIRE, Alexandre (Orgs.). *Novo CPC doutrina selecionada (execução)*. v. 5, 2. ed., rev. e atual. Salvador: Juspodivm, 2016, p. 589.

79. O parcelamento também se aplica às execuções trabalhistas, conforme Enunciado 331 do FPPC: "O pagamento da dívida objeto de execução trabalhista fundada em título extrajudicial pode ser requerido pelo executado nos moldes do art. 916". No que tange à aplicação do art. 916 às execuções fiscais, o tema é polêmico, com posições para ambos os lados. Para uma análise panorâmica, ver FARIA, Márcio Carvalho. *O Processo Civil Brasileiro na busca de critérios objetivos:* uma tentativa de resolução das questões ainda em aberto acerca da moratória executiva. Texto ainda inédito gentilmente cedido pelo autor.

Outro exemplo de sanção premial envolve a sistemática de substituição do polo passivo. Como se sabe, se o autor concordar com a alegação de ilegitimidade passiva suscitada pelo réu – ou sobre sua ausência de responsabilidade pelos fatos –, pagará a título de honorários sucumbenciais apenas três a cinco por cento do valor da causa (art. 338, parágrafo único)[80]. Sendo irrisório o valor, aplicar-se-á art. 85, § 8º.

Ou seja, em vez de correr o risco de pagar futuramente entre 10 a 20% do valor da condenação, do proveito econômico ou do valor da causa a título de honorários sucumbenciais, o autor pode consentir desde logo com a substituição do réu para se beneficiar de uma significativa redução sucumbencial. Há, assim, um prêmio (redução dos honorários) para estimular um comportamento (a substituição/exclusão do réu do polo passivo). A medida também prestigia a primazia de mérito, evitando que, ao final, seja proferida eventual decisão de extinção do processo sem resolução do mérito (quando for a hipótese de ilegitimidade passiva).[81]

Também é possível vislumbrar alguns benefícios na interpretação conjunta dos §§ 1º e 3º, e no § 2º do art. 1.040 (sistemática dos recursos especiais e extraordinários repetitivos).[82]

---

80. Art. 338. Alegando o réu, na contestação, ser parte ilegítima ou não ser o responsável pelo prejuízo invocado, o juiz facultará ao autor, em 15 (quinze) dias, a alteração da petição inicial para substituição do réu. Parágrafo único: Realizada a substituição, o autor reembolsará as despesas e pagará os honorários ao procurador do réu excluído, que serão fixados entre três e cinco por cento do valor da causa ou, sendo este irrisório, nos termos do art. 85, § 8º. Sobre o tema, o Enunciado 242 do FPPC assinala que o "dispositivo se aplica mesmo a procedimentos especiais que não admitem a intervenção de terceiros, bem como aos juizados especiais cíveis, por se tratar de mecanismo saneador, que excepciona a estabilização do processo".
81. O STJ entende que "a incidência da previsão do art. 338 do CPC é exclusiva da hipótese em que há a extinção do processo em relação ao réu originário, com a inauguração de um novo processo, por iniciativa do autor, em relação a um novo réu, de modo que, ausentes essas circunstâncias específicas, descabe cogitar a fixação de honorários mencionada no parágrafo único do art. 338 do CPC/15. Hipótese dos autos em que foi acolhida a preliminar de ilegitimidade passiva de um dos executados, prosseguindo o processo, no entanto, em face do outro, sem 'substituição' da parte ré. Aplicabilidade da regra geral de fixação dos honorários advocatícios, nos moldes do art. 85, § 2§, do CPC/15". REsp 1.895.919/PR, Rel. Min. Nancy Andrighi, Terceira Turma, DJe 08.06.2021.
82. "Os §§ 1º a 3º dispõem a respeito das implicações do pedido de desistência formulados nas ações propostas em 1º grau ou naquelas ajuizadas perante os tribunais (competência originária). O § 2º consubstancia regra de incentivo que permitirá ao autor da ação sopesar os custos de transação que implicarão a continuidade ou desistência da ação". FREIRE, Alexandre. Subseção II – Do julgamento dos recursos

O § 1º estabelece que a parte pode desistir da ação em curso em primeiro grau antes de proferida sentença, se a questão nela discutida for idêntica à resolvida pelo recurso representativo da controvérsia.[83] Para tanto, não se exige eventual aquiescência da parte contrária[84], mesmo que esta já tenha apresentando contestação (art. 1.040, § 3º). Tal previsão viabiliza, na prática, a não *resolução de mérito* mesmo depois de formalizada a relação processual, independentemente da concordância do réu.

Vale lembrar que, à luz do art. 485, § 4º, do CPC, "oferecida a contestação, o autor não poderá, sem o consentimento do réu, desistir da ação". Ou seja, se o réu não concordar com a desistência, é possível haver a resolução do mérito, com a formação de coisa julgada material.[85]

Nesse contexto, a "vantagem" oferecida pelo § 1º c/c § 3º do art. 1.040, ainda que mitigando a noção de primazia de mérito (art. 4º do CPC), é evitar que se forme coisa julgada material em desfavor do autor, mesmo que o réu não concorde com o pedido de desistência. Trata-se de benefício processual

---

extraordinário e especial repetitivos (arts. 1.036 a 1.041). In: CABRAL, Antonio do Passo. CRAMER, Ronaldo. *Comentários ao novo código de processo civil*. 2. ed. Rio de Janeiro: Forense, 2016, p. 1.560.

83. Em favor da aplicação da sistemática também quanto ao Incidente de Resolução de Demandas Repetitivas, ver SANTAROSA, Humberto. O microssistema de casos repetitivos - apontamentos sobre o Incidente de Resolução de Demandas Repetitivas e os Recursos Repetitivos. In: MENDES, Aluisio Gonçalves de Castro; DINAMARCO, Cândido Rangel; PINHO, Humberto Dalla Bernardina de; FUX, Luiz (Orgs.). *Estudos de Direito Processual em Homenagem a Paulo Cezar Pinheiro Carneiro*. 1. ed. Rio de Janeiro: LMJ Mundo Jurídico, 2019, p. 499.

84. "O art. 1.040, § 1º e § 3º, do CPC/2015, autoriza a desistência, independentemente da concordância do réu, ainda que já tenha sido apresentada contestação, caso a questão discutida na ação seja idêntica à questão pacificada no julgamento do recurso repetitivo, arcando o autor, porém, com o pagamento de custas e honorários advocatícios, quando já tiver sido apresentada a contestação (art. 1.040, §2º, do CPC)". ARRUDA ALVIM, Eduardo; CARVALHO, Vinícius Bellato Ribeiro de. Precedentes formados no julgamento de recursos repetitivos como instrumento de mitigação da crise do judiciário e da dispersão jurisprudencial. *Revista de Processo*. São Paulo: Revista dos Tribunais, nº 295, set./2019, p. 325.

85. Há quem critique o dispositivo, alegando que, "se o legislador pretendia fomentar o término prematuro do processo por manifestação de vontade do demandante, deveria ter incentivado a renúncia à pretensão (reduzindo as custas processuais, por exemplo), mas não lhe dado um instrumento para impedir o réu de obter uma sentença de mérito definitiva e favorável". LUCCA, Rodrigo Ramina. *Disponibilidade Processual* – a liberdade das partes no processo. São Paulo: Thomson Reuters Brasil, 2019, p. 336.

(ligado aos efeitos da coisa julgada) para estimular um comportamento (a desistência).

Já o § 2º do art. 1.040 prevê que, se a desistência da ação ocorrer antes do oferecimento da contestação, a parte ficará isenta do pagamento das custas e dos honorários de sucumbência.[86] Nesse dispositivo, há previsão expressa de isenção dos ônus sucumbenciais, com um marco temporal bem sinalizado (oferecimento da contestação), diferentemente da "desistência" regular (em que o STJ entende que, se a desistência ocorrer depois da citação, os ônus sucumbenciais já são devidos, mesmo que ainda não haja contestação).[87]

A doutrina reconhece que, nessa hipótese, "citado o réu, mas ainda não oferecida a contestação, o autor será premiado com a dispensa das custas e da isenção de honorários advocatícios numa causa fadada ao insucesso diante do decidido no recurso repetitivo"[88].

Em todos esses exemplos extraídos do CPC/15, o destinatário da norma pode adotar ou não comportamento descrito, não sofrendo qualquer penalidade, caso a conduta não seja exercida. Por outro lado, se o comportamento

---

86. Em sentido semelhante, a Lei nº 10.522/02 (dispõe sobre o Cadastro Informativo dos créditos não quitados de órgãos e entidades federais) estabelece, por exemplo, que, se houver decisão do STF ou do STJ em sede de repercussão geral ou repetitivo em sentido contrário - art. 19, inciso VI, alínea "a", incluído pela Lei nº 13.874/19 -, o Procurador da Fazenda Nacional que atuar no feito deverá reconhecer a procedência do pedido, quando citado para apresentar resposta, "inclusive em embargos à execução fiscal e exceções de pré-executividade, hipóteses em que não haverá condenação em honorários" (art. 19, § 1º, I).

87. "Processual Civil. Agravo Interno no Agravo em Recurso Especial. Honorários advocatícios. Desistência após a citação. Acórdão recorrido em consonância com a jurisprudência desta Corte. Súmula nº 83 do STJ. Decisão mantida. 1. Inadmissível o recurso especial quando o entendimento adotado pelo Tribunal de origem coincide com a jurisprudência do STJ (Súmula n. 83/STJ). 2. O entendimento do Tribunal a quo está em conformidade com a jurisprudência desta Corte, segundo a qual é cabível a condenação em honorários advocatícios na hipótese de o pedido de desistência da ação ter sido protocolado após a ocorrência da citação da ré, *ainda que em data anterior à apresentação da contestação.* 3. Agravo interno a que se nega provimento". AgInt no AREsp 1449328/SP, Rel. Min. Antonio Carlos Ferreira, Quarta Turma, DJe 22.08.2019. O STJ também já reconheceu que são devidos honorários advocatícios pela parte desistente, mesmo na hipótese em que o pedido de desistência ocorreu antes da citação (que veio a ser efetivada, com a apresentação de contestação). REsp 548.559/PE, Rel. Min. Teori Albino Zavascki, Primeira Turma, DJ 03.05.2004.

88. MEIRELES, Edilton. Medidas sub-rogatórias, coercitivas, mandamentais e indutivas no Código de Processo Civil de 2015. *Revista de Processo*. São Paulo: Revista dos Tribunais, nº 247, set./2015, p. 241.

for adotado, o destinatário terá direito ao prêmio, ainda que com eventual sacrifício de posição jurídica alheia, como já sinalizado no capítulo 1.

Para facilitar a visualização dos prêmios contemplados pelo CPC/15, a seguinte tabela é ilustrativa:

CONDUTA	DISPOSITIVO LEGAL CPC/15	PRÊMIO
Não oferecimento de impugnação pela Fazenda Pública no cumprimento de sentença que enseje expedição de precatório	art. 85, § 7º	Não incidência de honorários sucumbenciais no cumprimento de sentença
Transação pelas partes antes da sentença	art. 90, § 3º	Dispensa do pagamento de eventuais custas processuais remanescentes
Reconhecimento, pelo réu, da procedência do pedido, com o cumprimento simultâneo da obrigação	art. 90, § 4º	Redução dos honorários sucumbenciais pela metade
Concordância do autor com a substituição do réu, em razão da alegação de ilegitimidade passiva ou de ausência de responsabilidade pelo prejuízo invocado	art. 338, parágrafo único	Pagamento de honorários sucumbenciais ao patrono do réu excluído de apenas três a cinco por cento do valor da causa, ou, sendo este irrisório, nos termos do art. 85, § 8º.
Apresentação de manifestação das partes pela concordância da dissolução da sociedade	art. 603	Não incidência de honorários sucumbenciais para ambas as partes e rateio das custas segundo a participação das partes no capital social
Pagamento da dívida pelo réu ou cumprimento do mandado de entrega de coisa ou para execução de obrigação de fazer ou não fazer, no prazo de 15 dias, incluindo o pagamento de 5% a título de honorários advocatícios	art. 701, *caput* e § 1º	Isenção no pagamento das custas processuais
Pagamento do valor integral do débito pelo executado, no prazo de 3 dias	art. 827, § 1º	Redução dos honorários sucumbenciais pela metade

CONDUTA	DISPOSITIVO LEGAL CPC/15	PRÊMIO
Reconhecimento pelo executado do crédito do exequente e pagamento de 30% do valor em execução, acrescido de custas e de honorários	art. 916	Direito de parcelamento do débito (restante) em até seis parcelas mensais, acrescidas de correção monetária e juros de mora de 1% ao mês, independentemente de concordância do exequente
Apresentação de pedido de desistência pelo autor antes da contestação	art. 1.040, § 2º	Isenção do pagamento das custas e dos honorários sucumbenciais
Apresentação de pedido de desistência pelo autor antes da sentença	art. 1.040, §§ 1º e 3º	Não formação de coisa julgada material

Um comentário final: a dinâmica da estabilização da tutela antecipada antecedente, ainda que possa trazer benefícios recíprocos para as partes[89] – o autor se beneficia do encurtamento do processo, enquanto o réu, ao deixar de interpor recurso, evita o pagamento das custas recursais e despesas com o acompanhamento do processo ao longo do tempo[90] –, não justifica, ao menos de *lege lata* (respeitadas as opiniões em sentido contrário[91]), a premiação do réu que se abstém de recorrer.

89. Há quem entenda que "a tutela antecipada antecedente e sua estabilização funcionam como um encorajamento (nudge) para que conflito se estabilize após a decisão do juiz. (...) A estabilização vale-se do status quo bias, ou seja, da tendência à inércia que os seres humanos apresentam como natural ao seu comportamento". ZANETI JR., Hermes; REGGIANI, Gustavo Mattedi. Estabilização da tutela antecipada antecedente e incidental: sugestões pragmáticas para respeitar a ideologia de efetividade do CPC/2015. *Revista de Processo*. São Paulo: Revista dos Tribunais, nº 284, out./2015, p. 215.

90. "Sabe-se que a administração da justiça gera diversos custos sociais: as partes contratam advogados (mão de obra que poderia ser utilizada em outras tarefas produtivas), perdem tempo e investem recursos na produção de provas; o Estado, por sua vez utiliza o dinheiro do contribuinte para financiar o Judiciário, deslocando recursos que poderiam ser empregados em áreas estratégicas, como saúde, educação e segurança pública". FUX, Luiz; BODART, Bruno. *Processo Civil e Análise Econômica do Direito*. Rio de Janeiro: Forense, 2019, p. 34.

91. Defendendo a possibilidade de premiação, DIDIER JR., Fredie: BRAGA, Paula Sarno; OLIVEIRA, Rafael Alexandria de. *Curso de direito processual civil*. v. 2. 10. ed. Salvador: Juspodivm, 2015, p. 605; COSTA, Eduardo José da Fonseca. Comentários ao art. 304. In: STRECK, Lenio Luiz; NUNES, Dierle; CUNHA, Leonardo Carneiro da (Orgs.).

Isso porque, o código não prevê efetivamente nenhuma sanção premial para estimular o réu a não recorrer (isenção das custas ou eventual redução dos honorários, por exemplo).

Consequentemente, não pode o juiz, ao extinguir o processo em razão da estabilização da tutela, fixar honorários sucumbenciais de cinco por cento (em analogia ao art. 701, *caput* e § 1º, do CPC)[92] e/ou isentar as custas processuais, de modo a premiar a conduta do réu (não recorrer)[93].

Não é possível fazer essa interpretação[94].

Comentários ao Código de Processo Civil. São Paulo: Saraiva, 2016, p. 434; CUNHA, Leonardo Carneiro da. *A Fazenda Pública em juízo*. 13. ed. Rio de Janeiro: Forense, 2016, p. 312. No mesmo sentido: "Por fim, no tocante à isenção de custas e ao pagamento de honorários advocatícios no valor de 5% (...) devem se transportar as regras da ação monitória para a tutela antecipada antecedente. Afinal, esses mecanismos não variam em função da tutela de direito material e funciona como sanção premial para estimular os réus a reconhecerem o direito do autor e desistirem de prosseguir com a cognição exauriente, desafogando o Poder Judiciário e consagrando a eficiência processual". TEIXEIRA, Sergio Torres; ARAUJO, Rodrigo Vasconcelos Coelho de. Estabilização da Tutela Antecipada Antecedente em face da Fazenda Pública. *Revista de Processo*. São Paulo: Revista dos Tribunais, nº 294, ago./2019, p. 220.

92. Vide, a propósito o Enunciado nº 18 do ENFAM: "Na estabilização da tutela, o réu ficará isento do pagamento das custas e os honorários deverão ser fixados no percentual de 5% sobre o valor da causa (art. 304, *caput*, c/c art. 701, *caput*, do CPC/2015". Em prestígio ao Enunciado (com o qual não concordamos), ver JAYME, Fernando Gonzaga; DOUSA, Alexandre Rodrigues de. Tutela sumária no Código de Processo Civil: apontamentos acerca da estabilização da tutela antecipada. *Revista de Processo*. São Paulo: Revista dos Tribunais, nº 275, jan./2018, p. 238.

93. Apenas a título de curiosidade, no FPPC de Curitiba, chegou a ser apresentado enunciado sobre o tema, mas este não foi levado à votação pela plenária, o que evidencia a controvérsia: "O réu que não impugna a tutela antecipada, concedida nos termos do art. 303, permitindo sua estabilização, não pagará custas e só arcará com cinco por cento de honorários sucumbenciais, por analogia ao art. 701, *caput* e §1.º, CPC".

94. Não concordamos, portanto, com a decisão do STJ: "Para o réu, a vantagem em deixar de opor resistência à tutela antecedente está na diminuição dos custos do processo, pois estaria isento das despesas processuais e pagaria, a títulos de honorários sucumbenciais, o importe de 5% (cinco por cento) sobre o valor atribuído à causa. Isso porque à tutela antecipada estabilizada (art. 304, *caput*, do CPC/2015) são aplicáveis as disposições do modelo geral de tutela monitória, especialmente o art. 701, *caput* e § 1º, do CPC/2015". REsp nº 1.895.663/PR, Rel. Min. Ricardo Villas Bôas Cueva, Terceira Turma, DJe 16.12.2021.

Ainda que existam semelhanças entre o procedimento monitório e a técnica de estabilização da tutela[95], também há diferenças[96]. Ademais, mesmo prestigiando-se a ideia de "livre trânsito"[97] das técnicas (art. 327, § 2º, do CPC[98]), a sua incidência não pode ser automática quando envolve a aplicação de sanções (premiais ou punitivas), sob pena de prejudicar terceiros sem qualquer previsão legal.

---

95. Eduardo Talamini lista as seguintes semelhanças: emprego de cognição sumária para a obtenção célere pelo autor do bem da vida pretendido; a não impugnação gera medida executiva contra o demandado; a medida permanecerá em vigor até que o executado promova o início da fase de cognição plena e exaustiva; a medida estabilizada não gera coisa julgada. TALAMINI, Eduardo. Tutela da urgência no Projeto de novo Código de Processo Civil: a estabilização da medida urgente e a "monitorização" do processo civil brasileiro. *Revista de Processo*. São Paulo: Revista dos Tribunais, nº 209, jul./2012, p. 25.
96. Na ação monitória, o direito está embasado em prova documental ou documentada sem qualquer necessidade de se demonstrar a urgência, assemelhando-se mais a uma tutela de evidência. Já na tutela antecipada antecedente, o requisito da urgência é indispensável para a sua concessão. Nesse particular, concordamos com as ponderações de Frederico Augusto Gomes (ainda que em relação ao não cabimento da remessa necessária na estabilização da tutela antecipada antecedente): "As posições materiais subjetivas tuteladas são diversas. Direito embasado em prova escrita sem eficácia de título executivo [monitória] não guarda qualquer correlação inerente com direito provável submetido a perigo de dano. Situação diversa seria se o legislador elegesse a tutela da evidência para estabilizar-se. Contudo, não o fez. Quer-se dizer, assim, de modo bastante claro, que o emprego de uma técnica monitória em dois procedimentos distintos e com finalidades diversas não possibilita essa comunicabilidade de regras que se pretende fazer, ao aplicar analogicamente dispositivos de um procedimento noutro. (...) Pode-se dizer que do emprego da mesma técnica não se podem tirar conclusões de emprego das mesmas regras". GOMES, Frederico Augusto. *Estabilização da tutela antecipada antecedente contra o Poder Público*. Disponível em https://www.academia.edu/30446297/Estabiliza%C3%A7%C3%A3o_da_tutela_antecipada_antecedente_contra_o_Poder_P%C3%BAblico. Acesso em: 12.01.2020.
97. DIDIER JR., Fredie; CABRAL, Antonio do Passo; CUNHA, Leonardo Carneiro da. *Por uma nova teoria dos procedimentos especiais dos procedimentos às técnicas*. 1. ed. Salvador: Juspodivm, 2018. Há quem defenda a existência de um "princípio da inter-relação em rede do procedimento comum com os procedimentos especiais". CERQUEIRA, Társis Silva de. *O procedimento comum e sua relação com os procedimentos especiais* – a análise do conteúdo normativo do art. 327, § 2º, do Código de Processo Civil. Salvador: Juspodivm, 2020, p. 201.
98. Art. 327, § 2º - Quando, para cada pedido, corresponder tipo diverso de procedimento, será admitida a cumulação se o autor empregar o procedimento comum, sem prejuízo do emprego das técnicas processuais diferenciadas previstas nos procedimentos especiais a que se sujeitam um ou mais pedidos cumulados, que não forem incompatíveis com as disposições sobre o procedimento comum.

Nesse particular, vale lembrar que a custas processuais são consideradas taxas[99] e a Constituição Federal impede expressamente que os Estados estabeleçam qualquer isenção ou redução de base de cálculo relativa a impostos ou taxas sem que haja lei específica regulando a matéria (art. 150, § 6º).

Sob outro prisma, não se pode surpreender o advogado que ajuizou a demanda confiando no recebimento de honorários sucumbenciais (a rigor, entre dez e vinte por cento), em caso de procedência dos pedidos.[100]

Até porque, se o advogado soubesse que haveria a possibilidade de não receber seus honorários ou mesmo parte deles (no capítulo 6 será abordada a natureza dos honorários advocatícios), poderia optar por não formular um pedido de tutela antecipada antecedente, na forma dos arts. 303 e 304 do CPC, o que, a rigor, é uma faculdade da parte[101].

Por outro lado, a inexistência de previsão expressa sobre eventual isenção de custas e redução dos honorários – prêmios que atingem situação jurídica alheia – revela que o réu só deixará de recorrer se realmente não tiver interesse, uma vez que não pode contar com algo que a lei não prevê. Afinal, não houve qualquer estímulo por parte do legislador.

Note-se que o magistrado também não pode estipular de ofício essa redução, pois a iniciativa esbarraria em uma das premissas das sanções premiais atípicas no plano judicial (tema a ser desenvolvido no capítulo 6), qual seja, a não afetação de direito alheio (no caso, os honorários do advogado e as custas que pertencem ao Estado).

Portanto, para ser implementada, a sistemática de premiação nessa hipótese demandaria alteração legislativa.

4.3 PROPOSTA DE CLASSIFICAÇÃO DAS SANÇÕES PREMIAIS NA SEARA PROCESSUAL CIVIL

99. STF, ADI 3694, Rel. Min. Sepúlveda Pertence, Tribunal Pleno, DJ 06.11.2006; STJ, REsp 1.097.307, Rel. Min. Francisco Falcão, Primeira Turma, DJe 18.03.2009.

100. "(...) a manipulação da estrutura da rede na relação entre procedimentos comum e especiais não pode desconsiderar a segurança jurídica em seus diversos aspectos, seja na previsibilidade do comportamento, seja na estabilidade das relações jurídicas. A segurança jurídica encontra-se intimamente relacionada com as expectativas normativas, especialmente associadas aos comportamentos a serem adotados e na confiança quanto a posturas assumidas". CERQUEIRA, Társis Silva de. *O procedimento comum e sua relação com os procedimentos especiais* – a análise do conteúdo normativo do art. 327, § 2º, do Código de Processo Civil. Salvador: Juspodivm, 2020, p. 179.

101. Que, a rigor, deve ser informada (por seu advogado) das vantagens/desvantagens de se optar por tal procedimento.

Neste tópico, será desenvolvida uma proposta de classificação das sanções premiais, fazendo um recorte[102] para a seara processual civil.[103]

Diante da delimitação, não interessa distinguir, por exemplo, as sanções premiais quanto à área do Direito (ambiental, administrativo, penal etc.), uma vez que o foco será processual civil (não se limitando, porém, às normas do CPC/15[104]).

---

102. Como destaca Umberto Eco, "quanto mais se restringe o campo, melhor e com mais segurança se trabalha". ECO, Umberto. *Como se faz uma tese*. Trad. Gilson Cesar Cardoso. 24. ed. São Paulo: Perspectiva, 2012, p. 10. No mesmo sentido: "o tema levado ao máximo de redução permite uma concentração da pesquisa e um aprofundamento de seu conteúdo". NUNES, Luiz Antônio Rizzato. *Manual da monografia jurídica*. Como se faz: uma monografia, uma dissertação, uma tese. São Paulo: Saraiva, 1997, p. 8.

103. Não serão analisadas sanções premiais de natureza social (referenciamento social), ainda que se relacionem com as atividades de *court management* (gestão da estrutura judiciária) e possam contribuir para a otimização do andamento dos processos judiciais. É o caso, por exemplo, do Selo de Desburocratização criado pelo Conselho Nacional de Justiça, iniciativa para reconhecer práticas capazes de simplificar e modernizar o Poder Judiciário, incluindo ações para promover a eficiência e qualidade dos serviços jurisdicionais, com repercussão na tramitação dos processos judiciais (*CNJ cria selo para boas práticas de desburocratização do Judiciário*. Disponível em https://www.conjur.com.br/2019-nov-22/cnj-cria-selo-boas-praticas-desburocratizacao-judiciario. Acesso em: 29.11.2019). Apenas a título ilustrativo, vale registrar também o Prêmio Innovare, que anualmente contempla vencedores em diferentes áreas do Direito. No campo processual, muitos trabalhos já foram agraciados, como, por exemplo, a monografia sobre "O processo judicial eletrônico (PJ-e) compartilhado pela nuvem do sistema de justiça", que apresenta sugestões de melhoria do sistema informatizado de comunicação entre os diferentes órgãos do sistema de justiça brasileiro. Uma observação pontual: na cerimônia de entrega do I Prêmio CNJ da Infância e da Juventude, o ex-Ministro Ayres Brito fez expressa referência a Norberto Bobbio, destacando que a "sanção premial tem por objetivo estimular o comportamento socialmente desejável com promessa de recompensa. O ser humano é particularmente sensível às promessas de recompensa e as sanções premiais cumprem, no âmbito do Direito Positivo, exatamente esse papel de premiação" (Projetos de apadrinhamento de jovens e justiça juvenil restaurativa são premiados. Disponível em https://www.cnj.jus.br/projetos-de-apadrinhamento-de-jovens-e-justica-juvenil-restaurativa-sao-premiados/. Acesso em: 20.03.2020).

104. Também serão consideradas algumas normas processuais previstas em leis especiais. Por norma processual entende-se "aquela cuja hipótese de incidência é composta pela existência, atual ou futura, de um processo, e cujo consequente se direciona a disciplinar qualquer dos fatos jurídicos processuais ou qualquer das situações jurídicas processuais (...) o Código de Processo Civil é a principal lei federal sobre processo civil, embora seja de conhecimento geral a existência de variada legislação extravagante, sob a forma de leis esparsas com conteúdo integral ou parcialmente composto por normas processuais civis". SOUZA, Marcus Seixas. *Normas processuais consuetudinárias*: história, teoria e dogmática. Salvador: Juspodivm, 2019, p. 166-169. A propósito, Fredie Didier Jr. cita ao

Feita essa ressalva, é possível avançar.

a) quanto à fonte: legal, convencional ou judicial

A sanção premial pode decorrer diretamente da lei (por exemplo, os prêmios previstos no CPC/15), de convenção processual (tema do próximo capítulo) e de decisão judicial (o assunto será tratado no capítulo 6).

As sanções premiais legais são aquelas previstas no ordenamento jurídico e, portanto, são típicas. Já as sanções premiais convencionais e as sanções premiais fixadas pelo juiz, por não estão expressamente disciplinadas no texto legal, são consideradas atípicas.

Como já sinalizado no item 1.8, no caso das sanções premiais legais, pode haver sacrifício da situação jurídica alheia, tais como do autor (ex: não reembolso de custas processuais adiantadas; recebimento parcelado do valor), do advogado (ex: redução ou isenção de honorários sucumbenciais) e do Estado (ex: não recebimento das custas remanescentes).

Por sua vez, no caso de sanções premiais convencionais, só se pode atingir a posição jurídica de quem participou do ajuste premial.

Em relação às sanções premiais fixadas pelo juiz, não se pode afetar direito alheio, devendo-se observar, ainda, outros requisitos. Tudo isso será detalhado oportunamente.

b) quanto à natureza: processual ou híbrida

Nunca é simples a distinção entre normas de direito processual e normas de direito material[105], haja vista a discussão sobre determinados prazos[106] (ex:

---

menos dez fontes de normas processuais (Constituição Federal, leis federais, tratados internacionais, medidas provisórias, leis estaduais, precedentes, negócios jurídicos processuais, resoluções administrativas, regimento interno dos tribunais e costumes), mencionando, ainda, a *soft law* (que não seria propriamente uma fonte). DIDIER JR., Fredie. *Curso de Direito Processual Civil*. v. 1. 22. ed. Salvador: Juspodivm, 2020, especialmente o capítulo 2. Vide também OLIVEIRA, Paulo Mendes de. *Regimentos Internos como fonte de normas processuais*. Salvador: Juspodivm, 2020.

105. Sobre uma visão geral da influência do direito material no processo, ver BEDAQUE, José Roberto dos Santos. *Direito e Processo* – influência do direito material sobre o processo. 6. ed. São Paulo, Malheiros, 2011. Vide também CABRAL, Antonio do Passo. Da instrumentalidade à materialização do processo: as relações contemporâneas entre direito material e direito processual. *Civil Procedure Review*, v. 12, n. 2: maio-ago. 2021.

106. "(...) ainda não se construiu uma teoria satisfatória, seja por sua unidade teleológica, seja pela interdependência entre atos processuais". ROQUE, André Vasconcelos. As

prazo de 15 dias para pagamento no cumprimento de sentença envolvendo condenação em quantia certa ou já fixada em liquidação – art. 523 do CPC[107]). Registre-se, também, a ferrenha discussão – sobretudo antes da vigência da Lei nº 14.112/20 – acerca da natureza do prazo de 180 dias de suspensão das execuções em face do devedor previsto na Lei de Recuperação Judicial/ Extrajudicial e Falência[108].

Para fins deste trabalho, as sanções premiais processuais são aquelas cujos reflexos são sentidos diretamente no processo[109], podendo decorrer de normas legais e convencionais (inclusive estipuladas previamente)[110], bem como de comandos judiciais[111] (tema do capítulo 6).

---

armadilhas dos prazos no novo CPC. Disponível em https://www.jota.info/colunas/novo-cpc/as-armadilhas-dos-prazos-no-novo-cpc-07092015. Acesso em 23.01.2018.

107. Para o STJ, o prazo deve ser contado em dias úteis. REsp 1.708.348/RJ, Rel. Min. Marco Aurélio Bellizze, Terceira Turma, DJe 01.08.2019. No mesmo sentido a doutrina: NERY JR., Nelson; NERY, Rosa Maria de Andrade. *Código de Processo Civil comentado*. 17. ed. São Paulo: Thomson Reuters Brasil, 2018, p. 1.465; MEDINA, José Miguel Garcia. *Novo Código de Processo Civil comentado*. 4. ed. São Paulo: Revista dos Tribunais, 2016, p. 856. Em sentido contrário (defendendo a natureza material do prazo e sua contagem em dias corridos) NEVES, Daniel Amorim Assumpção. *Manual de Direito Processual Civil*. 8. ed. Salvador: Juspodivm, 2016, p. 1.124; AMARAL, Guilherme Rizzo. *Comentários às alterações do novo CPC*. 2. ed. rev., atual. e ampl. São Paulo: Revista dos Tribunais, 2016, p. 310. Vale registrar que, em relação ao prazo de 5 (cinco) dias para pagamento da dívida, previsto no art. 3º, § 2º, do Decreto-Lei 911/1969, o STJ entende que a sua contagem deve ser feita em dias corridos, por se tratar de prazo de direito material (REsp 1.770.863/PR, Rel. Min. Nancy Andrighi, Terceira Turma, DJe 15.06.2020).

108. A questão foi dirimida pelo STJ no REsp 1.699.528/MG, Rel. Min. Luis Felipe Salomão, Quarta Turma, DJE 13.06.2018 : "(...) diante do exame sistemático dos mecanismos engendrados pela Lei de Recuperação e Falência, os prazos de 180 dias de suspensão das ações executivas em face do devedor (art. 6, § 4°) e de 60 dias para a apresentação do plano de recuperação judicial (art. 53, *caput*) deverão ser contados de forma contínua".

109. Essa discussão já foi travada entre Carnelutti e Liebman. Para o primeiro, a processualidade do ato não decorria do fato de ter sido ele praticado dentro do processo, mas sim de sua relevância para a causa. Já Liebman, não admite como processual o ato praticado fora do processo. LIEBMAN, Enrico Tullio. *Manual de Direito Processual Civil*. v. I. 2 ed. Rio de Janeiro: Forense, 1985, p. 221-222.

110. Há quem sustente que as sanções processuais são apenas aquelas que ocorrem dentro do processo, em razão das atividades dos litigantes: "Processual é o que ocorre dentro do processo, é efeito ou consequência de atividades exercidas pelas partes no curso da demanda. Por isso que 'sanção processual' não é instituto de direito material, porém originado do próprio processo. (...) Denominam-se *processuais* as sanções incidentes no curso de uma demanda, previstas no ordenamento processual". SOUZA, Carlos Aurélio Mota de. *Poderes éticos do juiz* – a igualdade das partes e a repressão ao abuso no processo. Porto Alegre: Fabris, 1987, p. 150 e 163-164. Não concordamos, pois o

Como explica Paula Sarno Braga[112], para ser processual ou não, não depende do momento ou da forma como foi praticado, mas sim saber se tem potencialidade de irradiar eficácia para dentro do processo, pendente ou futuro.

De acordo com doutrina, a irradiação dessa eficácia processual já se mostra suficientemente relevante para o processo"[113], independentemente do exercício das posições jurídicas pelas partes.

Assim, quando o executado paga a dívida em 3 (três) dias para se beneficiar da redução dos honorários advocatícios (art. 827, § 1º, do CPC/15), o prêmio é uma sanção premial de natureza processual.[114]

Já as sanções premiais híbridas, que também podem ser legais, convencionais[115] ou judiciais (capítulo 6), são aquelas em que há uma simbiose

---

relevante para definir se é processual ou não é sua capacidade de produzir efeitos jurídicos processuais, independentemente do momento em que é estabelecida.

111. Como destaca Teresa Arruda Alvim, as decisões judiciais são, em alguma medida, normas jurídicas. ARRUDA ALVIM, Teresa. *Modulação na alteração da jurisprudência firme ou de precedentes vinculantes.* 2. ed. São Paulo: Thomson Reuters Brasil, 2021, p. 13.

112. BRAGA, Paulo Sarno. Primeiras reflexões sobre uma teoria do fato jurídico processual: plano de existência. *Revista de Processo.* São Paulo: Revista dos Tribunais, nº 148, jun./2007, p. 309. Para a doutrinadora, fato jurídico processual é o "fato ou complexo de fatos que, juridicizado pela incidência da norma processual, é apto a produzir efeitos dentro do processo.

113. NOGUEIRA, Pedro Henrique. *Negócios jurídicos processuais.* 3. ed. rev., atual. e ampl. Salvador: Juspodivm, 2018, p. 72.

114. Há quem defina sanção processual como "como uma medida socioeducativa processual, de cunho positivo ou negativo, capaz de conscientizar os sujeitos processuais a atuarem de acordo com os deveres de probidade e lealdade". LIGERO, Gilberto Notário. *Sanções Processuais por Improbidade na Execução Civil.* Tese apresentada à Banca Examinadora da Pontifícia Universidade Católica de São Paulo, como exigência parcial para obtenção do título de Doutor em Direito. Pontifícia Universidade Católica de São Paulo, 2014, p. 55.

115. "No atual estágio de evolução do direito brasileiro (...), o autorregramento da vontade permeia, em menor ou maior medida, tanto o direito substantivo quanto o processual". PEREIRA, Lara Dourado Mapurunga. *Negócios jurídicos processuais sobre presunções.* Salvador: Juspodivm, 2020, p. 118. Os contratantes podem convencionar, por exemplo, que, se eventual ação judicial for ajuizada em local diverso do foro de eleição contratual e a parte contrária não suscitar a incompetência na contestação, o réu será reembolsado pelo autor das despesas incorridas com a contratação de seu advogado (honorários advocatícios contratuais) até determinado valor. Fernanda Vogt, ainda que sob outra lógica, destaca a possibilidade de arranjos envolvendo normas processuais e materiais: "é possível pensar a possibilidade de que um contrato de direito privado traga cláusulas de natureza processual e material, que levem a uma compensação entre si". VOGT,

entre normas de direito processual e de direito material, mas o campo de incidência do benefício é o direito material.

Dois dispositivos da Lei de Locações podem ajudar a compreender essa classificação.

De acordo com o art. 61 da lei especial, nas ações fundadas no § 2º do art. 46 e nos incisos III e IV do art. 47, *se o locatário, no prazo da contestação, manifestar sua concordância com a desocupação do imóvel, o juiz acolherá o pedido fixando prazo de seis meses para a desocupação*, contados da citação, impondo ao vencido a responsabilidade pelas custas e pelos honorários advocatícios. *Se a desocupação ocorrer dentro do prazo fixado, o réu ficará isento dessa responsabilidade*; caso contrário, será expedido mandado de despejo.[116]

Como se vê, caso o locatário manifeste concordância com a desocupação do imóvel no prazo da contestação[117], a própria lei concede um prazo maior para a respectiva desocupação (seis meses - benefício ligado ao direito material = sanção premial híbrida). Além disso, se ele desocupar o imóvel no referido prazo, haverá a isenção dos ônus sucumbenciais (sanção premial processual).

Também na sistemática da purga da mora[118] - no prazo de 15 (quinze) dias da citação (art. 62, II) - vislumbra-se uma sanção premial híbrida.

Fernanda. Cessação da relação convencional: um estudo sobre a dissolução do negócio jurídico processual. In: DIDIER JR., Fredie (Coord. geral); CABRAL, Antonio do Passo; NOGUEIRA, Pedro Henrique (Coords.). *Negócios Processuais*. Coleção Grandes Temas do CPC. Salvador: t. 2. Juspodivm, 2020, p. 177.

116. "(...) 2. Exercida a modalidade especial de reconhecimento do pedido prevista no art. 61 da legislação de regência, impõe-se a produção da respectiva sanção premial prevista no dispositivo". TJ/MG, APL nº 1761936-39.2012.8.13.0024, Des. Rel. José Marcos Vieira, Décima Sexta Câmara Cível, DJe 24.02.2014.

117. "Por tal dispositivo, numa ação de despejo fundada em pedido para uso próprio ou para demolição ou edificação licenciada ou para realização de obras aprovadas pelo Poder Público, se o locatário demandado concordar em desocupar o imóvel, ao invés de lhe ser concedido o prazo de 30 (trinta) dias para desocupação, será fixado prazo de seis meses para devolução do imóvel. Além disso, caso desocupe, de fato, o imóvel neste prazo, ficará isento das custas processuais e dos honorários advocatícios. Premia-se, assim, o locatário que concordar e desocupar o imóvel e o faz no prazo estabelecido na decisão judicial". MEIRELES, Edilton. Medidas sub-rogatórias, coercitivas, mandamentais e indutivas no Código de Processo Civil de 2015. *Revista de Processo*. São Paulo: Revista dos Tribunais, nº 247, set./2015, p. 241-242.

118. Essa reflexão foi originada de conversas informais com Alexandre Freitas Câmara, no dia 14.03.18, na sede da Associação Brasileira dos Agentes da Propriedade Industrial, durante palestra conjunta.

Explica-se.

A purga da mora se aplica em situações em que houve o descumprimento do contrato de locação. Nessa hipótese, a consequência natural seria o reconhecimento da inadimplência contratual e a futura decretação do despejo. Porém, a possibilidade de purgar a mora nos autos da ação judicial elide os efeitos do despejo, sendo, na verdade, um prêmio para estimular a conduta indicada na norma.

Com efeito, a possibilidade de permanência no imóvel é um benefício para aquele que pagou em juízo o que era devido (incluindo os aluguéis e acessórios da locação vencidos, eventuais multas contratuais, os juros de mora, bem como as custas e os honorários do advogado do locador). Tal dinâmica[119] beneficia o locatário, dando-lhe uma possibilidade especial (manutenção do negócio jurídico), diferentemente do que ocorreria, por exemplo, em uma ação de rescisão contratual por inadimplência de um dos contratantes, em que, mesmo que houvesse o pagamento integral da dívida pelo devedor no curso da ação, a relação não seria automaticamente restaurada.[120]

---

119. Também podemos citar o caso do devedor que efetua o depósito elisivo previsto na Lei de Recuperação Judicial (art. 98, parágrafo único) para evitar a falência. Nesse particular, afirma-se que "tanto na falência como na insolvência, antes da execução universal – que apenas se inicia com a declaração da quebra – há uma fase de conhecimento na qual o devedor poderá apresentar sua defesa, nomeadamente sobre a conformação do crédito, e realizar o depósito elisivo – correspondente ao principal, juros moratórios, correção monetária e honorários de advogado – hipótese na qual, mesmo julgado procedente o pedido, não haverá a decretação da insolvência do devedor. Sem querer polemizar sobre a natureza jurídica do depósito elisivo, entendemos que se trata de medida indutiva típica (premial, portanto) de garantia do crédito que baseia o pedido de falência a fim de impedir a decretação da quebra." CARVALHO FILHO, Antônio; SOUSA, Diego Crevelin de; PEREIRA, Mateus Costa. *Réquiem às medidas judiciais atípicas nas execuções pecuniárias* – art. 139, IV, CPC. Londrina: Thoth, 2020, p. 79-80.

120. Em outra perspectiva, o art. 3, § 2º, do Decreto-Lei nº 911/69 (que estabelece normas de processo sobre alienação fiduciária) estabelece que, no prazo do § 1º [5 dias], o devedor fiduciante poderá pagar a integralidade da dívida pendente, *segundo os valores apresentados pelo credor fiduciário na inicial*, hipótese na qual o bem lhe será restituído livre do ônus. Sobre o ponto, o TJ/AM já se manifestou: "No caso em análise, a planilha de débitos de fls. 5 indica como saldo devedor o montante de R$ 21.432,32 (vinte e um mil quatrocentos e trinta e dois reais e trinta e dois centavos). E foi exatamente esse o valor depositado pelo Recorrente (fls. 61). *Por evidente, o legislador não cogitou um cumprimento imediato da liminar e um depósito imediato. Tanto que deu prazo de 5 (cinco) dias para o depósito. Ainda assim, não estabeleceu que o depósito deveria corresponder à quantia descrita na inicial, acrescida de encargos moratórios até a data do depósito.*

c) quanto à intensidade: alta ou baixa

De um modo geral, as sanções jurídicas dependem de um grau de intensidade "para que sua aplicação seja eficaz, ou seja, o sistema jurídico deve prever adequadamente não apenas o remédio, mas deve também acertar na dose para que as sanções surtam efeito"[121].

Como explica Darci Guimarães Ribeiro[122], há uma correspondência direta entre sanção e norma jurídica. Quanto mais intensa for a sanção, mais eficaz tende a ser norma. Em sua visão, do mesmo modo que uma norma jurídica ligada a uma sanção de baixa intensidade "cria condições para o seu descumprimento, uma norma jurídica ligada a uma sanção de alta intensidade contribui para o seu cumprimento, tanto no caso de ela ser repressiva quanto no caso de ela ser premial".

Por mais que a distinção das sanções em alta ou baixa intensidade seja subjetiva e dependa da análise das peculiaridades do caso concreto, não se pode negar que alguns benefícios, mesmo em um cenário *ex ante*, são mais atraentes do que outros, como será detalhado adiante.

As sanções de alta intensidade são aquelas que têm o potencial de impactar severamente o psicológico. São benefícios que fazem realmente o indivíduo "parar para pensar" e podem efetivamente direcionar o modo de agir.

O fez, ao que parece, por silêncio eloquente, dando ao devedor-fiduciário, como sanção-premial, o afastamento dos encargos moratórios relativos a aludido período". TJ/AM, APL nº 0622860-96.2016.8.04.0001, Des. Rel. Paulo César Caminha e Lima, Primeira Câmara Cível, DJe 01.07.2019.

121. ALOISIO, Anderson Bellini. *Epistemologia das sanções processuais:* uma análise com enfoque nas *astreintes* e seu impacto na concretização de direitos. Dissertação apresentada como requisito parcial para a obtenção do título de Mestre em Direito pelo Programa de Pós-Graduação em Direito da Universidade do Vale do Rio dos Sinos – UNISINOS, São Leopoldo, 2015, p. 12.

122. "Quando o legislador cria determinado imposto (norma jurídica) e estabelece que o não cumprimento desta regra legal gera um crime (sanção), temos então uma sanção repressiva de alta intensidade pelas graves consequências que o crime de sonegação representa para o ordenamento jurídico. Agora, suponhamos que o legislador resolvesse criar a mesma lei, mas estabelecesse que o descumprimento desta geraria uma contravenção, certamente estaríamos diante de uma sanção repressiva de baixa intensidade, posto que a contravenção ocupa uma escala menor de gravidade dentro do ordenamento jurídico". RIBEIRO, Darci Guimarães. *Da tutela jurisdicional às formas de tutela.* Porto Alegre: Livraria do Advogado, 2010, p. 51-52.

Por exemplo, a sanção premial contida no art. 916 do CPC/15 (possibilidade de parcelamento do débito restante em até seis vezes, com correção monetária e juros), que incide quando o executado, no prazo dos embargos, reconhece o crédito do exequente e deposita trinta por cento do valor em execução (acrescido de custas e de honorários de advogado), pode ser considerada de alta intensidade, pois permite que o devedor (independentemente de sua condição financeira) se organize melhor, não tendo que desembolsar desde logo o valor integral da dívida.[123]

Por outro lado, as sanções de baixa frequência são aquelas em que o estímulo é reduzido ou diminuto, ou, eventualmente, exigem uma conduta considerada desproporcional ao benefício. Identificar tais sanções e investigar sua limitada utilização, sobretudo por intermédio de pesquisas empíricas[124], pode contribuir parar o desenvolvimento de propostas de reforma legislativa, buscando eventualmente o seu incremento.

É o caso da sanção premial contida no art. 29 da Lei de Mediação. O dispositivo estabelece que, uma vez solucionado o conflito pela mediação antes da citação do réu, não serão devidas custas judiciais finais.

Embora a norma preveja a dispensa do pagamento das custas finais para estimular a solução consensual, trata-se de benefício diminuto.

Primeiro, porque a celebração de acordo antes da própria citação não é a regra e, segundo, porque, em muitos casos, não há sequer custas judiciais finais. Ou seja, a norma – que já tem rarefeita incidência – não oferece um prêmio verdadeiramente atraente.[125]

---

123. "A norma tem tido boa aceitação prática, quer porque, no geral, atende aos interesses do executado – que consegue, se cumpridos os pressupostos legais, planejar-se para realizar o pagamento em até 7 vezes (1 entrada + 6 parcelas) sem a ameaça de atos executivos danosos à sua vida pessoal e/ou sua atividade econômica –, quer porque favorece o exequente, que embora tenha que se sujeitar a receber o crédito em fatias, acaba por obter a satisfação do seu direito em tempo menor e com muito menos esforço que usualmente ocorre nos processos de execução". FARIA, Márcio Carvalho. *O Processo Civil Brasileiro na busca de critérios objetivos:* uma tentativa de resolução das questões ainda em aberto acerca da moratória executiva. Texto ainda inédito gentilmente cedido pelo autor.

124. Um projeto que se pretende desenvolver nos próximos anos.

125. Já tivemos a oportunidade de analisar tal dispositivo em outra oportunidade: "À primeira vista, poder-se-ia pensar que a sistemática preconizada pelo legislador não é factível, uma vez que, à luz do art. 334 do CPC, o réu é citado para comparecer à audiência de mediação e o art. 29 da Lei n. 13.140 fala em solução de conflito antes da citação do demandado. Ou seja, para fazerem jus ao benefício, as partes teriam, a rigor, que se acertar antes da própria citação. E é exatamente isso o que acontece, por exemplo, nas mediações pré-processuais. Em alguns tribunais da federação, são realizadas mediações

Com os avanços da inteligência artificial[126], é possível que o campo de incidência da norma aumente[127], mas dificilmente terá o condão de tornar mais atraente a sanção premial (dispensa de eventuais custas judiciais finais).

d) quanto à repercussão do prêmio: financeira ou não financeira

Por fim, a sanção premial pode ser financeira ou não.

Quando o prêmio consiste na redução/isenção de determinado valor devido (honorários, custas etc.) ou potencialmente aplicável (ex: *astreintes*), ou, ainda, corresponde a eventual acréscimo monetário[128], a hipótese é de

---

dessa natureza, sem a prévia citação da parte. O que existe, na verdade, é uma comunicação/interação entre as partes, normalmente por força de um convênio realizado entre determinada empresa e o respectivo tribunal. Muitas vezes as empresas já têm um e-mail cadastrado junto ao tribunal para tal finalidade. Em outros casos, *softwares* jurídicos fazem essa interface (com a ajuda da inteligência artificial), viabilizando o acordo antes mesmo da citação. A iniciativa é interessante, pois, de um lado, incentiva a rápida resolução dos conflitos, desonerando as partes, e, de outro, racionaliza a própria entrega da prestação jurisdicional, evitando que mais uma demanda inunde o Poder Judiciário. Pensamos, porém, que essa isenção das custas finais deveria ser aplicada até o momento de apresentação da contestação pelo réu, ampliando a utilidade do prêmio e maximizando as oportunidades". MAZZOLA, Marcelo; PINHO, Humberto Dalla Bernardina de. *Manual de Mediação e Arbitragem*. São Paulo: Saraiva, 2019, p. 160-161.

126. LUCON, Paulo Henrique dos Santos. Inteligência artificial e o futuro do processo. In: BIANCHI, José Flávio; PINHEIRO, Rodrigo Gomes de Mendonça; ARRUDA ALVIM, Teresa (Coords.). *Jurisdição e Direito Privado* – Estudos em homenagem aos 20 anos da Ministra Nancy Andrighi do STJ. São Paulo: Revista dos Tribunais, 2020, p. 568-571.

127. "O contato entre partes, promovido pela IA (inteligência artificial), pode ocorrer durante o curso do processo judicial, como também de modo preventivo à própria ação judicial, ou mesmo posteriormente à propositura da demanda, mas antes da citação da parte ré. Isso porque alguns sistemas são desenvolvidos para captar, nos sites de um dado tribunal, processos distribuídos contra a empresa contratante. Nesse sentido, já não há necessidade nem sequer de adotar um sistema de publicações, pois a IA o faz de forma integrada". NUNES, Dierle; RUBINGER, Paula Caetano; MARQUES, Ana Luiza. *Os perigos do uso da inteligência artificial na advocacia*. Disponível em https://www.conjur.com.br/2018-jul-09/opiniao-perigos-uso-inteligencia-artificial-advocacia. Acesso em: 30.11.2019.

128. No CPC/15, não existem normas contemplando prêmios dessa natureza (acréscimos financeiros), mas nada impede que venham a existir no futuro. A propósito, vale citar o art. 246, § 2º, da Lei das Sociedades Anônimas, que dispõe que "a sociedade controladora, se condenada, além de reparar o dano e arcar com as custas, pagará honorários de advogado de 20% (vinte por cento) e prêmio de 5% (cinco por cento) ao autor da ação, calculados sobre o valor da indenização". De acordo com José Rogério Cruz e Tucci, "o prêmio, além de se consubstanciar num objetivo legítimo daquele que toma a iniciativa de demandar, no lugar da companhia", é importante instrumento de con-

uma sanção premial financeira, o que pode decorrer da lei, de convenções processuais (tema do próximo capítulo) e de comandos judiciais (o que será abordado no capítulo 6).

Por outro lado, quando o prêmio não tem qualquer viés financeiro, consistindo, por exemplo, a) no aumento de prazo para o cumprimento de determinada obrigação de fazer, não fazer e entregar coisa; b) na possibilidade de exclusão de determinado bem da execução; e c) na exclusão de determinada medida executiva, entre outros, o que pode ser ajustado em convenções processuais ou mesmo estipulado judicialmente (os exemplos serão fornecidos nos capítulos 5 e 6, respectivamente), a hipótese é de uma sanção premial não financeira.

4.4 SUGESTÕES DE *LEGE LATA* (*NUDGES* PROCESSUAIS) PARA A MAXIMIZAÇÃO DAS SANÇÕES PREMIAIS E DE *LEGE FERENDA* PARA A IMPLEMENTAÇÃO DE NOVOS PRÊMIOS

Neste tópico, demonstrar-se-á como a utilização das sanções premiais pode ser potencializada no cenário atual, investigando-se, ainda, a possibilidade de criação de novos prêmios capazes de contribuir para a racionalização da prestação jurisdicional.

4.4.1 Sugestões de *lege lata*

Não é improvável que alguns benefícios contemplados no CPC/15 – ou mesmo em leis especiais – sejam subutilizados em razão do desconhecimento das respectivas normas premiais.

De *lege lata*, é possível pensar, então, em medidas simples, de natureza indutiva, para incrementar a utilização das sanções premiais.

Por exemplo, no corpo do mandado de citação, em vez de constar apenas as penalidades e as consequências negativas (caso o réu não compareça à audiência do art. 334 do CPC/15; não conteste a ação, não pague o valor

---

trole da estabilidade e do funcionamento do mercado de capitais (mediante adequada responsabilização do controlador pela quebra de seus deveres). CRUZ E TUCCI, José Rogério. *Questões sobre o rateio do prêmio destinado ao acionista minoritário*. Disponível em https://www.conjur.com.br/2019-jun-25/paradoxo-corte-rateio-premio-destinado--acionista-minoritario. Acesso em: 18.12.2019. No mesmo sentido EIZIRIK, Nelson. *A lei das S/A comentada*. v. III. São Paulo: Quartier Latin, 2011, p. 370; ADAMEK, Marcelo Vieira von. *Responsabilidade dos Administradores de S/A e as Ações Correlatas*. São Paulo: Saraiva, 2010, p. 410; LUCENA, José Waldecy. *Das sociedades anônimas*: Comentários à lei. v. III. Rio de Janeiro: Renovar, 2012, p. 745.

devido etc.), o que ocorre com alguma frequência[129], podem ser indicadas também as consequências jurídicas positivas previstas em normas premiais (vide, a propósito, os arts. 90, §§ 3º e 4º, 827, § 1º, e 916 do CPC)[130].

Eventualmente, a parte que recebe o mandado pode se interessar pelas vantagens (análise de custo-benefício, o que, de certo modo, confirma a interface entre Análise Econômica do Direito e sanções premiais), consultando seu advogado, se for o caso. Em reforço, poder-se-ia pensar em técnicas de *visual law* inseridas no respectivo mandado, capazes de facilitar o entendimento do devedor acerca de suas opções, vantagens e desvantagens em adotar (ou não) determinado comportamento.

Da mesma forma, com o avanço da tecnologia, é possível pensar em instrumentos capazes de maximizar a utilização das sanções premiais.

No caso do processo de execução (em que há previsão expressa de redução dos honorários pela metade, se o débito for pago no prazo 3 dias) e da ação monitória (que prevê a isenção das custas processuais, se o réu cumprir a obrigação no prazo de 15 dias), os respectivos mandados e/ou

---

129. Veja-se o seguinte despacho inicial com cunho eminentemente negativo: "Presentes os requisitos essenciais da inicial e não se tratando de hipótese de improcedência liminar do pedido, tampouco caso que desautorize a autocomposição, designo audiência de conciliação para o dia 05/12/2018 às 15:00h, na forma do artigo 334 do NCPC. Cite-se e cientifique-se a parte ré. A parte autora fica intimada na pessoa de seu advogado (art. 334, §3º, NCPC). Não havendo composição, o PRAZO PARA OFERTAR CONTESTAÇÃO será de 15 (quinze) dias (art. 335, NCPC), com início contado a partir da audiência ou, se for o caso, da última sessão de conciliação (art. 335, I, NCPC). *Não ofertada Contestação, a parte ré será considerada REVEL e presumir-se-ão verdadeiras as alegações de fato afirmadas pela parte autora (art. 344, NCPC).* Tanto a parte autora como a parte ré ficam *ADVERTIDAS de que o comparecimento pessoal à audiência é OBRIGATÓRIO e, no caso de não comparecimento injustificado, serão penalizadas com MULTA*, pois configurada hipótese de ato atentatório à dignidade da justiça (art. 334, §8º, NCPC). *Este Juízo ALERTA, ainda, que esta multa é devida AINDA QUE a parte seja beneficiária da gratuidade de justiça.* Em caso de não ser obtida a conciliação, fica ciente a parte ré de que, deverá oferecer contestação, no prazo de 15 (quinze) dias úteis, contados da data da audiência de conciliação (artigo 335, I, NCPC), sob pena de revelia (artigo 344, NCPC)". Processo 0186591-38.2018.8.19.0001, 18ª Vara Cível da Comarca da Capital do Estado do Rio de Janeiro, despacho proferido em 30.10.2018.

130. No mesmo sentido: "Todo o mandado executivo deve expressamente constar as previsões indutivas, devendo o magistrado estar atento para determinar que assim fiquem plasmadas nas ordens de comunicação". MAZZEI, Rodrigo; ROSADO, Marcelo da Tocha. A cláusula geral de efetivação e as medidas indutivas no CPC/15. In: DIDIER JR., Fredie (Coord. geral); TALAMINI, Eduardo; MINAMI, Marcos (Coords.). *Medidas Executivas Atípicas* – Coleção Grandes temas do Novo CPC. Salvador: Juspodivm, 2018, p. 517.

o próprio sistema judicial já poderiam apontar o valor a ser economizado, atraindo o interesse do devedor[131]. Também poderia ser disponibilizada uma estimativa da evolução dos juros em caso de não pagamento (em um horizonte de doze meses, por exemplo), para reforçar as vantagens do adimplemento antecipado.[132]

Técnicas dessa natureza configuram os chamados *nudges* processuais[133], que também podem funcionar como lembretes de advertência, de simplificação procedimental, entre outras finalidades[134].

---

131. Vale lembrar que, em algumas interfaces de processo eletrônico, o sistema já prevê a fixação do termo final do prazo, o que, na prática, funciona como um *nudge*. O art. 197 do CPC prevê a presunção de veracidade dessas informações. Mesmo sob a égide do código anterior, o Superior Tribunal de Justiça já havia se manifestado sobre o tema (REsp 1.186.276/RS, Rel. Min. Massami Uyeda, Terceira Turma, DJe 03/02/2011; REsp 960.280/RS, Rel. Min. Paulo De Tarso Sanseverino, Terceira Turma, DJe 14/06/2011). Ou seja, o mesmo poderia ser feito em relação aos apontamentos dos valores passíveis de serem economizados.

132. Em sentido semelhante: "A controvérsia sobre critérios de cálculo, a exemplo de matérias que tratam de índice de correção monetária aplicável, início da incidência de juros de mora, possibilidade de capitalização de juros em determinada modalidade de cobrança, entre outros, poderia ser solucionada via algoritmos para ofertar a memória de cálculo ao credor, mediante a informação sobre a proveniência da obrigação e/ou características da condenação. Ademais, por meio dessa ferramenta seria possível implantar a extração de gráficos e relatórios do acompanhamento da dívida, discriminando o valor atualizado da condenação e de cada um dos encargos judiciais e moratórios, para fornecer demonstrativo visual da evolução do débito e os impactos reais da inadimplência ao longo do tempo, o que atuaria, por conseguinte, sobre o fator temporal, o fator digital e o fator informacional no comportamento dos sujeitos processuais". NUNES, Dierle; ALMEIDA, Catharina. Medidas indutivas em sentido amplo do art. 139, IV do CPC: o potencial do uso de nudges nos módulos processuais executivos para satisfação de obrigações por quantia certa. Texto inédito cedido pelos autores (no prelo).

133. É possível, também, que o *nudge* esteja atrelado à ideia de referência e reconhecimento social. Pesquisas indicando os valores economizados pelos litigantes habituais em programas de conciliação/mediação podem funcionar como estímulo para empresas concorrentes, trazendo, ainda, benefícios para a atividade jurisdicional. Da mesma forma, prêmios de boas práticas chancelados pelo Conselho Nacional de Justiça podem induzir a comportamentos socialmente desejados (ex: Prêmio Innovare. Para detalhes da edição de 2020, vide https://www.cnj.jus.br/premio-innovare-chega-a-17a-edicao/. Acesso em: 20.09.2020).

134. Para um apanhado geral sobre a importância dos *nudges* na execução por quantia certa, ver NUNES, Dierle; ALMEIDA, Catharina. Medidas indutivas em sentido amplo do art. 139, IV do CPC: o potencial do uso de nudges nos módulos processuais executivos para satisfação de obrigações por quantia certa. Texto inédito cedido pelos autores (no prelo).

Em termos simples, o *nudge*[135] é um "cutucão" ou um "empurrão", que tem como objetivo estimular "um determinado comportamento, sem, contudo, restringir a liberdade de decisão desta"[136].

Como explica Rafael Sirangelo de Abreu, um *nudge* é todo aspecto da arquitetura de escolha que "altera o comportamento dos agentes de maneira previsível, sem retirar do agente nenhuma opção ou alterar significativamente os incentivos econômicos ligados à tomada de decisão"[137].

Trata-se de um indutor de comportamentos[138]. Ou seja, não é uma ordem imperativa[139], mas sim um facilitador para a tomada de decisão em

---

135. THALER, Richard H. The power of nudges, for good and bad. *The New York Times,* 2015. Disponível em https://www.nytimes.com/2015/11/01/upshot/the-power-of-nudges-for-good-and-bad.html. Acesso em: 20.02.2020; SUNSTEIN, Cass R. *Do people like nudges?* Disponível em https://dash.harvard.edu/handle/1/16147874. Acesso em: 07.08.2019; THALER, Richard; SUNSTEIN, Cass. *Nudge*: improving decisions about health, wealth, and happiness (2008). New York: Penguin Books, 2009, p. 6. No mesmo sentido: "*To nudge is 'to push mildly or poke gently in the ribs, especially with the elbow'*". THALER, Richard; SUNSTEIN, Cass. Nudge: improving decisions about health, wealth, and happiness (2008). New York: Penguin Books, 2009, p. 4.

136. SCALEA, José Augusto; TABAK, Benjamin Miranda. Direito de propriedade intelectual: formas de proteção, seu impacto no desenvolvimento econômico e propostas para sua melhoria. *Revista de Direito Econômico e Socioambiental*, Curitiba, v. 7, n. 2, p. 154- 174, jul./dez. 2016. Disponível em https://periodicos.pucpr.br/index.php/direitoeconomico/article/view/5837. Acesso em: 20.12.2019. De acordo com os doutrinadores, "a proposta de um *nudge* pode ser concebida de forma privada a fim de se ter alcance individual e/ou coletivo ou, ainda, por meio de ações governamentais ou políticas públicas para se estimular condutas positivas ou negativas, da sociedade ou de um determinado segmento social específico ou mais genérico".

137. ABREU, Rafael Sirangelo Belmonte de. *O processo civil entre o jurídico e o econômico*: o Caráter Institucional e Estratégico do Fenômeno Processual. Tese apresentada ao Programa de Pós-Graduação em Direito da Faculdade de Direito da Universidade Federal do Rio Grande do Sul como requisito parcial para obtenção do título de Doutor em Direito, Porto Alegre, 2018, p. 165 e seguintes.

138. "*A nudge is some small feature in the environment that attracts our attention and influences behavior. (...). Nudges are supposedly irrelevant factors that influence our choices in ways that make us better off*". THALER, Richard. Misbehaving. *The making of Behavioral Economics*. New York: Nortn & Company, 2016, p. 326. Ver também THALER, Richard H. et al. Governments are trying to nudge us into better behavior: is it working? *The Washington Post,* 2017. Disponível em https://www.washingtonpost.com/news/wonk/wp/2017/08/11/governments-are-trying-to-nudge-us-into-better-behavior-is-it-working/. Acesso em: 20.02.2020.

139. "*As opposed to traditional paternalist tools such as mandates, bans, taxes, and subsidies, which affect the material availability or price of choices, nudges are changes to the choice environment (or choice architecture) around options, using the same cognitive biases and*

determinado sentido, sendo que o comportamento desejado não pode ser obrigatório[140].

Afirma-se que os *nudges* devem ser visíveis ou verificáveis pelos sujeitos, "sob pena de a técnica perder seu efeito"[141], embora nem sempre essa indução seja tão clara (o que é "verificável" para uma pessoa pode não ser para a outra).

Na área pública, por exemplo, os *nudges* são utilizados com frequência.

Apenas a título de curiosidade, vale registrar que, em São Paulo, para tentar minimizar a evasão escolar, as escolas públicas estaduais passaram a enviar lembretes via SMS aos pais lembrando-os da frequência escolar.[142]

No Reino Unido, para estimular o pagamento dos impostos, as pessoas recebem uma carta informando que a maioria dos contribuintes está pagando seus impostos pontualmente; já em Cingapura, foram criados slogans para melhorar o meio ambiente; e no Qatar, para aumentar o controle de diabetes, um centro médico ofereceu testes durante o Ramadã (quando as pessoas já estavam em jejum e, portanto, não teriam o incômodo de ficar sem comer para realizar os testes).[143]

---

dysfunctions that motivate them to steer people toward choices that better serve their interests". WHITE, Mark. Overview of Behavioral Economics and Policy. In: ABDUKADIROV, Sherzod. *Nudge Theory in Action: Behavioral Design in Policy and Markets*. New York: Palgrave Macmillan, 2016, p. 21.

140. "*Nudges are specifically designed to preserve both agency and control. While nudges steer people in particular directions, they permit you to go your own way. You can ignore them if you like. A reminder is a nudge; so is a warning. A GPS device nudges; a default rule nudges*". SUNSTEIN, Cass. *Human Agency and Behavioral Economics*: Nudging Fast and Slow. New York: Palgrave Macmillan, 2017, p. 1.

141. ABREU, Rafael Sirangelo Belmonte de. *O processo civil entre o jurídico e o econômico*: o Caráter Institucional e Estratégico do Fenômeno Processual. Tese apresentada ao Programa de Pós-Graduação em Direito da Faculdade de Direito da Universidade Federal do Rio Grande do Sul como requisito parcial para obtenção do título de Doutor em Direito, Porto Alegre, 2018, p. 167-168.

142. FRAGA, Érica; PINTO, Ana Estela de Sousa. Escolas públicas de São Paulo usam teorias de Nobel para reduzir evasão. *Folha de São Paulo*. Disponível em https://www1.folha.uol.com.br/mercado/2017/10/1927050-escolas-publicas-de-sao-paulo-usam-teorias-de-nobel-para-reduzir-evasao.shtml. Acesso em: 22.02.2020.

143. Os exemplos foram extraídos de KEATING, Sarah. The nation that thrived by nudging its population. *BBC*, 2018. Disponível em https://www.bbc.com/future/article/20180220-the-nation-that-thrived-by-nudging-its-population. Acesso em: 20.02.2020.

Especificamente no plano processual, as próprias partes[144] podem desempenhar essa função indutora. É o que acontece quando indicam em suas petições/manifestações os benefícios legais, estimulando seu adversário a adotar determinado comportamento, prestigiando-se, de certa forma, a cooperação preconizada no art. 6º do CPC.

No mesmo sentido, o juiz pode perfeitamente desempenhar esse papel indutivo. Como visto, ele pode indicar normas premiais nos mandados de citação, bem apontar as vantagens – por intermédio de avisos no sistema processual e nas comunicações processuais –, do adimplemento antecipado ou da prática de determinado ato.

Ademais, considerando que compete ao juiz, sempre que possível, estimular a autocomposição (art. 3º, §§ 2º e 3º c/c art. 139, V, do CPC), ele pode sugerir bases para eventual acordo das partes. Por exemplo, no início da fase de cumprimento de sentença, ele pode intimar o credor para informar se aceita a sistemática de parcelamento do art. 916 do CPC, ainda que com ajustes. Se o autor e réu concordarem, a iniciativa judicial pode materializar benefícios recíprocos (o exemplo concreto será detalhado no item 5.3.2.2).

Além disso, em algumas situações, o próprio juiz pode estipular prêmios para estimular comportamentos (sanções premias atípicas). Como será detalhado no capítulo 6, as medidas indutivas do art. 139, IV, do CPC abrangem

144. "No processo civil, a estruturação das normas processuais utiliza-se de consequências normalmente negativas em caso de não desempenho das condutas esperadas. Isso pode se dar por meio de deveres (caso em que se retira dos sujeitos a liberdade de ação) ou por meio de outras formatações, como o ônus (caso em que não se retira dos sujeitos a liberdade de ação). (...) O processo, como terreno de incerteza, privilegia as posições de liberdade de ação estruturando incentivos para além da cominação de consequências para o agir contrário ao direito (descumprimento de deveres). Essa preponderância permite que se conceba o processo como um sistema de incentivos, na medida em que, mesmo diante de problemas de informação e racionalidade, justamente em função da estrutura conflitual típica do processo judicial, faz-se necessário que o processo estimule comportamentos distintos daqueles que seriam *a priori* desempenhados pelos sujeitos parciais. O direito processual, assim, cumpre uma *função de estímulo* muito clara: motivar os sujeitos parciais a agirem (a despeito de sua predisposição ou não) de maneira convergente à finalidade de dar tutela aos direitos". ABREU, Rafael Sirangelo Belmonte de. O processo civil entre o jurídico e o econômico: o Caráter Institucional e Estratégico do Fenômeno Processual. Tese apresentada ao Programa de Pós-Graduação em Direito da Faculdade de Direito da Universidade Federal do Rio Grande do Sul como requisito parcial para obtenção do título de Doutor em Direito, Porto Alegre, 2018, p. 202-204.

tanto os *nudges* processuais (que "não dependem de um comando judicial vinculado a uma sanção"[145]) como as sanções premiais atípicas.

4.4.2 Sugestões de *lege ferenda*

Também é possível pensar na criação de novos prêmios[146].

Nesse particular, afigura-se factível a implantação de um sistema de reembolso de custas – ou, ao menos, de sua redução proporcional –, na hipótese de acordo, assim como já ocorre em Portugal, Espanha, Suíça, Alemanha, Taiwan e China (item 2.2). Quanto mais cedo a transação judicial for alcançada, maior será o percentual de reembolso. Tais benefícios podem ser relevantes e fomentar a autocomposição.

Também vale investir em benefícios econômicos para quem suporta despesas com mediação extrajudicial, *dispute boards* etc., antes da judicialização. Assim como ocorre no ordenamento jurídico italiano, parte dos valores gastos poderia ser deduzida do imposto de renda ou mesmo do montante das custas judiciais iniciais, em caso de litígio.[147]

Em termos práticos, sugere-se a inclusão de um dispositivo no CPC/15 prevendo o reembolso de parte do valor das custas iniciais para aquele que comprovar eventuais despesas com mediação extrajudicial prévia ou outro método autocompositivo (sobre o mesmo conflito).[148]

---

145. NUNES, Dierle; ALMEIDA, Catharina. Medidas indutivas em sentido amplo do art. 139, IV do CPC: o potencial do uso de nudges nos módulos processuais executivos para satisfação de obrigações por quantia certa. Texto inédito cedido pelos autores (no prelo).

146. Já se abordou no item 4.2.2 a possibilidade de se adotar a lógica da ação monitória (isenção das custas e redução de honorários advocatícios) para a estabilização da tutela antecipada, de modo a estimular o réu a não interpor recurso.

147. Marcelo Machado Pacheco, ao comentar a Lei nº 13.867/19 (que altera o Decreto-Lei nº 3.365/41 para permitir a utilização de mediação/arbitragem para definição do valor de indenização em desapropriações por utilidade pública), questiona a falta de "incentivos econômicos" para estimular tais práticas de desjudicialização. MACHADO, Marcelo Pacheco. Desapropriação em descompasso com o CPC/15: precisamos de uma nova lei. Disponível em https://m.migalhas.com.br/coluna/tendencias-do-processo-civil/320558/desapropriacao-em-descompasso-com-o-cpc-15-precisamos-de-uma-nova-lei. Acesso em: 18.02.2020.

148. A Lei nº 9.507/21 (que dispõe sobre as custas judiciais e a taxa judiciária no âmbito do Estado do Rio de Janeiro) traz alguns exemplos de sanções premiais, prevendo, por exemplo, a redução da taxa judiciária para a parte que "comprovar documentalmente ter se valido, previamente ao ajuizamento da demanda, para tentativa de composição, do Centro Judiciário de Solução Consensual de Conflitos e Cidadania ou de plataformas

No mesmo compasso, poderia ser estabelecido um prêmio de até 5% (cinco por cento) de honorários advocatícios – superando, eventualmente, o limite legal hoje existente – sobre o valor da condenação, do proveito econômico ou do valor da causa *em favor do causídico da parte vencedora* que tentou, comprovadamente, resolver o conflito administrativamente, seja por meio de plataformas online, seja por intermédio de métodos adequados de resolução de conflitos[149], não tendo sido isso possível (pela desídia da parte contrária ou mesmo pelo valor da proposta).

Tal benefício induziria o advogado a fomentar a autocomposição antes da judicialização, com a certeza de que, em caso de insucesso na negociação, ainda poderia fazer jus a um percentual adicional a título de honorários, na hipótese de vitória.

Lógica semelhante poderia ser aplicada à parte lesada que, comprovadamente, buscou algum método adequado de resolução de conflito antes da judicialização (por exemplo, um prêmio de 5% sobre o valor da indenização), sem, contudo, alcançar a autocomposição, em razão da desídia da parte contrária ou do valor da proposta. Registre-se que a fixação de prêmios sobre

---

de resolução de conflitos oficialmente reconhecidas pelo Tribunal de Justiça do Estado do Rio de Janeiro" (art. 118). Vide também art. 130.

149. Há quem defenda a criação de um prêmio tendo como norte o "comportamento probo" das partes, aplicando-se por analogia dispositivo da Lei das Sociedades Anônimas. Não concordamos com a ideia, uma vez que o comportamento probo deve ser a regra, e não a exceção, mas vale o registro: "A título de exemplo, a Lei das Sociedades Anônimas, no art. 246 § 2º, prevê uma sanção processual premial pecuniária para o acionista que tomou a iniciativa de promover demanda indenizatória em relação à controladora. Trata-se de um prêmio de 5% (cinco) por cento, calculado sobre o valor da indenização em favor do autor da demanda. A razão de ser deste prêmio está no fato de que os sócios minoritários não serão beneficiados com a demanda. Esse mesmo prêmio pode ser aplicado ao exequente ou ao executado que demonstrarem comportamento probo durante a execução. Se o exequente cumprir os deveres processuais de lealdade e boa-fé e o juiz entender que ele merece ser agraciado com tal prêmio, o réu deverá pagar tal quantia ao credor. Assim, as condutas probas estarão sendo encorajadas. Da mesma forma, se o executado se comportar adequadamente, o percentual será descontado do valor principal da dívida, como prêmio. Se ambos se comportarem adequadamente, considerando que o exequente se viu obrigado a propor a demanda executiva, será ele agraciado com metade do percentual". LIGERO, Gilberto Notário. *Sanções Processuais por Improbidade na Execução Civil.* Tese apresentada à Banca Examinadora da Pontifícia Universidade Católica de São Paulo, como exigência parcial para obtenção do título de Doutor em Direito. Pontifícia Universidade Católica de São Paulo, 2014, p. 197-199.

o valor da condenação não é algo inédito no ordenamento jurídico – vide, por exemplo, o art. 246, § 2º, da Lei das Sociedades Anônimas[150-151].

Por fim, poder-se-ia pensar na criação de dispositivo[152] premiando expressamente a parte que oferece, até a decisão de saneamento e organização do processo, proposta de acordo que, ao final, se revele mais vantajosa do que a condenação fixada em favor do vencedor (algo semelhante às previsões das leis norte-americanas e inglesas[153], mas prestigiando-se essencialmente o aspecto positivo da norma e não apenas o negativo).[154-155]

---

150. Art. 246, § 2º, da Lei nº 6.404/76 - A sociedade controladora, se condenada, além de reparar o dano e arcar com as custas, pagará honorários de advogado de 20% (vinte por cento) e prêmio de 5% (cinco por cento) ao autor da ação, calculados sobre o valor da indenização.

151. Em sentido semelhante, mas com ênfase no aspecto punitivo e não premiativo, ver GAJADORNI, Fernando. Levando o dever de estimular a autocomposição a sério: uma proposta de releitura do princípio do acesso à justiça à luz do CPC/15. *Revista Eletrônica de Direito Processual - REDP*, ano 14, v. 21, nº 2, maio/ago./2020, p. 110: "Embora não haja previsão legal expressa no Brasil a respeito do tema – como há na Inglaterra (CPRs, Part 36 – *offers to settle17*) –, razoável sustentar que, também aqui, o comportamento das partes a bem da solução autocompositiva do conflito seja considerado pelo juiz no momento de decidir, algo a ser feito pela aplicação de medidas sancionatórias próprias do sistema (artigos 77, 80 e 81 do CPC), pela elevação/diminuição de valores indenizatórios reclamados (especialmente relacionados a danos morais) e até na consideração do percentual de sucumbência a ser fixado com base no art. 85 do CPC (considerando o maior/menor trabalho do advogado da parte)".

152. De forma instigante, Eduardo José da Fonseca Costa faz a seguinte provocação: "Não deveria a academia ser a fonte de inspiração ao Poder Legislativo para que este pudesse experimentar *shapes* jurídicos-normativos mais imaginativos? Talvez essa deva ser a ocupação específica de um doutorando, relegando-se aos mestrandos a abordagem inédita, aos especializandos a análise crítica e aos graduandos a tímida descrição". COSTA, Eduardo José da Fonseca. *Levando a imparcialidade a sério* – proposta de um modelo interseccional entre direito processual, economia e psicologia. Salvador: Juspodivm, 2018, p. 42.

153. "Aquele que se recusa a participar da tentativa de conciliação e recusa uma proposta de acordo mais vantajosa do que se a sentença final do juiz deve, sim, ter a sua conduta avaliada ao final do processo para se determinar se agiu de má-fé e estava apenas querendo ganhar mais tempo e adiar o fim do processo ao ser refratário da conciliação. A experiência inglesa, já mencionada acima, é importante para inibir que pessoas mal-intencionadas se utilizem do Poder Judiciário para adiar maliciosamente o cumprimento de suas obrigações e as consequências dos seus mal feitos". SOUZA, Andre Pagani de. A importância do princípio da cooperação para construção da transação na conciliação judicial: uma leitura do Direito Português e do Direito Brasileiro (parte III). *Revista de Processo*. São Paulo: Revista dos Tribunais, nº 295, out./2019, p. 57.

154. "Reconhecendo a importância dos fatores econômicos, alguns sistemas judiciais criaram incentivos para a conciliação extrajudicial. O mais conhecido desses mecanismos é o chamado 'sistema de pagar o julgamento', usado prevalentemente na Inglaterra, mas também na Austrália e no Canadá. A ideia básica é a de apenar o autor que não aceite

Dentro dessa ideia, suponha-se, por exemplo, que um plano de saúde ofereça dez mil reais a título de danos materiais para encerrar o processo e o autor recuse a proposta. Porém, ao final, esta oferta (valor histórico) vem a se revelar mais vantajosa ao autor do que o valor fixado pelo juiz (imagine-se que a sentença estipule a indenização em seis mil reais).

Nessa hipótese ilustrativa, parece correto afirmar que, a partir da recusa à proposta de acordo, o autor deu causa ao prosseguimento do processo. Desse modo, em função de uma causalidade superveniente e diante da previsão legal, o réu ficaria isento do pagamento das custas processuais a partir daquele marco temporal.

A possibilidade de isenção das custas processuais, mesmo em caso de derrota na ação, teria o condão de estimular a parte[156] a oferecer a melhor proposta possível.

---

uma proposta de conciliação oferecida à corte pela outra parte, quando, após o julgamento, se comprove ter sido razoável essa proposta. A penalidade é o pagamento pelo autor dos custos de ambas as partes". CAPPELLETTI, Mauro; GARTH, Bryant. *Acesso à Justiça*. Trad. Ellen Gracie Northfleet. Porto Alegre: Sergio Antonio Fabris Editor, 1988, p. 87-89.

155. Sobre os arts. 68 da *Federal Rules of Civil Procedure* e 36 da *Civil Procedure Rules*, Rafael Sirangelo de Abreu destaca que "esse tipo de formatação consiste em procedimento de autocomposição mediante o qual a proposta formal feita por uma das partes funciona como critério para medir a sucumbência diante de eventual recusa da parte em acordar e necessidade de decisão pelo juiz. Nessa medida, se a parte recusa a proposta de acordo, ela está submetida ao pagamento à contraparte dos custos processuais, mesmo que saia vencedora, na medida em que a vitória seja menor do que a proposta de acordo rejeitada. A responsabilidade pelos custos pode ser total ou parcial, ou envolver inclusive multa, a depender do caso". ABREU, Rafael Sirangelo Belmonte de. *O processo civil entre o jurídico e o econômico*: o Caráter Institucional e Estratégico do Fenômeno Processual. Tese apresentada ao Programa de Pós-Graduação em Direito da Faculdade de Direito da Universidade Federal do Rio Grande do Sul como requisito parcial para obtenção do título de Doutor em Direito, Porto Alegre, 2018, p. 156-157. Versão comercial da tese (ABREU, Rafael Sirangelo de. *Incentivos processuais*: Economia Comportamental e nudges no processo civil. São Paulo: Revista dos Tribunais, 2020).

156. "Como as pessoas respondem a incentivos, as opções processuais podem e devem levar em consideração os incentivos possíveis e as suas consequências prováveis quando da opção por incentivar (e como) as soluções consensuais, por coibir a chicana, por estimular o comparecimento às audiências e o esclarecimento dos fatos, por restringir ou ampliar impenhorabilidades ou o sistema de gratuidade de justiça". RAMOS, Carlos Henrique. O novo CPC, Mediação e a Administração Pública. In: PINHO, Humberto Dalla Bernardina de; RODRIGUES, Roberto de Aragão Ribeiro. *Mediação e Arbitragem na Administração Pública*. Curitiba: CRV, 2018, p. 58-59.

Capítulo 5

SANÇÕES PREMIAIS E CONVENÇÕES PROCESSUAIS: ESTIPULAÇÃO CONVENCIONAL

O CPC/15 adota um modelo cooperativo de processo, valorizando a autonomia da vontade[1] e a maior participação dos sujeitos processuais[2], o que contribui para a formatação de convenções processuais[3].

---

1. Afirma-se que a consagração do princípio da cooperação relaciona-se com o fenômeno da valorização da autonomia da vontade no processo. CUNHA, Leonardo Carneiro da. O Impacto do Novo Código de Processo Civil nos Juizados Especiais Cíveis. In: CIANCI, Mirna; DELFINO, Lucio; DANTAS, Bruno; DIDIER JR., Fredie; CUNHA, Leonardo Carneiro da; CAMARGO, Luiz Henrique Volpe; REDONDO, Bruno Garcia (Coords.) *Novo Código de Processo Civil* – impactos na legislação extravagante e interdisciplinar. v. 2. São Paulo: Saraiva, 2016, p. 132.
2. Na visão de Gisele Mazzoni Welsch, "a nova legislação processual procura imprimir caráter democrático ao processo civil, por meio de institutos, técnicas e premissas tendentes a investir o Poder Judiciário de legitimidade democrática". WELSCH, Gisele Mazzoni. Aspectos relevantes e critérios necessários na formação de precedentes vinculantes nas demandas repetitivas. In: LUCON, Paulo Henrique dos Santos; APRIGLIANO, Ricardo de Carvalho; SILVA, João Paulo Hecker da; VASCONCELOS, Ronaldo; ORTHMANN, André (Coords.). *Processo em Jornadas.* XI Jornadas Brasileiras de Direito Processual. XXV Jornadas Ibero-Americanas de Direito Processual. Salvador: Juspodivm, 2016, p. 361. No mesmo sentido o posicionamento de Aluisio Mendes e Larissa Pochamnn: "O novo CPC parece ter priorizado valores relacionados à democratização do processo (...). O texto possui um viés muito forte de democratização do processo, de ampliação do debate e de participação". MENDES, Aluisio Gonçalves de Castro; SILVA, Larissa Clare Pochmann da. Os impactos do novo CPC na razoável duração do processo. In: MACÊDO, Lucas Buril; PEIXOTO, Ravi; FREIRE, Alexandre (Orgs.). *Coleção novo CPC.* v. 6. Salvador: Juspodivm, 2015, p. 445.
3. Utilizaremos o termo "convenção processual" em vez de negócio jurídico processual, embora ambos sejam comumente utilizados pela doutrina e não exista atualmente a "menor utilidade em diferenciar todos estes termos porque a nomenclatura raramente interfere nos efeitos de cada categoria, tampouco em seus pressupostos, validade, eficácia". CABRAL, Antonio do Passo. *Convenções Processuais*. Salvador: Juspodivm, 2018, p. 52. Defendendo, porém, a maior amplitude e tecnicismo da expressão convenção processual, ver BARBOSA MOREIRA, José Carlos. Convenções das partes sobre matéria processual. In: BARBOSA MOREIRA, José Carlos. *Temas de Direito Processual*: terceira série. São Paulo: Saraiva, 1984, p. 89. Na doutrina, a expressão é

Afirma-se que as convenções processuais são a mais perfeita expressão do modelo cooperativo de processo[4] e que, "sem cooperação, não há negócio processual, e, sem este, o que resta é um processo abstrato e estático"[5].

Na mesma linha, Loïc Cadiet[6] assinala que a contratualização contemporânea do processo civil revela a emergência de uma concepção cooperativa

---

largamente utilizada: CABRAL, Antonio do Passo. *Convenções Processuais*. Salvador: Juspodivm, 2018; CABRAL, Trícia Navarro Xavier. Convenções processuais sobre a mediação e o mediador. In: DIDIER JR., Fredie (Coord. geral); CABRAL, Antonio do Passo; NOGUEIRA, Pedro Henrique (Coords.) *Negócios Processuais*. Coleção Grandes Temas do CPC. t. 2. Salvador: Juspodivm, 2020; RAVAGNANI, Giovani dos Santos. *Provas Negociadas* - Convenções Processuais Probatórias no Processo Civil. São Paulo: Revista dos Tribunais, 2020. Cabe apenas ressalvar que as convenções processuais não abarcam "os negócios jurídicos unilaterais, como ocorre com a desistência e renúncia ao processo" (FLUMIGNAN, Silvano José Gomes. Os negócios jurídicos processuais e a Fazenda Pública. *Revista de Processo*. São Paulo: Revista dos Tribunais, nº 280, jun./2018, p. 358). De fato, nem todo negócio jurídico processual é uma convenção processual, mas toda convenção processual é um negócio jurídico processual. Tal ressalva, porém, não tem relevância para o estudo das convenções processuais que contemplam sanções premiais, já que estas pressupõem uma união de vontades. Registre-se, por fim, que, em recentes alterações legislativas, o legislador adotou a expressão negócios jurídicos processuais (vide, por exemplo, o art. 13 da Lei da Liberdade Econômica, que incluiu o § 13 ao art. 19 da Lei nº 10.522/02; e o art. 14 da Lei nº 13.964/19, que incluiu o art. 3º-A na Lei nº 12.850/13. Vide também o art. 2º, §6º, da Resolução nº 385/21 (que dispõe sobre a criação dos Núcleos de Justiça 4.0), bem como os Projetos de Lei nºs 4.441/20 (especialmente o art. 41) e 4.778/20 (art. 13), que propõem mudanças para as ações coletivas e utilizam a referida expressão. Disponíveis em prop_mostrarintegra;jsessionid=node01qi61id1ihxtm2twdxwnd2hiq2825799.node0 (camara.leg.br) e Projeto de Lei (camara.leg.br). Acesso em: 20.01.2021.

4. DIDIER JR., Fredie. Os três modelos de direito processual civil: inquisitivo, dispositivo e cooperativo. *Revista de Processo*. São Paulo: Revista dos Tribunais, v. 198, ago./2011, p. 213-220.
5. Müller, Julio Guilherme. *A produção desjudicializada da prova oral através de negócio processual*: análise jurídica e econômica. Tese apresentada à Banca Examinadora da Pontifícia Universidade Católica de São Paulo, como exigência parcial para obtenção do título de Doutor em Direito, São Paulo, 2017, p. 60. Versão comercial da tese (Müller, Julio Guilherme. *Negócios Processuais e Desjudicialização da Produção da Prova* – Análise econômica e jurídica. São Paulo: Revista dos Tribunais, 2017).
6. CADIET, Loïc. Prefácio. In: CABRAL, Antonio do Passo. *Convenções Processuais*. Salvador: Juspodivm, 2016, p. 12. Há muito, Leonardo Greco já vaticinava que a cooperação e o diálogo humano devem constituir o clima dominante no desenvolvimento do processo. GRECO, Leonardo. Os atos de disposição processual – Primeiras reflexões. *Revista Eletrônica de Direito Processual – REDP*. v. I. Outubro a Dezembro de 2007, p. 28.

de processo, sendo as convenções processuais a mais completa expressão da compreensão colaborativa de processo.

5.1 AS CONVENÇÕES PROCESSUAIS E O MODELO COOPERATIVO DE PROCESSO

De um modo geral, a doutrina define a convenção processual como o fato jurídico voluntário, "em cujo suporte fático confere-se ao sujeito o poder de escolher a categoria jurídica ou estabelecer, dentro dos limites fixados no próprio ordenamento jurídico, certas situações jurídicas processuais"[7], ou, ainda, o negócio jurídico plurilateral, pelo qual as partes, antes[8] ou durante o processo "e sem necessidade de intermediação de nenhum outro sujeito, determinam a criação, modificação e extinção de situações jurídicas processuais, ou alteram o procedimento"[9].

Na prática, são declarações de vontade que têm o condão de constituir, regular, modificar e extinguir direitos e obrigações, bem como alterar a forma do procedimento.

Sem dúvida, as convenções processuais favorecem uma "customização processual compartilhada"[10], permitindo que os sujeitos processuais passem a ser coautores da produção da norma, o que confere maior legitimidade e dinamismo à relação processual.[11]

---

7. DIDIER JR., Fredie; NOGUEIRA, Pedro Henrique Pedrosa. *Teoria dos fatos jurídicos processuais*. 2. ed. Salvador: Juspodivm, 2012, p. 59-60.

8. As convenções pré-processuais ou "prévias" (PANTOJA, Fernanda Medina. Convenções pré-processuais para a concepção de procedimentos preliminares extrajudiciais. In: MARCATO, Ana; GALINDO, Beatriz; GÓES, Gisele Fernandes; BRAGA, Paula Sarno; APRIGLIANO, Ricardo; NOLASCO, Rita (Coords.). *Negócios processuais*. Coletânea Mulheres no Processo Civil Brasileiro. Salvador: Juspodivm, 2018, p. 143) são normalmente celebradas em contratos, mas também podem ser ajustadas, por exemplo, em mediações extrajudiciais. A propósito, vale lembrar que o art. 166, § 4º, do CPC estabelece que a mediação e a conciliação serão regidas conforme a livre autonomia dos interessados, inclusive no que diz respeito à definição das regras procedimentais. Assim, nada impede que os mediandos definam regras procedimentais relacionadas à própria mediação extrajudicial, bem como outros temas relacionados à futura ação judicial, caso o consenso não seja alcançado.

9. CABRAL, Antonio do Passo. *Convenções processuais*. Salvador: Juspodivm, 2016, p. 68.

10. ABREU, Rafael Sirangelo de. "Customização Processual Compartilhada": O sistema de adaptabilidade do novo CPC. *Revista de Processo*. São Paulo: Revista dos Tribunais, nº 257, jul./2016, p. 51-76.

11. José Roberto dos Santos Bedaque sustenta que a flexibilização promove o deslocamento do polo criador da norma, atualmente nas mãos do Estado, para as partes ou para o

Registre-se que as convenções processuais não são inéditas. A doutrina[12] cita exemplos nas Ordenações Filipinas, na Constituição de 1824 (direito de nomear "Juízes Árbitros" - art. 160), no Decreto nº 737 de 1850 (estipulação do foro - art. 62; e juízo arbitral voluntário - art. 11) e no CPC/39 (escolha do Perito - art. 129)[13].

Em relação ao CPC/73, havia previsão de foro de eleição (art. 111); suspensão convencional do processo (art. 265, II); distribuição consensual do ônus da prova (art. 333, parágrafo único); adiamento da audiência por convenção das partes (art. 453, I); convenção sobre prazos dilatórios (art. 181); convenção de arbitragem e compromisso arbitral (art. 267, VII, 300, § 4º e 301, IX); adiamento da audiência (art. 453, I); convenção sobre alegações finais orais de litisconsortes (art. 454, § 1º); liquidação por arbitramento em razão de convenção das partes (art. 475-C, I); requerimento de preferência no julgamento perante os tribunais (art. 565, parágrafo único); escolha de depositário de bens sequestrados (art. 824, I), entre outros.

---

próprio juiz, desde que com a prévia ciência daquelas. BEDAQUE, José Roberto dos Santos. *Efetividade do processo e técnica processual.* 3. ed. São Paulo: Malheiros, 2010, p. 101.

12. "Uma das exceções a serem apontadas estava na livre estipulação entre as partes para eleição de juízes árbitros para julgar a causa (Ordenações Filipinas, Livro III, Título XVI, cujas regras vigoraram no Brasil mesmo após a Independência), e também no juízo de conciliação prévia (Ordenações Filipinas, Livro III, Título XX), previsto inclusive na própria Constituição imperial brasileira de 1824, em seu art. 161. (...) Até mesmo antes do Regulamento nº 737, estava prevista a necessidade de se realizar a prévia conciliação nos processos civis, sob pena de nulidade, e já se admitia na legislação processual brasileira do Império a celebração do pacto de escolha do procedimento para conversão do rito sumário para o ordinário. Superada a fase fragmentária dos Códigos estaduais, sobreveio a unificação do direito processual civil com o Código de Processo Civil de 1939, a prever figuras negociais típicas como a transação (art. 206), desistência da demanda (art. 206), a revogação do recurso por substituição (art. 809), a suspensão da instância por convenção das partes (art. 197, II)". NOGUEIRA, Pedro Henrique. *Negócios jurídicos processuais.* 3. ed. rev., atual. e ampl. Salvador: Juspodivm, 2018, p. 160-161.

13. O art. 129 teve sua redação original alterada pelo Decreto-Lei nº 4.565/42 e posteriormente pelo Decreto-Lei nº 8.570/46. No CPC/39, as partes também podiam "escolher" o juiz no caso de desquite por mútuo consentimento (art. 643). De acordo com Antonio do Passo Cabral, "a norma pretendia evitar a exposição pública daqueles indivíduos numa época em que a sociedade rotulava como forte preconceito o desquite". CABRAL, Antonio do Passo. *Juiz natural e eficiência processual:* flexibilização, delegação e coordenação de competências no processo civil. Tese apresentada no concurso de provas e títulos para provimento do cargo de Professor Titular de Direito Processual Civil da Faculdade de Direito da Universidade do Estado do Rio de Janeiro, 2017, p. 674.

Já no contexto do CPC/15, o art. 190 do CPC/15[14] – verdadeira cláusula geral de negociação – positivou essa possibilidade de customização processual, cuja eficácia é reforçada pelo art. 200[15] e pelas próprias normas fundamentais (art. 3º, §§ 2º e 3º)[16].

Com isso, as partes podem efetivamente afastar a incidência de norma legal[17], aplicando a norma convencional[18], inclusive para materializar ajustes premiais[19], como será detalhado mais adiante.

Vale lembrar que essa maior autonomia da vontade das partes não impede o necessário (irrenunciável e inafastável) controle judicial sobre a regularidade da prática dos atos, a começar pela observância dos requisitos[20] previstos na respectiva cláusula geral: capacidade das partes e possibilidade de autocomposição (art. 190, *caput*).[21]

---

14. Art. 190. Versando o processo sobre direitos que admitam autocomposição, é lícito às partes plenamente capazes estipular mudanças no procedimento para ajustá-lo às especificidades da causa e convencionar sobre os seus ônus, poderes, faculdades e deveres processuais, antes ou durante o processo.
15. Art. 200. Os atos das partes consistentes em declarações unilaterais ou bilaterais de vontade produzem imediatamente a constituição, modificação ou extinção de direitos processuais.
16. Sobre a relação entre normas fundamentais (especialmente os arts. 3º, § 2º, do CPC – incentivo à autocomposição) e convenções processuais, ver TEMER, Sofia. *Participação no processo civil*: repensando litisconsórcio, intervenção de terceiros e outras formas de atuação. Salvador: Juspodivm, 2020, p. 120.
17. "(...) as partes podem deliberar que cada qual arcará com metade das custas e despesas, independentemente da regra da causalidade, ou qualquer outra porcentagem (30% e 70%), por exemplo, para essa divisão. Podem também, em conjunto com seus advogados, estipular formas de remuneração independentemente do resultado do processo, como dispondo que cada parte pagará os honorários de seu próprio advogado". CABRAL, Antonio do Passo. Convenções sobre os custos da litigância: introdução ao seguro e ao financiamento processuais. *Revista de Processo*. São Paulo: Revista dos Tribunais, nº 277, mar./2018, p. 48.
18. YARSHELL, Flávio Luiz. Convenção das partes em matéria processual: rumo a uma nova era? In: CABRAL, Antonio do Passo; NOGUEIRA, Pedro Henrique Barbosa (Coords.). *Negócios jurídicos processuais*. Salvador: Juspodivm, 2015, p. 64.
19. Ainda que o Judiciário seja o espaço mais autêntico para o exercício da verdadeira cidadania (SILVA, Ovídio Araújo Baptista da. *Jurisdição e execução na tradição romano-canônica*. 3. ed. Rio de Janeiro: Forense, 2007, p. 201), é possível retirar da interferência do Estado tudo aquilo que não lhe diz respeito diretamente.
20. ALMEIDA. Diogo Rezende Assumpção de. *A contratualização do processo*: das convenções processuais no processo civil. São Paulo: LTr, 2015.
21. BUENO, Cassio Scarpinella. *Novo Código de Processo Civil Anotado*. São Paulo: Saraiva, 2015, p. 316.

Além disso, o parágrafo único do art. 190[22] prevê algumas situações (que serão examinadas no próximo item) em que o juiz pode controlar a validade das convenções processuais, o que, evidentemente, também deve ser observado nos ajustes premiais.

5.2 CLASSIFICAÇÃO, REQUISITOS E LIMITES DAS CONVENÇÕES PROCESSUAIS

O sistema do CPC/15 pode ser considerado misto, tendo em vista a existência de convenções processuais típicas e atípicas.

Típicas são aquelas previstas na própria lei, como, por exemplo, a eleição de foro (art. 63), a suspensão convencional do processo (art. 313, II), a escolha consensual do mediador e do perito (arts. 168 e 471), o adiamento conjunto da audiência (art. 362, I), a distribuição diversa do ônus da prova (art. 373, §§ 3º e 4º), a liquidação de sentença por arbitramento (art. 509, I), entre outras[23].

Atípicas são aquelas que não possuem expressa previsão legal, mas podem ser convencionadas por força do art. 190 do CPC, nas quais se inserem, por exemplo, as convenções processuais que contemplam sanções premiais (que serão detalhadas no próximo item).[24]

Quanto ao momento de estipulação, as convenções processuais podem ser pré-processuais (ajustadas antes da judicialização do conflito – no

---

22. Art. 190. Parágrafo único. De ofício ou a requerimento, o juiz controlará a validade das convenções previstas neste artigo, recusando-lhes aplicação somente nos casos de nulidade ou de inserção abusiva em contrato de adesão ou em que alguma parte se encontre em manifesta situação de vulnerabilidade.
23. Fora do contexto do CPC/15, a Lei da Liberdade Econômica, por exemplo, traz a hipótese de convenção processual típica, permitindo que as partes, de comum acordo, ajustem a validade de qualquer meio de comprovação da autoria, integridade e confidencialidade de documentos particulares em forma eletrônica (art. 18, I, da Lei nº 13.874/19). Sobre o tema, ver DIDIER JR., Fredie; OLIVEIRA, Rafael Alexandria de. O uso da tecnologia *blockchain* para arquivamento de documentos eletrônicos e negócios probatórios segundo a Lei da Liberdade Econômica. In: MAZZOLA, Marcelo; RIBEIRO, Nathalia. *Impactos do Código de Processo Civil de 2015 na advocacia*. Londrina: Thoth, 2021, p. 25-46. A referida Lei também alterou a Lei nº 10.522/02 para prever expressamente a possibilidade de a Procuradoria-Geral da Fazenda Nacional regulamentar "a celebração de negócios jurídicos processuais em seu âmbito de atuação, inclusive na cobrança administrativa ou judicial da dívida ativa da União."
24. O FPPC já consagrou a viabilidade de inúmeras convenções processuais atípicas. Vide, por exemplo, os Enunciados nºs 19, 20, 21, 135, 262, 403, 490 e 580.

corpo de um contrato, por exemplo), ou endoprocessuais (pactuadas incidentalmente).

Em relação à forma, salvo algumas exceções legais[25], não existe regra específica, de modo que as convenções processuais podem ser escritas ou orais.[26] Nesse último caso, pressupõe-se a possibilidade de sua comprovação por algum meio (termo, notas taquigráficas, gravações etc.), podendo, ainda, ser designada audiência especial para tal desiderato.

Além disso, existem convenções processuais que dependem de homologação judicial (por exemplo, arts. 357, § 2º, 515, II, 862, § 2º) – que, na classificação de Goldschmidt[27], seriam atos jurídicos estimulantes – e outras que prescindem[28] da expressa chancela do juiz (atos determinantes).

Há também as convenções processuais tácitas[29], o que ocorre, por exemplo, quando o autor provoca a jurisdição estatal ignorando a cláusula

25. Vide, por exemplo: art. 63, § 1º, do CPC (A eleição de foro só produz efeito quando constar de instrumento escrito e aludir expressamente a determinado negócio jurídico); e art. 4º, § 1º, da Lei de Arbitragem (A cláusula compromissória deve ser estipulada por escrito, podendo estar inserta no próprio contrato ou em documento apartado que a ele se refira).
26. Certa feita, participamos de um caso no Tribunal Regional Federal – 2ª Região, em que as partes, provocadas pelo relator, celebraram uma convenção processual oral na respectiva sessão de julgamento. O apelante havia apresentado – em sede de memoriais despachados em gabinete – parecer doutrinário que poderia, de alguma forma, repercutir no desfecho da causa. Em vista disso, ao iniciar a sessão de julgamento, o apelado levantou questão de ordem e informou que tinha interesse em se manifestar sobre o aludido documento. Sensibilizado, o relator informou que suspenderia o julgamento e as partes, na própria sessão, acordaram que o documento seria enviado por email, sem necessidade de intimação eletrônica ou pelo DJe, permitindo que a nova sessão fosse desde logo agendada.
27. GOLDSCHMIDT, James. *Direito Processual Civil*. t. 1. Trad. Lisa Pary Scarpa. Campinas: Bookseller, 2003. Quem explorou essa classificação de Goldschmidt foi CABRAL, Antonio do Passo. *Nulidades no Processo Moderno*: contraditório, proteção da confiança e validade prima facie dos atos processuais. Rio de Janeiro: Forense, 2009, p. 139-140.
28. Enunciado 133 do FPPC: "Salvo nos casos expressamente previstos em lei, os negócios processuais do art. 190 não dependem de homologação judicial".
29. "(...) que se concretizam a partir de um silêncio do agente, sempre que, evidentemente, uma norma jurídica (advinda da lei, decisão judicial ou prévia convenção processual) estabelecer que o silêncio da parte produz o efeito de criar, modificar ou extinguir determinada situação jurídica processual". REDONDO, Bruno Garcia. *Negócios jurídicos processuais atípicos*. Salvador: Juspodivm, 2020, p. 141. Em sentido semelhante VIDAL, Ludmilla Camacho Duarte. *Convenções processuais*: do realinhamento das estruturas relacionais de poder no processo civil aos padrões de controle. Dissertação de Mestrado

compromissória e o réu deixa de alegar a existência de convenção de arbitragem na contestação (art. 337, §6º, CPC).[30]

Nada obstante, fala-se em convenções obrigacionais, quando os convenentes dispõem sobre situações jurídicas, sem alteração do procedimento, e convenções dispositivas, quando há efetiva alteração de regras processuais ou procedimentais[31]. Reconhece-se, porém, que a distinção entre elas nem sempre é tão evidente[32].

Ademais, há quem rotule as convenções em procedimentais, caso ocorram no interior do procedimento, e extraprocedimentais, "conforme ocorram fora do procedimento"[33]. A doutrina ainda divide as convenções em onerosas ou gratuitas[34], e comutativas ou aleatórias[35].

em Direito Processual, Faculdade de Direito, Universidade do Estado do Rio de Janeiro, Rio de Janeiro, 2016.

30. Vale registrar que a Lei nº 14.112/20, que alterou a legislação referente à recuperação judicial, à recuperação extrajudicial e à falência, estabelece em seu art. 189, § 2º, que, para fins do art. 190 do CPC, a manifestação de vontade do devedor deve ser expressa. Ou seja, sob o prisma da legislação especial, eventuais negócios jurídicos processuais atípicos devem ser expressos, não havendo espaço para arranjos tácitos.
31. CADIET, Loïc. *La qualification juridique de accords processuels*: In: DIDIER JR., Fredie (Coord. geral); NOGUEIRA, Pedro Henrique; CABRAL, Antonio do Passo (Coords.). *Negócios Processuais.* Coleção Grandes Temas do Novo CPC. 4. ed. Salvador: Juspodivm, 2019, p. 137-148.
32. CABRAL, Antonio do Passo. *Convenções Processuais*. Salvador: Juspodivm, 2016, p. 72-75.
33. NOGUEIRA, Pedro Henrique. *Negócios jurídicos processuais*. 3. ed. rev., atual. e ampl. Salvador: Juspodivm, 2018, p. 187.
34. "Se considerarmos as vantagens geradas às partes, podemos classificar as convenções como onerosas (nas quais as partes obtêm benefícios à custa de um sacrifício, exemplo da renúncia conjunta a determinado recurso em troca de uma negociação que diga respeito à diminuição do valor condenatório da sentença) e gratuitas (havendo apenas benefício para uma das partes, e, para a outra, somente sacrifício)". SILVA, Arlei Wiclif Leal da. *Revista de Processo*. São Paulo: Revista dos Tribunais, nº 290, abril/2019, p. 57.
35. "Comutativos (ou sinalagmáticos) são os negócios processuais nos quais os benefícios ou os sacrifícios são recíprocos, equilibrados, equivalentes no momento de sua celebração. (...) Por seu turno, são aleatórios os negócios em que, no momento da celebração, não há equilíbrio entre as prestações, inexiste equivalência ou reciprocidade entre as vantagens e os prejuízos que podem advir da pactuação". REDONDO, Bruno Garcia. *Negócios jurídicos processuais atípicos*. Salvador: Juspodivm, 2020, p. 142.

Quanto aos requisitos de existência, validade e eficácia das convenções processuais, algumas considerações devem ser feitas, embora este não seja o foco do presente trabalho.[36]

O plano da existência pressupõe a presença dos requisitos para a materialização da convenção processual. Composto o suporte fático (que compreende a manifestação do agente e a indicação da norma), o fato jurídico já existe.

Já na esfera de validade, devem ser observados os requisitos para a celebração de qualquer negócio jurídico (arts. 104 e 166 do Código Civil), incluindo aqueles atinentes ao processo civil (legitimidade para o ato, por exemplo), temperando-se[37], ainda, com o sistema de invalidades do CPC/15.

Nesse sentido, incumbe ao juiz, por exemplo, examinar a capacidade dos agentes[38]; a licitude do objeto e do motivo determinante; e a forma prescrita em lei[39]. Ademais, por força do art. 190, parágrafo único, do CPC, o juiz

---

36. Para uma análise vertical, ver CABRAL, Antonio do Passo. *Convenções processuais*. Salvador: Juspodivm, 2016; COSTA, Marília Siqueira da. *Convenções processuais sobre intervenção de terceiros*. Salvador: Juspodivm, 2018.

37. AFFONSO, Filipe José Medon. Diálogos entre direito civil e processual civil em matéria de negócios jurídicos: em busca da construção de um ordenamento unitário. In: DIDIER JR., Fredie (Coord. geral); CABRAL, Antonio do Passo; NOGUEIRA, Pedro Henrique (Coords.). *Negócios Processuais*. Coleção Grandes Temas do CPC. t. 2. Salvador: Juspodivm, 2020, p. 101.

38. "Aqui é necessário ter em mente a salutar advertência de que o regime jurídico das capacidades do direito material nem sempre coincide com o regime das capacidades processuais. Há autonomia entre os regramentos das capacidades processual e material. (...) o processualmente incapaz, desde que representado, pode celebrar negócios jurídicos processuais, isso porque a representação suprirá a incapacidade (art. 70 do CPC/2015)". NOGUEIRA, Pedro Henrique. *Negócios jurídicos processuais*. 3. ed. rev., atual. e ampl. Salvador: Juspodivm, 2018, p. 275. O doutrinador também cita a Convenção Internacional sobre os Direitos das Pessoas com Deficiência, aderido pelo Brasil, que estabelece que as pessoas com deficiência passam a gozar do direito de exercer suas capacidades legais em igualdade de condições com as demais pessoas em todos os aspectos da vida (art. 12, nº 2, reproduzido no art. 84, *caput*, da Lei 13.146/2015 – "A pessoa com deficiência tem assegurado o direito ao exercício de sua capacidade legal em igualdade de condições com as demais pessoas).

39. Alguns contratos preveem formalidades específicas, como, por exemplo, a forma escrita no contrato de doação, salvo em se tratando de bens móveis e de pequeno valor (art. 541, *caput* e parágrafo único, do CC); a escritura pública nos contratos constitutivos ou translativos de direitos reais imobiliários, cujo valor do bem seja superior a trinta vezes o maior salário mínimo vigente no país (art. 108 do CC). No caso das convenções processuais, em que prevalece a consensualidade e a autonomia da vontade, entendemos que a forma escrita só é exigida quando a lei assim determinar. Já foram citados

pode controlar a validade da convenção em caso de nulidade ou de inserção abusiva em contrato de adesão[40] ou em que alguma parte se encontre em manifesta situação de vulnerabilidade.[41]

A existência de vícios dessa natureza pode ensejar a invalidação da convenção processual.

Por sua vez, a eficácia da convenção processual (existente e válida) compreende a materialização dos efeitos pretendidos pelas partes, ou seja, sua irradiação no mundo jurídico.

A rigor, a convenção processual incidental terá efeito imediato – exceto aquelas em que a lei exige expressamente homologação judicial (ex: arts. 357, § 2º, 515, II, e 862, § 2º, do CPC) –, salvo se as partes pactuarem em sentido contrário, adicionando condição, termo ou encargo[42], o que é uma característica das convenções processuais contendo sanções premiais (o ponto será detalhado mais adiante).

Por fim, em relação aos limites das convenções processuais – tema relevante, mas que também foge ao perímetro desta obra –, iremos apenas inventariar algumas posições doutrinárias, adiantando que a questão ainda é bastante controvertida.

Inicialmente, há quem entenda que o limite da convenção processual é o espaço deixado pelas normas cogentes. Assim, o limite da autonomia

---

os exemplos da cláusula compromissória (art. 4º, § 1º, da Lei nº 9.307/96) e da cláusula de eleição de foro (art. 63, § 1º, do CPC/15).

40. Vale lembrar que o simples fato de o contrato ser de adesão não impede a celebração convenções processuais. É necessário haver abusividade. Além disso, o ajuste não deve ser automaticamente invalidado, já que pode beneficiar a parte que aderiu.

41. Prestações flagrantemente desequilibradas podem ser um indício de vulnerabilidade e de falta de "racionalidade econômica". A propósito, vale lembrar que a Lei da Liberdade Econômica alterou a redação do art. 113 do Código Civil, incluindo 5 incisos ao § 1º, destacando-se o inciso V: Art. 113. Os negócios jurídicos devem ser interpretados conforme a boa-fé e os usos do lugar de sua celebração. § 1º. A interpretação do negócio jurídico deve lhe atribuir o sentido que: (...) V - corresponder a qual seria a razoável negociação das partes sobre a questão discutida, inferida das demais disposições do negócio e da racionalidade econômica das partes, consideradas as informações disponíveis no momento de sua celebração.

NOGUEIRA, Pedro Henrique. *Negócios jurídicos processuais*. 3. ed. rev., atual. e ampl. Salvador: Juspodivm, 2018, p. 213.

42. GAIO JÚNIOR, Antônio Pereira; GOMES, Júlio César dos Santos; FAIRBANKS, Alexandre de Serpa Pinto. Negócio jurídicos processuais e as bases para a sua consolidação no CPC/2015. *Revista de Processo*. São Paulo: Revista dos Tribunais, nº 267, maio/2017, p. 51.

da vontade seria demarcado pelas normas processuais[43], cuja aplicação seja inafastável pelos interessados[44].

Na visão de Leonardo Greco[45], a licitude do objeto da convenção processual passa fundamentalmente pelo respeito às garantias fundamentais do processo. Para o doutrinador, os limites das convenções estariam: a) na disponibilidade do próprio direito material em discussão[46]; b) no respeito ao equilíbrio das partes e na paridade das armas; e c) na observância dos princípios e das garantias fundamentais do processo no Estado Democrático de Direito.

Por sua vez, Pedro Henrique Nogueira[47] prefere atrelar os limites da autorregulação ao formalismo processual, noção ampla que engloba as formalidades, as delimitações dos poderes, as faculdades, os deveres dos sujeitos processuais e a organização do procedimento.

---

43. Rafael Renner destaca que, em alguma medida, "a boa-fé limita as vontades dos acordantes, mas não as exclui, apenas as direciona para o cumprimento probo das obrigações. O princípio incide também sobre as tratativas contratuais, justificando modificações no conteúdo das cláusulas a fim de que a engenharia contratual esteja pautada em bases equilibradas". RENNER, Rafael. *Novo direito contratual*: a tutela do equilíbrio contratual no Código Civil. Rio de Janeiro: Freitas Bastos, 2007, p. 135.
44. MELLO, Marcos Bernardes de. Sobre o princípio da respeitabilidade das normas jurídicas cogentes e a invalidade dos negócios jurídicos. In: MARTINS-COSTA; Judith; FRADERA, Vera Jacob de (Orgs.). *Estudos de direito privado e processual civil*: em homenagem a Clóvis do Couto e Silva. São Paulo: Revista dos Tribunais, 2014, p. 93.
45. GRECO, Leonardo. Os atos de disposição processual. In: MEDINA José Miguel Garcia; FIGUEIREDO, Luana Pedrosa de; CERQUEIRA, Luís Otavio de; GOMES JR., Luiz Manoel (Coords). *Os poderes do Juiz e o Controle das Decisões Judiciais* – Estudos em Homenagem à Professora Teresa Arruda Alvim Wambier. São Paulo: Revista dos Tribunais, 2008, p. 290-292.
46. Essa primeira premissa, porém, vai de encontro ao disposto no art. 3º, *caput*, da Lei de Mediação. O referido dispositivo estabelece que pode ser objeto de consenso o conflito que verse sobre direitos indisponíveis que admitam transação, devendo, nesse caso, ser ouvido o Ministério Público antes da homologação judicial (§ 2º). Além disso, o próprio art. 190 do CPC/15 menciona direitos que admitam autocomposição, e não direitos disponíveis.
47. "A vantagem de sintetizar os limites ao autorregramento da vontade na categoria ampla e abrangente do 'formalismo processual' está em que, a partir dela, se torna facilmente destacável a série de normas (*lato sensu*), a abranger não só os princípios (v.g. princípio dispositivo e subprincípios, direito de defesa, juiz natural, publicidade, submissão do juiz à lei etc.) formadores do chamado 'estatuto básico processual', mas também as regras, ordenadoras da atividade processual". NOGUEIRA, Pedro Henrique. *Negócios jurídicos processuais*. 3. ed. rev., atual. e ampl. Salvador: Juspodivm, 2018, p. 186.

Outra parcela da doutrina entende que a fronteira da autonomia da vontade no processo estaria na chamada "ordem pública processual"[48], conceito extremamente vago e aberto.[49] Nesse ponto, há quem afirme que a expressão ordem pública processual serve para identificar, dentro da relação jurídica processual, interesses públicos inafastáveis, "seja pela vontade do juiz, seja pela vontade das partes. Esses interesses variam de acordo com as mutações sociais decorrentes do lugar e do momento histórico que se está a analisar"[50].

Já na compreensão de Marco Antonio Rodrigues[51], não é admissível convenção processual que afaste completamente a incidência de um direito fundamental processual, como, por exemplo, uma convenção que elimine o contraditório.

Luiz Guilherme Marinoni, Sérgio Cruz Arenhart e Daniel Mitidiero[52] pontuam que as convenções processuais não podem atingir poderes do juiz ou envolver renúncia de direitos fundamentais.

Por fim, Antonio do Passo Cabral[53] entende que nenhum desses critérios é suficiente para apontar um parâmetro seguro a respeito dos limites das convenções processuais. Dessa forma, propõe que a análise seja feita à luz de parâmetros gerais (reserva da lei; boa-fé e cooperação[54]; igualdade e

48. ATAÍDE JUNIOR, Jaldemiro Rodrigues. Negócios jurídicos materiais e processuais – Existência, validade e eficácia – Campo-invariável e Campos-dependentes: Sobre os limites nos negócios jurídicos processuais. *Revista de Processo*. São Paulo: Revista dos Tribunais, nº 244, jun./2015, p. 19.

49. Para um exame verticalizado da ordem pública processual, vale conferir CABRAL, Trícia Navarro Xavier. *Ordem pública processual*. Brasília: GZ, 2015.

50. ALMEIDA, Diogo Assumpção Rezende de. *A contratualização do processo*: das convenções processuais no processo civil. São Paulo: LTr, 2015, p. 153.

51. RODRIGUES, Marco Antonio. *A Fazenda Pública no Processo Civil*. 2. ed. São Paulo: Atlas, 2016, p. 380-381.

52. MARINONI, Luiz Guilherme; ARENHART, Sérgio Cruz; MITIDIERO, Daniel. *Novo Código de Processo Civil comentado*. São Paulo: Revista dos Tribunais, 2015, p. 244.

53. CABRAL, Antonio do Passo. *Convenções Processuais*. Salvador: Juspodivm, 2016, p. 315-335.

54. O que está em linha com o Enunciado nº 6 do FPPC (arts. 5º, 6º e 190): "O negócio jurídico processual não pode afastar os deveres inerentes à boa-fé e à cooperação". Nesse particular, concordamos com Julio Müller quando afirma que "a cooperação e a boa-fé que autorizam as partes a convencionar sobre situações processuais não pode servir de fundamento justamente para afastar estes próprios deveres". Müller, Julio Guilherme. *A produção desjudicializada da prova oral através de negócio processual*: análise jurídica e econômica. Tese apresentada à Banca Examinadora da Pontifícia Universidade Católica de São Paulo, como exigência parcial para obtenção do título de Doutor em Direito,

equilíbrio de poder; e custos e vedação de transferência de externalidades) e específicos (cláusula geral de convencionalidade e limites internos/externos à autonomia da vontade).

Ainda que não haja consenso doutrinário no ponto, todos os parâmetros mencionados podem ser considerados na análise de validade dos ajustes premiais.

5.3 CONVENÇÕES PROCESSUAIS E SANÇÕES PREMIAIS

As convenções processuais podem gerar algum benefício direto ou indireto às partes. Por exemplo, quando as partes escolhem o perito e ajustam os seus honorários, têm, de um lado, a segurança de que o profissional escolhido reúne os predicados necessários para a função, e, de outro, a possibilidade de controle dos custos da prova técnica.

O mesmo acontece quando as partes pactuam o adiamento de uma audiência (na prática, ganham mais prazo para se preparar ou alinhar as bases de eventual acordo) ou, ainda, ajustam contratualmente o foro de eleição (indicando, por exemplo, um foro de interesse mútuo).

Nada obstante, as convenções processuais permitem que as partes façam ajustes no procedimento para ajustá-lo às especificidades da causa (permitindo redução de tempo e de custos), bem como convencionem sobre seus ônus, deveres, poderes e faculdades (o que pode repercutir em benefícios, inclusive mútuos).

Tais acordos de vontade obrigam e vinculam as partes, sendo certo que a respectiva "autovinculação"[55] decorre da própria autonomia da vontade.

Porém, o que interessa examinar neste tópico é a possibilidade de celebração de convenções processuais que contemplem prêmios (sanções premiais convencionais)[56] para *estimular* determinado comportamento (não obrigatório).[57] A mesma lógica, portanto, das sanções premiais legais.

São Paulo, 2017, p. 115. Versão comercial da tese (Müller, Julio Guilherme. *Negócios processuais e desjudialização da prova* – Análise Econômica e Jurídica. São Paulo: Revista dos Tribunais, 2017).

55. REDONDO, Bruno Garcia. *Negócios jurídicos processuais atípicos*. Salvador: Juspodivm, 2020, p. 171.

56. "As possibilidades de convenções processuais vão desde a fixação de obrigações e *sanções* até a ampliação de prazos de qualquer natureza, dispensa do efeito suspensivo, de assistentes técnicos e de execução provisória, dentre outras possibilidades". PONTE, Marcelo Dias; ROMÃO, Pablo Freire. Negócio Jurídico Processual e Flexibilização do Procedimento: As Influências da Autonomia Privada no Paradigma Publicista do

Em outras palavras, convenções processuais que estipulem consequências jurídicas positivas para incentivar determinada conduta, cuja inobservância, porém, não gera qualquer penalidade.

Nesse tipo de convenção processual, o prêmio é condicionado à prática do ato, que pode ou não ser realizado pela parte (facultatividade), sem que isso gere punição.

Ou seja, as partes não estabelecem um dever ou uma obrigação, ou eventual rito diferenciado a ser seguido, mas apenas preveem uma vantagem ou um benefício para estimular a conduta especificada.

A estipulação de convenções processuais dessa natureza pode contribuir para aproximar as partes[58], fomentar "trocas voluntárias entre os sujeitos"[59] e criar novas dinâmicas[60] de escolha, inclusive com benefícios recíprocos.

Mais do que isso, as sanções premiais embutidas em convenções processuais podem ajudar a criar um círculo virtuoso de positividade, capaz de valorizar a eficiência processual, a duração razoável do processo, o acesso à justiça, entre outras garantias processuais.

Direito Processual Civil. *Revista Eletrônica de Direito Processual - REDP*. v. 16. Jul./Dez./2015, p. 311.

57. Concordamos com Fredie Didier Jr., Júlia Lipiani e Leandro Santos Aragão quando afirmam que as convenções processuais são "um ativo importante no momento da negociação (por exemplo, para se pleitear um negócio material mais vantajoso, em troca de concessões nos negócios jurídicos processuais e vice-versa)". DIDIER JR., Fredie; LIPIANI, Júlia; ARAGÃO, Leandro Santos. Negócios jurídicos processuais em contratos empresariais. *Revista de Processo*. São Paulo: Revista dos Tribunais, nº 279, maio/2018, p. 41-42.

58. VILELA, Daniela Rodrigues Machado. *O direito premial trabalhista como perspectiva para o futuro do trabalho*. Dissertação apresentada ao Programa de Pós-Graduação em Direito, da Faculdade de Direito, da Universidade Federal de Minas Gerais, como requisito parcial à obtenção do título de Mestre em Direito do Trabalho. Belo Horizonte, 2016, p. 105.

59. RETES, Tiago A. Leite. Recursos e convenções processuais: entre efetividade e garantias processuais. In: DIDIER JR., Fredie (Coord. geral); CABRAL, Antonio do Passo; NOGUEIRA, Pedro Henrique (Coords.). *Negócios Processuais*. Coleção Grandes Temas do CPC. Salvador: Juspodivm, 2020, p. 429.

60. "Nunca antes a legislação processual civil concebera a possibilidade tão ampla de celebração de negócios jurídicos atípicos, que desafiam a criatividade humana. Apenas a título de exemplo, é possível imaginar (...) supressão de instâncias por convenção, repartição atípica de custas, supressão da execução provisória, condicionamentos à execução etc.". TAVARES, João Paulo Lordelo Guimarães. Da admissibilidade dos negócios jurídicos processuais no novo código de processo civil: aspectos teóricos e práticos. *Revista de Processo*. São Paulo: Revista dos Tribunais, nº 254, abr./2016, p. 92.

Mas quais são as particularidades e o melhor momento para se estipular sanções premiais convencionais? Na fase pré-processual ou no curso da ação? Na fase de conhecimento ou na execução (na busca de uma *soft judicial execution* ou de uma "execução negociada"[61], em linha com o art. 805 do CPC[62])? Caberia ao juiz fomentar a estipulação de sanções premiais convencionais? É o que será investigado adiante.

5.3.1 Sanções premiais convencionais pré-processuais

De um modo geral, o ambiente pré-processual é mais fértil para a celebração de convenções processuais, sobretudo de natureza premial, uma vez que o conflito ainda não se escalonou e a atmosfera é menos beligerante.

Interessante observar que as convenções processuais, ao promoverem um "rearranjo das relações entre direito e processo", permitem que as partes criem "trocas entre direito material e direito processual, um *trade-off* entre formalidades processuais e benefícios no campo do direito material"[63]. Com isso, normas de direito processual e disposições inerentes ao direito substancial podem eventualmente se misturar.

Veja-se, a propósito, exemplos de sanções premiais que poderiam ser pactuadas antes do processo.

Imagine-se que as partes elejam o Foro da Capital do Estado de São Paulo para dirimir qualquer controvérsia decorrente do contrato, conven-

---

61. COSTA, Eduardo José da Fonseca. A execução negociada de políticas públicas em juízo. *Revista de Processo*. São Paulo: Revista dos Tribunais, nº 212, out.2012, p. 41-44 e seguintes. De acordo com o doutrinador, a modalidade executiva adequada deve estar "escorada na persuasão, na liquidez, na incitação, na flexibilidade, no diálogo e na criatividade".

62. A essência do dispositivo é assegurar que a execução seja promovida pelo modo menos gravoso ao executado, evitando-se, com isso, excessos executivos. Vale lembrar que, por meio dos meios executivos, não se busca a punição do devedor, mas o cumprimento da obrigação.

63. CABRAL, Antonio do Passo. Da instrumentalidade à materialização do processo: as relações contemporâneas entre direito material e direito processual. *Civil Procedure Review*, v. 12, n. 2: maio-ago. 2021, p. 87-88. O doutrinador cita, por exemplo, a possibilidade de se "reduzir o preço em troca de renúncias a impenhorabilidades; ou conceder mais prazo para cumprimento em função de redução da complexidade ou duração do procedimento para recuperar o crédito judicialmente em caso de inadimplemento". Com isso, as normas processuais "criam incentivos, operando como regulação *primária* de conduta dos indivíduos fora do Judiciário", reforçando, ainda, as normas de direito material.

cionando adicionalmente o seguinte: "caso a demanda seja ajuizada em foro distinto e o réu não suscite a incompetência em contestação, esse último será reembolsado das custas judiciais suportadas ao longo do processo, ainda que seja sucumbente".

Nesse caso, existe um prêmio (reembolso das custas judiciais mesmo em caso de derrota – a sanção premial convencional) para estimular uma conduta do réu (não suscitar a incompetência).

Note-se que, embora o réu tenha, a rigor, um ônus processual, pode preferir não alegar a incompetência para fazer jus ao prêmio. Trata-se de opção sua. Se resolver não a exercer, não sofrerá qualquer penalidade. Apenas não receberá o benefício pactuado.

Outra situação: em um contrato de prestação de serviços, as partes podem ajustar que, se o contratante oferecer, no prazo de 30 (trinta) dias da assinatura do instrumento, um bem idôneo para garantir os pagamentos futuros, o contratado não poderá propor ação de execução por título extrajudicial, devendo manejar eventual ação de cobrança ou monitória.

Perceba-se que o contratante não tem a obrigação de indicar um bem como garantia, mas o fazendo – o que também pode ser interessante ao contratado – terá a segurança de que não sofrerá uma execução por título extrajudicial (sanção premial convencional), cujo procedimento, ao menos na fase inicial, é muito mais célere e agressivo (ex: possibilidade de penhora dos bens do executado, na hipótese de não pagamento do débito no prazo de três dias).

Alternativamente, os contratantes podem ajustar que o fornecimento prévio de garantia idônea assegura ao devedor, em caso de execução por título extrajudicial, a dispensa da necessidade de comprovar, em seus embargos à execução, o *periculum in mora* (a sanção premial convencional). Ou seja, para paralisar eventuais atos executivos e obter o efeito suspensivo, o devedor só precisará demonstrar *o fumus boni iuris*.

Por fim, suponha-se que duas empresas (A e B) com sólida capacidade financeira estão discutindo, em âmbito extrajudicial, o inadimplemento de uma dívida milionária lastreada em contrato por elas assinado. A cobrança judicial parece iminente por parte da empresa A. Para a empresa B, porém, não é interessante que a demanda seja deflagrada nesse momento, pois está participando de processo licitatório e a repercussão no mercado poderia de algum modo lhe prejudicar.

Nesse sentido, as partes podem ajustar que, se a demanda não for ajuizada pela empresa A no prazo de 90 (noventa dias), essa última será reembolsada pela empresa B das custas judiciais referentes à distribuição da demanda, independentemente do resultado da ação. Como o referido montante tende a ser alto (diante da natureza dos pedidos indenizatórios), a empresa A pode concordar, mormente se não houver necessidade de eventual tutela provisória. Ou seja, haverá um prêmio (reembolso das custas iniciais) para estimular uma conduta (não ajuizar a ação antes do prazo de 90 dias).[64]

Seria uma espécie de *pactum de non petendo* de natureza premial, em que não há efetivamente uma obrigação de não processar, mas, se o comportamento for observado, gerará um benefício[65].

Aliás, nada impede que contratantes também estabeleçam *pactum de non petendo* parcial[66] de natureza premial, estipulando-se um prêmio para estimular determinado comportamento, como a não judicialização de um tema específico dentro do prazo convencionalmente fixado.

Nesse contexto, a sanção premial convencional pré-processual deve ser compreendida como a consequência jurídica positiva pactuada pelas partes antes da judicialização do conflito para estimular determinado comportamento (capaz de gerar reflexos na seara judicial).[67]

5.3.2 Sanções premiais convencionais incidentais

As sanções premiais convencionais celebradas no decorrer do processo podem ser espontâneas ou estimuladas.

---

64. Muitas situações também podem ser pensadas à luz das convenções processuais para intervenções de terceiros. Seria factível, por exemplo, ajustar a possibilidade de intervenção de terceiro em futuro litígio para beneficiar um dos contratantes em troca de vantagem material ou processual a ser revertida em favor do outro. Quem tratou com profundidade do tema das convenções processuais sobre intervenção de terceiros foi COSTA, Marília Siqueira da. *Convenções processuais sobre intervenção de terceiros*. Salvador: Juspodivm, 2018.

65. SILVA, Paula Costa e. Pactum de non petendo: exclusão convencional do direito de ação e exclusão convencional da pretensão material. In: DIDIER JR., Fredie (Coord. geral); CABRAL, Antonio do Passo; NOGUEIRA, Pedro Henrique Barbosa (Coords.). *Negócios processuais*. 4. ed. Salvador: Juspodivm, 2018, p. 453-490; CABRAL, Antonio do Passo. Pactum de non petendo: a promessa de não processar no direito brasileiro. *Revista de Processo*. São Paulo: Revista dos Tribunais, nº 305, jul./2020, p. 17-43.

66. Sobre o tema, ver TRIGO, Alberto Lucas Albuquerque da Costa. *Pactum de non petendo* parcial. *Revista de Processo*. São Paulo: Revista dos Tribunais, nº 280, jun./2018, p. 34.

67. Sobre a utilização das convenções processuais pré-processuais como "barganha negocial", ver OSNA, Gustavo. Contratualizando o processo: três notas sobre os negócios jurídicos processuais (e seu possível "fracasso"). *Revista Eletrônica de Direito Processual – REDP*, ano 14, v. 21, nº 2, maio/ago./2020, p. 180.

Nas primeiras, as partes, sem qualquer provocação do juiz ou de terceiro, ajustam diretamente a convenção processual, pactuando um prêmio para estimular determinado comportamento.

Já nas estimuladas[68], a convenção processual (na qual é estipulada a sanção premial) é fomentada[69] pelo juiz[70] ou por outro sujeito processual (um auxiliar do juízo, por exemplo, como o mediador/conciliador).

É o que será detalhado adiante.

---

68. "Lembremos que o art. 3º, § 2º, do CPC/15 dispõe que incumbe ao Estado promover a solução consensual dos conflitos, e dentre os mecanismos que permitem atingir esse desiderato estão as convenções processuais. O fomento do Estado-juiz à celebração das convenções processuais será especialmente relevante nos acordos pactuados incidentalmente ao processo". CABRAL, Antonio do Passo. O papel do juiz nas convenções processuais. In: DIDIER JR., Fredie (Coord. geral); CABRAL, Antonio do Passo; NOGUEIRA, Pedro Henrique (Coords.). *Negócios Processuais*. Coleção Grandes Temas do CPC. t. 2. Salvador: Juspodivm, 2020, p. 143. No mesmo sentido: "(...) a solução consensual à qual o Estado deve dar respaldo não se limita àquela que põe fim à demanda, mas, também, àquela que visa o rearranjo do procedimento com vistas a propiciar a prestação de tutela jurisdicional efetiva, visto que condizente com as peculiaridades do caso concreto. Assim, em um contexto cooperativo, além de estimular as partes a convencionarem sobre o objeto litigioso, o Estado também detém o papel de incentivar a composição relativa a questões processuais". MAFFESSONI, Behlua. Convenções processuais em matéria probatória e poderes instrutórios do juiz. In: DIDIER JR., Fredie (Coord. geral); CABRAL, Antonio do Passo; NOGUEIRA, Pedro Henrique (Coords.). *Negócios Processuais*. Coleção Grandes Temas do CPC. t. 2. Salvador: Juspodivm, 2020, p. 376-377.
69. Com as convenções processuais, o devido processo legal passa a coexistir com o devido processo negociado, o que "acaba outorgando à justiça estatal maior legitimação social, deixando de lado a pecha de Estado repressor, soberano e aplicador unilateral de normas a súditos que se submetem, para se transformar no Estado que se engaja, coopera e que é indutor de comportamentos". CABRAL, Antonio do Passo. *Nulidades no Processo Moderno*: contraditório, proteção da confiança e validade prima facie dos atos processuais. Rio de Janeiro: Forense, 2009, p. 204.
70. "Em outro ângulo, parece-nos haver ampla superfície para negociação processual (art. 190), estimulada ou não pelo juiz, quanto ao entabulamento de medidas indutivas pelas próprias partes, desde que não se prevejam vantagens em sacrifício a direito de terceiro não aderente ao negócio. Assim, o próprio credor, que tem interesse no adimplemento de sua prestação, pode pactuar negócio jurídico a respeito de medidas indutivas que, de maneira eficiente, estimulem o devedor à satisfação do direito, com a contrapartida de certas vantagens. Nesses casos, evidentemente, eventuais medidas indutivas não terão como suporte o art. 139, IV, do CPC/15, pois a participação do Juiz, quando muito, se restringirá a estimular o credor à negociação". MAZZEI, Rodrigo; ROSADO, Marcelo da Tocha. A cláusula geral de efetivação e as medidas indutivas no CPC/15. In: DIDIER JR., Fredie (Coord. geral); TALAMINI, Eduardo; MINAMI, Marcos (Coords.). *Medidas Executivas Atípicas* – Coleção Grandes temas do Novo CPC. Salvador: Juspodivm, 2018, p. 516.

5.3.2.1 *Sanções premiais convencionais espontâneas*

Sem dúvida, um dos campos mais profícuos[71] para a celebração de convenções processuais incidentais é a execução, especialmente em razão da regra da disponibilidade da execução pelo exequente (art. 775 do CPC/15)[72-73].

Entre muitas possibilidades[74], as partes podem, por exemplo, a) adequar as medidas executivas aos interesses dos envolvidos, o que confere maior dinamismo e eficiência; b) ajustar o procedimento executivo de modo a reduzir incertezas e minimizar riscos[75]; e c) definir novas categorias de bens impenhoráveis, blindando determinados ativos.

Da mesma forma, é amplo o espaço para a criação de sanções premiais convencionais.

Por exemplo, é possível as partes ajustarem que, se o devedor indicar voluntariamente um bem idôneo para a garantia do juízo após sentença não sujeita a recurso com efeito suspensivo ou decisão parcial de mérito, o credor não poderá deflagrar a execução provisória do julgado. Nessa hipótese, o prêmio (certeza de que não haverá execução provisória) visa a estimular o devedor a oferecer desde logo um bem em garantia.

---

71. Afirma-se que a possibilidade das convenções processuais na execução é "imensa". MINAMI, Marcos Youji. *Da vedação ao non factibile* – uma introdução às medidas executivas atípicas. Salvador: Juspodivm, 2018, p. 110.
72. "Perceba-se que, na fase executiva, o regramento da desistência é diferente daquele previsto na fase de conhecimento, em que a concordância do demandado é exigida sempre que houver contestação". DIDIER JR., Fredie; CABRAL, Antonio do Passo. Negócios jurídicos processuais atípicos e execução. *Revista de Processo*. São Paulo: Revista dos Tribunais, nº 275, jan./2018, p. 3).
73. Outro campo bastante profícuo para a celebração de convenções processuais incidentais de natureza premial é o direito sucessório. Sobre o tema, ver MAZZOLA, Marcelo; MAZZEI, Rodrigo. Medidas indutivas e sua projeção no inventário causa mortis: prêmios, incentivos e possibilidades sistêmicas. *Revista de processo*, nº 332, out./2002.
74. "(...) tanto antes de a execução começar, como no seu curso, as partes podem negociar a respeitos de diversos aspectos do procedimento executivo e das suas situações jurídicas processuais." DIDIER JR., Fredie; CABRAL, Antonio do Passo. Negócios jurídicos processuais atípicos e execução. *Revista de Processo*. São Paulo: Revista dos Tribunais, nº 275, jan./2018, p. 194.
75. "Do lado do exequente, antecipa-se o procedimento para dar cumprimento ao título executivo com menos riscos e mais certeza do resultado; do lado do executado, por exemplo, previne-se um ingresso inadvertido em seu patrimônio, a penhora inesperada de um bem de grande utilidade, e até uma possível perda de credibilidade junto a outros credores no tráfego das relações jurídicas". DIDIER JR., Fredie; CABRAL, Antonio do Passo. Negócios jurídicos processuais atípicos e execução. *Revista de Processo*. São Paulo: Revista dos Tribunais, nº 275, jan./2018, p. 200-201.

As partes também podem convencionar o afastamento da proibição contida no art. 916, § 7º, do CPC (autorizando-se o pagamento de 30% e parcelamento do restante do débito em seis vezes), caso o devedor apresente um seguro-garantia de ao menos 50% (cinquenta por cento) do valor da dívida no prazo do art. 523, juntamente com o depósito inicial.

Nada obstante, é possível os litigantes acordarem que, se o executado oferecer algum imóvel[76] como garantia antes de qualquer ato de constrição, o exequente ficará impedido de penhorar um bem específico indicado pelo executado (arts. 833, I c/c 848, II, do CPC).[77]

Na mesma linha, podem a partes ajustar que, se houver a voluntária constituição de capital pelo devedor (para pagamento do valor mensal de pensão por ato ilícito – art. 533 do CPC/15), fica vedada a adoção de determinada medida executiva.

Essa lógica premial também pode ser desenvolvida em Termos de Ajustamento de Conduta (TACs)[78], especialmente em ações civis públicas já em curso, mas fugiria ao escopo desta obra abarcar as múltiplas nuances e particularidades da tutela coletiva.[79]

---

76. Obviamente, livre de gravames e encargos.

77. No campo das convenções processuais com a Fazenda Pública, afirma-se que "a parte executada pode ter interesse em reconhecer o débito, aderir a um parcelamento, mas impedir que eventual descumprimento atinja bem específico de seu patrimônio. Por outro lado, a Fazenda Pública poderá ter inúmeros benefícios com a adesão à eventual programa de parcelamento tributário". FLUMIGNAN, Silvano José Gomes. Os negócios jurídicos processuais e a Fazenda Pública. *Revista de Processo*. São Paulo: Revista dos Tribunais, nº 280, jun./2018, p. 372.

78. "Termo de Ajustamento de conduta é transação híbrida, lavrada por instrumento público ou privado, celebrado entre o interessado e o poder público, por seus órgãos públicos, ou por seus agentes políticos, legitimados à propositura da ação civil pública, por cuja forma se encontra a melhor solução para evitar-se ou para pôr fim à demanda judicial que verse sobre ameaça ou lesão a bem de natureza metaindividual". NERY, Ana Luiza. *Teoria Geral do Termo de Ajustamento de Conduta*. 3. ed. rev., atual. e ampl. São Paulo: Revista dos Tribunais, 2017, p. 186. Sobre a nova configuração dos Termos de Ajustamento de Conduta, ver PINHO, Humberto Dalla Bernardina de; VIDAL, Ludmilla Camacho Duarte. La nouvelle configuration des accords collectifs du droit brésilien. *International Journal of Procedure Law*, v. 8/2018, nº 1, p. 121-132.

79. Para uma visão global, ver PINHO, Humberto Dalla Bernardina de. *Jurisdição e pacificação*: limites e possibilidades do uso dos meios consensuais de resolução de conflitos na tutela dos direitos transindividuais e pluri-individuais. Curitiba: CRV, 2017. Registre-se apenas que, embora o TAC englobe normalmente questões ligadas ao direito material, é possível pensar em sanções premiais de natureza processual ou mesmo híbrida (material/processual) dentro do referido ajuste. Suponha-se que, em um TAC celebrado entre o

Ainda nesse campo, entende-se plenamente factível a celebração de sanções premiais convencionais na fase de conhecimento.

Por exemplo, as partes podem acordar que, se o autor arcar integralmente com os honorários do perito (que, em tese, deveriam ser rateados pelos litigantes), haverá o julgamento em instância única[80], renunciando o réu a qualquer recurso para órgãos hierarquicamente superiores[81].

Ou seja, por meio de um prêmio – isenção de parcela dos honorários periciais –, o autor (que tem convicção no seu direito) busca estimular um comportamento do réu, qual seja, renunciar desde logo ao direito de interpor eventuais recursos. O interessante para o autor aqui, pressupondo-se que o pedido será julgado procedente, é a "economia de tempo" (duração razoável), em razão do julgamento em instância única.[82]

Ministério Público e uma operadora de planos de saúde, nos autos de uma ação judicial com tutela de urgência parcialmente deferida (que contemplou apenas um dos pedidos autorais), o plano de saúde se comprometa a adotar diversas outras providências (alteração de uma cláusula contratual padrão, informação aos beneficiários etc.) em prazos distintos. Para estimular o cumprimento de tais obrigações, nada impede que as partes incluam uma previsão no sentido de que, se a primeira obrigação (mais relevante) for cumprida antes do prazo fixado, o Ministério Público se compromete a abrir mão das *astreintes* relacionadas à tutela supostamente descumprida (tema ainda em discussão no tribunal). Nessa hipótese, a sanção premial convencional seria a isenção do pagamento da penalidade. Outra situação: imagine-se que, em ação coletiva, um fabricante tenha sido compelido a alterar o rótulo da embalagem de determinado produto em 90 (noventa) dias, sob pena de multa diária de R$ 1.000,00 (mil reais), bem como a veicular alertas mensais em propagandas televisivas pelo prazo de 6 (seis) meses, sob pena de multa de R$ 5.000,00 (cinco mil reais) por cada evento descumprido. Nada impede a celebração de um TAC logo após a decisão, prevendo-se que, se a alteração do rótulo for promovida em até 60 (sessenta) dias, a segunda providência (alertas em propagandas televisivas) pode ser dispensada ou mesmo ter a periodicidade reduzida, reduzindo-se, ainda, as *astreintes* eventualmente incidentes em 50% (cinquenta por cento).

80. Assim como ocorre naturalmente na arbitragem.

81. Em sentido semelhante, ver LUCCA, Rodrigo Ramina. Liberdade, autonomia e convenções processuais. In: DIDIER JR., Fredie (Coord. geral); CABRAL, Antonio do Passo; NOGUEIRA, Pedro Henrique (Coords.). *Negócios Processuais*. Coleção Grandes Temas do CPC. t. 2. Salvador: Juspodivm, 2020, p. 41.

82. O STF entende que o duplo grau de jurisdição não é uma garantia constitucional (RE 216.257, Rel. Min. Marco Aurélio Mello, Segunda Turma, DJ 11.12.1998). A propósito, cabe recordar que o art. 34 da Lei de Execução Fiscal estabelece que, nas execuções de valor igual ou inferior a 50 Obrigações Reajustáveis do Tesouro Nacional (ORTN), só serão admitidos embargos infringentes e embargos de declaração, a serem apreciados pelo próprio juiz da causa. Cite-se, ainda, alguns dispositivos do CPC que reforçam a percepção (arts. 1.013, § 3º, e 1.014). É muito comum também que, em situações de

5.3.2.2 *Sanções premiais convencionais estimuladas*

No item 4.4.1, restou demonstrada a importância da função indutora do juiz no processo civil contemporâneo. No presente tópico, analisar-se-á objetivamente como o estímulo judicial pode contribuir para a formatação de ajustes premiais.

Imagine-se que, no início da fase de cumprimento de sentença, o juiz intime o credor para dizer se concorda com a possibilidade de o devedor parcelar setenta por cento do débito em cinco vezes, com juros e correção monetária, se pagar, no prazo de dez dias, trinta por cento do valor em execução, acrescido de custas e de honorários de advogado, bem como renunciar expressamente ao direito de oferecer impugnação.[83]

Para fins de otimização procedimental, o juiz poderia, na mesma decisão que determina a intimação do devedor para pagar o valor devido no prazo de 15 (quinze) dias, sob pena de multa (art. 523, *caput* e § 1º, do CPC), intimar também o credor para dizer, em 24h (vinte e quatro horas), se concorda com o parcelamento à luz das condições indicadas, operacionalizando-se, em caso de concordância, a respectiva comunicação ao patrono do devedor.

É possível que o credor concorde com as bases sugeridas pelo juiz (para receber desde logo trinta por cento do valor devido e ter a garantia de que o débito não será questionado). Da mesma forma, o réu, após avaliar os prós e contras, pode ter interesse na sistemática (por exemplo, para gerenciar melhor o fluxo de pagamento).

Desse modo, terá havido, por força do estímulo judicial, uma sanção premial convencional.

---

acordo, as partes renunciem expressamente ao direito de recorrer da decisão de homologação. Ainda sobre o tema e apenas a título de curiosidade, cumpre registrar que, na China, o art. 162 da Lei do Processo Civil (LCP) estabelece que, nos litígios simples em que o valor da causa for inferior a 30% do salário médio anual do ano anterior (na respectiva província, região autônoma ou município vinculado diretamente ao Governo Central), o julgamento de primeira instância será final. Para maiores aprofundamentos ver CHEN, Hangping. Fazendo Justiça: o processo civil chinês e sua reforma. *Revista de Processo*. São Paulo: Revista dos Tribunais, nº 298, dez./2019, p. 335.

83. Embora o art. 916 do CPC fale em "prazo dos embargos", o que, a rigor, corresponderia a 15 (quinze) dias, e preveja o parcelamento em 6 (seis) vezes, reduzimos o prazo para 10 (dez) dias e o número de parcelas para 5 (cinco), a fim de estimular o credor, já que a celebração da convenção processual nessa hipótese pressupõe, antes de qualquer coisa, a sua sinalização positiva.

Vale apenas lembrar que a sistemática de pagamento parcelado na execução (art. 916 do CPC) não se aplica ao cumprimento de sentença, à luz do § 7º do referido dispositivo, e não pode ser imposta pelo juiz[84].

5.4 PROTOCOLOS INSTITUCIONAIS E SANÇÕES PREMIAIS

Ainda no campo das convenções processuais, é possível pensar na criação de sanções premiais no contexto de protocolos institucionais, especialmente de natureza híbrida.

Não raro, a colaboração institucional entre órgãos do Poder Público e o Judiciário é materializada por atos normativos[85], que criam diretrizes e parâmetros para orientar e otimizar a prestação jurisdicional e/ou a execução de alguma medida, conferindo maior previsibilidade e segurança procedimental.

Neste sentido, a Lei nº 13.874/2019 (Lei da Liberdade Econômica) – que incluiu o § 12 ao art. 19 da Lei nº 10.522/02[86] (dispõe sobre o Cadastro

---

84. Se a iniciativa partir do devedor, o juiz deve intimar o credor. Veja-se, a propósito, a seguinte decisão: "No que tange ao pedido de pagamento parcial requerido pela parte autora/executada nas fls. 1987/1988, instruído com depósito judicial de 30%, entendo que este não encontra amparo no art. 916 do CPC/2015, eis que o citado dispositivo legal não se aplica, ainda que por analogia, à fase cognitiva e nem à fase de cumprimento de sentença, sendo sua aplicação restrita à ação de execução de título extrajudicial. Por outro lado, em que pese o pagamento parcial não ser direito potestativo do devedor, entendo que o mesmo resultado pode ser obtido mediante aquiescência da parte contrária. Assim, diga a parte credora se concorda com a petição de fls. 1987/1988, no prazo de 5 dias, valendo o silêncio como negativa, caso em que deverá trazer planilha atualizada do débito remanescente". Processo nº 0157651-49.2007.8.19.0001, 16ª Vara Cível da Comarca da Capital do Estado do Rio de Janeiro, despacho proferido em 23.11.17. Todavia, ainda existem decisões que aceitam o pedido de parcelamento formulado pelo devedor, sem ouvir previamente o credor: "Fls. 1098/1099: Defiro. Venha o depósito dos 30% requeridos, no prazo de 48 horas, sob pena de prosseguimento da execução". Processo nº 0004179-30.2004.8.19.0002, 3ª Vara Cível da Comarca de Niterói, despacho publicado em 31.01.2018.
85. A propósito, a Resolução nº 350, de 27/10/2020, do CNJ estabelece diretrizes e procedimentos sobre a cooperação judiciária nacional entre os órgãos do Poder Judiciário e outras instituições e entidades. Disponível em https://atos.cnj.jus.br/atos/detalhar/3556. Acesso em: 18.01.2021. Sobre o tema, ver CABRAL, Antonio do Passo. Fundamentos para uma teoria da cooperação judiciária: a revolução que se avizinha. In: DIDIER JR., Fredie (Coord. Geral); DIDIER JR., Fredie; CABRAL, Antonio do Passo (Coords.). *Cooperação Judiciária Nacional*. Salvador: Juspodivm, 2021, p. 23-60.
86. Art. 19, § 12, da Lei nº 10.522/02. Os órgãos do Poder Judiciário e as unidades da Procuradoria-Geral da Fazenda Nacional poderão, de comum acordo, realizar mutirões para análise do enquadramento de processos ou de recursos nas hipóteses previstas

Informativo dos créditos não quitados de órgãos e entidades federais) – prevê expressamente a possibilidade de protocolos institucionais entre o Judiciário e a Procuradoria da Fazenda Nacional.

Na mesma linha, o art. 75, § 4º, do CPC estabelece que os Estados e o Distrito Federal poderão ajustar compromisso recíproco para prática de ato processual por seus procuradores em favor de outro ente federado, mediante convênio firmado pelas respectivas procuradorias.[87]

Por sua vez, Fredie Didier Jr. aponta que o art. 69, § 2º, CPC "pode ser visto como uma fonte dos chamados protocolos institucionais"[88].

Em linhas gerais, os protocolos institucionais ou administrativos são acordos multilaterais[89] de gestão coletiva de processos, realizados entre Poder Judiciário[90], Conselho Nacional de Justiça, Ministério Público, Defensoria Pública, Ordem dos Advogados do Brasil, e até empresas privadas, que materializam "instrumento valioso de estruturação de políticas públicas, incremento da autonomia pública – democracia participativa – e adequação procedimental a certos tipos de demandas"[91].

---

neste artigo e celebrar negócios processuais com fundamento no disposto no art. 190 da Lei nº 13.105, de 16 de março de 2015 (Código de Processo Civil). No mesmo sentido, vide o art. 19-D da referida lei, que estende tal possibilidade à Procuradoria-Geral da União, à Procuradoria-Geral Federal e à Procuradoria-Geral do Banco Central.

87. Vide, a respeito, o Enunciado 383 do FPPC: "As autarquias e fundações de direito público estaduais e distritais também poderão ajustar compromisso recíproco para prática de ato processual por seus procuradores em favor de outro ente federado, mediante convênio firmado pelas respectivas procuradorias".

88. DIDIER JR., Fredie. *Cooperação Judiciária Nacional* – esboço de uma teoria para o Direito brasileiro (arts.67-69, CPC). Salvador: Juspodivm, 2020, p. 87.

89. DIDIER JR., Fredie. *Curso de Direito Processual Civil*. v. 1. Salvador: Juspodivm, 2015, p. 393.

90. Os protocolos institucionais têm, a rigor, natureza institucional, sendo firmados entre associações/entidades e a administração judiciária. Nesses casos, "a declaração volitiva provém de um agrupamento de indivíduos, organicamente considerados". PEREIRA, Caio Mario da Silva. *Instituições de Direito Civil*. 26. ed. Rio de Janeiro: Forense, 2013, p. 61. A propósito, o Enunciado 255 do FPPC dispõe que "é admissível a celebração de convenção processual coletiva". Em tais convenções processuais, a participação é do Estado-Administração, e não do Estado-Juiz.

91. PANTOJA, Fernanda Medina. *Protocolos pré-processuais*: fundamentos para a construção de uma fase prévia ao processo no direito brasileiro. Tese de Doutorado. Faculdade de Direito, Universidade do Estado do Rio de Janeiro – UERJ, Rio de Janeiro, 2016, p.163-168.

Tais protocolos ajudam a fomentar a consensualidade[92] e, em algumas hipóteses, podem contribuir para a própria resolução dos conflitos.

Imagine-se, por exemplo, que um plano de saúde esteja sendo obrigado a autorizar determinado procedimento médico-hospitalar (sem previsão no rol obrigatório da Agência Nacional de Saúde Suplementar) em múltiplas ações judiciais – em que pesem algumas decisões favoráveis –, bem como a pagar, ao final, indenização por danos morais aos beneficiários.

Eventualmente, pode ser interessante para o plano de saúde tentar regulamentar a questão de forma macro, celebrando um protocolo institucional com o Judiciário. Tal convênio englobaria as diretrizes para um possível acordo com os consumidores, com a criação de canal exclusivo para a comunicação dos envolvidos.[93]

Na prática, seriam disponibilizados dois documentos pelo Judiciário: a) um formulário detalhado com as instruções necessárias e a sistemática aplicável, com a ressalva de que o envio da documentação especificada para garantir a autorização do procedimento importa renúncia ao direito de pleitear eventual dano moral decorrente de negativa anterior; e b) a minuta padrão do futuro acordo, na qual constaria, em caráter excepcional e sem

---

92. Lorena Miranda menciona a possibilidade de o Poder Público celebrar protocolo institucional com o Judiciário, disponibilizando modelos de acordos processuais, previamente aprovados pelo órgão de direção da advocacia pública correspondente – a serem oferecidos aos litigantes já no momento de ajuizamento da demanda –, facultando-se a realização de acordo mediante a simples anuência da parte autora, uma vez que a aprovação do modelo pelo ente público já corresponderia à sua manifestação de vontade formadora do negócio. Na visão da doutrinadora, "os protocolos institucionais podem servir como importante instrumento de exercício da consensualidade em sede processual, superando dificuldades práticas e operacionais em prol de uma mais eficiente gestão processual coletiva". BARREIROS, Lorena Miranda Santos. *Convenções Processuais e Poder Público*. Tese aprovada como requisito parcial para obtenção do grau de Doutor em Direito, Faculdade de Direito da Universidade Federal da Bahia – UFBA, 2016, p. 367. Versão comercial da tese (BARREIROS, Lorena Miranda Santos. *Convenções Processuais e Poder Público*. Salvador: Juspodivm, 2017).

93. Ainda que não existam pesquisas empíricas para comprovar a assertiva, a prática revela que consumidores sentem mais confiança em determinadas negociações quando o Poder Judiciário está, de algum modo, envolvido. A propósito, a integração da plataforma consumidor.gov ao Processo Judicial Eletrônico (PJe), que permitirá a tentativa de acordos e a sua posterior homologação, reforça essa percepção. Veja-se, nesse sentido: *Integração do Consumidor.gov.br ao PJe irá diminuir judicialização entre empresas e consumidores*. Disponível em Integração do Consumidor.gov.br ao PJe irá diminuir judicialização entre empresas e consumidores — Ministério da Justiça e Segurança Pública (justica.gov.br). Acesso em: 01.04.2021.

reconhecimento de responsabilidade, o compromisso do plano de saúde de autorizar o procedimento em questão no prazo indicado no formulário, sob pena de multa diária, arcando cada parte com os honorários de seu advogado, bem como a ratificação da renúncia do consumidor quanto ao direito de pleitear eventual dano moral. Algo semelhante a uma transação por adesão.[94]

Obviamente, nada seria imposto ao consumidor, cabendo a ele decidir livremente. E a análise pelo beneficiário certamente levaria em conta a possibilidade de eventual indeferimento da tutela provisória ou mesmo de arcar com perdas e danos, caso a medida seja revogada na sentença (art. 302 do CPC), além dos custos para acompanhamento do processo, do risco de eventual sucumbência, na hipótese de o pedido ser rejeitado, entre outros.

Ciente das condições veiculadas no formulário, bastaria ao consumidor, por meio do canal de comunicação criado, enviar os documentos pertinentes (ex: apresentação de pedido médico atualizado; comprovação de pagamento das últimas mensalidades; declaração de seu advogado concordando com a proposta). Nos termos ajustados, o envio da documentação (pressupondo-se a sua regularidade) inaugura o prazo do plano de saúde para autorizar o procedimento, independentemente da assinatura e posterior homologação do acordo pelo juiz.

Com isso, oferece-se uma vantagem ao consumidor (certeza quanto à autorização do procedimento requerido, em determinado prazo, sem questionamento judicial por parte do plano de saúde – a sanção premial) para estimulá-lo a adotar um comportamento (renunciar desde logo eventual direito a pleitear dano moral).

94. Em linhas gerais, a transação por adesão consiste em uma proposta uniforme na qual os interessados podem aderir, a fim de encerrar as pendências judiciais que tenham ou possam vir a ter com a Administração Pública (art. 35 da Lei 13.140/15). Por exemplo, a Portaria nº 11.956/2019, da Procuradoria-Geral da Fazenda Nacional – que regulamenta a resolução de conflitos entre a administração tributária federal e os contribuintes com débitos junto à União que não cometeram fraudes e que se enquadrem nas modalidades previstas pela regulamentação – estabelece três modalidades de transação: a) por adesão; b) por proposta individual do contribuinte; e c) por proposta individual da PGFN, prevendo, basicamente, redução de valores e parcelamento. Ressalte-se que está vedada a transação de débitos de FGTS, Simples Nacional, multas qualificadas e penais. Na prática, são elegíveis a um acordo com desconto apenas os débitos inscritos em dívida ativa da União considerados irrecuperáveis ou de difícil recuperação, conforme os critérios objetivos fixados pela PGFN. Vale registrar, ainda, a Lei nº 13.988/20 (Lei da Transação Tributária), que dispõe sobre a transação por adesão em algumas hipóteses específicas.

Capítulo 6

SANÇÕES PREMIAIS ATÍPICAS: PROPOSTA DE SISTEMATIZAÇÃO PARA A SUA FIXAÇÃO JUDICIAL

Neste capítulo final, será investigada a possibilidade de o juiz fixar sanções premiais atípicas[1] (*ope iudicis*), à luz de determinados *standards* de controle.[2]

---

1. Parte da doutrina sustenta que não se deve falar em medidas executivas atípicas, e sim em medidas inominadas, pois "há tipicidade nestas medidas em razão de estarem previstas no 'tipo aberto' do art. 139, IV, CPC". SILVA, Bruno Campos; SOUSA, Diego Crevelin de; ROCHA, Jorge Bheron. Medidas indutivas inominadas: o cuidado com o fator Shylockiano do art. 139, IV, CPC. In: DIDIER JR., Fredie (Coord. geral); TALAMINI, Eduardo; MINAMI, Marcos (Coords.). *Medidas Executivas Atípicas* – Coleção Grandes temas do Novo CPC. Salvador: Juspodivm, 2018. Em sentido semelhante (defendendo que medidas indutivas não podem ser atípicas) CARREIRA, Guilherme Sarri; GAMA E ABREU, Vinicius Caldas da. Dos poderes do juiz na execução por quantia certa: da utilização das medidas inominadas. In: DIDIER JR., Fredie (Coord. geral); TALAMINI, Eduardo; MINAMI, Marcos Youji (Coords.) *Medidas Executivas Atípicas* – Coleção Grandes temas do novo CPC. Salvador: Juspodivm, 2018, p. 243. Compreendemos os argumentos, mas não concordamos, pois a existência de um "tipo aberto" não impede que se fale em atipicidade, assim como ocorre, por exemplo, com as convenções processuais atípicas (por mais que o art. 190 do CPC já autorize convenções não previstas em lei). Não se pode perder de vista que o termo típico é polissêmico, podendo, assim, expressar mais de um significado. Como destaca a doutrina, "tipicidade/atipicidade podem expressar ideias de particularidade, recorrência, procedimento e até mesmo de taxatividade. E essa diversidade de acepções que os termos têm recebido torna ainda mais difícil a tarefa de sistematização". (RODRIGUES, Daniel Colnago. *Intervenções de terceiros*. São Paulo: Revista dos Tribunais, 2017, p. 60). Para fins desta obra, defende-se a atipicidade das sanções premiais pelos seguintes motivos: a) alguns prêmios estipulados pelo juiz sequer estão expressamente previstos em lei (por exemplo, escalonamento decrescente de multas e "soma" de prazos no cumprimento de obrigações distintas), o que será explorado ao longo deste capítulo; b) a estipulação dos prêmios não decorre de um comando judicial determinante (adequação e gestão processual), mas sim de um pronunciamento estimulante (não produz efeitos desde logo); e c) é possível a estipulação de prêmios na fase de conhecimento, inclusive sem relação com eventual atividade executiva, o que, a rigor, amplia a potencialidade do art. 139, IV, do CPC.
2. "Mas, pergunta-se: por que não investir em outras sanções premiais processuais executivas? É possível criar prêmios e vantagens, encorajadores de condutas, para aqueles que se comportarem com probidade durante o processo de conhecimento ou de execução.

6.1 APROXIMAÇÃO AO TEMA

Ao lado das sanções punitivas[3], as sanções premiais atípicas podem incrementar o cardápio de medidas à disposição do julgador[4].

Obviamente, as sanções premiais atípicas não irão resolver os efeitos da crise da Justiça[5] e a proclamada ineficiência da execução[6] – um problema de

---

As sanções processuais premiais necessitam de valorização e aprimoramento e o sistema jurídico elenca mecanismos que podem ser aproveitados na execução civil". LIGERO, Gilberto Notário. *Sanções Processuais por Improbidade na Execução Civil.* Tese apresentada à Banca Examinadora da Pontifícia Universidade Católica de São Paulo, como exigência parcial para obtenção do título de Doutor em Direito. Pontifícia Universidade Católica de São Paulo, 2014, p. 197-199.

3. Que não são garantia do adimplemento da obrigação. Nesse ponto, a doutrina assinala: "A escolha do legislador processual pelas penalidades pecuniárias encontrou guarida no fato de que, durante muito tempo prevaleceu a ideia de que as multas processuais, utilizadas como medidas coercitivas para o cumprimento da obrigação ou como sanções às práticas abusivas, por atuarem diretamente no 'bolso' do devedor, tinham o poder de levá-lo ao cumprimento de suas obrigações e, ainda, de conscientizá-lo sobre a necessidade da preservação da boa prática processual. Entretanto, atualmente, o que se verifica na prática é uma despreocupação dos devedores com a imposição das multas e indenizações, pois os efeitos das mesmas ficam encapsulados no processo e não transbordam para o mundo fático, ou seja, não mudam nem a realidade, muito menos a mentalidade dos fraudadores e chicaneiros. Os valores e percentuais fixados nos processos a título de multas pecuniárias e indenizações por práticas fraudulentas e abusivas tornam-se 'mais uma dívida'. (...) Em outras palavras, o esperado efeito pedagógico das sanções é apenas uma ilusão ou uma utopia, que não se implementará tão brevemente, apesar do empenho de vários atores, especialmente dos magistrados que conduzem os processos". LIGERO, Gilberto Notário. *Sanções Processuais por Improbidade na Execução Civil.* Tese apresentada à Banca Examinadora da Pontifícia Universidade Católica de São Paulo, como exigência parcial para obtenção do título de Doutor em Direito. Pontifícia Universidade Católica de São Paulo, 2014, p. 164-165.
4. O que foi expressamente mencionado pelo Ministro Luiz Fux no julgamento da ADI 5941/DF. Disponível em https://www.youtube.com/watch?v=QkV0n4Gt-a8. Acesso em: 10.09.2023.
5. Não há uma fórmula mágica para resolver tal problema. Como vaticinava Barbosa Moreira, "temos de combinar estratégias e táticas, pondo de lado o receio de parecermos incoerentes se, para enfermidades de diferentes diagnósticos, experimentarmos remédios também diferenciados". BARBOSA MOREIRA, Jose Carlos. O futuro da justiça: alguns mitos. *Temas de direito processual*: oitava série. São Paulo: Saraiva, 2004, p. 7.
6. "O fenômeno de que aqui se trata agora, da ineficiência da execução, não é regional ou nacional. Trata-se, lamentavelmente, de um fenômeno mundial, verdadeiramente globalizado. Prova disso é que, nos últimos anos, vários ordenamentos processuais foram reformados para que se modificasse o sistema de execução civil. Alguns exemplos podem ser mencionados: Espanha em 2000, Rússia em 2002, Portugal em 2003, Itália

décadas para o qual não existe fórmula mágica[7] –, mas podem, ao menos, contribuir para racionalizar e otimizar a prestação jurisdicional.

A proposta de sistematização a ser desenvolvida neste trabalho é inédita e dialoga diretamente com um dos problemas da obra (pode o juiz estipular sanções premiais? Se sim, quais são os critérios e os limites?).

A intenção é dar uma contribuição original à processualística[8], por mais que a iniciativa desperte o "receio de não conseguir se aprofundar" e o "medo de errar"[9].

---

em 2005, Honduras em 2007, entre muitos outros. Também o Brasil promoveu uma profunda reforma da execução civil entre os anos de 2005 e 2006. É impossível determinar com exatidão todos os motivos pelos quais a execução tem sido, historicamente, tão ineficiente. Uma razão há, porém, que não pode deixar de ser registrada: a tendência à superproteção do devedor". CÂMARA, Alexandre Freitas. A eficácia da execução e a eficiência dos meios executivos: em defesa dos meios executivos atípicos e da penhora de bens impenhoráveis. In: ARRUDA ALVIM NETTO, José Manoel de; ARRUDA ALVIM, Eduardo; BRUSCHI, Gilberto Gomes; CHECHI, Mara Larsen; COUTO, Mônica Bonetti (Orgs.). *Execução civil e temas afins do cpc/1973 ao novo cpc* – estudos em homenagem ao professor Araken de Assis. São Paulo: Revista dos Tribunais, 2014, p. 14-15.

7. "Não se conhece fórmula apta a superar – não ao menos de maneira cabal – os problemas que impedem seja nossa execução civil verdadeiramente eficiente. Assim ocorre porque certamente essa fórmula ainda não foi encontrada. Como ocorre com os óbices à distribuição da Justiça em geral, na execução eles são de diversas ordens e alguns escapam à área estritamente jurídica. Sem dúvida que essa assertiva tem sabor de lugar-comum. Contudo, a busca de soluções adequadas começa por um diagnóstico correto. Assim, reconhecer que o problema é complexo e que não está vinculado a apenas um fator é dar o primeiro passo". YARSHELL, Flávio Luiz. Ampliação da responsabilidade patrimonial: caminho para solução da falta de efetividade da execução civil brasileira? In: ARRUDA ALVIM NETTO, José Manoel de; ARRUDA ALVIM, Eduardo; BRUSCHI, Gilberto Gomes; CHECHI, Mara Larsen; COUTO, Mônica Bonetti (Orgs.). *Execução civil e temas afins do cpc/1973 ao novo cpc* – estudos em homenagem ao professor Araken de Assis. São Paulo: Revista dos Tribunais, 2014, p. 391. No mesmo sentido MELLO, Rogerio Licastro Torres. Projeto de Novo CPC e a Ação Probatória não cautelar. *Revista de Processo*. São Paulo: Revista dos Tribunais, nº 233, jul./2014, p. 85; SANTOS, Guilherme Luis Quaresma Batista. Teoria geral da execução e o CPC de 2015. In: DIDIER JR., Fredie (Coord. geral); MACÊDO, Lucas Buril de; PEIXOTO, Ravi; FREIRE, Alexandre (Orgs.). *Coleção novo CPC* – doutrina selecionada – execução. v. 5. Salvador: Juspodivm, 2015, p. 30.

8. Mesmo sabendo que o "ambiente acadêmico convive melhor com a obediência do que com a originalidade". GODINHO, Robson Renault. Prefácio. In: DIDIER JR., Fredie. *Sobre a Teoria Geral do Processo, essa desconhecida*. 5. ed. Salvador, Juspodivm, 2020, p. 33.

9. "Há autores que fogem dos temas polêmicos e fundamentais, com medo de errar e com receio de não conseguir se aprofundar. Invariavelmente não erram, nem acertam, nem

6.2 ESTADO DA ARTE

Antes de avançar, vale apresentar um panorama do que já foi desenvolvido sobre o tema em âmbito doutrinário.

Investigar o estado da arte permite conhecer as abordagens já efetuadas, absorver alguns entendimentos e dialogar com outros pontos de vista.[10]

Dentro desse espírito, serão citados alguns trabalhos[11] que, de algum modo, tocaram no tema das sanções premiais atípicas (não sob essa denominação necessariamente), sem o desenvolvimento, porém, de uma proposta de sistematização concreta (*standards* de controle do comando judicial).

Em artigo intitulado "Sanções Premiativas: uma análise de sua efetividade como meio executivo à luz dos artigos 461 e 461-A, do Código de Processo Civil", Juliana Cavalheiro[12] consigna que "um benefício ao executado, caso ele venha cumprir a obrigação a qual foi condenado, é indubitavelmente um meio mais útil para alcançar a efetiva prestação jurisdicional", uma vez que certamente se sentirá mais inclinado a cumpri-la.

Todavia, a autora não aponta objetivamente quais seriam esses benefícios a serem concedidos pelo juiz e os critérios de controle (na realidade, menciona apenas o princípio da proporcionalidade).

---

agregam. Limitando-se a repetir o que já foi dito, eles nada acrescentam ao patrimônio cultural preexistente – são simples ecos do Direito e da doutrina". ÁVILA, Humberto. Prefácio. In: DIDIER JR., Fredie. *Sobre a Teoria Geral do Processo, essa desconhecida*. 5. ed. Salvador, Juspodivm, 2020, p. 26.

10. "O papel das novas pesquisas é explorar os caminhos abertos pelas pesquisas anteriores, edificando o prédio da ciência jurídica". SOUZA, Marcus Seixas. *Normas processuais consuetudinárias*: história, teoria e dogmática. Salvador: Juspodivm, 2019, p. 21.

11. A escolha dos textos observou os seguintes critérios: ordem cronológica de publicação dos trabalhos, cujos títulos contivessem alguma expressão semelhante a "sanções premiais atípicas" (como, por exemplo, "sanções premiativas", "aplicação das sanções positivas" e "promessa de recompensa judicial"). Isso não significa, porém, que outros trabalhos, inclusive relevantes, não tenham sido publicados abordando a sanção premial no ordenamento jurídico (ainda que dentro de obras com recorte mais amplo) na vigência do CPC/73. Vide, por exemplo TALAMINI, Eduardo. *Tutela relativa aos deveres de fazer e de não fazer e sua extensão aos deveres de entrega de coisa* (CPC, arts. 461 e 461-A; CDC, art. 84). São Paulo: Revista dos Tribunais, 2001, p. 177-178; RIBEIRO, Darci Guimarães. *Da tutela jurisdicional às formas de tutela*. Porto Alegre: Livraria do Advogado, 2010.

12. CAVALHEIRO, Juliana Silbernagel de Moura. *Sanções Premiativas*: uma análise de sua efetividade como meio executivo à luz dos artigos 461 e 461-A, do Código de Processo Civil. Artigo Científico apresentado à Escola de Magistratura do Estado do Rio de Janeiro, como exigência para obtenção do título de Pós-Graduação, 2010, p. 12-17.

Na mesma linha, em dissertação de mestrado sobre as "sanções positivas" no direito do trabalho brasileiro, Rômulo Soares Valenti[13] afirma que o juiz do trabalho pode valer-se da lógica promocional para conceder ao particular "vantagens não previstas na legislação ou até mesmo *contra legem*, contanto que a decisão esteja devidamente fundamentada em princípios constitucionais aplicáveis à hipótese".

Entretanto, o autor não fornece qualquer exemplo concreto, não indica os critérios de controle dessa aparente discricionariedade judicial e tampouco explica em que situações as vantagens poderiam ser *contra legem* (ideia com a qual não se concorda).

Ainda na vigência do CPC/73, Fredie Didier Jr. e Pedro Henrique Nogueira[14], em artigo intitulado "Promessa de recompensa judicial", se debruçaram sobre o tema.

De acordo com os autores, para as execuções de obrigações de fazer, não fazer e entregar coisa, pode o juiz, para estimular o adimplemento, fixar multa por dia de atraso ou por outra unidade de tempo (semanal ou mensal, por exemplo), "estabelecendo isenções ou reduções no valor das astreintes em função do momento do cumprimento da decisão".

A recomendação dos referidos autores, nesses casos, é que o juiz crie um cronograma de aumento ou de redução do montante da multa, de acordo com a data de cumprimento da obrigação. Em caso de redução, esta funcionaria como uma "recompensa". Nesse particular, citam a máxima da proporcionalidade como método de controle da "recompensa", sem desenvolver outros critérios, deixando espaço para uma efetiva proposta de sistematização.[15]

---

13. Na visão do doutrinador, o magistrado trabalhista também pode valer-se "das disposições constantes do art. 8º e do art. 832, § 1º da CLT para estabelecer termos e condições promocionais para o cumprimento de suas decisões com base em juízo analógico ou de equidade". VALENTINI, Rômulo Soares. *Aplicação de Sanções Positivas no Direito do Trabalho*. Dissertação apresentada ao Programa de Pós-Graduação em Direito da Faculdade de Direito da Universidade Federal de Minas Gerais como parte dos requisitos para obtenção do título de mestre em Direito do Trabalho. Belo Horizonte, 2012, p. 88.
14. DIDIER JR.; Fredie; NOGUEIRA, Pedro Henrique Pedrosa. Promessa de recompensa judicial. In: ARRUDA ALVIM NETTO, José Manoel de; ARRUDA ALVIM, Eduardo; BRUSCHI, Gilberto Gomes; CHECHI, Mara Larsen; COUTO, Mônica Bonetti (Orgs.). *Execução civil e temas afins do cpc/1973 ao novo cpc* – estudos em homenagem ao professor Araken de Assis. São Paulo: Revista dos Tribunais, 2014, p. 406-417.
15. Os autores admitem a promessa de recompensa judicial para "redimensionar o valor dos honorários advocatícios e das custas processuais, para o caso de cumprimento de decisão". Embora os autores não tenham desenvolvido o ponto, presume-se que a ale-

Ademais, focam a possibilidade de "recompensa" judicial no âmbito das execuções de obrigações de fazer, não fazer e entregar coisa, sem analisar especificamente a potencialidade das sanções premiais no contexto dos processos estruturantes, terreno altamente frutífero[16].

Para os fins deste trabalho, será adotada a expressão "sanção premial atípica", em vez de "promessa de recompensa judicial", não apenas em razão das particularidades da "promessa de recompensa" do Código Civil (arts. 854 a 860)[17], mas também pelo fato de que o vocábulo "recompensa" pode, de algum modo, passar a impressão de que o não exercício do comportamento estimulado pelo prêmio pode gerar uma consequência negativa (como acontece, por exemplo, com o instituto da "descoberta" - arts.1233 a 1237 do Código Civil, em que também se fala em "recompensa")[18].

Já na vigência do CPC/15, é possível citar alguns trabalhos que fazem referência ao tema, notadamente à luz do art. 139, IV.

---

gada possibilidade de redimensionamento dos honorários não signifique autorização para o juiz reduzir valores ou percentuais já fixados (mas apenas percentuais/valores ainda não estabelecidos). Em trabalho posterior, Pedro Henrique Nogueira reiterou o entendimento, sem detalhar a hipótese: "O direito brasileiro admite promessas de recompensa originárias do Estado-juiz como forma de estimular o cumprimento de obrigações, como exercício do poder geral de efetivação (v.g. redução dos honorários de sucumbência em função do momento do adimplemento; redução de astreintes, caso a obrigação seja cumprida em menor prazo etc.)". NOGUEIRA, Pedro Henrique. *Negócios jurídicos processuais*. 3. ed. rev., atual. e ampl. Salvador: Juspodivm, 2018, p. 256. Não concordamos com a possibilidade de o juiz reduzir os honorários sucumbenciais (seja em relação àqueles já fixados, seja antes da respectiva fixação), bem como as custas processuais, em razão do primeiro *standard* da proposta de sistematização (não afetação do direito alheio). Voltaremos ao ponto no tópico 6.6.1.1.

16. "Também se pode pensar, por outro lado, em medidas que alterem o próprio comportamento dos elementos (sujeitos) inseridos no sistema (instrumentos de regulação comportamental). Aqui, o objetivo é oferecer estímulos e incentivos - que podem ser positivos ou negativos –, de modo a fomentar certos comportamentos desejáveis ou a desencorajar comportamentos indesejáveis". ARENHART, Sérgio Cruz; OSNA, Gustavo; JOBIM, Marco Félix. *Curso de Processo Estrutural*. São Paulo: Thomson Reuters Brasil, 2021, p. 70.

17. Por exemplo, não há uma prévia definição do destinatário da recompensa; a possibilidade de distribuição proporcional dos quinhões de recompensa; a previsão de reembolso ao candidato de boa-fé que houver incorrido em despesas após a revogação da promessa pelo promitente etc.

18. Apesar da norma prever o prêmio para aquele que encontrar e restituir a coisa ("*recompensa* não inferior a cinco por cento do seu valor") ao dono/legítimo possuidor, o não agir (isto é, a não devolução) pode caracterizar o crime de "apropriação de coisa achada" (art. 169, II, do CP).

Alguns doutrinadores entendem que o juiz não pode aplicar sanções premiais atípicas, sustentando que, "sem respaldo na lei, não nos parece possível que o juiz possa conceder uma sanção premial, pois acaba por restringir direito alheio sem qualquer previsão"[19].

Eduardo Talamini, por sua vez, defende a possibilidade de o juiz estabelecer sanções premiais, embora considere que "seu campo de emprego é muito limitado"[20].

Outra parcela da doutrina reconhece a possibilidade de sanções premiais atípicas e fornece alguns exemplos (que serão oportunamente submetidos aos critérios de controle desenvolvidos nesta obra)[21].

Não há, todavia, em nenhum dos trabalhos o desenvolvimento de uma sistematização própria.

6.3 SANÇÕES PREMIAIS ATÍPICAS

6.3.1 Definição

A sanção premial atípica é a consequência jurídica positiva estipulada pelo magistrado (o prêmio) para estimular determinado comportamento indicado no comando judicial.

---

19. "CARREIRA, Guilherme Sarri; GAMA E ABREU, Vinicius Caldas da. Dos poderes do juiz na execução por quantia certa: da utilização das medidas inominadas. In: DIDIER JR., Fredie (Coord. geral); TALAMINI, Eduardo; MINAMI, Marcos Youji (Coords.) *Medidas Executivas Atípicas* – Coleção Grandes temas do Novo CPC. Salvador: Juspodivm, 2018, p. 265-267.

20. TALAMINI, Eduardo. Poder geral de adoção de medidas coercitivas e sub-rogatórias nas diferentes espécies de execução. *Revista de Processo*. São Paulo: Revista dos Tribunais, nº 284, out./2018, p. 173-175: "Diante desse quadro, não parece possível negar por completo a incidência de medidas de indução positivas atípicas. Mas seu campo de emprego é muito limitado. O benefício processual terá de recair sobre uma posição jurídica não pertencente ao credor, mas à própria jurisdição". A propósito, é sintomático um dos tópicos do referido artigo: "6. Para dizer que não falei das medidas indutivas".

21. MAZZEI, Rodrigo; ROSADO, Marcelo da Tocha. A cláusula geral de efetivação e as medidas indutivas no CPC/15. In: DIDIER JR., Fredie (Coord. geral); TALAMINI, Eduardo; MINAMI, Marcos (Coords.). Medidas Executivas Atípicas – Coleção Grandes temas do Novo CPC. Salvador: Juspodivm, 2018, p. 515-517; MEIRELES, Edilton. Cooperação judicial e poderes do juiz na execução. In: DIDIER JR., Fredie (Coord. geral); TALAMINI, Eduardo; MINAMI, Marcos Youji (Coords.) *Medidas Executivas Atípicas* – Coleção Grandes temas do Novo CPC. Salvador: Juspodivm, 2018, p. 553-554; NOGUEIRA, Pedro Henrique. *Negócios jurídicos processuais*. 3. ed. rev., atual. e ampl. Salvador: Juspodivm, 2018, p. 248.

Convém ressaltar que, da mesma forma que nas sanções premiais legais e convencionais, o destinatário não é obrigado a adotar a conduta especificada. Em caso de inércia, apenas não receberá o prêmio. Trata-se de conduta facultativa, cuja inobservância não gera qualquer punição.

Uma ressalva importante: nas sanções premiais legais, pode haver um sacrifício na órbita de terceiro (redução dos honorários advocatícios, isenção das custas etc.). Porém, como detalhado no capítulo 1, tais interferências são escolhas legislativas – ainda que sem estudo prévio – que avaliam e sopesam, em cenário *ex ante*, os valores em jogo. Já nas convenções processuais, prevalece a livre autonomia da vontade e eventuais restrições a direitos dos participantes decorrem do seu próprio consentimento.

A lógica, todavia, não se aplica às sanções premiais atípicas, pois o juiz não pode afetar direito alheio (o tema será abordado mais adiante).

Consigne-se, ainda, que, em uma mesma decisão judicial, o juiz tanto pode fixar uma sanção premial atípica como uma sanção punitiva[22]. Ou seja, é possível que o juiz ordene a prática de determinado ato, sob pena de multa diária, indicando que, se a medida for praticada antes do prazo final, o destinatário receberá um prêmio por ter antecipado o cumprimento da obrigação[23]. Já existem exemplos concretos extraídos de ações judiciais (serão apresentados nos próximos itens).

6.3.1.1 Sanção premial x atuação premial

Não se deve confundir sanção premial atípica com atuação premial. Nesta última, o juiz, em um cenário *ex post*, apenas valoriza e premia o modo de agir de um sujeito processual com base em critérios legais pré-determinados ou, eventualmente, em razão de posturas colaborativas anteriores, sem qualquer estímulo direto de sua parte.

É o que acontece quando o magistrado, após analisar a atuação do advogado, especialmente o trabalho desenvolvido, seu grau de zelo e comprometimento, e o tempo dedicado ao assunto (todos critérios legais), fixa os honorários sucumbenciais acima do mínimo legal, prestigiando a atuação do causídico[24]. Ou mesmo quando dilata o prazo para a prática de

---

22. MAZZOLA, Marcelo; BELLIZZE, Marco Aurélio. Sanções premiais e indução de comportamento. Disponível em https://www.conjur.com.br/2022-jun-17/bellizze-mazzola--sancoes-premiais-inducao-comportamento. Acesso em: 10.09.2023.
23. Enunciado 714 do FPPC: "O juiz pode cumular medida indutiva e coercitiva para o cumprimento da obrigação".
24. O que também pode ocorrer na execução. Vide, por exemplo, art. 827, § 2º, do CPC.

determinado ato, a pedido da parte, por considerar que esta vem agindo de forma cooperativa.

Ou seja, não há um prêmio estipulado pelo próprio juiz para estimular determinado comportamento, e sim a valorização de uma atuação, à luz de critérios legais já predefinidos ou, ainda, em decorrência de posturas cooperativas anteriores.

6.3.2 Natureza jurídica do comando premial judicial

O comando judicial que estipula a sanção premial é um ato processual[25] unilateral do juiz, sendo certo que a sua eficácia está sujeita à condição[26]. Como visto, o destinatário não é obrigado a adotar o comportamento indicado pelo magistrado e não sofre qualquer penalidade. Apenas não recebe o prêmio. Por outro lado, se adotar a conduta especificada, fará jus ao prêmio. Ou seja, o comando judicial só produzirá efeitos práticos se o respectivo destinatário praticar o ato indicado na decisão.

Cabe registrar que, embora a eficácia do comando premial esteja sujeita à determinada condição, isso não significa que o julgador esteja proferindo uma decisão incerta, o que, a rigor, afrontaria o parágrafo único do art. 492 do CPC ("a decisão judicial deve ser certa, ainda que resolva relação jurídica condicional").

Como explica Barbosa Moreira[27], "o que a lei não admite é a condenação que, como tal, se subordine à verificação de evento futuro e incerto".

Na mesma linha, Fredie Didier Jr., Paula Sarno Braga e Rafael Alexandria de Oliveira[28] assinalam que a certeza é requisito que deve ser observado, mesmo quando o pedido "se refira a uma relação jurídica condicional, isto porque

---

25. De acordo com Antonio do Passo Cabral, "ato processual é definido por um conceito finalístico: é aquele comportamento destinado a produzir efeitos e influenciar o processo". CABRAL, Antonio do Passo. *Nulidades no processo moderno* – contraditório, proteção da confiança e validade *prima facie* dos atos processuais. Rio de Janeiro: Forense, 2009, p. 139. Em outro sentido: "(...) atos processuais são todos os que constituem a sequência de atos, que é o próprio processo". PONTES DE MIRANDA. *Comentários ao Código de Processo Civil*. t. III. 4. ed. Rio de Janeiro: Forense, 1997, p. 12-13.
26. Art. 121 do CC. Considera-se condição a cláusula que, derivando exclusivamente da vontade das partes, subordina o efeito do negócio jurídico a evento futuro e incerto.
27. BARBOSA MOREIRA, José Carlos. Execução sujeita a condição ou termo no processo civil brasileiro. In: BARBORA MOREIRA, José Carlos. *Temas de Direito Processual*: sétima série. São Paulo: Saraiva, 2001, p. 113.
28. DIDIER JR., Fredie; BRAGA, Paula Sarno; OLIVEIRA, Rafael. *Curso de Direito Processo Civil*. v. 2. 11. ed. Salvador: Juspodivm, 2016, p. 384-388.

uma coisa é a condição que eventualmente recaia sobre o direito reconhecido na decisão, outra coisa é a condição que se impõe para o reconhecimento desse mesmo direito". Na visão dos referidos doutrinadores, a exigência de certeza como requisito de validade da decisão "não impede que o juiz, ao julgar, crie, ele mesmo, uma condição de eficácia do seu pronunciamento". E isso se daria porque, enquanto a certeza é atributo relacionado ao plano da validade do ato jurídico, a sujeição desse ato a uma condição se refere ao plano da eficácia. Ou seja, a vedação do parágrafo único do art. 492 não decorre do fato de a decisão judicial prever uma condição, e sim "porque o evento futuro e incerto por ela previsto condiciona a própria certeza que deveria ser estabelecida na decisão".

Nesse sentido, não há qualquer ilicitude na estipulação de sanções premiais atípicas (a condição criada está no plano da eficácia).[29]

Da mesma forma, eventual condição específica criada pelo magistrado para a efetivação da sanção premial atípica (por exemplo, necessidade de homologação judicial de convenção processual – a hipótese será examinada mais adiante), não a desnatura, já que o relevante é a previsão da consequência jurídica para estimular determinado comportamento (seja este condicionado ou não, o que, porém, deve estar claro no comando judicial).

Na classificação de James Goldschmidt[30], o comando premial constituiria um ato estimulante, isto é, aquele que "não atinge diretamente (por si só) os efeitos por ele pretendidos, necessitando, para tanto, provocar a intermediação de outros sujeitos"[31].

---

29. Como destaca Pedro Henrique Nogueira, "o que está vedado é a prolação de sentença que reconheça um direito, mas, ao mesmo tempo, condicione o reconhecimento desse direito a um evento futuro". NOGUEIRA, Pedro Henrique. *Negócios jurídicos processuais*. 3. ed. rev., atual. e ampl. Salvador: Juspodivm, 2018, p. 46. Sobre a diferença entre sentença condicional e sentença que julga relação sujeita à condição, ver ZAVASCKI, Teori Albino. Sentenças declaratórias, sentenças condenatórias e eficácia executiva dos julgados. *Revista de Processo*. São Paulo: Revista dos Tribunais, nº 109, jan./mar./2003, p. 53 e seguintes. No âmbito do processo, existem decisões que contemplam condições. É o que acontece, por exemplo, quando juiz defere tutela provisória condicionada à complementação das custas judiciais ou à juntada do instrumento de mandato.
30. GOLDSCHMIDT, James. *Direito Processual Civil*. t. 1. Trad. Lisa Pary Scarpa. Campinas: Bookseller, 2003, p. 269 e seguintes.
31. CABRAL, Antonio do Passo. *Nulidades no processo moderno* – contraditório, proteção da confiança e validade *prima facie* dos atos processuais. Rio de Janeiro: Forense, 2009, p. 139.

Na visão de Antonio do Passo Cabral[32], os atos estimulantes podem ser submetidos à condição e tanto as partes como o juiz (que, no processo civil contemporâneo, deve ser compreendido como difusor de "estímulos comunicativos"), podem ser sujeitos condicionados.

Para Fredie Didier Jr. e Pedro Henrique Nogueira[33], o comando premial seria um negócio jurídico unilateral. Não se pode olvidar, porém, da divergência doutrinária quanto à possibilidade de o juiz ser parte nos negócios jurídicos processuais[34].

Antonio do Passo Cabral[35] defende que o Estado-juiz não celebra negócio jurídico. Em sua visão, o fato de o Estado-juiz exercer o controle do negócio processual é incompatível com sua tomada de decisão a favor de interesses e que, ainda que se admita que o juiz atue "voluntariamente, e que essa vontade produza efeitos, de qualquer maneira a vontade externada pelo Estado-Juiz não decorre de uma escolha livre; é uma vontade autoritativa".

---

32. Idem, p. 140-143. Em sentido semelhante: "De nossa parte, entendemos que as condições são plenamente admissíveis para a prática de qualquer ato processual. Já passou do tempo de admitirmos que também no processo deve-se permitir aos sujeitos praticar condutas com condicionamento à sua eficácia". CABRAL, Antonio do Passo. O papel do juiz diante das convenções processuais. In: DIDIER JR., Fredie (Coord. geral); CABRAL, Antonio do Passo; NOGUEIRA, Pedro Henrique (Coords). *Negócios Processuais*. Coleção Grandes Temas do CPC. t. 2. Salvador: Juspodivm, 2020, p. 149.
33. DIDIER JR., Fredie; NOGUEIRA, Pedro Henrique Pedrosa. Promessa de recompensa judicial. In: ARRUDA ALVIM NETTO, José Manoel de; ARRUDA ALVIM, Eduardo; BRUSCHI, Gilberto Gomes; CHECHI, Mara Larsen; COUTO, Mônica Bonetti (Orgs.). *Execução civil e temas afins do cpc/1973 ao novo cpc* – estudos em homenagem ao professor Araken de Assis. São Paulo: Revista dos Tribunais, 2014, p. 406-417. Vale lembrar que o referido artigo foi escrito ainda no contexto do CPC/73.
34. Para uma visão geral das posições doutrinárias divergentes, ver PAIVA, André Luis Parizio Maia; SOUZA E SILVA JR.; Denarcy; VALE, Luís Manoel Borges do. A atuação do juiz nos planos da existência, validade e eficácia dos negócios jurídicos processuais: uma análise da vinculação do juiz aos negócios jurídicos plurilaterais firmados pelo Juízo. In: DIDIER JR., Fredie; NOGUEIRA, Pedro Henrique; GOUVEIA FILHO, Roberto (Coords.). *Pontes de Miranda e o Processo*. Salvador: Juspodivm, 2021, p. 33-51.
35. CABRAL, Antonio do Passo. *Convenções Processuais*. Salvador: Juspodivm, 2016, p. 223-224. Em sentido semelhante DINAMARCO, Cândido Rangel. *Instituições de Direito Processual Civil*. v II. 6. ed. São Paulo: Malheiros, 2009, p. 484; PEREIRA, Lara Dourado Mapurunga. *Negócios jurídicos processuais sobre presunções*. Salvador: Juspodivm, 2020, p. 111; YARSHELL, Flávio Luiz. Convenção das partes em matéria processual: rumo a uma nova era? In: DIDIER JR., Fredie (Coord. geral); CABRAL, Antonio do Passo; NOGUEIRA, Pedro Henrique (Coords). *Negócios Processuais*. Salvador: Juspodivm, 2015, p. 79.

Em algumas oportunidades (sem enfrentar especificamente a possibilidade de negócio jurídico unilateral), o STJ já consignou que o juiz não pode ser parte de negócio jurídico processual, salientando que "o juiz nunca foi, não é e nem tampouco poderá ser sujeito de negócio jurídico material ou processual que lhe seja dado conhecer no exercício da judicatura"[36].

Para fins desta obra e respeitando-se os entendimentos em contrário[37], não será adotada a ideia de "negócio" judicial. Sem entrar na polêmica quanto à possibilidade de o juiz realizar negócio jurídico unilateral, como o ato judicial envolve a concessão de um prêmio, a ideia de "negócio" poderia, de algum modo, despertar a desconfiança dos jurisdicionados.

6.3.3 Necessidade de participação das partes na construção do comando premial?

Diante das peculiaridades e da própria finalidade das medidas indutivas, algumas controvérsias envolvendo as medidas executivas atípicas[38], como a possibilidade de o juiz deferi-las de ofício, sem prévio contraditório, a subsidiariedade das mesmas (tipicidade *prima facie*)[39] e a sua aplicabilidade em execuções por título extrajudicial, não têm a mesma densidade.

---

36. "É preciso ressaltar, pois relevante: a cláusula geral de negociação processual atípica prevista no art. 190, *caput*, do novo CPC diz respeito apenas e tão somente aos negócios bilaterais, isto é, àqueles celebrados entre os sujeitos processuais parciais". REsp 1.738.656/ RJ, Rel. Min. Nancy Andrighi, Terceira Turma, DJe 05.12.2019. No mesmo sentido: "(...) ele não será parte da convenção, pois não titulariza situações processuais em nome próprio, mas sim em nome do Estado. Assim, não pode dispor de situação alguma. A concordância do magistrado atuará no plano da eficácia somente, e não da existência ou validade da pactuação". REsp 1.810.44/SP, Rel. Min. Luis Felipe Salomão, Quarta Turma, DJe 28.04.21.

37. Fugiria ao propósito deste trabalho enfrentar todos os argumentos favoráveis à participação do juiz nos negócios jurídicos processuais (ex: previsão de negócios jurídicos típicos que exigem a participação do juiz, inexistência de prejuízo na participação do juiz, que poderia, inclusive, fiscalizar a validade do negócio, interesse do Estado na efetividade do processo, aplicação do princípio da adequação etc.). Para o devido contraponto, ver CABRAL, Antonio do Passo. *Convenções Processuais*. Salvador: Juspodivm, 2016, p. 219-229.

38. No rol de tais medidas, pode-se destacar a retenção de passaporte e de carteira de motorista, suspensão de cartões de crédito etc.

39. Em relação à obrigação de pagar, por exemplo, o STJ entende que, para a fixação das medidas executivas atípicas, deve haver indícios de que o devedor possui patrimônio necessário para cumprir a obrigação, pressupondo, ainda, o esgotamento dos meios típicos estabelecidos em lei para a satisfação do crédito, bem como "fundamentação adequada às especificidades da hipótese concreta, com observância do contraditório

A rigor, não há óbice para o juiz deferir as medidas indutivas de ofício[40], inclusive em execuções por título extrajudicial[41], já que, além da autorização legal (art. 139, IV, do CPC), não se busca por intermédio delas constranger a parte a fazer algo e muito menos puni-la. Na verdade, o que se pretende é influenciar a adoção de determinado comportamento (que pode ser realizado ou não, sem qualquer consequência negativa imediata).

Quanto à exigência de contraditório prévio, este não se afigura necessário quando se tratar de tutelas provisórias (arts. 9º, parágrafo único, e 297 do CPC) e em algumas outras situações (como, por exemplo, quando ainda não houve a citação do réu; quando o prêmio deriva de convenção processual, ainda que sujeita à homologação pelo juiz – as hipóteses serão examinadas no item 6.7.3). Nos demais casos, defende-se a observância do contraditório (arts. 9º, *caput*, e 10 do CPC), até mesmo para que as partes possam eventualmente colaborar (art. 6º do CPC), influenciar e incrementar o prêmio.[42]

De fato, a contribuição das partes pode potencializar a incidência do benefício, já que elas – melhor do que ninguém – conseguem avaliar o custo-benefício de suas escolhas.

---

substancial e do postulado da proporcionalidade". REsp 1.864.190/SP, Min. Rel. Nancy Andrighi, Terceira Turma, DJe 19.06.2020. Sobre a ideia de tipicidade *prima facie*, ver DIDIER JR., Fredie; CUNHA, Leonardo Carneiro da; BRAGA, Paula Sarno; OLIVEIRA, Rafael Alexandria de. Diretrizes para a concretização das cláusulas gerais executivas dos arts. 139, IV, 297 e 536, § 1º, do CPC. In: DIDIER JR., Fredie (Coord. geral); TALAMINI, Eduardo; MINAMI, Marcos Youji (Coords.). *Medidas Executivas Atípicas* – Coleção Grandes temas do novo CPC. Salvador: Juspodivm, 2018. Particularmente, entendemos que, em relação às medidas coercitivas, não existe a necessidade de se esgotar todos os meios atípicos antes de ser deferir uma medida atípica. Ainda que a tipicidade deva ser observada, uma medida atípica pode ser deferida no caso concreto, mediante decisão fundamentada, se restar demonstrada a sua potencialidade e a sua maior adequação à situação específica.

40. Enunciado 396 do FPPC: "As medidas do inciso IV do art. 139 podem ser determinadas de ofício, observado o art. 8º".

41. A propósito, o Enunciado 12 do FPPC dispõe: "A aplicação das medidas atípicas sub-rogatórias e coercitivas é cabível em qualquer obrigação no cumprimento de sentença ou execução de título executivo extrajudicial. Essas medidas, contudo, serão aplicadas de forma subsidiária às medidas tipificadas, com observação do contraditório, ainda que diferido, e por meio de decisão à luz do art. 489, § 1º, I e II."

42. "De tudo devem estar as partes cientes, de tudo devem participar, sempre com oportunidade para se manifestar, com poder de influência e cooperativamente". BRAGA, Paula Sarno. *Norma de Processo e Norma de Procedimento* – o problema da repartição de competência legislativa no Direito Constitucional Brasileiro. Salvador: Juspodivm, 2015, p. 160.

Muitas vezes, um prazo exíguo fixado pelo juiz para essa interação, inclusive em horas, e não em dias, pode ser suficiente.

Além disso, a dinâmica viabiliza uma avaliação cooperativa da medida e de seus reflexos, evitando, ao mesmo tempo, uma possível alegação de prejuízos pela parte contrária. E mais, permite que eventuais objeções das partes sejam enfrentadas na própria decisão que fixar a sanção premial atípica.

6.4 EMBASAMENTO TEÓRICO-NORMATIVO

Neste tópico, será apresentado o embasamento teórico-normativo capaz de justificar a fixação das sanções premiais atípicas.

6.4.1 Normas fundamentais do processo civil e operosidade

Primeiramente, vale recordar que existe uma interface entre sanções premiais e normas fundamentais do processo civil.

Com efeito, os cânones da eficiência processual[43], duração razoável do processo, cooperação[44], autocomposição, primazia de mérito e boa-fé, entre outros, relacionam-se diretamente com as sanções premiais. Toda essa interconexão foi detalhada no capítulo 2, o que também pode ser transportado para as sanções premiais atípicas.

---

43. "A criação de medidas sub-rogatórias, coercitivas, sancionatórias ou até premiais adequadas contribuem para uma maior efetividade do comando normativo da decisão judicial". CAMPOS, Eduardo Luiz Cavalcanti. *O Princípio da Eficiência no Processo Civil Brasileiro*. 1. ed. Rio de Janeiro: Forense, 2018, p. 73. Em sentido semelhante: "A eficiência impõe a necessidade de que o juiz adote adequada gestão dos processos em que atua, buscando soluções que adaptem o procedimento às necessidades concretas do conflito de interesses, o que dará a melhor performance possível ao processo em curso. Ademais, a eficiência determina ao Poder Judiciário que adote medidas de gestão, enquanto estrutura de Poder estatal, extraia de todos os agentes que compõem seus quadros seus melhores potenciais". CÂMARA, Alexandre Freitas; RODRIGUES, Marco Antonio dos Santos. A reunião das execuções e o NCPC: por uma filtragem à luz das normas fundamentais. *Revista de Processo*. São Paulo: Revista dos Tribunais, nº 263, jan./2017, p.114-115.

44. "Nesse passo, a aplicação dos poderes atípicos do magistrado (139, IV) deve ocorrer dentro do modelo de um processo cooperativo, pautado por um contraditório participativo entre todos os sujeitos processuais". MEDEIROS NETO, Elias Marques de. O artigo 139, IV, do novo Código de Processo Civil: a atipicidade dos meios executivos. In: JATAHY, Carlos Roberto; ALMEIDA, Diogo Assumpção Rezende de; AYOUB, Luiz Roberto (Coords.). *Reflexões sobre o novo Código de Processo Civil*. Rio de Janeiro: FGV, 2016, p. 129.

Em relação à cooperação especificamente, cabe resgatar a noção de operosidade, um dos quatro subprincípios do acesso à justiça, conforme defendido pelo Professor Paulo Cezar Pinheiro Carneiro[45].

Em termos objetivos, a operosidade traduz a noção de que todos aqueles que participam, direta ou indiretamente, da solução dos conflitos, em âmbito judicial ou extrajudicial, devem atuar da forma mais produtiva e laboriosa possível, com a finalidade de assegurar o efetivo acesso à justiça.

Para que isso se concretize, afigura-se indispensável a atuação ética e a utilização dos instrumentos e dos institutos processuais para obter a melhor produtividade possível. No plano da ética, o referido autor destaca que todos devem cooperar com as atividades destinadas à democratização do processo, tendo como meta ideal a participação de quem quer que seja, em igualdade de condições. No caso do juiz, ressalta que "é dele que se exige e se espera maior rigor no comportamento", devendo estar "a serviço da sociedade em primeiro lugar, cumprindo rigorosamente seus deveres e suas obrigações, da melhor forma que sua capacidade permitir"[46].

O segundo aspecto da operosidade está ligado à produtividade, alcançada em razão da utilização dos meios e instrumentos mais eficazes.

Na visão de Flavia Hill[47], a noção de operosidade é "o genuíno comprometimento do magistrado com a garantia de acesso à ordem jurídica justa", o que, aliás, vai ao encontro da preocupação da Comissão de Juristas do CPC/15 de dar "todo o rendimento possível a cada processo em si mesmo considerado"[48], com o menor dispêndio de tempo, recursos e atividade judicante.[49]

---

45. CARNEIRO, Paulo Cezar Pinheiro. *Acesso à Justiça*: Juizados Especiais Cíveis e Ação Civil Pública. Uma nova sistematização da Teoria Geral do Processo. 2. ed. Rio de Janeiro: Forense, 2003.
46. Idem, p. 65.
47. HILL, Flávia Pereira. *O direito processual transnacional como forma de acesso à justiça no século XXI*: os reflexos e desafios da sociedade contemporânea para o direito processual civil e a concepção de um título executivo transnacional. Rio de Janeiro: GZ, 2013, p. 121.
48. SENADO FEDERAL. *Código de Processo Civil e normas correlatas*. 7. ed. Brasília, 2015. Disponível em https://www2.senado.leg.br/bdsf/bitstream/handle/id/512422/001041135.pdf. Acesso em: 22.01.2021.
49. BALZANO, Felice. Mais do mesmo: ainda a Súmula 410 do STJ. *Revista de Processo*. São Paulo: Revista dos Tribunais, nº 263, jan./2017, p. 414.

Nesse contexto, e dentro da ideia de atuação colaborativa, defende-se um maior "comprometimento do juiz"[50] à luz da operosidade aqui preconizada, exigindo-se uma atuação "fora da caixa", com soluções criativas[51] e atalhos otimizadores[52], sempre observando-se as garantias fundamentais.

De fato, para além das decisões judiciais simplórias (conceder x não conceder), é preciso repensar modelos de interferência judicial, criando incentivos para soluções negociais e *insights* para futuras alterações legislativas.

Antes de finalizar este tópico, cabe registrar que, embora a proporcionalidade também seja uma norma fundamental do processo civil (art. 8º do CPC), sua análise será feita oportunamente enquanto critério para aplicação das sanções premiais atípicas (item 6.6.1.4).

6.4.2 Influxos da Análise Econômica do Direito e da Economia Comportamental

Além das normas fundamentais do processo civil e da ideia de operosidade, as contribuições da Análise Econômica do Direito e da Economia Comportamental reforçam a possibilidade de estipulação de sanções premiais atípicas.

Como visto, a Análise Econômica do Direito trabalha com a ideia de eficiência e redução de custos, dentro de um cenário de escassez e sob o prisma da racionalidade[53].

---

50. MAZZOLA, Marcelo. *Tutela Jurisdicional Colaborativa*: a cooperação como fundamento autônomo de impugnação. Curitiba: CRV, 2017.

51. "(...) a grande preocupação da ciência processual contemporânea está relacionada, portanto, à eficiência da Justiça, que se traduz na busca de mecanismos para alcançar a efetividade da tutela jurisdicional. Na medida em que cabe ao direito processual a sistematização do método estatal de solução de controvérsias, devem os estudiosos dessa ciência voltar sua atenção para a criação de meio aptos à obtenção do resultado desejado". BEDAQUE, José Roberto dos Santos. *Tutela cautelar e tutela antecipada*: tutelas sumárias e de urgência (tentativa de sistematização). 4. ed. São Paulo: Malheiros, 2006, p. 15. No mesmo sentido CABRAL, Trícia Navarro Xavier. As novas tendências da atuação judicial. In: DIDIER JR., Fredie (Coord. geral); CABRAL, Antonio do Passo; NOGUEIRA, Pedro Henrique (Coords.). *Negócios Processuais* – Coleção Grandes Temas do Novo CPC. Salvador: Juspodivm, 2015, p. 622.

52. GONÇALVES FILHO, João Gilberto. *O princípio constitucional da eficiência no processo civil*. Tese de doutorado. Faculdade de Direito da USP, São Paulo, 2010, p. 7-8.

53. "(...) quando os atores processuais são compreendidos como sujeitos racionais, percebe-se com facilidade que sua conduta é reflexo dos estímulos a que estão expostos". VITORELLI, Edilson. Atipicidade dos meios de execução no processo coletivo: em busca de

Nesse sentido, a estipulação de um prêmio para estimular determinado comportamento pode contribuir, ao mesmo tempo, para a maior eficiência processual e para a garantia de duração razoável do processo.

Não apenas do ponto de vista dos jurisdicionados, mas também do Estado, os benefícios são evidentes, uma vez que os custos da atividade jurisdicional são altíssimos (despesas com estrutura, material, pessoal de apoio, salários de funcionários, magistrados etc.).[54]

De modo geral, a implementação de medidas indutivas é menos custosa do que a aplicação de medidas coercitivas e sub-rogatórias. Assim, ao menos em tese, a sanção premial atípica pode viabilizar uma solução "ganha-ganha" para todos os *players* do processo.

Da mesma forma, as contribuições da Economia Comportamental revelam que o indivíduo não se pauta somente pela racionalidade e que, muitas vezes, decisões são tomadas à luz de vieses e heurísticas.

Sob esse prisma, sanções premiais atípicas que explorem, de algum modo, o aspecto psicológico dos sujeitos processuais (por exemplo, tentar entender o que o litigante pretende alcançar ou aquilo que lhe é mais atraente[55]) podem facilitar a concretização dos efeitos desejados.[56]

---

resultados sociais significativos. *Revista de Processo*. São Paulo: Revista dos Tribunais, nº 275, jan./2018, p. 285.

54. Os custos não são apenas econômicos, "mas todo e qualquer dispêndio, de tempo e energias, necessário para a produção dos resultados esperados". CÂMARA, Alexandre Freitas. O direito à duração razoável do processo: entre eficiência e garantias. *Revista de Processo*. São Paulo: Revista dos Tribunais, nº 223, set./2013, p. 39-53.

55. O que também pode ser levado em consideração sob o viés coercitivo, como, por exemplo, a escolha da medida executiva atípica que possa efetivamente constranger o obrigado.

56. "As emoções exercem importantes funções no comportamento do indivíduo, influenciando o comportamento de maneira ativa ou omissiva. Dentre outras, podem ser citadas: i) uma função adaptativa, onde as emoções ajudam um organismo a enfrentar questões de sobrevivência postas pelo ambiente; ii) uma função perturbadora, que atua na tomada de decisões; e iii) uma ação desmobilizadora. Certos estados psicológicos e sociais podem perturbar a ação, alterando e enviesando a maneira de pensar, face a determinados contextos que podem ser recordações do passado ou situações presentes relativas a insucessos, fracassos e receios de acontecimentos que transtornem a vida pessoal, familiar e social dos sujeitos". FLORES, Fábio Pereira; PINHEIRO NETO, Pedro Bentes. Medidas executivas atípicas: um breve diálogo com as injunctions na legislação dos estados da Califórnia e Nova

Reforça-se, nessa linha, a participação contributiva do juiz como "arquiteto de escolhas"[57] e de indutor de comportamentos[58] (e nesse aspecto os *nudges* processuais – já abordados no capítulo 4 – também são interessantes indutores).

6.4.3 Atipicidade dos meios executivos

Não bastassem as normas fundamentais do processo civil e as contribuições da Análise Econômica do Direito e da Economia Comportamental, o modelo de atipicidade dos meios executivos no CPC/15 corrobora a possibilidade de fixação de sanções premiais atípicas.

Como se sabe, o princípio da tipicidade foi construído sob a ótica da garantia das partes contra eventuais arbítrios judiciais.[59] Trata-se de importante diretriz para assegurar os direitos fundamentais e impedir o autoritarismo judicial.[60]

Porém, em razão do dinamismo das relações jurídicas e da multiplicidade de situações não imaginadas pelo legislador, não se pode conceber um sistema hermeticamente fechado, calcado apenas na tipicidade, muitas vezes

---

Iorque. In: DIDIER JR., Fredie (Coord. geral); TALAMINI, Eduardo; MINAMI, Marcos Youji (Coords.) *Medidas Executivas típicas* – Coleção Grandes temas do Novo CPC. Salvador: Juspodivm, 2018, p. 160-161.

57. THALER, Richard; SUNSTEIN, Cass. *Nudge*: improving decisions about health, wealth, and happiness (2008). New York: Penguin Books, 2009.

58. Para uma análise do papel de influência do juiz no comportamento dos litigantes (pesquisa realizada por amostragem a partir de dados extraídos de ações judiciais em Israel), ver SELA, Ayelet; GABAY-EGOZI, Limor. Judicial Procedural Involvement (JPI): A Metric for Judges' Role in Civil Litigation, Settlement, and Access to Justice. *Journal of law and society*, v. 47, nº 3, set./2020, p. 468-98.

59. Como destaca Marcos Minami, "trata-se de opção inspirada no princípio da legalidade, compreendida aqui na sua forma mais restrita, como a necessidade de fixar em lei não apenas as sanções a serem aplicadas pelos juízes, mas os procedimentos a serem adotados. A pretensão é eliminar ou reduzir o arbítrio judicial e preservar a certeza e segurança jurídica". MINAMI, Marcos Youji. Da vedação ao *non factibile*: uma justificativa às medidas executivas atípicas. *Revista de Processo*. São Paulo: Revista dos Tribunais, nº 288, fev./2019, p. 194.

60. Sobre o tema, ver STRECK, Lenio Luiz; NUNES, Dierle. Como interpretar o art. 139, IV, do CPC? Carta branca para o arbítrio? Disponível em https://www.conjur.com.br/2016-ago-25/senso-incomum-interpretar-art-139-iv-cpc-carta-branca-arbitrio. Acesso em: 31.03.2020.

impotente para combater a chamada cultura da transgressão[61], tão criticada por Barbosa Moreira e por parte da doutrina[62].

Daí porque, há algum tempo[63], a atipicidade convive com o sistema de tipicidade.

---

61. "(...) a esmagadora maioria dos problemas com que nos defrontamos, em termos de efetividade do processo, têm raízes culturais, derivam de uma deformação de comportamento social do brasileiro, incapaz de ser corrigido por via do direito formal e de suas construções dogmáticas". CALMON DE PASSOS, José Joaquim de. A crise do processo de execução. In: DIDIER JR., Fredie; BRAGA, Paula Sarno (Orgs.). *José Joaquim Calmon de Passos*: ensaios e artigos. v. II. Salvador: Juspodivm, 2016, p. 113.
62. "Mais do que a crescente frequência das transgressões, preocupa, hoje, a não menos crescente tendência a desvalorizar ou negar as regras transgredidas. Preocupa numa palavra, e daí o título da palestra: 'a cultura da transgressão'. (...) Enquanto temos consciência do desvio, há sempre a possibilidade, quanto não a probabilidade, de que um dia voltemos à via reta. A partir do instante em que apagamos da mente a própria noção do desvio e passamos a acreditar que nenhuma regra existe ou vale, deixa de haver entre nós qualquer motivo para deter-nos na via torta. (...) Os caminhos do foro com certeza estaria bem mais desimpedidos, se todos os contribuintes pagassem honestamente seus tributos, se a Administração Pública não desprezasse os preceitos jurídicos e éticos ao realizar uma concorrência, se todos os pais provessem espontaneamente ao sustento dos filhos menores, se ninguém adquirisse armas por meios ilegais, sobretudo, se não as usassem para fins ilegais e se todos os cônjuges honrassem os compromissos de fidelidade e assistência mútua que assumiram ao casar-se. Em tal perspectiva pode-se dizer, com propriedade, que a crise da Justiça reflete a crise do direito material. As normas civis, penais, administrativas, tributárias, quiçá constitucionais, é que não estão conseguindo manter a comunidade dentro das fronteiras da licitude; escorre do terreno substancial a lama que obstrui os canais do processo". BARBOSA MOREIRA, José Carlos. O Juiz e a cultura da transgressão. *Revista da EMERJ*, v. 3, nº 9, 2000, p. 104-110. Vide também FAILLACE, Jandyr Maya. Da alteração do processo de execução: sobre o PL 4.497/2004. In: RENAULT, Sergio Rabello Tamm; BOTTINI, Pierpaolo Cruz (Coords.). *A nova execução dos títulos judiciais*: comentários à Lei 11.232/05. São Paulo: Saraiva, 2006, p. 91. No mesmo sentido RODOVALHO, Thiago. *O necessário diálogo entre a doutrina e a jurisprudência na concretização da atipicidade dos meios executivos*. Disponível em https://www.jota.info/opiniao-e-analise/artigos/o-necessario-dialogo-entre-doutrina-e-jurisprudencia-na-concretizacao-da-atipicidade-dos-meios-executivos-21092016. Acesso em: 04.06.2018.
63. Cite-se, por exemplo, os arts. 11 da Lei nº 7.347/85 (Na ação que tenha por objeto o cumprimento de obrigação de fazer ou não fazer, o juiz determinará o cumprimento da prestação da atividade devida ou a cessação da atividade nociva, sob pena de execução específica, ou de cominação de multa diária, se esta for suficiente ou compatível, independentemente de requerimento do autor"); 84, § 5º, do Código de Defesa do Consumidor (Para a tutela específica ou para a obtenção do resultado prático equivalente, poderá o juiz determinar as medidas necessárias, tais como busca e apreensão, remoção de coisas e pessoas, desfazimento de obra, impedimento de atividade nociva, além de requisição

Além disso, conceitos jurídicos indeterminados ("simples indicações de ordem genérica"[64]; termos vagos ou ambíguos) e cláusulas gerais (previsões que permitem "a abertura e a mobilidade do sistema jurídico"[65]) contribuem para essa maior plasticidade e flexibilidade do ordenamento jurídico,[66] gerando, inclusive, "maior potencial criativo para a atividade do juiz"[67].

---

de força policial); e 461, § 5º, do CPC/73 (Para a efetivação da tutela específica ou a obtenção do resultado prático equivalente, poderá o juiz, de ofício ou a requerimento, determinar as medidas necessárias, tais como a imposição de multa por tempo de atraso, busca e apreensão, remoção de pessoas e coisas, desfazimento de obras e impedimento de atividade nociva, se necessário com requisição de força policial), entre outros. Sobre o art. 461, § 5º, do CPC/73, a doutrina afirmava se tratar de "um rol meramente exemplificativo, sendo que o juiz nem sequer está vinculado às medidas eventualmente pleiteadas pelo autor. Esse quadro, porém, não legitima poderes executórios ilimitados". RODRIGUES, Daniel Colnago; RIBEIRO, Sérgio Luiz de Almeida. Tutela específica e a cláusula geral de atipicidade dos meios executivos. In: ARRUDA ALVIM NETTO, José Manoel de; ARRUDA ALVIM, Eduardo; BRUSCHI, Gilberto Gomes; CHECHI, Mara Larsen; COUTO, Mônica Bonetti (Orgs.). *Execução civil e temas afins do cpc/1973 ao novo cpc* – estudos em homenagem ao professor Araken de Assis. São Paulo: Revista dos Tribunais, 2014, p. 167.

64. BARBOSA MOREIRA, José Carlos. Regras de experiência e conceitos juridicamente indeterminados. In: BARBORA MOREIRA, José Carlos. *Temas de direito processual*: segunda série. São Paulo: Saraiva, 1980, p. 64.

65. MARTINS-COSTA, Judith. *A boa-fé no direito privado*: sistema e tópica no processo obrigacional. São Paulo: Revista dos Tribunais, 1999, p. 341. No mesmo sentido: "(...) as cláusulas gerais têm verdadeiro status de norma jurídica. Trata-se, contudo, de uma espécie diferenciada de norma, que consolida valores e é dotada de vagueza semântica (...). É uma espécie normativa em que se verificam indeterminações nos dois polos da sua estrutura lógica: tanto no antecedente (enunciado fático) quanto no consequente (efeito jurídico)". SOUZA, Marcus Seixas. *Normas processuais consuetudinárias*: história, teoria e dogmática. Salvador: Juspodivm, 2019, p. 194. Na mesma linha: "(...) as cláusulas gerais se caracterizam por revelar disposições normativas que utilizam em sua linguagem uma tessitura aberta, conferindo ao juiz um poder (competência) de, no caso concreto, criar, complementar ou desenvolver normas jurídicas mediante o reenvio para elementos cuja concretização pode estar fora do sistema, mas que se nele reinserem pelo ingresso na fundamentação da decisão, permitindo o respectivo controle". NOGUEIRA, Pedro Henrique. *Negócios jurídicos processuais*. 3. ed. rev., atual. e ampl. Salvador: Juspodivm, 2018, p. 249.

66. Para um estudo mais detalhado acerca da relação entre conceitos jurídicos indeterminados e cláusulas gerais, ver DIDIER JR., Fredie. Cláusulas Gerais processuais. *Revista de Processo*. São Paulo: Revista dos Tribunais, nº 187, set./2010, p. 70. Vide também MAZZEI, Rodrigo. Código Civil de 2002 e o Judiciário: apontamentos na aplicação das cláusulas gerais, In: DIDIER JR., Fredie; MAZZEI, Rodrigo (Coords.). *Reflexos do novo Código Civil no Direito Processual*. 2. ed. Salvador: Juspodivm, 2007, p. 54; ARRUDA ALVIM, Teresa; DANTAS, Bruno. *Recurso Especial, recurso extraordinário e a nova*

No CPC/15, vale citar os arts. 139, IV[68], 297[69] e 536, § 1º[70], que autorizam a fixação de medidas atípicas para garantir o cumprimento do comando judicial ou da obrigação.[71]

Também cabe mencionar os arts. 3º, §§ 2º e 3º[72], 7º[73], 69[74], 75, IX[75], 139, VI[76], 175[77], 190[78], 313, § 2º, II[79], 327, § 2º[80], 359[81], 369[82], 380, parágrafo

---

função dos tribunais superiores brasileiros. 4. ed. São Paulo: Revista dos Tribunais, 2017, p. 209-236.

67. ARRUDA ALVIM, Teresa. *Embargos de Declaração* – como se motiva uma decisão judicial? 5. ed. rev., atual. e ampl. São Paulo: Revista dos Tribunais, 2020, p. 234.

68. Art. 139. O juiz dirigirá o processo conforme as disposições deste Código, incumbindo-lhe: IV – determinar todas as medidas indutivas, coercitivas, mandamentais ou sub-rogatórias necessárias para assegurar o cumprimento de ordem judicial, inclusive nas ações que tenham por objeto prestação pecuniária.

69. Art. 297. O juiz poderá determinar as medidas que considerar adequadas para efetivação da tutela provisória.

70. Art. 536. No cumprimento de sentença que reconheça a exigibilidade de obrigação de fazer ou de não fazer, o juiz poderá, de ofício ou a requerimento, para a efetivação da tutela específica ou a obtenção de tutela pelo resultado prático equivalente, determinar as medidas necessárias à satisfação do exequente. § 1º. Para atender ao disposto no *caput*, o juiz poderá determinar, entre outras medidas, a imposição de multa, a busca e apreensão, a remoção de pessoas e coisas, o desfazimento de obras e o impedimento de atividade nociva, podendo, caso necessário, requisitar o auxílio de força policial. Sobre este dispositivo legal, afirma-se que ele "serve de bússola para essa novidade de atipicidade, como um norte para o art. 139, IV e seus limites, uma interligação geral sobre as medidas, como a possibilidade de utilizar todas essas, mas não somente tais, havendo, portanto, uma infinitude de medidas que podem ser utilizadas. Essa relação é bussolar, mas não limitadora, uma vez que o art. 139, IV é muito mais amplo, para qualquer obrigação, para qualquer momento processual". LEMOS, Vinícius Silva. A concessão de medidas atípicas de efetividade de ordem judicial e o necessário diálogo com as normas fundamentais do CPC/15. In: DIDIER JR., Fredie (Coord. geral); TALAMINI, Eduardo; MINAMI, Marcos Youji (Coords.) *Medidas Executivas Atípicas* – Coleção Grandes temas no Novo CPC. Salvador: Juspodivm, 2018, p. 477.

71. DIDIER JR., Fredie; CUNHA, Leonardo Carneiro da; BRAGA, Paula Sarno; OLIVEIRA, Rafael Alexandria de. Diretrizes para a concretização das cláusulas gerais executivas dos arts. 139, IV, 297 e 536, § 1º, do CPC. In: DIDIER JR., Fredie (Coord. geral); TALAMINI, Eduardo; MINAMI, Marcos Youji (Coords.) *Medidas Executivas Atípicas* – Coleção Grandes temas do Novo CPC. Salvador: Juspodivm, 2018, p. 312.

72. Art. 3º. Não se excluirá da apreciação jurisdicional ameaça ou lesão a direito. § 2º. O Estado promoverá, sempre que possível, a solução consensual dos conflitos. § 3º. A conciliação, a mediação e outros métodos de solução consensual de conflitos deverão ser estimulados por juízes, advogados, defensores públicos e membros do Ministério Público, inclusive no curso do processo judicial.

73. Art. 7º. É assegurada às partes paridade de tratamento em relação ao exercício de direitos e faculdades processuais, aos meios de defesa, aos ônus, aos deveres e à aplicação de sanções processuais, competindo ao juiz zelar pelo efetivo contraditório.
74. Art. 69. O pedido de cooperação jurisdicional deve ser prontamente atendido, prescinde de forma específica e pode ser executado como (...).
75. Art. 75. Serão representados em juízo, ativa e passivamente: IX - a sociedade e a associação irregulares e outros entes organizados sem personalidade jurídica, pela pessoa a quem couber a administração de seus bens. Sobre o dispositivo em questão, ver UZEDA, Carolina; PANTOJA, Fernanda Medina; FARIA, Marcela Kohlbach de; TEMER, Sofia. Entes organizados despersonalizados e capacidade de ser parte: grupos e associações de fato em juízo (art. 75, IX, do CPC). *Civil Procedure Review*, v. 12, n 1: jan.-abr. 2021, p. 165-205.
76. Art. 139, VI - dilatar os prazos processuais e alterar a ordem de produção dos meios de prova, adequando-os às necessidades do conflito de modo a conferir maior efetividade à tutela do direito.
77. Art. 175. As disposições desta Seção não excluem outras formas de conciliação e mediação extrajudiciais vinculadas a órgãos institucionais ou realizadas por intermédio de profissionais independentes, que poderão ser regulamentadas por lei específica.
78. Art. 190. Versando o processo sobre direitos que admitam autocomposição, é lícito às partes plenamente capazes estipular mudanças no procedimento para ajustá-lo às especificidades da causa e convencionar sobre os seus ônus, poderes, faculdades e deveres processuais, antes ou durante o processo.
79. Art. 313 (...). § 2º. Não ajuizada ação de habilitação, ao tomar conhecimento da morte, o juiz determinará a suspensão do processo e observará o seguinte: II – falecido o autor e sendo transmissível o direito em litígio, determinará a intimação de seu espólio, de quem for o sucesso ou, se for o caso, dos herdeiros, pelos meios de divulgação que reputar mais adequados, para que se manifestem interesse na sucessão processual e promovam a respectiva habilitação no prazo designado, sob pena de extinção do processo sem resolução de mérito.
80. Art. 327 - § 2º Quando, para cada pedido, corresponder tipo diverso de procedimento, será admitida a cumulação se o autor empregar o procedimento comum, sem prejuízo do emprego das técnicas processuais diferenciadas previstas nos procedimentos especiais a que se sujeitam um ou mais pedidos cumulados, que não forem incompatíveis com as disposições sobre o procedimento comum.
81. Art. 359. Instalada a audiência, o juiz tentará conciliar as partes, independentemente do emprego anterior de outros métodos de solução consensual de conflitos, como a mediação e a arbitragem.
82. Art. 369. As partes têm o direito de empregar todos os meios legais, bem como os moralmente legítimos, ainda que não especificados neste Código, para provar a verdade dos fatos em que se funda o pedido ou a defesa e influir eficazmente na convicção do juiz.

único[83], 400, parágrafo único[84], 403, parágrafo único[85], 497[86], 538, § 3º[87], 553, parágrafo único[88], 554, § 3º[89], 555, parágrafo único[90], e 771, parágrafo

83. Art. 380. Incumbe ao terceiro, em relação a qualquer causa: (...) Parágrafo único. Poderá o juiz, em caso de descumprimento, determinar, além da imposição de multa, outras medidas indutivas, coercitivas, mandamentais ou sub-rogatórias.
84. Art. 400. Ao decidir o pedido, o juiz admitirá como verdadeiros os fatos que, por meio do documento ou da coisa, a parte pretendia provar se: (...) Parágrafo único. Sendo necessário, o juiz pode adotar medidas indutivas, coercitivas, mandamentais ou sub-rogatórias para que o documento seja exibido.
85. Art. 403. Se o terceiro, sem justo motivo, se recusar a efetuar a exibição, o juiz ordenar-lhe-á que proceda ao respectivo depósito em cartório ou em outro lugar designado, no prazo de 5 (cinco) dias, impondo ao requerente que o ressarça pelas despesas que tiver. Parágrafo único. Se o terceiro descumprir a ordem, o juiz expedirá mandado de apreensão, requisitando, se necessário, força policial, sem prejuízo da responsabilidade por crime de desobediência, pagamento de multa e outras medidas indutivas, coercitivas, mandamentais ou sub-rogatórias necessárias para assegurar a efetivação da decisão.
86. Art. 497. Na ação que tenha por objeto a prestação de fazer ou de não fazer, o juiz, se procedente o pedido, concederá a tutela específica ou determinará providências que assegurem a obtenção de tutela pelo resultado prático equivalente.
87. Art. 538. Não cumprida a obrigação de entregar coisa no prazo estabelecido na sentença, será expedido mandado de busca e apreensão ou de imissão na posse em favor do credor, conforme se tratar de coisa móvel ou imóvel. § 3º Aplicam-se ao procedimento previsto neste artigo, no que couber, as disposições sobre o cumprimento de obrigação de fazer ou de não fazer.
88. Art. 553. As contas do inventariante, do tutor, do curador, do depositário e de qualquer outro administrador serão prestadas em apenso aos autos do processo em que tiver sido nomeado. Parágrafo único. Se qualquer dos referidos no caput for condenado a pagar o saldo e não o fizer no prazo legal, o juiz poderá destituí-lo, sequestrar os bens sob sua guarda, glosar o prêmio ou a gratificação a que teria direito e determinar as medidas executivas necessárias à recomposição do prejuízo.
89. Art. 554. A propositura de uma ação possessória em vez de outra não obstará a que o juiz conheça do pedido e outorgue a proteção legal correspondente àquela cujos pressupostos estejam provados. § 3º O juiz deverá determinar que se dê ampla publicidade da existência da ação prevista no § 1º e dos respectivos prazos processuais, podendo, para tanto, valer-se de anúncios em jornal ou rádio locais, da publicação de cartazes na região do conflito e de outros meios.
90. Art. 555. É lícito ao autor cumular ao pedido possessório o de: (...) Parágrafo único. Pode o autor requerer, ainda, imposição de medida necessária e adequada para (...).

único[91], entre outros[92], que prestigiam a flexibilidade, a maleabilidade e a lógica da atipicidade no CPC/15.

Na prática, tais dispositivos autorizam o juiz a adaptar o procedimento e a adotar técnicas de tutela mais consentâneas com cada situação concreta.

Portanto, dentro desse modelo de atipicidade delineado pelo CPC/15, as sanções premiais atípicas (à luz do art. 139, IV – dispositivo que pode ser combinado com outros[93]) configuram mais uma ferramenta à disposição do juiz[94].

Antes de finalizar esse tópico, vale recordar a doutrina norte-americana dos *inherent powers* (poderes implícitos) – já invocada pelo STJ[95] –, que

---

91. Art. 771. Este Livro regula o procedimento da execução fundada em título extrajudicial, e suas disposições aplicam-se, também, no que couber, aos procedimentos especiais de execução, aos atos executivos realizados no procedimento de cumprimento de sentença, bem como aos efeitos de atos ou fatos processuais a que a lei atribuir força executiva. Parágrafo único. Aplicam-se subsidiariamente à execução as disposições do Livro I da Parte Especial.
92. Afirma-se que a atipicidade também é característica do procedimento da produção antecipada de prova. COSTA, Marília Siqueira da. *Convenções processuais sobre intervenção de terceiros*. Salvador: Juspodivm, 2018, p. 200.
93. Como, por exemplo, com o art. 139, VI, do CPC, que autoriza o juiz a dilatar prazos e inverter a ordem das provas para garantir maior efetividade à tutela do direito. Sobre o dispositivo em questão, a doutrina destaca que se trata de "regra coerente com a necessidade de se dar ao procedimento maior flexibilidade, de modo a que dele se extraia o melhor resultado". WAMBIER, Luiz Rodrigues. O modelo processual cooperativo e a flexibilização procedimental. *Revista Eletrônica de Direito Processual – REDP*. v. 18. set./dez. 2017, p. 245.
94. A doutrina defende a utilização de "instrumentos processuais, previstos ou não na lei, aptos a levar, com maior agilidade e maior rapidez e com menor dispêndio de atos processuais, a definição ou satisfação do direito objeto do litígio; sempre sem ofensa ao modelo processual constitucional do processo civil". OLIVEIRA NETO, Olavo de; MEDEIROS NETO, Elias Marques de; COZZOLINO, Patricia Elias de Oliveira. *Curso de Direito Processual Civil*. 1. ed. São Paulo: Verbatim, 2015, p. 112.
95. "A legalidade da imposição de astreintes a terceiros descumpridores de decisão judicial encontra amparo também na teoria dos poderes implícitos, segundo a qual, uma vez estabelecidas expressamente as competências e atribuições de um órgão estatal, desde que observados os princípios da proporcionalidade e razoabilidade, ele está implicitamente autorizado a utilizar os meios necessários para poder exercer essas competências". STJ, RMS 55.109/PR, Rel. Min. Reynaldo Soares da Fonseca, Quinta Turma, DJe 17.11.2017.

confere aos magistrados meios para tornar efetivas suas decisões[96], o que, de algum modo, se aplica às sanções premiais atípicas.[97]

A ideia decorreria do axioma de que "quem tem os fins tem os meios"[98] e representaria a aplicação do princípio da adequação[99], que se relaciona

96. Como assinala Sérgio Arenhart, "o direito norte-americano, mesmo sem previsão expressa sobre todos os poderes de efetivação atribuídos ao Judiciário, sempre trabalhou nessa linha, por meio da doutrina dos *inherent powers* (poderes inerentes). Segundo essa concepção, os magistrados possuem poder amplo para a adoção de medidas capazes de impor as suas decisões. Afirma-se que os poderes inerentes consistem em todos os poderes razoavelmente exigidos para permitir a um tribunal o exercício eficiente de suas funções judiciais. Nos termos dessa teoria, os tribunais têm o poder de adotar as medidas necessárias à consecução de suas finalidades, ainda que esses instrumentos não estejam expressamente previstos no direito positivo". ARENHART, Sérgio Cruz. *A tutela coletiva dos direitos individuais*: para além da proteção dos interesses individuais homogêneos. 2. ed. São Paulo: Revista dos Tribunais, 2014, p. 326. Vide também ARENHART, Sérgio Cruz. Tutela atípica de prestações pecuniárias. Por que ainda aceitar o "é ruim, mas eu gosto"? *Revista de Processo*. São Paulo: Revista dos Tribunais, nº 281, jul./2018, p. 153. No mesmo sentido LIGERO, Gilberto Notário. *Sanções Processuais por Improbidade na Execução Civil*. Tese apresentada à Banca Examinadora da Pontifícia Universidade Católica de São Paulo, como exigência parcial para obtenção do título de Doutor em Direito. Pontifícia Universidade Católica de São Paulo, 2014, p. 189; ZARONI, Bruno Marzullo. Contempt of Court. Execução indireta e participação de terceiros no sistema anglo-americano. *Revista de Processo*. São Paulo: Revista dos Tribunais, nº 235, set./2014, p. 121-147.

97. Parte da doutrina ressalva que o "*inherent power do contempt of court* anglo americano não é simétrico ao brasileiro. Aqui (...), a atipicidade é tão somente dos 'meios necessários' para cumprimento das ordens judiciais, e não das medidas sancionatórias ou punitivas pelos descumprimentos". RODRIGUES, Marcelo Abelha. *O que fazer quando o executado é um "cafajeste"? Apreensão do passaporte? Da carteira de motorista?* Disponível em https://www.migalhas.com.br/dePeso/16,MI245946,51045-O+que+fazer+quando+o+executado+e+um+cafajeste+Apreensao+de+passaporte. Acesso em: 20.10.2019.

98. SLAIBI FILHO, Nagib. Hermenêutica constitucional. *Revista da EMERJ*, v. 4, nº 16, 2001, p. 91.

99. TARUFFO, Michelle. A atuação executiva dos direitos: perfis comparatísticos. *Revista de Processo*. São Paulo: Revista dos Tribunais, nº 59, 1990, p. 78; GAJARDONI, Fernando da Fonseca; SOUZA, Mauricio Bearzotti. Os princípios da adequação, da adaptabilidade e da flexibilização procedimental pelo juiz no novo CPC. *Revista TST*, Brasília, v. 82, nº 3, jul/set 2016; DIDIER JR., Fredie. Sobre dois importantes, e esquecidos, princípios do processo: adequação e adaptabilidade do procedimento. Disponível em http://www.abdpc.org.br/abdpc/artigos/Fredie%20Didier_3_-%20formatado.pdf. Acesso em: 31.03.2020.

diretamente com o "poder-dever"[100] de o magistrado fixar as medidas indutivas, coercitivas, mandamentais e sub-rogatórias.

6.4.4 Análise detida do art. 139, IV, do CPC/15 sob o prisma das medidas indutivas

De todos os dispositivos legais mencionados no item anterior, o art. 139, IV, do CPC/15[101] é aquele que merece maior atenção neste trabalho, pois consagra expressamente a possibilidade de o juiz fixar medidas indutivas para assegurar o cumprimento da ordem judicial[102], o que prestigia a eficiência processual, a primazia de mérito, a duração razoável do processo, entre outras normas fundamentais do processo civil (tema já explorado no capítulo 2).[103]

Um esclarecimento pontual: as medidas indutivas do art. 139, IV, do CPC devem ser compreendidas como o gênero do qual são espécies as san-

---

100. REDONDO, Bruno Garcia. *Negócios jurídicos processuais atípicos*. Salvador: Juspodivm, 2020, p. 71.

101. Vale destacar que a constitucionalidade do dispositivo está sendo questionada junto ao STF. Na ADI nº 5.941/DF, proposta pelo Partido dos Trabalhadores (PT), não se questiona a possibilidade de adoção de medidas indutivas, mas sim de medidas coercitivas que possam violar direitos e garantias fundamentais previstos na Constituição Federal, especialmente a apreensão de carteira nacional de habilitação e/ou suspensão do direito de dirigir, a apreensão de passaporte, a proibição de participação em concurso público e a proibição de participação em licitação pública.

102. MEIRELES, Edilton. Medidas sub-rogatórias, coercitivas, mandamentais e indutivas no Código de Processo Civil de 2015. *Revista de Processo*. São Paulo: Revista dos Tribunais, nº 247, set./2015, p. 243.

103. "Destarte, é possível afirmar que, ao estimularem comportamentos positivos com o objetivo de se alcançarem resultados desejados, as medidas indutivas podem ensejar a resolução do mérito e realização da atividade satisfativa de maneira eficiente. Um processo eficiente, como exigido pelo art. 8º do CPC/15, é um processo que alcança o melhor resultado no menor espaço de tempo e trazendo a maior satisfação possível para os jurisdicionados, o que pode ser concretizado não apenas através das tradicionais medidas sub-rogatórias ou coativas, como também através de técnicas que busquem incentivar o sujeito passivo a adotar comportamentos voltados ao cumprimento do dever ou da prestação que lhe incumbe". MAZZEI, Rodrigo; ROSADO, Marcelo da Tocha. A cláusula geral de efetivação e as medidas indutivas no CPC/15. In: DIDIER JR., Fredie (Coord. geral); TALAMINI, Eduardo; MINAMI, Marcos (Coords.). Medidas Executivas Atípicas – Coleção Grandes temas do Novo CPC. Salvador: Juspodivm, 2018, p. 518. No mesmo sentido Müller, Julio Guilherme. *Negócios Processuais e Desjudicializaçao da Produção da Prova* – Análise econômica e jurídica. São Paulo: Revista dos Tribunais, 2017, p. 305.

ções premiais atípicas e os *nudges* processuais[104]. Nessa mesma linha, Dierle Nunes e Catharina Almeida[105] defendem que tanto as sanções premiais atípicas (que, na visão dos doutrinadores, seriam medidas indutivas em sentido estrito) como os *nudges* (que seriam medidas indutivas em sentido amplo) "estão abrangidos pela cláusula geral de atipicidade executiva (art. 139, IV do CPC)".

Neste tópico, tratar-se-á apenas das sanções premiais atípicas, ou seja, dos prêmios estipulados pelo magistrado para induzir[106] determinado comportamento.

Inicialmente, cabe registrar que alguns doutrinadores alegam a existência de uma "atecnia"[107] no texto legal (art. 139, IV do CPC), sob o argumento de que medidas mandamentais, indutivas e coercitivas são, "rigorosamente, a mesma coisa. Trata-se de meios de execução indireta do comando judicial. Sem distinções".

Em sentido semelhante, Alexandre Freitas Câmara[108] afirma que os meios executivos podem ser divididos em "duas grandes categorias: os meios de sub-rogação e os meios de coerção. Fala o texto legal, é certo,

---

104. Como visto, os *nudges* processuais são lembretes (ou cutucões) para induzir os destinatários a adotar determinado comportamento capaz de se revelar benéfico. Isso ocorre, por exemplo, quando o magistrado indica nos mandados de citação/intimação/execução, bem como em seus pronunciamentos, dispositivos do CPC ou de leis especiais que contemplam sanções premiais legais. É o que acontece também quando o próprio sistema eletrônico indica as vantagens e desvantagens do adimplemento. Ou, ainda, quando o juiz sugere possibilidades para os litigantes alcançarem a autocomposição (item 5.3.2.2).

105. NUNES, Dierle; ALMEIDA, Catharina. Medidas indutivas em sentido amplo do art. 139, IV do CPC: o potencial do uso de nudges nos módulos processuais executivos para satisfação de obrigações por quantia certa. Texto inédito cedido pelos autores (no prelo).

106. O verbo "induzir" tem vários significados, entre eles encorajar, incitar e/ou instigar alguém a fazer alguma coisa. HOUAISS, Antônio; VILLAR, Mauro de Salles. *Dicionário Houaiss da língua portuguesa*. Rio de Janeiro: Objetiva, 2009.

107. DIDIER JR., Fredie; CUNHA, Leonardo Carneiro da; BRAGA, Paula Sarno; OLIVEIRA, Rafael Alexandria de. Diretrizes para a concretização das cláusulas gerais executivas dos arts. 139, IV, 297 e 536, § 1º, do CPC. In: DIDIER JR., Fredie (Coord. geral); TALAMINI, Eduardo; MINAMI, Marcos Youji (Coords.). *Medidas Executivas Atípicas* - Coleção Grandes temas no Novo CPC. Salvador: Juspodivm, 2018, p. 310.

108. CÂMARA, Alexandre Freitas. O princípio da patrimonialidade da execução e dos meios executivos atípicos: lendo o art. 139, IV, do CPC. In: DIDIER JR., Fredie (Coord. geral); TALAMINI, Eduardo; MINAMI, Marcos Youji (Coords.). *Medidas Executivas Atípicas* - Coleção Grandes temas do Novo CPC. Salvador: Juspodivm, 2018, p. 232.

em outras duas categorias (mandamentais e indutivos), mas estes, a rigor, se inserem naqueles".

Outra parcela da doutrina, porém, entende que as medidas coercitivas são, na verdade, espécies de medidas indutivas.[109]

Controvérsias à parte, e ainda que se considere que as medidas sub-rogatórias[110] sejam meios de execução direta da decisão e as medidas mandamentais, indutivas e coercitivas figurem como meios de execução indireta, existem diferenças ontológicas entre essas últimas.

---

109. CARVALHO FILHO, Antônio; SOUSA, Diego Crevelin de; PEREIRA, Mateus Costa. *Réquiem às medidas judiciais atípicas nas execuções pecuniárias* – art. 139, IV, CPC. Londrina: Thoth, 2020, p. 49. No mesmo sentido CARVALHO, Luciana Benassi Gomes. *Medidas executivas atípicas nas obrigações pecuniárias.* Dissertação apresentada ao Programa de Pós-Graduação *Stricto Sensu* em Direito – Mestrado Acadêmico, em Jurisdição e Processo na Contemporaneidade, do Centro Universitário Internacional (UNINTER), como requisito parcial à obtenção do título de Mestre em Direito, Curitiba, 2020, p. 125; SILVA, Bruno Campos; SOUSA, Diego Crevelin de; ROCHA, Jorge Bheron. Medidas indutivas inominadas: o cuidado com o fator Shylockiano do art. 139, IV, CPC. In: DIDIER JR., Fredie (Coord. geral); TALAMINI, Eduardo; MINAMI, Marcos (Coords.). *Medidas Executivas Atípicas* – Coleção Grandes temas do Novo CPC. Salvador: Juspodivm, 2018, p. 704.

110. "Meios de sub-rogação dizem-se aqueles com que os órgãos jurisdicionais objetivam, por sua conta, fazer conseguir para o credor o bem a quem tem direito *independentemente de participação e, portanto, da vontade do obrigado*". CHIOVENDA, Giuseppe. *Instituições de direito processual civil.* Trad. José Guimarães Menegale. 3. ed. São Paulo: Saraiva, 1969, p. 288. No mesmo sentido LIGERO, Gilberto Notário. *Sanções Processuais por Improbidade na Execução Civil.* Tese apresentada à Banca Examinadora da Pontifícia Universidade Católica de São Paulo, como exigência parcial para obtenção do título de Doutor em Direito. Pontifícia Universidade Católica de São Paulo, 2014, p. 97. Para Edilton Meireles, "as medidas sub-rogatórias são típicas da atividade satisfativa do juiz. Isso porque, em sua atividade substitutiva o juiz se coloca na posição do obrigado procurando satisfazer o direito do credor. Ou seja, faz o que o devedor deveria ter feito. Medidas sub-rogatórias, assim, são as atividades desenvolvidas pelo juiz ou, à sua ordem, efetivadas por seus auxiliares ou por terceiros, com o intuito de obter o resultado idêntico àquele que deveria ter sido concretizado pelo sujeito obrigado ou o resultado prático equivalente. Neste caso, dispensa-se a colaboração comissiva do obrigado, que, por lógica, apenas deve se abster de criar embaraços para efetivação da decisão judicial, sob pena de cometer ato atentatório à dignidade da justiça (inc. IV do art. 77 do CPC/2015)". MEIRELES, Edilton. Medidas sub-rogatórias, coercitivas, mandamentais e indutivas no Código de Processo Civil de 2015. *Revista de Processo.* São Paulo: Revista dos Tribunais, nº 247, set./2015, p. 231-246 (item 3).

Até porque, como se sabe, não existem (ou não deveriam existir) palavras desnecessárias[111] na lei. Como explica Carlos Maximiliano[112], cada termo possui "a sua razão de ser, o seu papel, o seu significado, a sua contribuição para precisar o alcance da regra positiva".[113]

Em relação às medidas mandamentais, estas são comandos que sujeitam o obrigado à prática do ato, normalmente sob pena de crime de desobediência.

Tais ordens têm se revelado eficazes em face de obrigações a serem executadas por agentes públicos, já que, "do ponto de vista da eficácia, elas podem se revelar menos traumáticas ou perturbadoras para a Administração do que a adoção de medidas sub-rogatórias ou coercitivas"[114]. A título ilustrativo, podem ser citadas as ordens de nomeação e posse de agente público, realização de obras públicas, inclusão em folha de pagamento etc.

---

111. "Como a legislação não possui palavras desnecessárias, presume-se que as medidas apresentadas pelo art. 139, IV, não são sinônimas e não se confundem, sendo um leque de medidas diversas que estão à disposição da autoridade judiciária para garantir o cumprimento de uma decisão judicial proferida. Por definição gramatical, indutivo é aquilo que induz, incentiva, estimula. Aquilo que é indutivo não age por intimidação ou qualquer tipo de constrangimento, mas garante uma vantagem diante da aceitação da situação a qual se induz. Nesse sentido, medidas indutivas, no contexto do art. 139, IV, são aquelas que trazem um incentivo ao cumprimento do conteúdo da decisão judicial. Trata-se do *positive reinforcement*, ou da técnica psicológica do reforço positivo aplicado ao direito, ocorrendo um fortalecimento do comportamento positivo de cumprir a decisão. Aquele que cumprir a decisão espontaneamente receberá uma vantagem por isso. Por esse motivo, devem ser as primeiras medidas a serem tomadas, se estiverem disponíveis, para garantir o cumprimento de decisão judicial". CARREIRA, Guilherme Sarri; GAMA E ABREU, Vinicius Caldas da. Dos poderes do juiz na execução por quantia certa: da utilização das medidas inominadas. In: DIDIER JR., Fredie (Coord. geral); TALAMINI, Eduardo; MINAMI, Marcos Youji (Coords.). *Medidas Executivas Atípicas* – Coleção Grandes temas no Novo CPC. Salvador: Juspodivm, 2018, p. 243.

112. MAXIMILIANO, Carlos. *Hermenêutica e Aplicação do Direito*. 19. ed. Rio de Janeiro: Forense, Rio de Janeiro, 2009, p. 202-204.

113. A propósito, vale lembrar que, no substitutivo da Câmara dos Deputados ao PLS 166/2010, o texto do projeto não falava em "medida indutiva", o que veio a ser incluído posteriormente, o que reforça o nosso pensamento: "O juiz dirigirá o processo conforme as disposições deste Código, incumbindo-lhe: IV – determinar, de ofício ou a requerimento, todas as medidas coercitivas ou sub-rogatórias necessárias para assegurar a efetivação da decisão judicial e a obtenção da tutela do direito". Disponível em StampIt - A Stamping Utility for PDF Documents (senado.leg.br). Acesso em: 20.11.2020.

114. MEIRELES, Edilton. Medidas sub-rogatórias, coercitivas, mandamentais e indutivas no Código de Processo Civil de 2015. *Revista de Processo*. São Paulo: Revista dos Tribunais, nº 247, set./2015, pp 231-246 (item 5).

Sustenta-se que, para evitar dúvidas, o obrigado deve ser intimado pessoalmente da ordem mandamental, constando da comunicação a "advertência que o descumprimento da obrigação imposta pode resultar na prática de crime de desobediência. Aliás, será essa advertência, constante da intimação, que dará certeza de que se trata de uma ordem mandamental"[115].

Já as medidas coercitivas são aquelas que pressionam o devedor a adimplir a obrigação indicada na decisão judicial. Alguns exemplos (típicos) são as *astreintes*[116], a prisão do devedor de prestação alimentar, a inclusão do executado no cadastro de inadimplentes e o protesto da decisão judicial.

Por sua vez, as medidas indutivas[117], embora também objetivem "pressionar" o devedor a cumprir o preceito, distinguem-se das coercitivas e das mandamentais em razão da natureza e da consequência jurídica.

Nas coercitivas e mandamentais, como visto, existe uma consequência negativa (por exemplo, a incidência de uma multa ou a caracterização de crime de desobediência), caso a obrigação não seja cumprida. Já nas indutivas, há, a rigor, uma consequência positiva (um prêmio[118]) para estimular

---

115. Idem, item 5.

116. Para Cassio Scarpinella Bueno, a multa "representa uma forma de exercer pressão psicológica no obrigado para que realize a obrigação a que está sujeito". BUENO, Cassio Scarpinella. *Curso sistematizado de direito processual civil*: tutela jurisdicional executiva. v. 3. 4. ed. São Paulo: Saraiva, 2011, p. 467. No mesmo sentido FAGUNDES, Cristiane Druve Tavares; JÚDICE, Mônica. Os contornos conferidos pelo CPC/2015 para a multa periódica nas obrigações de fazer, não fazer ou entregar coisa. *Revista de Processo*. São Paulo: Revista dos Tribunais, nº 273, nov./2017, p. 175. Rafael Caselli Pereira sustenta que a multa (astreinte) é a "medida coercitiva protagonista do CPC/2015". PEREIRA, Rafael Caselli. *A multa judicial (astreinte) e o CPC/2015*: visão teórica, prática e jurisprudencial. 3. ed. rev. e ampl. Porto Alegre: Livraria do Advogado, 2021, p. 41.

117. "As medidas indutivas podem estar previamente contidas no comando legal que preenche o suporte fático da decisão judicial. Estas medidas agregam à decisão judicial um incentivo ao cumprimento espontâneo do comando, inclusive com o fim de evitar medidas coercitivas pessoais e patrimoniais próprias da execução indireta, ou mesmo, a aplicação da técnica sub-rogatória, que revela a execução direta". ARAÚJO, Fabio Caldas de. *Curso de Processo Civil*. São Paulo: Malheiros, 2016, p. 642.

118. "(...) a referência a 'medidas indutivas' concerne à indução positiva: a oferta de prêmios, incentivos, para o cumprimento da decisão judicial. Trata-se de sanção premial ou positiva. A existência de sanções premiais é um dos fenômenos que evidencia a superação da tradicional ideia de sanção como consequência negativa (imposição de um 'mal') normativamente prevista para o caso de violação de uma norma. Afinal, a sanção: i) não é necessariamente medida posterior à conduta do sujeito sancionado, podendo ser preventiva; ii) não consiste necessariamente na 'realização compulsória de um mal', uma vez que se pode apresentar sob a forma de um prêmio (concessão

o cumprimento do comando (cuja inobservância, porém, não enseja, por si só, uma penalidade). Nas coercitivas, o que se quer é pressionar e constranger, enquanto nas indutivas o que se busca é influenciar positivamente, motivar e seduzir.

Bem postas as coisas, não se pode negar que o art. 139, IV, do CPC, verdadeira cláusula geral, materializa avanço significativo se comparado ao CPC/73, sobretudo porque, no código anterior, não se falava expressamente em medidas indutivas e tampouco havia a previsão de medidas atípicas nas ações envolvendo prestação pecuniária.

Nesse contexto, há quem considere o referido dispositivo legal uma "revolução silenciosa"[119] e uma "luz no fim do túnel"[120], além de importante instrumento para a efetivação de medidas atípicas[121] e para a realização da "promessa constitucional de acesso à justiça"[122].

---

de um bem) a quem observou voluntariamente determinada norma jurídica; e, como consequência dos traços anteriores; iii) não é necessariamente reação a um ato ilícito, embora tenha em mira a observância de normas jurídicas. (...) É nesse quadro que se inserem as medidas processuais de indução positiva". TALAMINI, Eduardo. Poder geral de adoção de medidas coercitivas e sub-rogatórias nas diferentes espécies de execução. *Revista de Processo*. São Paulo: Revista dos Tribunais, nº 284, out./2018, p. 173-175.

119. GAJARDONI, Fernando da Fonseca. *A revolução silenciosa da execução por quantia – a parte conta apenas com o Estado/Juiz para fazer valer a decisão judicial*. Disponível em https://www.jota.info/opiniao-e-analise/artigos/a-revolucao-silenciosa-da-execucao--por-quantia-24082015. Acesso em: 04.06.2018.

120. MARINONI, Luiz Guilherme; ARENHART, Sérgio Cruz; MITIDIERO, Daniel. *O novo processo civil*. São Paulo: Revista dos Tribunais, 2015, p. 373. Há quem seja mais reticente quanto aos resultados esperados: "Não bastasse, é preciso levar em conta que ao art. 139, IV, do CPC de 2015, forneceu, bem ou mal, amparo legal amplo para o deferimento de medidas atípicas, as quais, se presas ferreamente à exigência da instrumentalidade, decerto terão valia muito reduzida". SOUSA, José Augusto Garcia de. *A tempestividade no processo civil brasileiro*: papel catalisador, enquadramento constitucional e dimensão conflituosa. Tese aprovada como requisito parcial para obtenção do grau de Doutor na Universidade Estadual do Rio de Janeiro, 2016, p. 516. Versão comercial da tese (SOUSA, José Augusto Garcia de. *A tempestividade da justiça no processo civil brasileiro* – Repercussão no Sistema, Desenho Constitucional e Dimensão Conflituosa. Salvador: Juspodivm, 2020).

121. MINAMI, Marcos Youji. Da vedação ao *non factibile*: uma justificativa às medidas executivas atípicas. *Revista de Processo*. São Paulo: Revista dos Tribunais, nº 288, fev./2019, p. 199.

122. "(...) o dispositivo é um passo fundamental para que se possa cortar aquele cordão umbilical que liga a execução a modelo superado e inefetivo. (...) Se esses poderes foram outorgados, é para serem usados; é porque esses poderes são importantes para que possa ter resposta efetiva e adequada aos direitos". ARENHART, Sérgio Cruz. Tutela atípica

Eduardo Talamini[123] defende que a função do art. 139, IV, é "essencialmente executiva", prestando-se apenas a assegurar o cumprimento de ordens judiciais[124].

Todavia, a própria localização topográfica do dispositivo (Parte Geral[125], Livro III, Título IV, Capítulo I "dos poderes, dos deveres e da responsabilidade do juiz") revela que este não deve se destinar apenas à execução[126], funcionando, na verdade, como chave hermenêutica para dar efetividade a qualquer preceito judicial, seja uma ordem ou mesmo um comando/pronunciamento do magistrado.

Na mesma linha, Rodrigo Mazzei[127] destaca que a inserção topológica do art. 139, IV, do CPC na parte geral do código alarga o âmbito de atipicidade dos meios de efetivação e "permite o emprego da norma de maneira ampla no processo, em qualquer procedimento, codificado ou não codificado, com o fito de assegurar a efetivação da norma jurídica revelada no processo".

---

de prestações pecuniárias. Por que ainda aceitar o "é ruim, mas eu gosto"? *Revista de Processo*. São Paulo: Revista dos Tribunais, nº 281, jul.2018, p. 151-152 e 159.

123. TALAMINI, Eduardo. Poder geral de adoção de medidas executivas e sua incidência nas diferentes espécies de execução. In: DIDIER JR., Fredie (Coord. geral); TALAMINI, Eduardo; MINAMI, Marcos (Coords.). *Medidas Executivas Atípicas* – Coleção Grandes temas do novo CPC. Salvador: Juspodivm, 2018, p. 56.

124. "Importante esclarecer que por 'ordem judicial' deve se entender por qualquer tipo de pronunciamento judicial, seja decisão, sentença ou acórdão". CABRAL, Trícia Navarro Xavier. As novas tendências da atuação judicial. In: DIDIER JR., Fredie (Coord. geral); CABRAL, Antonio do Passo; NOGUEIRA, Pedro Henrique (Coords.). *Negócios Processuais* – Coleção Grandes Temas do Novo CPC. Salvador: Juspodivm, 2015, p. 618. Em sentido mais restritivo, entendendo que a expressão "ordem judicial" tem relação direta com o pronunciamento judicial "cuja carga eficacial preponderante é mandamental", ver CARVALHO FILHO, Antônio; SOUSA, Diego Crevelin de; PEREIRA, Mateus Costa. *Réquiem às medidas judiciais atípicas nas execuções pecuniárias* – art. 139, IV, CPC. Londrina: Thoth, 2020, p. 73.

125. "Parte Geral é excerto de determinado diploma normativo (Códigos, estatutos etc.), composto por enunciados normativos aplicáveis a todas as demais parcelas do menciona diploma e, eventualmente, até mesmo a outras regiões do ordenamento jurídico". DIDIER JR., Fredie. *Sobre a Teoria Geral do Processo, essa desconhecida*. 5. ed. Salvador: Juspodivm, 2020, p. 101. No mesmo sentido SOUZA, Marcus Seixas. *Normas processuais consuetudinárias*: história, teoria e dogmática. Salvador: Juspodivm, 2019, p. 83.

126. ARSUFFI, Arthur Ferrari. *A nova produção antecipada da prova* – estratégia, eficiência e organização do processo. Salvador: Juspodivm, 2019, p. 155.

127. MAZZEI, Rodrigo Reis; ROSADO, Marcelo da Rocha. A cláusula geral de efetivação e as medidas indutivas no CPC/15. In: DIDIER JR., Fredie (Coord. geral); TALAMINI, Eduardo; MINAMI, Marcos Youji (Coords.). *Medidas Executivas Atípicas* – Coleção Grandes temas no Novo CPC. Salvador: Juspodivm, 2018, p. 498.

Em reforço, Edilson Vitorelli[128] assinala que o posicionamento topográfico da previsão de medidas atípicas, antes previstas apenas no cumprimento de sentença, para a parte geral, no contexto dos poderes do juiz – que se aplicam a quaisquer procedimentos e fases processuais –, "propicia um novo horizonte hermenêutico".

Nessa mesma toada, Marcos Minami[129] pontua que "o histórico da redação do enunciado em discussão deixa clara a intenção do legislador de não restringir, antes ampliar, as possibilidades do texto". Em sua visão, houve má técnica nesse sentido e quem quiser defender a interpretação restritiva deve também resolver duas incoerências: "é que não teria tido sentido o magistrado possuir amplos poderes para efetivar 'sua ordem' e não dispor do mesmo arsenal processual para realizar a tutela do direito do requerente, este sim, o objetivo da atividade jurisdicional".

Com efeito, deve-se buscar o maior rendimento normativo possível, à luz de uma interpretação sistemática[130] e consentânea às normas fundamentais do processo civil, de modo a não subvalorizar a potencialidade do aludido dispositivo[131].

Essa compreensão é importante e será usada para reforçar a possibilidade de estipulação de sanções premiais atípicas na fase de conhecimento (desconectadas de eventual atividade executiva), o que não foi explorado até hoje.

---

128. VITORELLI, Edilson. Atipicidade dos meios de execução no processo coletivo: em busca de resultados sociais significativos. In: DIDIER JR., Fredie (Coord. geral); TALAMINI, Eduardo; MINAMI, Marcos Youji (Coords). *Medidas Executivas Atípicas* – Coleção Grandes temas no Novo CPC. Salvador: Juspodivm, 2018, p. 827.

129. MINAMI, Marcos Youji. *Da vedação ao non factibile* – uma introdução às medidas executivas atípicas. Salvador: Juspodivm, 2018, p. 192.

130. Como se sabe, a interpretação sistemática é "fruto da ideia de unidade do ordenamento jurídico. Através dela, o intérprete situa o dispositivo a ser interpretado dentro do contexto normativo geral e particular, estabelecendo as conexões internas que enlaçam as instituições e as normas jurídicas". BARROSO, Luís Roberto. *Interpretação e aplicação da constituição*: fundamentos de uma dogmática constitucional transformadora. 7. ed. São Paulo: Saraiva, 2014, p. 140.

131. ZANETI JR., Hermes. O controle intersubjetivo da decisão que adota meios atípicos: segurança no procedimento e partir do caso concreto. In: DIDIER JR., Fredie (Coord. geral); TALAMINI, Eduardo; MINAMI, Marcos (Coords.). *Medidas Executivas Atípicas* – Coleção Grandes temas do Novo CPC. Salvador: Juspodivm, 2018, p. 879.

6.5 SANÇÕES PREMIAIS E CRIATIVIDADE JUDICIAL: RISCO DE ARBITRARIEDADE?

No comando premial, o juiz estipula um prêmio (escalonamento decrescente de multa, soma de prazos etc.) para estimular determinado comportamento. Com isso, cria um elo entre a conduta desejada e a respectiva consequência jurídica positiva.

Como existe certa margem de escolha do juiz na estipulação das sanções premiais atípicas (seja em razão da liberdade na definição do prêmio, seja pela análise da conveniência e oportunidade da medida), poder-se-ia cogitar de eventual arbitrariedade.

Porém, no caso das sanções premiais atípicas, existe base normativa e sistêmica para a sua estipulação, sendo que os *standards* apresentados nesta obra (cumulativos) funcionam como freios para desidratar eventuais solipsismos[132] e arbitrariedades.

Adiante-se, desde logo, que, entre os critérios delineados, está a impossibilidade de o juiz afetar direito alheio, a proibição de transferir externalidades ao Judiciário e a necessidade de fundamentar adequadamente o comando premial. Deve existir, ainda, um liame lógico entre a conduta indicada e o prêmio estipulado pelo juiz, seja para que a parte tenha ciência do comportamento esperado e do benefício a ser obtido, seja para que possa se compreender a *ratio* da medida (buscar maior eficiência processual e reduzir a duração do processo, entre outros). Nada obstante, a proporcionalidade (adequação, necessidade e proporcionalidade em sentido estrito) é uma diretriz importante a ser observada pelo juiz.

Sob essa ótica, minimizados os riscos de arbitrariedades, a iniciativa do juiz revela uma atuação pragmática[133], isto é, marcada "pelos resultados

---

132. STRECK, Lenio Luiz. A luta da crítica hermenêutica do Direito contra o solipsismo judicial. In: SEGUNDO, Elpídio Paiva Luz; MENDES, Bruno Cavalcanti Angelin (Orgs.). *Diálogos sino-luso-brasileiros sobre jurisdição constitucional e a crítica hermenêutica do Direito de Lênio Luiz Streck*. Salvador: Juspodivm, 2018, p. 24.

133. "Um juiz pragmático olhará primordialmente para as consequências da decisão. Se a consequência de uma particular decisão for boa no sentido de que incentiva um comportamento benéfico no futuro ou evita uma crise, o juiz decidirá naquele sentido". WEBB, Thomas et. al. *The New Zealand Legal System*. 5. ed. Wellington: LexisNexis, 2010, p. 22-23. Para Richard Posner, o principal pilar do pragmatismo residiria em um "instrumentalismo orientado ao futuro que procura utilizar o pensamento como uma arma para a concretização de ações mais efetivas". No original: "*the brand of pragmatism that I like emphasizes the scientific virtues (openminded, no-nonsense inquiry), elevates the process of inquiry over the results of inquiry, prefers ferment to stasis, dislikes*

práticos que são capazes de produzir"[134], pois busca reforçar os direitos e as garantias fundamentais, valorizando a essência do processo (instrumento de garantia) e as possibilidades normativas.

Prestigia-se, assim, um agir prático, objetivo e eficaz[135], à luz de um "processo civil pragmático"[136], sob os influxos da Análise Econômica do Direito e da Economia Comportamental[137].

---

distinctions that make no practical difference - in other words, dislikes 'metaphysics' - is doubtful of finding 'objective truth' in any area of inquiry, is uninterested in creating an adequate philosophical foundation for its thought and action, likes experimentation, likes to kick sacred cows, and - within the bounds of prudence - prefers shaping the future to maintaining continuity with the past. So I am speaking of an attitude rather than a dogma; an attitude whose 'common denominator' is 'a future-oriented instrumentalism that tries to deploy thought as a weapon to enable more effective action". POSNER, Richard A. *The problems of jurisprudence.* Cambridge: Harvard University Press, 1990, p. 28. Não vamos nos aprofundar no estudo do Pragmatismo por fugir ao escopo do presente trabalho. Para um estudo detalhado sobre o tema, incluindo as diferentes correntes (clássica e contemporânea), bem como as peculiaridades do Pragmatismo Filosófico e do Pragmatismo jurídico, ver ATAIDE JUNIOR, Vicente de Paula. *Processo Civil Pragmático.* Tese de Doutorado em Direito das Relações Sociais – Programa de Pós-Graduação em Direito, Universidade Federal do Paraná, Curitiba, 2013; RORTY, Richard. *Consequências do Pragmatismo.* Trad. João Duarte. Lisboa: Instituto Piaget, 1982; POGREBINSCHI, Thamy. *Pragmatismo*: Teoria Social e Política. Rio de Janeiro: Relume Dumará, 2005.

134. BARROSO, Luís Roberto. *Sem data venia*: um olhar sobre o Brasil e o mundo. Rio de Janeiro: História Real, 2020, p. 15.

135. "Não existe nada que traduza melhor o pensamento do homem moderno que o adagio basilar adotado pelos Pragmatistas: uma ideia (da mesma forma que uma ferramenta) só 'presta' se seus efeitos práticos forem bons e bom é aquilo que é útil. Neste diapasão, o Pragmatismo Filosófico contamina o pensamento jurídico e o imbui com seus ideais de tornar-se uma ciência do prático, do objetivo e do eficaz. Hoje, pode-se afirmar que uma das vertentes mais influentes do pensamento jurídico contemporâneo é o Pragmatismo Jurídico". GUERRA, Gustavo Rabay; ALMEIDA NETO, Luiz Mesquita de; MARCOS, Henrique Jerônimo Bezerra. *Revista Estudos Institucionais,* v. 3, 1, 2017, p. 653.

136. JARDIM, Flávio Jaime de Moraes; PAIVA, Paulo Frederico Rodrigues. Notas acerca de um Processo Civil Pragmático. *Revista de Informação Legislativa,* v. 48, nº 190, 2011.

137. "Para implementar essa estratégia, o pragmatismo jurídico recorre à metodologia científica das ciências sociais e econômicas, servindo-se das ferramentas teórico-práticas dessas ciências para avaliar as consequências práticas de cada proposta ou solução oferecida. Uma dessas metodologias, que serve de apoio às construções pragmáticas, é a análise econômica do direito (AED) ou, talvez mais conhecida no inglês, Law and Economics". ATAIDE JUNIOR, Vicente de Paula. *Processo Civil Pragmático.* Tese de Doutorado em Direito das Relações Sociais – Programa de Pós-Graduação em Direito, Universidade Federal do Paraná, Curitiba, 2013, p. 85.

Desse modo, ao estipular um prêmio para incentivar determinado comportamento – fundamentando adequadamente as suas escolhas e observando os critérios sugeridos nesta obra –, o juiz valoriza as normas fundamentais do processo civil (eficiência processual, duração razoável do processo, primazia de mérito e cooperação, entre outros), reforçando a potencialidade do sistema normativo.

6.6 *STANDARDS* PARA A FIXAÇÃO DE SANÇÕES PREMIAIS ATÍPICAS: UMA PROPOSTA DE SISTEMATIZAÇÃO

Entendido o escopo da sanção premial atípica, é preciso criar critérios para sua estipulação judicial.

Nesse particular, será feita uma divisão entre *standards* primários e secundários.

Os *standards* primários são aqueles que devem ser observados pelo magistrado, de forma cumulativa, sob pena de eventual invalidação do comando judicial.

Por sua vez, os *standards* secundários (item 6.6.2.) são diretrizes gerais, recomendações, sem relação direta com o comando premial em si, mas que devem, de algum modo, ser prestigiados, inclusive para ampliar o horizonte das sanções premiais atípicas.

6.6.1 *Standards primários*

6.6.1.1 Não afetação de direito alheio

O primeiro *standard* – espécie de "viga-mestre" da proposta de sistematização – impede que o magistrado, na estipulação de sanções premiais atípicas, afete direito alheio.

A ressalva é importante porque, como já demonstrado, nas sanções premiais legais o prêmio pode ensejar um sacrifício na órbita de terceiro (redução dos honorários advocatícios, isenção das custas etc.). Em tais casos, porém, trata-se de opção/escolha legislativa que deve ser respeitada.

Já nas convenções processuais (capítulo 5), os prêmios também podem atingir a situação jurídica dos participantes, mas isso decorre da própria autonomia da vontade.

No caso das sanções premiais atípicas, porém, a mesma lógica não pode ser admitida.

Nesse contexto, não pode o juiz reduzir o valor dos honorários sucumbenciais (que são devidos aos advogados)[138] ou das custas judiciais

138. Não concordamos com o entendimento de que o juiz pode reduzir os honorários sucumbenciais em função do momento do adimplemento: "O direito brasileiro admite promessas de recompensa originárias do Estado-juiz como forma de estimular o cumprimento de obrigações, como exercício do poder geral de efetivação (v.g. *redução dos honorários de sucumbência em função do momento do adimplemento* (...)". NOGUEIRA, Pedro Henrique. *Negócios jurídicos processuais*. 3. ed. rev., atual. e ampl. Salvador: Juspodivm, 2018, p. 256. Em sentido semelhante, DIDIER JR.; Fredie; NOGUEIRA, Pedro Henrique Pedrosa. Promessa de recompensa judicial. In: ARRUDA ALVIM NETTO, José Manoel de; ARRUDA ALVIM, Eduardo; BRUSCHI, Gilberto Gomes; CHECHI, Mara Larsen; COUTO, Mônica Bonetti (Orgs.). *Execução civil e temas afins do cpc/1973 ao novo cpc* – estudos em homenagem ao professor Araken de Assis. São Paulo: Revista dos Tribunais, 2014, p. 406-417. Embora o tema seja polêmico, sobretudo em razão da controvérsia acerca da natureza dos honorários sucumbenciais – instituto considerado a) de direito processual material (CHIOVENDA, Giuseppe. *Instituições de direito processual civil*. v. I. 3. ed. São Paulo: Saraiva, 1969); b) bifronte (DINAMARCO, Cândido Rangel. *Instituições de direito processual civil*. v. I. 6. ed. rev. e atual. São Paulo: Malheiros, 2009, p. 103-104); ou c) híbrido (REsp 1.465.535/SP, Rel. Min. Luis Felipe Salomão, Quarta Turma, DJe 22.08.2016) – defendemos que a decisão judicial que fixa os honorários sucumbenciais não pode ignorar os percentuais mínimos legalmente definidos (quando não for caso de apreciação equitativa). Ainda que o STJ reconheça que a sentença é o "ato processual que qualifica o nascedouro do direito à percepção dos honorários advocatícios" (REsp citado nesta nota), consideramos que o *decisum* apenas aplica os critérios de fixação dos honorários, não constituindo efetivamente o direito à percepção dos honorários (consagrados pela Lei nº 8.906/94 e pelo próprio art. 85 do CPC/15). Nessa linha, a decisão não seria constitutiva, mas sim declaratória-condenatória (NÓBREGA, Guilherme Pupe da. O STJ decidiu: a sentença é o marco temporal-processual para identificação das normas a regular os honorários. E aí? Disponível em https://www.migalhas.com.br/coluna/processo-e-procedimento/241493/o-stj-decidiu-a-sentenca-e-o-marco-temporal-processual-para-identificacao-das-normas-a-regular-os-honorarios-e-ai. Acesso em: 25.09.2020). Registre-se, ainda, que o direito aos honorários não surge necessariamente em razão da sucumbência, já que, mesmo o vencedor, pode ser condenado ao pagamento de honorários (Enunciado 303 da Súmula do STJ – "Em embargos de terceiro, quem deu causa à constrição indevida deve arcar com os honorários advocatícios" – ex: no caso de penhora de imóvel objeto de promessa de compra e venda não registrada, se não houver resistência por parte do credor, os embargos de terceiros serão acolhidos, mas o embargante será condenado ao pagamento dos ônus sucumbenciais), à luz do princípio da causalidade (art. 85, § 10, do CPC). Por fim, compreender que o direito aos honorários só surge efetivamente com a decisão judicial é admitir que uma lei nova possa ser aplicada imediatamente, afetando, eventualmente, direitos dos advogados sem qualquer sinalização prévia (imagine-se, por exemplo, uma lei nova que estabeleça a redução do percentual mínimo de honorários de 10% para 2%). Ora, os ganhos e as perdas decorrentes da sucumbência compõem a equação econômica do litígio e devem ser sopesados (ponderação custo x benefício) na

(que pertencem ao Estado – como visto, as custas são consideradas taxas e os Estados não podem oferecer isenções de taxas sem lei específica – art. 150, § 6º, da CF), e/ou oferecer o abatimento do montante a ser recebido pelo credor para estimular a parte a praticar determinada conduta[139]. Também não pode autorizar parcelamento fora das hipóteses legais para influenciar o destinatário a adotar um comportamento.[140]

Nesse particular, vale destacar o seguinte trecho de voto da Ministra Nancy Andrighi quanto à impossibilidade de autorizar-se o parcelamento do art. 916 do CPC/15 na fase de cumprimento de sentença[141]:

---

fase pré-processual (para o autor) ou no momento da citação (para o réu), bem como pelos causídicos. Da mesma forma, não pode o jurisdicionado ser surpreendido e prejudicado com a alteração das regras de sucumbência antes da sentença (basta pensar, por exemplo, nos prejuízos para a Fazenda Pública: no CPC/73, em caso de condenação da Fazenda Pública, os honorários devidos ao advogado do vencedor eram fixados por apreciação equitativa – art. 20, § 4º. Já no CPC/15, em caso de condenação da Fazenda Pública, os honorários sucumbenciais são fixados com base em faixas estipuladas pelo legislador – art. 85, §§ 3º e 5º). No mesmo sentido GONÇALVES, Marcelo Barbi. Honorários advocatícios e direito intertemporal. Disponível em https://jus.com.br/artigos/47012/honorarios-advocaticios-e-direito-intertemporal. Acesso em: 26.09.2020. Nesse contexto, sustentamos que o juiz não pode reduzir os honorários sucumbenciais fora das hipóteses legais, sob pena de afetar direito alheio.

139. Em caso envolvendo o descumprimento de ordem judicial por um plano de saúde, o TJ/RJ aplicou uma sanção premial atípica, estabelecendo a redução do valor da multa, caso o pagamento fosse feito em dez dias corridos após a publicação do acórdão. Caso contrário, o valor da multa seria aquele encontrado pelo Perito (em valor muito superior). Nessa hipótese, entendemos que houve afetação de direito alheio, uma vez que o valor da multa pertence ao credor. Pensamos que o tribunal, dentro da mesma lógica pensada, poderia ter estimulado uma convenção processual de natureza premial. TJ/RJ, Agravo de Instrumento nº 0042344-88.2023.8.19.0000, Des. Rel. Luciano Saboia Rinaldi de Carvalho, Décima Nona Câmara de Direito Privado, DJe 31.08.2023.

140. Como demonstrado no tópico 5.3.2.2, ainda que o juiz possa fomentar acordos, sugerindo alterações de bases e valores (função indutora), a materialização do ato depende do consentimento do credor.

141. REsp nº 1.891.577/MG, Rel. Min. Marco Aurélio Bellizze, Terceira Turma, DJe 14.06.2022. O voto do Ministro Relator encampou as ponderações feitas pela Ministra Nancy Andrighi: "Outrossim, segundo o percuciente apontamento feito pela Ministra Nancy Andrighi, tal parcelamento, 'conquanto se trate de sanção premial típica para o processo executivo, porque expressamente prevista em lei, essa sanção premial é atípica para a fase de cumprimento de sentença, justamente em virtude da regra do art. 916, § 7º, razão pela qual a sua estipulação unilateral pelo juiz tem como premissa básica a inexistência de prejuízo a direito do exequente'".

> (...) Em verdade, percebe-se que o parcelamento do débito previsto no art. 916, *caput* e parágrafos do CPC/15, é uma espécie de sanção premial, por meio da qual o legislador estabeleceu que o executado que reconhecer a procedência do pedido executivo e renunciar à pretensão eventualmente dedutível nos embargos à execução será agraciado com um prêmio pela sua conduta. Conquanto se trate de sanção premial típica para o processo executivo, porque expressamente prevista em lei, essa sanção premial é atípica para a fase de cumprimento de sentença, justamente em virtude da regra do art. 916, § 7º, do CPC/15, razão pela qual a sua estipulação unilateral pelo juiz tem como premissa básica a inexistência de prejuízo a direito do exequente. Quanto ao ponto, leciona Marcelo Mazzola, tratando especificamente da hipótese em exame (...).

Igualmente, não se concorda com a ideia de que o juiz possa induzir a certo comportamento "em troca de atenuação de anterior medida sancionatória negativa, como uma multa por ato atentatório da justiça ou outra sanção processual que tenha sido aplicada à parte, com previsão de reversão ao fundo"[142] (art. 97 do CPC/15).

Primeiro, porque o valor da multa ou da penalidade já aplicada não pertence ao juiz (eventual direito material próprio) e, segundo, porque não faz sentido convalidar atos atentatórios à dignidade da justiça com eventuais posturas colaborativas posteriores (que devem ser a regra, por força do art. 6º do CPC/15).

Uma coisa é o juiz reexaminar a sua decisão à luz dos fatos e das provas dos autos, reduzindo eventual penalidade aplicada. Outra, completamente diferente, é o juiz estipular como prêmio a redução ou a exclusão de uma sanção punitiva anterior (cujos valores pertencem à União e/ou aos Estados) para estimular a parte a adotar determinada conduta.

A mesma lógica se aplica em caso de *astreintes* já fixadas, em razão do descumprimento de ordem judicial. O valor pertence à parte e o próprio CPC estabelece que o juiz só pode alterar o valor da multa vincenda (art. 537, § 1º). Logo, não pode o magistrado oferecer como prêmio a redução ou a exclusão da penalidade já fixada para estimular determinado comporta-

---

142. MAZZEI, Rodrigo; ROSADO, Marcelo da Tocha. A cláusula geral de efetivação e as medidas indutivas no CPC/15. In: DIDIER JR., Fredie (Coord. geral); TALAMINI, Eduardo; MINAMI, Marcos (Coords.). *Medidas Executivas Atípicas* – Coleção Grandes temas do Novo CPC. Salvador: Juspodivm, 2018, 517. Em sentido semelhante TALAMINI, Eduardo. Poder geral de adoção de medidas coercitivas e sub-rogatórias nas diferentes espécies de execução. *Revista de Processo*. São Paulo: Revista dos Tribunais, nº 284, out./2018, p. 173-175.

mento. Até porque, iniciativas dessa natureza poderiam estimular o devedor a permanecer inerte, acreditando na futura revisão do montante, o que, de certo modo, esvazia a própria coercitividade da medida.

Importante deixar claro que o eixo de deslocamento do juiz, isto é, sua zona de movimentação, perpassa essencialmente por aquilo que lhe diga respeito diretamente[143], ou seja, os seus poderes (escalonar multas de forma decrescente, autorizar o somatório de prazos em obrigações distintas, oferecer a celebração de calendário processual etc.).

Nos processos estruturantes, como se verá adiante, a margem de estipulação é um pouco mais fluida, em razão do dinamismo da relação jurídica, da maior atividade criativa do juiz e da possibilidade de decisões em cascata.

Em suma, o juiz não pode fazer "caridade com o chapéu alheio"[144], sob pena de causar prejuízos a terceiros.[145]

---

143. Ainda que em outro contexto (críticas à homologação, pelo STF, de acordo envolvendo a discussão sobre os expurgos inflacionários de planos econômicos, sem a participação direta dos beneficiários e com cláusulas questionáveis), Edilson Vitorelli destaca que "*assim como não se faz cortesia com o chapéu alheio, não se fazem concessões com o direito alheio* (...)." VITORELLI, Edilson. *Acordo coletivo dos planos econômicos e porque ele não deveria ser homologado*. Disponível em https://www.google.com.br/amp/s/www.jota.info/artigos/acordo-coletivo-dos-planos-economicos-e-por-que-ele-nao-deveria-ser-homologado-16012018/amp. Acesso em: 25.01.2018.

144. De acordo com Fredie Didier Jr. e Pedro Henrique Nogueira, "o Estado-Juiz somente pode prometer um prêmio que lhe diga respeito. Não pode, por exemplo, 'fazer caridade com chapéu alheio', prometendo qualquer espécie de diminuição do direito do credor". DIDIER JR., Fredie; NOGUEIRA, Pedro Henrique Pedrosa. Promessa de recompensa judicial. In: ARRUDA ALVIM; ARRUDA ALVIM, Eduardo; BRUSCHI, Gilberto Gomes; CHECHI, Mara Larsen; COUTO, Mônica Bonetti (Orgs.). *Execução civil e temas afins do cpc/1973 ao novo cpc* – estudos em homenagem ao professor Araken de Assis. São Paulo: Revista dos Tribunais, 2014, p. 406-417.

145. "A utilização de meios coercitivos mediante incentivo (por alguns chamados de sanções premiais) deve observar alguns cuidados. Oferecer alguma benesse ao executado caso ele realize a prestação devida pode causar desvantagem ao exequente.

6.6.1.2 *Vedação à transferência de externalidades ao Judiciário*

Também não se pode admitir que, ao estipular as sanções premiais atípicas, o juiz transfira automaticamente, sem qualquer respaldo administrativo e/ou justificativa, eventuais ônus financeiros ao Poder Judiciário.[146]

Por exemplo, não pode prometer algo que necessite ser praticado pela administração do tribunal, como a implementação de aparatos estranhos à máquina judiciária ou a realização de um algum ato fora do juízo (implicando em deslocamentos de funcionários e servidores), ou mesmo em dia sem expediente forense, impondo custos de segurança e energia, sem um motivo relevante e legítimo.

Vale lembrar que, embora represente o Estado, o juiz não é titular de direito material próprio e, portanto, não pode dele dispor.

6.6.1.3 *Fundamentação adequada*

Como se sabe, todas as decisões judiciais devem ser fundamentadas (art. 93, IX, da Constituição Federal), o que é reforçado pelos arts. 11 e 489, §§ 1º e 2º, do CPC/15.[147]

Se o magistrado, por exemplo, informa que se o pagamento ocorrer em determinado intervalo de tempo haverá desconto ou parcelamento do valor devido, isso fará com o que exequente receba menos do que ele deveria ou em espaço de tempo além do esperado. Por isso, a doutrina tem defendido a possibilidade de medidas de incentivo ao executado, quando aptas a trazer algum prejuízo ao exequente, apenas nos casos previstos em lei". MINAMI, Marcos Youji. *Da vedação ao non factibile* – uma introdução às medidas executivas atípicas. Salvador: Juspodivm, 2018, p. 150.

146. Vale apenas lembrar que, à luz do art. 217 do CPC, os atos processuais poderão ser realizados, "excepcionalmente, em outro lugar em razão de deferência, de interesse da justiça, da natureza do ato ou de obstáculo arguido pelo interessado e acolhido pelo juiz".

147. Além dos dispositivos indicados, o dever de fundamentação está capilarizado ao longo do CPC/15 (arts. 12, § 2º, IX, 173, § 2º, 370, parágrafo único, 373, § 1º, 426, 489, § 2º, 647, parágrafo único, 919, § 2º, 927, § 4º, 980, parágrafo único, 1.013, § 4º, 1.021, § 4º, 1.026, § 2º e 1.067 (que deu nova redação ao art. 215 do Código Eleitoral – vide especialmente o § 6º) e se aplica a qualquer pronunciamento judicial (por exemplo, fixação de honorários sucumbenciais ou recursais, invalidação de convenções processuais, decretação de segredo de justiça, desconsideração da personalidade jurídica, aplicação de padrões decisórios de observância obrigatória etc.).

A fundamentação é a ferramenta que revela ao público as justificativas racionais das escolhas judiciais[148]. É um ato de responsabilidade[149], de limitação de poder[150], que tem o condão de evitar arbítrios e julgamentos parciais[151].

No caso das sanções premiais atípicas, a preocupação com a fundamentação não diz respeito propriamente ao contraditório-influência (que compreende o dever do juiz de considerar e enfrentar os argumentos das partes[152]), mas sim com a construção da lógica[153] e a respectiva racionalidade[154] do comando premial.

---

148. BRANDÃO, Antonio Augusto Pires. O reforço do dever de fundamentação das decisões como fator de legitimação da atividade judicial. *Revista de Processo*. São Paulo: Revista dos Tribunais, nº 258, ago./2016, p. 25. No mesmo sentido SCHMITZ, Leonardo Ziesemer. *Fundamentação das decisões judiciais*: a crise na construção de respostas no processo civil. São Paulo: Revista dos Tribunais, 2015.

149. TARUFFO, Michele. *La motivazione della sentenza civile*. Madri: Trotta, 2011.

150. SILVA, Geocarlos Augusto Cavalcante da. Fundamentação como forma democrática de controle das decisões judiciais. *Revista de Processo*. São Paulo: Revista dos Tribunais, nº 276, fev./2018, p. 22. Em sentido semelhante OLIVEIRA, Humberto Santarosa de. *Motivação e discricionariedade*: as razões de decidir e o contraditório como elementos legitimadores da atuação judicial. Rio de Janeiro: Lumen Juris, 2020.

151. "En todo caso, se debe establecer una distinción entre el albedrío y la decisión correcta. El juez que decide sobre la base de sus preferencias subjetivas, o de cuántas horas durmió a noche, de las empatía o enemistad que siente por el acusado, o sobre la base de una posición económica de éste, o de alguna de las partes, incluso, que decide con miedo para no molestar o pisar los callos de los que están al rededor, pues es un juez que no está francamente interpretando la ley, es un juez parcial, para nada independiente, que decide de forma arbitraria, es decir, de acuerdo a intereses que se encuentran a su al rededor, personales o del poder y, por ello, se trata de un juez que decide según su arbitrio o albedrío, y eso no debe de suceder así. Entonces, ¿dónde está la línea de distinción entre el ejercicio arbitrario del poder que ejerce el juez y el ejercicio válido y legal de esa actividad? Creo que ello radica en los criterios que el juez utiliza al interpretar la ley, es decir, en la medida que provengan de ciencia jurídica, de la jurisprudencia y de la cultura general del jurista; pero, sobre todo, derivan de su obligación de justificar sus propias decisiones." TARUFFO, Michele. *Proceso y decisión: lecciones mexicanas de Derecho Procesal*. Madrid: Marcial Pons, 2012, p. 33. Em sentido semelhante COSTA NETO, José Wellington Bezerra da. Fundamentação das decisões judiciais no Código de Processo Civil de 2015. *Revista de Processo*. São Paulo: Revista dos Tribunais, nº 293, jul./2019, p. 60.

152. CÂMARA, Alexandre Freitas. *Levando os padrões decisórios a sério*: formação e aplicação de precedentes e enunciados de súmula. São Paulo: Atlas, 2018, p. 104. No mesmo sentido BRÊTAS, Ronaldo de Carvalho Dias. *Processo Constitucional e Estado Democrático de Direito*. 3. ed. Belo Horizonte: Del Rey, 2015, p. 137; NUNES, Dierle; VIANA, Aurélio. *Precedentes*: a mutação no ônus argumentativo. Rio de Janeiro: Forense, 2018, p. 267; THEODORO JR., Humberto; NUNES, Dierle; BAHIA, Alexandre Melo Franco; PE-

Nesse particular, é preciso que haja fundamentação adequada, ou seja, deve haver um liame lógico entre a conduta indicada pelo juiz e o prêmio estipulado. Ambos devem estar indicados de forma clara, inclusive para que se possa compreender a finalidade da medida (garantir maior eficiência processual, prestigiar a duração razoável do processo, entre outros).

Um comando judicial que aponta o comportamento esperado sem estipular o prêmio, ou que apenas fixa o prêmio sem especificar a conduta, ou, ainda, que não faça a interconexão entre eles, não tem o condão de materializar um efetivo comando premial.

Portanto, a fundamentação adequada[155] é relevante para que se possa compreender não apenas a racionalidade do juiz e sua fidelidade[156] às expectativas colocadas no sistema jurídico, mas, principalmente, a lógica do comando premial.

DRON, Flavio Quinaud. *Novo CPC*: fundamentos e sistematização. 3. ed. rev., atual. e ampl. Rio de Janeiro: Forense, 2016, p. 349-350; FERRAZ, Eric Cezar Marques. Reflexão entre tempo e processo. *Revista de Processo*. São Paulo: Revista dos Tribunais, nº 278, abr./2018, p. 81.

153. Hermes Zaneti Jr. assinala que deve haver uma "justificação interna da decisão", a qual exige a "verificação da lógica formal desenvolvida a partir das premissas estabelecidas no próprio ato decisório, ou seja, a passagem destas premissas, por inferência, por raciocínio indutivo, à conclusão do silogismo". ZANETI JR., Hermes. O controle intersubjetivo da decisão que adota meios atípicos: segurança no procedimento e partir do caso concreto. In: DIDIER JR., Fredie (Coord. geral); TALAMINI, Eduardo; MINAMI, Marcos (Coords.). *Medidas Executivas Atípicas* – Coleção Grandes temas do Novo CPC. Salvador: Juspodivm, 2018, p. 886. Ver também BARBOSA MOREIRA, José Carlos. A motivação das decisões judiciais como garantia inerente ao Estado de Direito. In: BARBOSA MOREIRA, José Carlos. *Temas de Direito Processual*: segunda série. 2. ed. São Paulo: Saraiva, 1998, p. 88.

154. ARRUDA ALVIM, Teresa. *Embargos de Declaração* – como se motiva uma decisão judicial? 5. ed. rev., atual. e ampl. São Paulo: Revista dos Tribunais, 2020, p. 225.

155. "A fundamentação, então: a) possibilita o controle da decisão pelas partes, permitindo a verificação da coerência e racionalidade do pensamento do juiz, bem como a ausência de contradições; b) permite o controle da decisão pelo titular do poder; c) é a parte principal da decisão de onde se extrai a norma geral do caso concreto: o precedente e d) é a parte da decisão que são analisadas as questões incidentais". MINAMI, M. Y; PEIXOTO, Ravi. As questões prejudiciais incidentais, o regime especial da coisa julgada e os possíveis problemas recursais. *Revista de Processo*. São Paulo: Revista dos Tribunais, nº 277, mar./2018, p. 326.

156. CALMON DE PASSOS, José Joaquim. O magistrado, protagonista do processo jurisdicional? *Revista Brasileira de Direito Público*. Belo Horizonte: Fórum, v. 24, jan./mar. 2009, p. 14.

6.6.1.4 *Proporcionalidade*

De acordo com o art. 8º do CPC, ao aplicar o ordenamento jurídico, o juiz atenderá aos fins sociais e às exigências do bem comum, resguardando e promovendo a dignidade da pessoa humana e observando a proporcionalidade, a razoabilidade, a legalidade, a publicidade e a eficiência.

Portanto, quando da fixação de sanções premiais atípicas, o juiz deve observar o "princípio"[157] da proporcionalidade, também chamado de princípio da razoabilidade[158] e de "proibição do excesso"[159], embora haja divergência doutrinária no ponto[160].

---

157. Não analisaremos a classificação da proporcionalidade como princípio, regra ou postulado normativo. Para um estudo aprofundado, ver ÁVILA, Humberto. *Teoria dos Princípios*. 12. ed. São Paulo: Malheiros, 2011. Defendendo a proporcionalidade e razoabilidade como postulados normativos, ver GRAU, Eros Roberto. *Por que tenho medo dos juízes* – a interpretação/aplicação do direito e os princípios. 6. ed. refundida do Ensaio e Discurso sobre a interpretação/aplicação do direito. São Paulo, Malheiros, 2013, p. 16-18; MITIDIERO, Daniel. *Processo Civil*. 1. ed. São Paulo: Thomson Reuters Brasil, 2021, p. 58.

158. "(...) a razoabilidade jurídica consiste em princípio constitucional implícito, que conduz, em tese, à boa interpretação legal, como sendo a atividade do espírito que se dirige à concretização do direito em relação às suas diversas hipóteses disciplinadas (...). Parte da doutrina fala em princípio da razoabilidade, que traz a ideia de adequação, de moderação, de bom senso. Outros autores falam em proibição de excessos e em proporcionalidade, para designar o mesmo princípio da razoabilidade, adicionando a este a ideia de equilíbrio. O STF faz menção a ambos os termos, o que permite que a doutrina continue a atribuir a terminologia que entender adequada". NERY, Ana Luiza. *Teoria Geral do Termo de Ajustamento de Conduta*. 3. ed. rev., atual. e ampl. São Paulo: Revista dos Tribunais, 2017, p. 84-85.

159. "O princípio da proporcionalidade também conhecido como princípio da proibição do excesso pode ser entendido como princípio do Estado de Direito, ou direito fundamental, que vai desdobrar-se em vários aspectos ou até requisitos. A solução adotada para a efetivação do ato ou medida deve ser adequada a seu fim ou fins. Deve ser conforme nos fins que justificam a sua adoção. É o meio e o fim". ROSAS, Roberto. *Devido Processo Legal*: Proporcionalidade e Razoabilidade. São Paulo: Revista dos Tribunais, 2001, p. 12-13.

160. Eduardo Talamini assinala que, enquanto o princípio da razoabilidade é produto da jurisprudência norte-americana, acerca do aspecto substancial do *due process*, o princípio da proporcionalidade é fruto das decisões das cortes constitucionais alemães. TALAMIN, Eduardo. *Tutela relativa aos deveres de fazer e de não fazer: CPC, art. 461, CDC, art. 84*. São Paulo: Revista dos Tribunais, 2001, p. 391. Por sua vez, Humberto Ávila identifica três aspectos da razoabilidade (equidade, congruência e equivalência) e sustenta que a proporcionalidade, diferentemente da razoabilidade, faz referência a uma relação de causalidade entre um meio e um fim (adequação, necessidade e proporcionalidade).

Humberto Ávila[161] elenca três subprincípios da proporcionalidade: a) adequação (o meio deve levar à realização do fim[162] – o liame lógico); b) necessidade (verificação da existência de outros meios e a escolha daquele que seja menos restritivo aos direitos afetados[163]); e c) proporcionalidade em sentido estrito (comparação[164] entre a importância da realização do fim e a intensidade da restrição, ou seja, se as vantagens da promoção do fim compensam a restrição causada – relação de custo-benefício)[165].

Como alerta a doutrina, "apenas o que é adequado é necessário, mas nem tudo que é adequado pode ser necessário"[166], sendo importante, portanto, uma análise criteriosa[167], sobretudo para evitar excessos.

Há quem vincule a máxima da proporcionalidade à efetividade[168], o que não significa, porém, um álibi para a violação dos direitos e das garantias fundamentais das partes.

ÁVILA, Humberto. *Teoria dos Princípios*. 18. ed. São Paulo: Malheiros, 2018, p.194-205 e 222-226.

161. ÁVILA, Humberto. O que é devido processo legal? *Revista de Processo*. São Paulo: Revista dos Tribunais, nº 163, set./2008, p. 52.

162. Da mesma forma CANOTILHO, Joaquim José Gomes. *Direito constitucional e teoria da constituição*. 7. ed. Coimbra: Almedina, 2003, p. 269: "(...) a medida adoptada para a realização do interesse público deve ser apropriada à prossecução do fim ou dos fins a ele subjacentes".

163. O art. 805 do CPC tem relação direta com o critério da necessidade.

164. No mesmo sentido: "Deve-se, portanto, buscar a solução que melhor atenda a todos os valores em conflito, quer para decidir sobre o cabimento, quer sobre a escolha da medida". GUERRA, Marcelo Lima. *Execução indireta*. São Paulo: Revista dos Tribunais, 1999, p. 176.

165. ÁVILA, Humberto. *Teoria dos princípios*: da definição à aplicação dos princípios jurídicos. 4. ed. São Paulo: Malheiros, 2004, p. 112-127. Vide também BAUERMANN, Desirê. *Cumprimento das obrigações de fazer ou não fazer:* estudo comparado Brasil e Estados Unidos. Porto Alegre: Sergio Antonio Fabris Editor: 2012, p. 177 e 184-188.

166. ARRUDA ALVIM NETTO, José Manoel de. Processo e Constituição – Parte I. *Revista de Processo*. São Paulo: Revista dos Tribunais, nº 281, jul./2018, p. 30.

167. HESSE, Konrad. *Elementos de direito constitucional na República Federal da Alemanha*. Trad. Luis Afonso Keck. Porto Alegre: Fabris, 1998, p. 67; MINAMI, Marcos Youji. *Da vedação ao non factibile* – uma introdução às medidas executivas atípicas. Salvador: Juspodivm, 2018, p. 58.

168. LOPES, João Batista. Princípio da proporcionalidade e efetividade do processo civil. In: MARINONI, Luiz Guilherme (Coord.). *Estudos de direito processual civil*: homenagem ao Professor Egas Dirceu Moniz de Aragão. São Paulo: Revista dos Tribunais, 2005, p. 137.

Nesse compasso, não deve o juiz "estimular" o réu a renunciar ao direito de interpor eventuais recursos durante todo o processo – buscando abreviar a duração do feito –, oferecendo a dilação do prazo da contestação (a sanção premial atípica). Não se pode admitir que a finalidade buscada por meio do prêmio conduza o destinatário a abdicar abstratamente de um direito fundamental ou mesmo viabilize eventual transação sobre direito absolutamente indisponível.

Sob essa ótica, esbarraria no critério da proporcionalidade a sugestão de Edilton Meireles[169] de ampliação do prazo para pagamento da quantia certa para "45 dias, desde que o devedor após a intimação e no prazo previsto em lei de quinze dias (art. 523 do CPC/15), manifeste-se concordando com o valor apontado pelo credor, renunciando, ainda, ao direito de oferecer impugnação".

Primeiro, porque a mera dilação do prazo não é garantia de que a obrigação será cumprida pelo devedor – sem falar que é direito do credor, no cumprimento de sentença envolvendo obrigação de pagar quantia certa, receber o valor devido em 15 (quinze) dias. E segundo, porque a renúncia quanto ao direito de oferecer impugnação pode não ser atraente para o credor (especialmente quando eventual controvérsia envolver unicamente o valor devido e houver a necessidade de simples cálculos aritméticos).

Note-se que, ainda que o juiz possa estimular as partes a celebrarem convenção processual (item 5.3.2.2), inclusive com a lógica premial sugerida pelo referido doutrinador, não lhe cabe impor tal sistemática.

Para emoldurar a questão: ao criar o comando premial, o juiz deve verificar se há *adequação* (o prêmio tem o condão de estimular a parte a adotar a conduta?); *necessidade* (o prêmio é um meio útil?); e *proporcionalidade em sentido estrito* (há um balanceamento entre o fim buscado e o prêmio estipulado?).

6.6.2 *Standards* secundários

Como já destacado no item 6.6, os *standards* secundários não são requisitos a serem observados pelo juiz na construção do comando premial, mas sim diretrizes e recomendações que devem ser prestigiadas, inclusive para permitir a horizontalização das sanções premiais atípicas.

---

169. MEIRELES, Edilton. Medidas sub-rogatórias, coercitivas, mandamentais e indutivas no Código de Processo Civil de 2015. *Revista de Processo*. São Paulo: Revista dos Tribunais, nº 247, set./2015, p. 243-244.

6.6.2.1 *Simetria de oportunidades*

O art. 7º do CPC prevê que o juiz deve assegurar às partes paridade de tratamento em relação ao exercício de direitos e faculdades processuais, inclusive em relação "à aplicação de sanções processuais"[170], o que é reforçado pelo art. 139, I, do diploma processual.

Trata-se da manifestação, no âmbito do processo, do princípio da igualdade (art. 5º, *caput*, CF)[171], que, como alerta Leonardo Greco[172], nem sempre significa paridade de tratamento.[173]

---

170. Como destaca Mauro Cappelletti, as partes devem estar em "*condición de paridad no meramente jurídica sino que debe existir entre ellas una efectiva paridad práctica, lo que quiere decir paridad técnica y también económica.*" CAPPELLETTI, Mauro. *Proceso, ideologías y sociedad.* Buenos Aires: EJEA, 1974, p. 116.

171. De acordo com Fredie Didier Jr., o princípio da igualdade processual deve observar quatro aspectos: a) imparcialidade do juiz (equidistância em relação às partes); b) igualdade no acesso à justiça, sem discriminação (gênero, orientação sexual, raça, nacionalidade etc.); c) redução das desigualdades que dificultem o acesso à justiça, como a financeira (ex.: concessão do benefício da gratuidade da justiça), a geográfica (ex.: possibilidade de sustentação oral por videoconferência), a de comunicação (ex.: garantir a comunicação por meio da Língua Brasileira de Sinais, nos casos de partes e testemunhas com deficiência auditiva) etc.; e d) igualdade no acesso às informações necessárias ao exercício do contraditório. DIDIER JR., Fredie. *Curso de Direito Processual Civil.* v. 1. 21. ed. Salvador: Juspodivm, 2019, p. 127.

172. Leonardo Greco questiona os chamados privilégios processuais da Fazenda Pública, salientando que "somente são legítimos na medida em que se fazem necessário para que o Estado possa exercer com plenitude a sua defesa em juízo, em igualdade de condições com qualquer outro litigante. De nenhum modo são toleráveis para dar ao Estado posição de vantagem ou para dificultar ou retardar o acesso à Justiça do cidadão ou para eximir o Estado do cumprimento dos seus deveres. Reexame necessário, critérios diferenciados para arbitramento de honorários de sucumbência, intimação pessoal dos advogados da União, dispensa de depósito de 5% do valor da causa na ação rescisória, parcelamento de precatórios, proibições de liminares, dispensa do depósito da multa por interposição de agravo manifestamente incabível ou infundado, proibição de execução de sentenças cautelares antes do trânsito em julgado, possibilidade de intervenção de pessoas jurídicas de direito público nas causas cuja decisão possa ter reflexos, ainda que indiretos, de natureza econômica, independentemente do interesse público (Lei 9469/97, art. 5º) são privilégios que violam a garantia da igualdade concreta". GRECO, Leonardo. A Busca da Verdade e a Paridade de Armas na Jurisdição Administrativa. *Revista CEJ*, v. 10, nº 35, 2006. Na mesma linha COSTA, Regina Helena. As prerrogativas e o interesse da justiça. In: SUNFELD, Carlos Ari; BUENO, Cassio Scarpinella (Coords.). *Direito processual público*: a Fazenda Pública em juízo. São Paulo: Malheiros, 2000, p. 84. Em sentido contrário, reconhecendo que algumas prerrogativas da Fazenda Pública objetivam justamente concretizar o princípio da igualdade, ver CUNHA, Leonardo Carneiro da. *A Fazenda Pública em juízo*. 15. ed. Rio de Janeiro: Forense, 2008, p.28-32.

No caso das sanções premiais, o juiz não precisa estimular, simultaneamente (por intermédio de prêmios específicos), comportamentos de ambas as partes.

Na verdade, o que se defende aqui é apenas que haja, na medida do possível, uma *simetria de oportunidades.*[174]

Ou seja, se o juiz estipular uma sanção premial atípica direcionada a uma parte, deve, de algum modo, verificar a possibilidade de criar outro comando premial destinado à parte contrária[175], ainda que em etapa processual futura.[176]

A iniciativa minimizaria eventual alegação de desigualdade ou mesmo de parcialidade, garantindo, assim, a preconizada simetria de oportunidades.

6.6.2.2 Divulgação e publicidade

Como se sabe, vigora no ordenamento jurídico a regra da publicidade[177] dos atos processuais (art. 5º, LX, da CF) e dos julgamentos/decisões do Poder Judiciário (art. 93, IX, da CF).

---

173. A propósito, Alexandre Freitas Câmara ressalva que, quando as partes possuem "forças equilibradas, deve o tratamento a elas dispensado ser igual. De outro lado, porém, partes desequilibradas não podem ser tratadas igualmente, exigindo-se tratamento diferenciado como forma de equilibrar a força entre elas". CÂMARA, Alexandre Freitas. *O novo processo civil brasileiro*. 2. ed. São Paulo: Atlas, 2016, p. 14.

174. Salvo, evidentemente, se as partes manifestarem comportamentos éticos bem distintos ao longo do processo. Ou seja, essa ideia de simetria pode ser relativizada em relação àquele que age de modo abusivo e protelatório.

175. Na fase de execução, embora não seja fácil para o juiz observar essa simetria, o *standard* pode ser observado quando há execução de parte a parte (ex. procedência dos pedidos formulados na ação e na reconvenção).

176. De acordo com o art. 9º da Resolução nº 60/2008, do Conselho Nacional de Justiça, denominada de Código de Ética da Magistratura, "ao magistrado, no desempenho de sua atividade, cumpre dispensar às partes igualdade de tratamento, vedada qualquer espécie de injustificada discriminação". Na mesma linha, o art. 4º do CPC português estabelece que o "tribunal deve assegurar, ao longo de todo o processo, um estatuto de igualdade substancial das partes, designadamente no exercício de faculdades, no uso de meios de defesa e na aplicação de cominações ou de sanções processuais".

177. Que pode ser excepcionada em algumas situações, quando envolver defesa da intimidade ou o interesse social assim exigir (art. 5º, LX, da CF), assim como nas hipóteses do art. 189, incisos I a VI, do CPC, entre outras.

Publicidade é ato de comunicação, de tornar público[178].

A doutrina[179] costuma diferenciar a publicidade interna (que envolve a ciência dos atos processuais pelas partes, também chamada de restrita) da publicidade externa (que significa a ciência dos atos processuais por terceiros, também chamada de publicidade ampla ou popular).

No que interessa a este trabalho, o juiz deve, na medida do possível, divulgar e dar a maior e mais ampla publicidade[180] aos comandos premiais, a fim de permitir que outros magistrados, inclusive de diferentes Estados do País, se inspirem e passem a trabalhar mais detidamente com a lógica premial.

A divulgação também pode ter um efeito pedagógico e estimular a mudança de mentalidade, não apenas dos jurisdicionados, mas dos próprios magistrados.

A propósito, afigura-se factível a criação de um cadastro nacional ou estadual de comandos premiais (uma espécie de catálogo, em analogia ao art. 927, § 5º, do CPC[181]), sob o comando do Conselho Nacional de Justiça, com acesso eletrônico e alimentação contínua, para servir de fonte de consulta e de modelo para casos análogos.

6.7 MATERIALIZAÇÃO DA HIPÓTESE

Delineados os *standards* para a estipulação de uma sanção premial atípica, será examinada agora a sua concretização em diferentes situações.

---

178. MARTINS JUNIOR, Wallace Paiva. *O princípio da transparência administrativa*. 2002. Tese (Doutorado em Direito) – Faculdade de Direito da Universidade de São Paulo, Universidade de São Paulo, São Paulo, 2002, p. 30.

179. SICA, Heitor Vitor Mendonça. Panorama atual da garantia de publicidade no processo civil brasileiro. In: CARVALHO, Milton Paulo de; CASTRO, Daniel Penteado de (Coords.). *Direito processual civil*. São Paulo: Quartier Latin, 2011. v. II, p. 121-139.

180. Sobre a importância da divulgação no contexto da formação dos padrões decisórios, ver MENDES, Aluisio Gonçalves de Castro. *Incidente de resolução de demandas repetitivas*: sistematização, análise e interpretação do novo instituto processual. Rio de Janeiro, Forense, 2017.

181. Art. 927, § 5º: Os tribunais darão publicidade a seus precedentes, organizando-os por questão jurídica decidida e divulgando-os, preferencialmente, na rede mundial de computadores.

Primeiramente, cabe investigar a sua aplicabilidade nos processos estruturantes[182], nos quais a decisão é construída de forma dialética, cooperativa[183], negociada[184], com debates e participação dos envolvidos.

Sem dúvida, o dinamismo do procedimento e as chamadas decisões em cascata[185] favorecem a utilização das sanções premiais atípicas em litígios dessa natureza.[186]

6.7.1 Sanções premiais atípicas nos processos estruturantes

Cada vez mais cresce o número dos processos estruturantes[187], que fogem à bipolaridade e à "tradição subjetivista individualista"[188].

---

182. Há quem sustente a pertinência de uma teoria própria para os processos estruturantes, não calcada unicamente nos institutos inerentes aos processos coletivos em geral e ao processo civil. JOBIM, Marco Félix. Reflexões sobre a necessidade de uma teoria dos litígios estruturais: bases de uma possível construção. In: ARENHART, Sérgio Cruz; JOBIM, Marco Félix (Orgs.). *Processos estruturais*. 2. ed. Salvador: Juspodivm, 2019, p. 647. Não vamos abordar a temática, pois fugiria ao escopo do trabalho, mas vale ressalvar apenas que a análise das sanções premiais atípicas nos processos estruturantes não extrapola o recorte desta obra (sanções premiais no processo civil).
183. RODRIGUES, Marco Antonio. Aspectos processuais do controle jurisdicional de políticas públicas. In: REICHELT, Luís Alberto; JOBIM, Marco Félix (Orgs.). *Coletivização e unidade do direito*. Londrina: Thoth, 2019, p. 379-389.
184. "A execução-sanção vem se mostrando completamente ineficiente e ilegítima nestas searas. Assim, a execução civil sofre o impacto desta transição dos papéis que o sistema processual passa a assumir. Vem se percebendo que a execução cível democrática, para cumprimento das obrigações provenientes destas novas modalidades de litigiosidade, deve assumir um papel processual dialógico e comparticipativo de modo a promover um cumprimento planejado, com o chamamento de todos os envolvidos". THEODORO JR., Humberto; NUNES, Dierle; BAHIA, Alexandre Melo Franco. Litigância de interesse público e execução comparticipada de políticas públicas. *Revista de Processo*. São Paulo: Revista dos Tribunais, nº 224, out./2013, p. 142-143.
185. ARENHART, Sérgio Cruz. Decisões estruturais no direito processual civil brasileiro. *Revista de Processo*. São Paulo: Revista dos Tribunais, nº 225, nov./2013, p. 389.
186. "(...) também se pode pensar em instrumentos de pressão positiva, que são aqueles em que se oferece uma vantagem ao ordenado, caso ele decida cooperar". ARENHART, Sérgio Cruz; OSNA, Gustavo; JOBIM, Marco Félix. *Curso de Processo Estrutural*. São Paulo: Thomson Reuters Brasil, 2021, p. 258.
187. Costuma-se a atribuir a Owen Fiss o protagonismo no desenvolvimento da terminologia *structural reform* (FISS, Owen M. The forms of justice. *Harvard Law Review*, New Haven, n. 93, 1979; FISS, Owen M. *The civil rights injunction*. Bloomington: Indiana University Press, 1978; FISS, Owen M. *The law as it could be*. Nova York: New York University Press, 2003). Sobre o tema, ver OSNA, Gustavo. Acertando problemas complexos: o "praticalismo" e os "processos estruturais. *Rev. Direito Adm.*, Rio de Janeiro, v. 279, n.

São processos complexos[189], com multiplicidade de interesses envolvidos (multipolaridade), nos quais se formam "diversos núcleos de posições e opiniões (muitas delas antagônicas) a respeito do tema a ser tratado"[190].

Normalmente os assuntos têm envergadura econômica, política e/ou social[191], como a restruturação de uma política pública[192], a criação de

---

2, p. 251-278, maio/ago. 2020. De acordo com Felipe Marçal, os processos estruturantes "constituem instituto de origem norte-americana, que surgiu de necessidades práticas experimentadas no controle judicial de políticas públicas e nos litígios de interesse público (*public law litigation*), em que se encontrou terreno fértil para seu desenvolvimento". MARÇAL, Felipe Barreto. Processos Estruturantes (multipolares, policêntricos e multifocais): gerenciamento processual e modificação da estrutura judiciária. *Revista de Processo*. São Paulo: Revista dos Tribunais, nº 289, mar./2019, p. 427.

188. CÔRTES, Osmar Mendes Paixão. O processo estrutural enquanto forma de objetivação e o ativismo judicial. *Revista de Processo*. São Paulo: Revista dos Tribunais, nº 297, nov./2019, p. 272.

189. Edilson Vitorelli afirma que "processo estrutural é um processo coletivo no qual se pretende, pela atuação jurisdicional, a reorganização de uma estrutura burocrática, pública ou privada, que causa, fomenta ou viabiliza a ocorrência de uma violação pelo modo como funciona, originando um litígio estrutural. Essencialmente, o processo estrutural tem como desafios: 1) a apreensão das características do litígio, em toda a sua complexidade e conflituosidade, permitindo que os diferentes grupos de interesses sejam ouvidos; 2) a elaboração de um plano de alteração do funcionamento da instituição, cujo objetivo é fazer com que ela deixe de se comportar da maneira reputada indesejável; 3) a implementação desse plano, de modo compulsório ou negociado; 4) a avaliação dos resultados da implementação, de forma a garantir o resultado social pretendido no início do processo, que é a correção da violação e a obtenção de condições que impeçam sua reiteração futura; 5) a reelaboração do plano, a partir dos resultados avaliados, no intuito de abordar aspectos inicialmente não percebidos ou minorar efeitos colaterais imprevistos; e 6) a implementação do plano revisto, que reinicia o ciclo, o qual se perpetua indefinidamente, até que o litígio seja solucionado, com a obtenção do resultado social desejado, que é a reorganização da estrutura". VITORELLI, Edilson. Levando os conceitos a sério: processo estrutural, processo coletivo, processo estratégico e suas diferenças. *Revista de Processo*. São Paulo: Revista dos Tribunais, nº 284, out./2018, p. 333-369. Para uma análise mais ampla, ver VITORELLI, Edilson. *Processo Civil Estrutural* – teoria e prática. Salvador: Juspodivm, 2020.

190. ARENHART, Sergio Cruz. Processo multipolar, participação e representação de interesses concorrentes. In: ARENHART, Sergio Cruz; JOBIM, Marco Félix (Orgs.). *Processos estruturais*. Salvador: Juspodivm, 2017, p. 423-424.

191. Vale mencionar alguns temas já apreciados pelo STF em processos estruturantes: acesso à creche escolar e equipamento de educação infantil (RE 595.595, Rel. Min. Eros Grau, Segunda Turma, DJe 09.03.2009); transporte para alunos da rede pública (RE 603.575, Rel. Min. Eros Grau, DJe 27.11.2009); construção de sala de aula (ARE 635.679, Rel. Min. Dias Toffoli, Segunda Turma, DJe 06.09.2011); regularização de moradias populares

programas governamentais complexos[193], podendo até mesmo envolver interesses privados[194].

Por conta disso, afigura-se necessária "uma estratégia procedimental diferenciada"[195], com etapas e atos específicos. De acordo com Gustavo Osna[196], deve ser estabelecida "uma dinâmica aberta a respeito do percurso a ser traçado para alcançar sua máxima efetividade".

(AI nº 708.667, Rel. Min. Dias Toffoli, Segunda Turma, DJe 19.12.2011); tratamento de esgoto (AI nº 593.676, Rel. Min. Dias Toffoli, Segunda Turma, DJe 20.10.2010); construção de abrigos para moradores de rua (RE 634.643, Rel. Min. Joaquim Barbosa, Segunda Turma, 28.03.2011); reforma de instituições de ensino (AI 809.018, Rel. Min. Dias Toffoli, Primeira Turma, DJe 16.12.2011); e realização de obras de saneamento (RE 700.227, Rel. Min. Cármen Lúcia, DJe 31.10.2012), entre outros.

192. "Política pública é o programa de ação governamental que resulta de um processo ou conjunto de processos juridicamente regulados – processo eleitoral, processo de planejamento, processo de governo, processo orçamentário, processo legislativo, processo administrativo, processo judicial – visando coordenar os meios à disposição Estado e as atividades privadas, para a realização e objetivos socialmente relevantes e politicamente determinados. Com tipo ideal, a política pública deve visar a realização de objetivos definidos, expressando a seleção de prioridades, a reserva de meios necessários à sua consecução e o intervalo de tempo em que se espera o atingimento dos resultados". BUCCI, Maria Paula Dallari. O conceito de política pública em direito. In: BUCCI, Maria Paula Dallari (Org.). *Políticas Públicas* – reflexões sobre o conceito jurídico. São Paulo: Saraiva, 2006, p. 39.

193. AUGUSTO, Marcela Vaz; ANDRÉA, Gianfranco Faggin Mastro. Ações coletivas como instrumento de concretização de políticas públicas: o caso do ativismo dialógico no TJSP. *Revista de Direito Constitucional e Internacional*, São Paulo, nº 97, set./out./2016.

194. "(...) litígios estruturais podem visar a mudança de comportamento de estruturas privadas de interesse público, como aquelas que operam em função complementar ou associada à função estatal. É o caso dos prestadores de serviços públicos ou de utilidade pública. Em terceiro lugar, é possível que esse litígio seja verificado em relação a estruturas integralmente privadas, mas que são essenciais para o mercado e a sociedade que o circundam, não podendo ser apenas eliminadas e substituídas por outras, segundo as regras do livre mercado (...) é um equívoco associar a reforma estrutural apenas a instituições públicas. Apesar de elas serem os réus mais comuns, instituições privadas podem perfeitamente demandar alterações estruturais para que resultados sociais desejáveis sejam produzidos". VITORELLI, Edilson. Levando os conceitos a sério: processo estrutural, processo coletivo, processo estratégico e suas diferenças. *Revista de Processo*. São Paulo: Revista dos Tribunais, nº 284, out./2018, p. 345-352.

195. CABRAL, Trícia Navarro Xavier. Acordos nos Processos Estruturais. In: REICHELT, Luís Alberto; JOBIM, Marco Félix (Orgs.). *Coletivização e unidade do direito*. Londrina: Thoth, 2019, p. 573-588.

196. OSNA, Gustavo. Acertando problemas complexos: o "praticalismo" e os "processos estruturais. *Rev. Direito Adm.*, Rio de Janeiro, v. 279, n. 2, p. 251-278, maio/ago. 2020.

Em tais demandas, o princípio da congruência é relativizado (o pedido deve ser interpretado levando-se em consideração a complexidade do litígio) e a noção de causa de pedir deve ser remodelada (o juiz deve estar mais "atento à descrição fática do que à eventual capitulação jurídica que lhe é dada")[197].

Já a decisão judicial deve ser construída de modo coletivo, compartilhado, plural e inclusivo. Na verdade, a decisão só deve ser adjudicada em último caso[198].

Nas palavras de Sergio Cruz Arenhart[199], as decisões são construídas de forma gradual e progressiva, "em cascata", em razão do contexto mutável dos litígios estruturantes.

Sob esse prisma, as condições devem ser preferencialmente fluidas e adaptáveis, para que mudanças possam ser implementadas em uma fase seguinte, caso necessário.[200]

Desse modo, o Direito é construído, *a posteriori*, em uma mescla de "indução e dedução, atento à complexidade da vida, que não pode ser to-

---

197. ARENHART, Sérgio Cruz; OSNA, Gustavo; JOBIM, Marco Félix. *Curso de Processo Estrutural*. São Paulo: Thomson Reuters Brasil, 2021, p. 144.

198. "(...) também é fundamental encontrar as alternativas comuns de consenso sem a concessão do interesse público tutelado, permitindo a efetividade do ponto de vista pragmático sem a redução da qualidade da decisão, evitando recursos e a necessidade de execução". ZANETI JR., Hermes. Ativismo da lei e da constituição na tutela coletiva brasileira: processos estruturais, processos complexos e litígios de difusão irradiada. In: NUNES, Dierle; COSTA, Fabrício Veiga; GOMES, Magno Federici (Orgs.). *Processo coletivo, desenvolvimento sustentável e tutela diferenciada dos direitos fundamentais*. Porto Alegre: Fi, 2019, p. 409.

199. ARENHART, Sérgio Cruz. Decisões estruturais no direito processual civil brasileiro. *Revista de Processo*. São Paulo: Revista dos Tribunais, nº 225, nov./2013, p. 389. Em sentido semelhante: "Além disso, o modelo também permite que os fatos sejam constantemente reanalisados, já que os contextos dos litígios estruturais são, por natureza mutáveis". VITORELLI, Edilson. Atipicidade dos meios de execução no processo coletivo: em busca de resultados sociais significativos". In: DIDIER JR., Fredie (Coord. geral); TALAMINI, Eduardo; MINAMI, Marcos Youji (Coords). *Medidas Executivas Atípicas* – Coleção Grandes temas no Novo CPC. Salvador: Juspodivm, 2018, p. 836.

200. "Também é importante que a execução estrutural seja dividida em fases, de modo a viabilizar o gradual cumprimento das determinações judiciais e avaliações de seus efeitos, não apenas da perspectiva do juiz e das partes, mas dos demais sujeitos impactados. A reavaliação dos resultados das etapas cumpridas permite o planejamento mais adequados das subsequentes, evitando custos desnecessários e efeitos colaterais indesejáveis". VITORELLI, Edilson. Levando os conceitos a sério: processo estrutural, processo coletivo, processo estratégico e suas diferenças. *Revista de Processo*. São Paulo: Revista dos Tribunais, nº 284, out./2018, p. 345-352.

talmente regulada pelos esquemas lógicos reduzidos de um legislador que pensa abstrata e aprioristicamente"[201].

Na prática, o juiz não apenas resolve problemas pretéritos, mas traça um caminho a ser construído, que pode ser revisto e aperfeiçoado, em busca de maior efetividade.

Nesse particular, afirma-se que a sentença assume o feitio de uma "norma princípio (um resultado a ser alcançado, uma meta) e não apenas de uma norma regra (condutas que precisam ser observadas ou evitadas para que o preceito seja atingido)"[202].

Com isso, novas etapas podem ser criadas ou mesmo suprimidas, por meio de uma série de intervenções do Judiciário[203], tudo para "otimizar o cumprimento paulatino e progressivo da decisão judicial"[204], o que, de certo modo, sugere uma coisa julgada "mais dúctil"[205].

201. DIDIER JR., Fredie. Cláusulas gerais processuais. *Revista Opinião Jurídica*, Fortaleza, v. 8, nº 12, 2010, p. 3.

202. SILVA NETO, Francisco de Barros e. Breves considerações sobre os processos estruturais. *Civil Procedure Review*, v. 10, nº 1, jan./abr./2019, p. 78-79. De acordo com o doutrinador, "a partir de uma decisão-núcleo partirão os projetos executivos".

203. MINAMI, Marcos Youji. *Da vedação ao non factibile* – uma introdução às medidas executivas atípicas. Salvador: Juspodivm, 2018, p. 115.

204. CAMBI, Eduardo; WRUBEL, Virgínio Telles Schiavo. Litígios complexos e processo estrutural. *Revista de Processo*. São Paulo: Revista dos Tribunais, nº 295, set./2019, p. 69. No mesmo sentido: "(...) outra característica marcante das decisões estruturais é que, muitas vezes, à decisão principal seguem-se inúmeras outras decisões que têm por objetivo resolver problemas decorrentes da efetivação das decisões anteriores de modo a permitir a efetiva concretização do resultado visado pela decisão principal". DIDIER JR., Fredie; CUNHA, Leonardo Carneiro da; BRAGA, Paula Sarno; OLIVEIRA, Rafael Alexandria de. Diretrizes para a concretização das cláusulas gerais executivas dos arts. 139, IV, 297 e 536, § 1º, do CPC. In: DIDIER JR., Fredie (Coord. geral); TALAMINI, Eduardo; MINAMI, Marcos Youji (Coords.). *Medidas Executivas Atípicas* – Coleção Grandes temas no Novo CPC. Salvador: Juspodivm, 2018, p. 339.

205. VITORELLI, Edilson. Litígios estruturais: decisão e implementação de mudanças socialmente relevantes pela via processual. In: ARENHART, Sergio Cruz; JOBIM, Marco Félix (Orgs.). *Processos estruturais*. Salvador: Juspodivm, 2017, p. 409. O mesmo autor, em outro trabalho, também destaca que as noções de estabilização da demanda e preclusão são pouco compatíveis com os litígios estruturais. VITORELLI, Edilson. Atipicidade dos meios de execução no processo coletivo: em busca de resultados sociais significativos. In: DIDIER JR., Fredie (Coord. geral); TALAMINI, Eduardo; MINAMI, Marcos Youji (Coords). *Medidas Executivas Atípicas* – Coleção Grandes temas do Novo CPC. Salvador: Juspodivm, 2018, p. 837.

Note-se que, diante da "falta de um procedimento previsto em lei"[206] para a efetivação das medidas estruturantes[207], a base normativa para a execução de tais decisões perpassa pela combinação dos arts. 139, IV[208], e 536, § 1º, do CPC, entre outros, que permitem ao julgador "promover a execução de suas decisões por medidas atípicas"[209].

Além disso, soluções diferenciadas[210], como a calendarização e as *claims resolution facilities* (entidades de infraestrutura criadas para a resolução de conflitos coletivos)[211], também são interessantes e podem otimizar a execução das decisões estruturais.

Um rápido parênteses: em relação às *facilities*, algumas delas permitem que prejudicados optem por diferentes "circuitos" de pagamento (prevendo, por exemplo, uma espécie de *fast-track* para aqueles prejudicados que queiram acelerar o recebimento do valor em troca de um deságio).[212] A vítima

---

206. MINAMI, Marcos Youji. *Da vedação ao non factibile* – uma introdução às medidas executivas atípicas. Salvador: Juspodivm, 2018, p. 254. A propósito, vale mencionar os Projetos de Lei nºs 5.139/09 (nova Lei da Ação Civil Pública) e 8.058/2014, que institui o processo especial para implementação ou correlação de políticas públicas (art. 2º, IX).

207. Sobre a importância de criação de um procedimento especial para os processos estruturais multipolares, ver DIDIER JR., Fredie; CABRAL, Antonio do Passo; CUNHA, Leonardo Carneiro da. *Por uma nova teoria dos Procedimentos Especiais* – dos procedimentos às técnicas. Salvador: Juspodivm, 2018, p. 101.

208. JOBIM, Marco Félix. A previsão das medidas estruturantes no artigo 139, IV, do Novo Código de Processo Civil brasileiro. In: ZANETI JR., Hermes (Org.). *Processo Coletivo*. Salvador: Juspodivm, 2016, v. 8, p. 215-234.

209. ZANETI JR., Hermes. Processo Coletivo no Brasil: sucesso ou decepção? In: REICHELT, Luís Alberto; JOBIM, Marco Félix (Orgs.). *Coletivização e unidade do direito*. Londrina: Thoth, 2019, p. 247-273.

210. Como afirma a doutrina, uma das particularidades dos processos estruturantes é não trabalhar com soluções "one-shot" ou "one-way", e prestigiar mais as medidas executivas, em regra atípicas, com soluções graduais e experimentais, inclusive de forma concertada entre todos os sujeitos do processo e terceiros. MARÇAL, Felipe Barreto. Deveres cooperativos do magistrado no processo estruturante: da cooperação com as partes à cooperação com outros órgãos (judiciários ou extrajudiciários), por meio de atribuição de competências e delegações. *Civil Procedure Review*, v. 10, nº 2, maio/ago./2019, p. 82-83.

211. CABRAL, Antonio do Passo; ZANETI Jr., Hermes. Entidades de infraestrutura específica para a resolução de conflitos coletivos: as claims resolution facilities e sua aplicabilidade no Brasil. *Revista de Processo*. São Paulo: Revista dos Tribunais, nº 287, jan./2019, p. 445-483.

212. Antonio do Passo Cabral e Hermes Zaneti Jr. citam um exemplo interessante: "Os circuitos para pagamentos foram utilizados no caso do Golfo do México, pela GCCF. Após os 90 (noventa) primeiros dias em que foi efetuado o pagamento de auxílio emergencial (EAP),

não é obrigada a aceitar o *fast-track*. Na verdade, tem a opção de dar quitação e receber mais rápido, ainda que um valor menor, ou receber uma indenização maior, mas sujeitando-se a um rito procedimental mais longo. Também nessa seara é possível vislumbrar a lógica premial: o prêmio (receber mais rápido – sanção premial convencional) serve para estimular determinada conduta (dar quitação quanto aos valores devidos).

Retornando aos processos estruturantes, o terreno é fértil para a estipulação de sanções premiais atípicas[213].

Suponha-se que o Município do Rio de Janeiro, após amplos debates com os envolvidos na esfera judicial, se comprometa a criar 200.000 (duzentas mil) novas vagas em creches e pré-escolas para crianças de até 5 (cinco) anos de idade, nos próximos 3 (três) anos. No plano apresentado, consta a obrigação do ente público de criar 40% (quarenta por cento) das vagas nos primeiros 12 (doze) meses e as restantes nos próximos 24 (vinte e quatro) meses, tudo sob pena de multa diária de R$ 1.000,00 (mil reais), cabendo, ainda, o Município apresentar bimestralmente relatórios completos sobre as medidas tomadas, bem como publicar avisos em jornais de grande circulação a cada 6 (seis) meses acerca da disponibilidade de vagas.

Nesse exemplo, seria perfeitamente possível o juiz sugerir um acréscimo ao plano (ou, eventualmente, proferir comando judicial específico[214])

---

a *facility* propôs aos atingidos três circuitos de pagamentos: a) *quick payment* (pagamento imediato), pagamento dentro de duas semanas sem a necessidade de complementar a documentação que já havia sido fornecida para o auxílio imediato, bastando o preenchimento de um formulário e a declaração de quitação; b) *interim payment* (pagamento parcial e provisório), sem a quitação e a abdicação da via judicial, no qual os atingidos não estivessem preparados para decidir sobre os danos futuros e ainda fosse necessário produção de prova; c) *final payment* (pagamento integral), para aqueles que queriam receber os valores integrais e de uma vez por todas, produzindo prova sobre seus danos, recebendo indenização maiores, mas se submetendo ao debate sobre a prova produzida". CABRAL, Antonio do Passo; ZANETI Jr., Hermes. Entidades de infraestrutura específica para a resolução de conflitos coletivos: as claims resolution facilities e sua aplicabilidade no Brasil. *Revista de Processo*. São Paulo: Revista dos Tribunais, nº 287, jan./2019, p. 463.

213. Sobre o tema, ver MAZZOLA, Marcelo; OSNA, Gustavo. As sanções premiais e a sua aplicabilidade ao processo estrutural. *Revista de Processo*, nº 325, mar./2022. Vide também a Recomendação nº 8 do TRF 4 no campo do processo estrutural: "Estabelecer sanções premiais para estimular as entidades públicas e privadas a converter a postura omissiva em proativa". Conclusões tomadas no curso Processo Estrutural: elementos fundamentais – 09/08 a 28/08 de 2022.

214. Embora o Projeto de Lei nº 8.058/14 (que institui processo especial para o controle e intervenção em políticas públicas pelo Poder Judiciário e dá outras providências) ainda não tenha sido aprovado, vale mencionar o art. 20, que autoriza o juiz a alterar, de

no sentido de que, se a meta dos 40% for atingida em 10 (dez) meses, antes, portanto, do prazo fixado de 12 (doze) meses, a obrigatoriedade quanto ao fornecimento dos relatórios passaria a ser anual (e não mais bimestral), a multa diária da próxima etapa (para a hipótese de descumprimento) seria reduzida para R$ 500,00 (quinhentos reais), dispensando-se, ainda, a publicação de novos avisos em jornais de grande circulação.

É claro que o Município pode simplesmente optar por seguir o "plano" inicial e não se antecipar a nada, mas, ao fazer uma ponderação de custo-benefício, inclusive à luz da Análise Econômica do Direito, pode ser que as vantagens inseridas no plano ou mesmo fixadas diretamente pelo juiz (as sanções premiais atípicas) lhe influenciem a acelerar o cumprimento da obrigação.

A mesma lógica poderia ser aplicada em situações de degradação ambiental, como a poluição do solo por uma indústria (lançamento de resíduos contaminados). Os envolvidos podem acordar – ou o próprio juiz sugerir/determinar diretamente – que, se o nível de descontaminação indicado na primeira fase do plano for atingido antes do prazo ajustado, a indústria terá mais tempo (escalonamento proporcional) para cumprir as próximas fases do plano, prevendo-se, ainda, que, se os parâmetros de recuperação ambiental forem alcançados antes das metas, a infratora poderá retomar sua condição operacional antes do prazo inicialmente especificado.

Na verdade, quanto maior a criatividade[215], mais sedutoras podem ser as sanções premiais atípicas no campo dos processos estruturantes, o que, evidentemente, não autoriza a violação dos direitos e das garantias fundamentais.

6.7.2 Sanções premiais atípicas no cumprimento individual de sentença envolvendo obrigação de fazer, de não fazer e de entregar coisa

Como já mencionado, a execução[216] é ambiente caudaloso[217] para a aplicação das sanções premiais atípicas, não apenas para convencer o execu-

---

ofício, a decisão na fase de execução, ajustando-a às peculiaridades do caso concreto, inclusive na hipótese de o ente público promover políticas públicas que se afigurem mais adequadas do que as determinadas na decisão.

215. Sobre a necessidade de se estimular a criatividade judicial, ver NALINI, Renato. *O juiz e o acesso à justiça*. 2. ed. São Paulo: Revista dos Tribunais, 2000, p.150-152.

216. Por opção metodológica, não trataremos do cumprimento de sentença que reconheça a exigibilidade de obrigação por quantia certa ou de obrigação de prestar alimentos; da execução contra a Fazenda Pública; das execuções fundadas em título extrajudicial; e da execução de sentença coletiva envolvendo direitos difusos, coletivos e individuais homogêneos, o que poderá ser desenvolvido oportunamente em futuro trabalho.

tado "a realizar a prestação devida mediante o oferecimento da melhora na sua situação jurídica em caso de adimplemento"[218], mas também para dar concretude às normas fundamentais do processo civil (eficiência, duração razoável do processo etc.).

Alguns exemplos ilustrativos podem ajudar a compreensão.

Suponha-se que, em ação de obrigação de fazer (no caso, duas providências distintas), o juiz fixe na decisão dois prazos: 10 (dez) dias para a primeira, sob pena de multa diária de R$ 500,00 (quinhentos reais), e 30

Também não abordaremos a possibilidade de estipulação de sanção premial atípica em favor de auxiliar do juízo, o que entendemos ser possível em algumas situações (ex: escalonamento da comissão do leiloeiro). Considerando que o juiz pode arbitrar a remuneração do leiloeiro – art. 884, parágrafo único, do CPC, nada impede que se estabeleça uma remuneração de 5% sobre o valor da arrematação, consignando que, a) se o leiloeiro comprovar investimentos não previstos em lei para a ampla divulgação da alienação (se possível, já identificando-os na decisão); e b) o bem for vendido acima do preço da avaliação, o leiloeiro fará jus a um percentual adicional sobre o valor da arrematação. Com isso, há uma consequência jurídica positiva (aumento do percentual da comissão) para estimular um comportamento do leiloeiro (investimentos capazes de viabilizar a alienação do bem por um preço acima daquele da avaliação), o que confere maior eficiência à execução.

217. "Sem prejuízo da predominância da responsabilidade patrimonial, e na linha de obter-se um processo civil cada vez mais efetivo, os poderes atípicos do magistrado se relacionam com a tendência da jurisprudência, da doutrina e do legislador de adotarem posturas que incentivam o magistrado a manejar, cada vez mais, medidas executivas que tendem a persuadir o executado a adimplir a obrigação exigida; seja através de medidas de incentivo ao espontâneo adimplemento, seja através de técnicas de coerção que acabam atingindo a esfera de direitos do executado". MEDEIROS NETO, Elias Marques de. *O recente julgamento do RHC 97.876 – SP no Superior Tribunal de Justiça e o artigo 139, IV, do CPC/15*. Disponível em http://m.migalhas.com.br/coluna/cpc-na-pratica/281731/o-recente-julgamento-do-rhc-97876-sp-no-superior-tribunal-de-justica. Acesso em: 24.01.2020. No mesmo sentido: "(...) a execução é espaço propício à modificação consensual das regras legais, em benefício do credor, do executado e do próprio Judiciário". TEMER, Sofia; ANDRADE, Juliana Melazzi. Convenções Processuais na execução: modificação consensual das regras relativas à penhora, avaliação e expropriação de bens. In: MARCATO, Ana; GALINDO, Beatriz; GÓES, Gisele Fernandes; BRAGA, Paula Sarno; APRIGLIANO, Ricardo; NOLASCO, Rita (Coords.). *Negócios processuais*. Coletânea Mulheres no Processo Civil Brasileiro. Salvador: Juspodivm, 2018, p. 566.

218. MINAMI, Marcos Youji. *Da vedação ao non factibile* – uma introdução às medidas executivas atípicas. Salvador: Juspodivm, 2018, p. 40-41. Como destaca o doutrinador, o "objetivo da execução é a entrega da prestação devida. Para que isso ocorra, não há empecilho teórico, por exemplo, no oferecimento de vantagens ao devedor, objetivando incentivá-lo a colaborar".

(trinta) dias para a segunda, sob pena de multa diária de R$ 2.000,00 (dois mil reais).

Instaurada a fase de cumprimento de sentença, o juiz pode estabelecer que, se a primeira obrigação for cumprida antes do prazo de 10 (dez) dias, o "saldo" dos dias poderá ser somado ao prazo anteriormente fixado para a segunda obrigação (ou seja, se a primeira obrigação for cumprida em 5 dias, a parte terá 35 dias para cumprir a segunda obrigação).

Com isso, o executado pode melhor gerenciar suas obrigações, antecipando algo que, para ele, é mais fácil e ganhando prazo adicional para cumprir a obrigação mais "complexa".[219]

Para incrementar a referida decisão, o juiz ainda poderia estabelecer que, no caso de cumprimento antecipado da primeira obrigação, haveria a redução da multa diária de R$ 2.000,00 (dois mil reais) para R$ 1.000,00 (mil reais) na etapa seguinte, estimulando a cooperação do executado.

Verifica-se, assim, que, uma vez respeitados os critérios desenvolvidos nesta obra, as sanções premiais atípicas podem ajudar a otimizar a "atividade satisfativa" (art. 4º do CPC) e densificar as normas fundamentais do processo civil (tema do capítulo 2).

6.7.3 Sanções premiais atípicas nos procedimentos especiais

A sistemática premial também pode ser implementada nos procedimentos especiais[220], inclusive na fase de conhecimento, sem necessária relação com eventual atividade executiva.

Com efeito, o embasamento teórico-normativo já apresentado (normas fundamentais do processo civil, influxos da Análise Econômica do Direito e da Economia Comportamental e sistema de atipicidade dos meios executi-

---

219. A mesma lógica, com as devidas adaptações, pode ser aplicada ao cumprimento de sentença que reconheça a exigibilidade de obrigação de entregar coisa e de fazer/não fazer.

220. Como explica a doutrina, existe mais de uma maneira de se compreender a classificação dos procedimentos em comum ou especial, razão pela qual "é preciso deixar claro em que sentido se usa o termo". DIDIER JR., Fredie; CABRAL, Antonio do Passo; CUNHA, Leonardo Carneiro da. *Por uma nova teoria dos Procedimentos Especiais* – dos procedimentos às técnicas. Salvador: Juspodivm, 2018, p. 23. Para fins deste trabalho, procedimento especial é todo aquele que não seja o procedimento comum previsto no CPC/15.

vos) autoriza a estipulação de sanções premiais atípicas nos mais diferentes procedimentos.

Ademais, vale lembrar que o procedimento comum se aplica subsidiariamente aos demais procedimentos especiais (art. 318, parágrafo único, do CPC).

Nada obstante, existe um "livre trânsito" de técnicas entre o procedimento comum e os procedimentos especiais (arts. 327, § 2º, e 1.049, parágrafo único, do CPC). Como explica a doutrina, é possível importar para o procedimento comum "técnicas especiais de tutela jurisdicional, mas também é possível a via inversa: importar para o procedimento especial regra do procedimento comum, a fim de se concretizarem normas fundamentais"[221].

Além disso, a interpretação finalística do art. 139, IV, do CPC (no sentido de que o dispositivo não se aplica apenas à execução, mas também a qualquer preceito judicial, em busca de maior eficiência processual), reforça a sua aplicação em outros momentos processuais.

Portanto, também no contexto dos procedimentos especiais, é possível pensar em exemplos de sanções premiais atípicas, inclusive na fase de conhecimento e sem relação com eventual atividade.

Imagine-se que, nos autos de uma ação de exigir contas, o juiz determine a citação do réu para prestar contas ou contestar o seu dever legal de prestá-las, no prazo de 15 (quinze) dias (art. 550 do CPC/15), ressalvando desde logo no despacho inicial que, se o réu se abstiver de impugnar o dever de prestá-las, poderá apresentar as contas no prazo de 30 dias (art. 139, IV e VI, do CPC/15[222-223]).

---

221. Sobre o tema, ver DIDIER JR., Fredie; CABRAL, Antonio do Passo; CUNHA, Leonardo Carneiro da. *Por uma nova teoria dos Procedimentos Especiais* – dos procedimentos às técnicas. Salvador: Juspodivm, 2018, p. 73-74.

222. A atipicidade aqui está na combinação dos dispositivos e na sua forma de aplicação. Não se trata de mera dilação de prazo (comando determinante), em razão de pedido da parte, mas sim da possibilidade de dilação de prazo para estimular determinado comportamento (comando estimulante), que pode ser adotado ou não pelo destinatário. Em razão do benefício, o réu não precisa questionar genericamente o dever de prestar as contas apenas para ganhar mais tempo (o que invariavelmente lhe expõe à multa por litigância de má-fé), podendo, a rigor, reavaliar a estratégia a ser adotada, inclusive para evitar possíveis penalidades.

223. Exatamente a linha adotada pelo magistrado Frederico dos Santos Messias, da 4ª Vara Cível da Comarca de Santos/SP: "Trata-se de Ação de Exigir contas fundada nos artigos 550 e seguintes do CPC. Cite-se a parte requerida para oferecer as contas ou ofertar contestação no prazo de até 15 dias. Se o Réu renunciar ao direito de contestar o dever

Nesse caso específico, caso o réu decida não discutir a obrigação de prestar as contas, saberá, de antemão, que terá um prazo maior para apresentá-las.

Indaga-se: a sanção premial atípica (no caso, a dilação do prazo para estimular o réu a não questionar o dever de prestar as contas), se levada a efeito, não serviria para abreviar o processo? Isso não reforçaria a eficiência processual e prestigiaria a duração razoável do processo? As respostas são afirmativas.

Suponha-se que, em ação de dissolução parcial de sociedade, o juiz sinalize às partes que, em caso de delimitação consensual das questões de fato e de direito[224] – e sendo esta homologada (art. 357, § 2º, do CPC[225]) – fica assegurada a celebração de calendário processual (art. 191 do CPC)[226], com um cronograma predefinido das próximas etapas processuais e dos respectivos prazos.

Como se sabe, o calendário processual garante maior previsibilidade às partes e pode contribuir para otimizar a prestação jurisdicional, reduzindo os "tempos mortos" do processo, em razão da desnecessidade de intimações judiciais.

Em conflitos societários, a controvérsia pode se referir tanto ao pedido de dissolução (que, se contestado, observará o procedimento comum – art. 603, § 2º, do CPC), quanto à apuração dos haveres. Em qualquer cenário, um cronograma dos atos e prazos pode ser interessante para ambos os litigantes

---

de ofertar as contas, com fundamento no artigo 139, incisos IV e VI, do CPC, concedo-lhe a sanção positiva consistente na dilatação do prazo para oferecer as contas para até 45 dias, a contar da citação, desde que apresente manifestação expressa nesse sentido dentro do prazo de té 15 dias (...)". Processo nº1009801-80.2023.8.26.0562, decisão proferida em 19.04.2023.

224. Acerca da importância de tal delimitação para a atividade jurisdicional, ver RIBEIRO, Darci Guimarães. A fase de organização do processo no CPC. In: MAZZOLA, Marcelo; RIBEIRO, Nathalia. *Impactos do Código de Processo Civil de 2015 na advocacia*. Londrina: Thoth, 2021, p. 173-188.

225. "Não se trata de uma mera homologação. Esta deve ser precedida de um juízo de valor, por parte do magistrado, a respeito do conteúdo do acordo. (...) Portanto, o juiz poderá não homologar essa proposta quando entender, com base no seu convencimento motivado, por exemplo, que existem outros pontos de fato que devem ser objeto de prova; ou, em relação às questões de direito, que há aspectos na qualificação jurídica, além daqueles indicados pelas partes, que precisam ser enfrentados". ARRUDA ALVIM, Teresa. *Embargos de Declaração* – como se motiva uma decisão judicial? 5. ed. rev., atual. e ampl. São Paulo: Revista dos Tribunais, 2020, p. 126.

226. Tal exemplo também pode ser pensado no contexto do procedimento comum.

(definir a questão da dissolução de modo mais célere; minimizar a incidência dos consectários legais sobre o valor em discussão; viabilizar o recebimento mais rápido pelo credor). Na fase de apuração de haveres especificamente[227], a otimização temporal pode ser ainda maior, se, havendo perícia, o perito também participar do calendário processual.

No exemplo em tela, há uma consequência jurídica positiva (a garantia da celebração do calendário processual com seus benefícios) para estimular um comportamento das partes (delimitação consensual das questões de fato e de direito), o que está em linha com o modelo colaborativo de processo.

6.8 ANÁLISE DE CASOS CONCRETOS

Por fim, vale mencionar quatro casos concretos em que os magistrados prestigiaram a lógica premial, ainda que não observando integralmente os critérios sugeridos neste trabalho.

No primeiro, um magistrado federal estipulou uma "sanção premial", fazendo referência, inclusive, ao projeto de tese que originou o presente trabalho.[228]

Tratava-se de mandado de segurança impetrado em face do Gerente-Executivo da Agência da Previdência Social de São Gonçalo/RJ, no qual o impetrante buscava, liminarmente, a concessão de benefício assistencial de prestação continuada. A alegação central era no sentido de que, transcorrido o prazo de 1 (um) ano, ainda não havia ocorrido o julgamento do pedido.

Nesse sentido, após analisar as provas e fundamentar sua decisão, o magistrado determinou que a autoridade coatora realizasse o julgamento requerido em âmbito administrativo no prazo máximo de 15 (quinze) dias, sob pena de multa diária de R$ 100,00 (cem reais).

Ao mesmo tempo, estipulou que, caso o processo administrativo fosse julgado no prazo de 10 (dez) dias – ou seja, antes do termo fixado acima – o prazo para apresentação das informações pela autoridade coatora seria ampliado de 10 (dez) para 30 (trinta) dias, com fundamento nos arts. 139, IV e VI, do CPC.

---

227. As partes podem colaborar, delimitando desde logo algumas questões, como a data da resolução da sociedade; a definição do critério de apuração dos haveres à luz do contrato social, entre outras.

228. Mandado de segurança nº 5007049-23.2019.4.02.5117/RJ, 2º Vara Federal de São Gonçalo/RJ, decisão proferida por Erik Navarro Wolkart em 15.11.2019. Disponível para consulta em Balcão Virtual (trf2.jus.br). Acesso em: 24.03.2021.

Pelo que foi possível apurar, o mandado de segurança acabou sendo julgado extinto por perda do objeto, em razão do cumprimento da obrigação pelo INSS.

Sobre o caso em questão, percebe-se que o "prêmio" estipulado (mais tempo para as informações da autoridade coatora) pressupunha o julgamento do processo administrativo (em 10 dias em vez de 15), o que, se concretizado, esvaziaria o objeto do mandado de segurança, tornando-se desnecessária (ou ao menos irrelevante) a dilação do prazo específico da autoridade coatora. A iniciativa judicial merece ser enaltecida, mas o liame lógico entre a conduta estimulada e a utilidade do prêmio pode ser questionado (especialmente à luz do *standard* da proporcionalidade, mais precisamente quanto ao binômio adequação-necessidade).

Em outro caso, uma magistrada federal estipulou "sanção premial" para estimular o cumprimento do cronograma de obras adotado na sentença.[229]

A medida foi aplicada em Ação Civil Pública proposta pelo Ministério Público Federal em face da União Federal e do DNIT – Departamento Nacional de Infraestrutura de Transportes, em que discute problemas relacionados ao tráfego, à sinalização e à duplicação da rodovia BR-101/SE.

Na sentença proferida, a magistrada reconheceu a responsabilidade dos réus pela demora na realização das obras necessárias para a regularização das condições de trafegabilidade da BR-101/SE, condenando-os a uma série de obrigações de fazer (destinação de recursos à retomada das obras; apresentação de relatórios trimestrais de evolução da obra; atualização do cronograma da obra etc.), inclusive sob pena de multa diária. Além disso, condenou os réus ao pagamento de danos morais coletivos fixados em R$ 500.000,00 (quinhentos mil reais).

Consignou, porém, que, diante da situação econômica atual do país *e* para estimular a conclusão tempestiva das obras, a referida indenização deve ser paga "ao final do cumprimento da obrigação de fazer, podendo ser reduzida em 20% a cada ano de cumprimento regular e tempestivo das obras, conforme cronograma apresentado pelo DNIT".

---

229. Ação Civil Pública nº 0800093-83.2019.4.05.8504, 9ª Vara Federal de Sergipe/SE, decisão proferida por Adriana Franco Melo Machado em 14.08.2020. Disponível em https://pje.trf5.jus.br/pjeconsulta/ConsultaPublica/DetalheProcessoConsultaPublica/documentoSemLoginHTML.seam?idProcessoDocumento=6336854b2a628cb0a6bf5653a403c68e. Acesso em: 24.03.2021.

A propósito, cabe extrair o seguinte trecho da decisão:

> Tal comportamento tempestivo dos réus mostrará sensibilidade às necessidades dos cidadãos que trafegam pelo trecho norte da BR-101, o compromisso com o cumprimento da presente decisão judicial e deverá ter repercussão financeira positiva para os réus. Trata-se aqui da aplicação do instituto da sanção positiva ou premial, preconizado por Norberto Bobbio.
>
> Caso haja atraso, a indenização deverá ser paga em sua integralidade.
>
> (...) Antes de concluir o presente ato decisório, devo fazer a observação de que não há, em seus comandos condenatórios, grave lesão à ordem pública ou econômica, a justificar eventual pedido de suspensão formulado pela Fazenda Pública. Isso porque, diante da urgência da situação e da crise por que passa o país, buscou-se a solução que menos encargos traz para a União e para o DNIT, com a adoção de cronograma sugerido pela própria autarquia e com a previsão, inclusive, de sanções premiais diante do seu regular cumprimento.

Nesse caso, embora também louvável a iniciativa, a juíza acabou afetando direito alheio (um dos *standards* propostos nesta obra), já que, na prática, se os réus cumprirem o cronograma de obras no prazo estipulado, haverá redução do valor da indenização[230] devida em favor da coletividade.

Ou seja, o prêmio estipulado (redução do valor da indenização por dano moral) afeta a esfera jurídica de outrem (o direito extrapatrimonial da coletividade), independentemente de todos os questionamentos acerca da destinação do valor arrecado, do caráter compensatório do dano moral (sem sinalagma entre a lesão e o dano) e de sua efetiva utilização pelos Fundos de Defesa dos Direitos Difusos (que, a rigor, não utilizam a verba para uma finalidade reparatória direta do direito, e sim para uma finalidade análoga), entre outros[231].

---

230. Há quem sustente o descabimento da indenização por dano moral coletivo, afirmando que esta sequer pode ser tratada como indenização, mas sim como mera punição. Sustenta-se, ainda, que o valor da condenação por dano moral coletivo não reverte a ninguém especificamente, e sim a todos, indistintamente, razão pela qual não compensaria a vítima. MARINO, Bruno Di; FERRAZ, Álvaro. A saga jurisprudencial do dano moral coletivo: tinha razão o ministro Teori. Disponível em https://www.conjur.com.br/2019-mar-31/opiniao-saga-jurisprudencial-dano-moral-coletivo. Acesso em: 10.09.2020. Em sentido contrário, o STJ entende que o dano moral coletivo é cabível e cumpre "três funções: a) proporcionar uma reparação indireta à lesão de um direito extrapatrimonial da coletividade; b) sancionar o ofensor; e c) inibir condutas ofensivas a esses direitos transindividuais". REsp 1.643.365/RS, Rel. Min. Nancy Andrighi, Terceira Turma, DJe 06.06.2018.

231. VITORELLI, Edilson; OLIVEIRA, Matheus Rodrigues. O Fundo Federal de Defesa dos Direitos Difusos e o desvio de finalidade na aplicação de seus recursos. *Revista de direito Administrativo*. v. 278. Rio de Janeiro: FGV e Fórum, set./dez./2019, p. 221-250.

Note-se que a decisão sequer estimulou os réus a cumprirem o cronograma de obras *antes do prazo acordado* (sugerido pelo próprio DNIT), mas sim no próprio marco temporal definido (o que já era sua obrigação, sob pena de multa), o que é ainda mais questionável, ao menos à luz da lógica premial e dos critérios propostos neste trabalho.

Faria mais sentido, por exemplo, se o comando judicial estimulasse os réus a anteciparem o gradual cumprimento das obras, superando as metas anuais definidas, em troca a) da redução das *astreintes* fixadas para futuras obrigações de fazer; b) da ampliação do prazo de determinada obrigação (por exemplo, do relatório de evolução de obras: de trimestral para semestral); e c) da exclusão de alguma obrigação (dispensa do relatório trimestral), entre outras possibilidades.

No terceiro caso, um juiz trabalhista estipulou uma "sanção premial" para estimular a reclamada a cumprir a obrigação determinada. Em termos simples, estipulou como prêmio a exclusão de multa aplicada anteriormente (em razão de descumprimento da ordem judicial) para estimular a reclamada a cumprir a obrigação especificada:

> Intime-se a reclamada, por meio do novo advogado, para cumprir a obrigação de fazer contida no item 6 da sentença (fornecer ao reclamante o PPP - PERFIL PROFISSIOGRÁFICO PREVIDENCIÁRIO), no prazo de 15 (quinze) dias, sob pena de multa diária de R$250,00, limitada a R$10.000,00, com fundamento no art. 536, § 1º, do CPC. Ressalte-se que, caso a obrigação de fazer seja cumprida no prazo, a título de sanção premial, será retirada a primeira multa aplicada por ocasião da primeira intimação da ré (R$1.000,00).[232]

Na hipótese em questão, a decisão acabou afetando direito alheio (um dos *standards* propostos nesta obra), já que, se a reclamada cumprir a obrigação no prazo, haverá a exclusão de uma penalidade aplicada (cujo valor cabe ao reclamante).

Registre-se que o comando judicial sequer estimulou a reclamada a cumprir a obrigação *antes do prazo de 15 dias*, mas sim no próprio marco temporal definido (o que já era sua obrigação, sob pena de multa), o que também pode ser questionado, ao menos à luz da lógica premial e dos critérios propostos neste trabalho.

232. Processo nº 0001583-64.2014.5.19.0005, 5ª Vara do Trabalho de Maceió/AL, decisão proferida por Nilton Beltrão de Albuquerque Junior em 20.11.2019. Disponível para consulta em Consulta Processual - TRT-19. Acesso em: 24.03.2021.

No último caso, um magistrado condenou o réu a pagar R$ 7.000,00 (sete mil reais) a título de indenização por danos morais em favor de um consumidor, cujo nome fora anotado indevidamente nos cadastros restritivos de créditos. Na decisão, restou consignada a possibilidade de redução do valor da indenização ("sanção premial"), caso o devedor efetuasse o pagamento do montante no prazo legal e não apresentasse recurso inominado:

> (...) SANÇÃO PREMIAL. Reduzo a condenação por dano moral para o valor de R$ 5.000,00 (cinco mil reais), já inclusos neste valor os juros moratórios e a correção monetária, caso a promovida não interponha recurso inominado contra esta sentença e efetue o pagamento integral da condenação, com o referido desconto, em até 10 após o decurso do prazo recursal, independentemente de nova intimação. (...) Por óbvio, a simples interposição de recurso inominado pela parte promovida ou o depósito parcial ou intempestivo, sem motivo justificado, tornará sem efeito a sanção premial, mantendo-se a condenação original.[233]

Ao que parece, das duas uma: ou o juiz considerou que o dano moral equivaleria a R$ 5.000,00 (cinco mil reais), funcionando os R$ 2.000,00 (dois mil reais) como penalidade pela interposição do recurso; ou entendeu que o valor de R$ 7.000,00 (sete mil reais) seria adequado para compensar o dano moral, mas este poderia ser reduzido para premiar a conduta do réu.

Na primeira hipótese, haveria, a rigor, uma punição para forçar o réu a não recorrer, e não efetivamente um prêmio para estimular o pagamento, o que não se coaduna com a lógica premial. Já na segunda hipótese, a decisão afetaria direito alheio, o que pode ser questionado, de acordo com os critérios desenvolvidos nesta obra.

Como se vê das decisões colacionadas e independentemente das ressalvas feitas, os magistrados já perceberam a relevância das sanções premiais atípicas para reforçar e maximizar o cumprimento das decisões judiciais, o que corrobora a necessidade de uma sistematização consistente capaz de guiar a respectiva estipulação.

---

233. Processo nº 0000124-44.2014.8.06.0197, Vara Única da Comarca de Jaguaruana/CE, decisão proferida por Magno Rocha Thé Mota, DJe 13.10.2020. Disponível para consulta em Portal de Serviços e-SAJ (tjce.jus.br). Acesso em: 24.03.2021.

CONCLUSÃO

Ao final deste trabalho, e em resposta aos problemas pesquisados, restou confirmada a possibilidade de as partes estipularem sanções premiais, antes ou durante o processo, bem como de o juiz fixar sanções premiais atípicas, observando-se determinados *standards* de controle.

A tese central deste trabalho consiste na possibilidade de o julgador proferir comandos premiais (oferecimento de benefícios) para estimular determinado comportamento, à luz de critérios específicos.

Para o desenvolvimento do tema, analisou-se no capítulo 1 a evolução do conceito de sanção ao longo do tempo. Demonstrou-se que, no passado, os prêmios e as recompensas eram estranhos ao âmbito do Direito, sendo reservados apenas à vontade dos reis e dos príncipes. Além disso, os pensamentos de alguns juristas e filósofos ao longo do tempo contribuíram para essa deturpação conceitual, destacando-se a teoria de Hans Kelsen. Para o filósofo e jurista austríaco, o Direito seria uma ordem coativa e os prêmios e as recompensas, embora estivessem abarcados pelo conceito de sanção, ficavam relegados a um segundo plano.

Essa compreensão foi criticada por Norberto Bobbio, que passou a valorizar a função promocional do Direito e não tanto a estrutura das normas jurídicas. De um modo geral, Norberto Bobbio sistematiza sua teoria na ideia dos incentivos (e não das ameaças), no plano da facilitação (e não da punição) e nas técnicas de encorajamento (e não de desencorajamento), a fim de viabilizar um efetivo direcionamento social (e não um controle puramente repressivo).

Com isso, ganharam densidade as sanções positivas (sanções premiais), que, na visão do jurista italiano, englobariam prêmios, indenizações e isenções fiscais para estimular ou recompensar uma conduta socialmente desejável (essencialmente atrelada à esfera dos deveres e das obrigações dos indivíduos).

Em razão do dinamismo das relações jurídicas e das novas feições do Estado Democrático de Direito, é possível fazer uma releitura das sanções positivas (premiais), que devem ser compreendidas como as consequências jurídicas positivas para estimular determinado comportamento (indicado na norma ou no comando judicial – como demonstrado no último capítulo), independentemente de sua natureza (dever, ônus, faculdade etc.).

Em outras palavras, são prêmios (benefícios, vantagens, incentivos etc.) para estimular uma conduta capaz de reforçar as normas fundamentais do processo civil.

Ainda no capítulo 1, restou demonstrado que a expressão sanção premial está largamente difundida no plano legal e na seara jurisprudencial, havendo uma simbiose entre sanções punitivas e sanções premiais no ordenamento jurídico.

As principais conclusões podem ser sintetizadas da seguinte forma:

1) No caso das sanções premiais, o destinatário pode adotar ou não o comportamento indicado na norma, não sofrendo qualquer penalidade, em caso de inadimplemento.
2) É possível a coexistência entre sanções premiais e sanções punitivas no ordenamento jurídico nacional. Ambas compõem o cardápio de medidas à disposição do Estado e dos operadores do Direito em geral.
3) As sanções premiais não se destinam apenas a estimular o cumprimento de um dever jurídico ou de uma obrigação, podendo ser estipuladas a partir de outras situações jurídicas (ônus, faculdades, direitos potestativos etc.).

No capítulo 2 deste trabalho, foi analisada a interface entre sanções premiais e normas fundamentais do processo civil, demonstrando-se que os prêmios podem maximizar a eficiência processual, contribuir para a duração razoável do processo, prestigiar os métodos autocompositivos, valorizar a cooperação e fomentar a boa-fé, entre outros. Na prática, confirmou-se que:

1) As sanções premiais ajudam a dar concretude às normas fundamentais do processo civil.
2) As sanções premiais também são consentâneas com as funções do processo (existe um interesse público na resolução de conflitos; há constante preocupação com os custos do Judiciário e com o tempo de duração das demandas, entre outros aspectos inerentes à atividade jurisdicional).

O capítulo 3 abordou as sanções premiais sob o prisma da Análise Econômica do Direito e da Economia Comportamental. Partindo-se da premissa de que os indivíduos respondem a incentivos e as sanções premiais são justamente prêmios (benefícios, vantagens, incentivos etc.) para estimular determinado comportamento – embora as escolhas nem sempre sejam feitas de forma racional –, as contribuições da economia (clássica e comportamental) ajudam a compreender o processo de tomada de decisão e o próprio comportamento humano. Algumas conclusões podem ser extraídas:

1) A lógica da racionalidade preconizada pela Análise Econômica do Direito é relevante para explicar o processo de tomada de decisão, dentro de um cenário de escassez e de maximização dos resultados. Sob esse prisma, as sanções premiais podem influenciar determinadas escolhas e contribuir para otimizar a prestação jurisdicional, trazendo benefícios para o Estado e para os jurisdicionados.
2) A Economia Comportamental demonstra a existência de diversas heurísticas e vieses cognitivos que influenciam o processo de tomada de decisão e repercutem no comportamento humano, afastando a premissa da hiper racionalidade do indivíduo, o que não pode ser ignorado pelos operadores do direito. Nesse sentido, compreender que o mapa mental dos indivíduos não é algo linear - e que muitas vezes indícios de irracionalidade podem influenciar o processo de decisão –, pode contribuir para a formatação de convenções processuais de natureza premial, bem como para a estipulação de sanções premiais atípicas (como demonstrado no último capítulo).

No capítulo 4 desta obra, foram catalogados exemplos de sanções premiais no direito processual civil estrangeiro. Em seguida, foram analisadas as hipóteses previstas no CPC/73 e, principalmente, as situações contempladas pelo CPC/15. Ademais, apresentou-se uma proposta de classificação das sanções premiais na seara processual civil, com sugestões de *lege lata* e de *lege ferenda* capazes de incrementar e maximizar a potencialidade do instituto. Algumas conclusões merecem registro:

1) As sanções premiais podem ser classificadas: a) quanto à fonte: legal, convencional ou judicial; b) quanto à natureza: processual ou hibrida; c) quanto à intensidade: alta ou baixa; e d) quanto à repercussão do prêmio: financeira ou não financeira.
2) Os *nudges* processuais são interessantes para maximizar a utilização das sanções premiais (sugestões de *lege lata* foram fornecidas no item 4.4.1), havendo espaço, de *lege ferenda*, para criação de novos prêmios no ordenamento processual (os exemplos foram detalhados no item 4.4.2).

No capítulo 5, foram examinadas as convenções processuais, confirmando-se a possibilidade de as partes estipularem sanções premiais tanto na fase pré-processual como no decorrer do processo (de forma espontânea ou estimulada), inclusive no contexto de protocolos institucionais. Também restou demonstrado que a sanção premial convencional pode contribuir para otimizar a prestação jurisdicional. Dessa parte, algumas conclusões podem ser extraídas:

1) As sanções premiais convencionais são prêmios pactuados pelas partes, antes ou durante o processo, para estimular determinado comportamento (não obrigatório).
2) É possível a criação de sanções premiais no contexto de protocolos institucionais, o que, em alguns casos, pode contribuir para a própria resolução do conflito.

No último capítulo, foi confirmada a possibilidade de o juiz fixar sanções premiais atípicas. Delineou-se o estado da arte e apresentou-se o conceito de sanção premial atípica à luz do embasamento teórico-normativo (normas fundamentais do processo civil e operosidade, influxos da Análise Econômica do Direito e da Economia Comportamental, e atipicidade dos meios executivos). Também foi analisada a potencialidade do art. 139, IV, do CPC, especificamente sob o prisma das medidas indutivas.

Examinou-se, ainda, se a criação de sanções premiais atípicas traz a reboque o risco de arbitrariedades ou se a iniciativa judicial, respeitados os *standards* delineados nesta obra, revela uma atuação pragmática do juiz, na tentativa de reforçar os direitos e as garantias fundamentais.

Além disso, foi apresentada uma proposta de sistematização para a estipulação das sanções premiais atípicas, com *standards* primários e secundários.

Ao final, foram fornecidos exemplos de sanções premiais atípicas nos chamados processos estruturantes, no cumprimento de sentença envolvendo obrigações de fazer, de não fazer e de entregar coisa, e nos procedimentos especiais (inclusive na fase de conhecimento, sem relação com eventual atividade executiva). Desse capítulo, podem ser extraídas algumas conclusões:

1) As sanções premiais atípicas não irão resolver os efeitos da crise da Justiça e a proclamada ineficiência da execução, mas podem, de forma progressiva, contribuir para racionalizar e otimizar a prestação jurisdicional, sendo mais um instrumento à disposição do juiz ao lado das sanções punitivas.

2) O art. 139, IV, do CPC/15 não se aplica apenas à atividade executiva, funcionando, na verdade, como chave hermenêutica para dar efetividade a qualquer preceito judicial. A ideia é conferir o maior rendimento normativo possível, não subvalorizando o alcance do dispositivo.
3) Ao criar um prêmio para estimular determinado comportamento, o juiz age de forma pragmática e busca prestigiar as normas fundamentais do processo civil (eficiência processual, duração razoável do processo e cooperação, entre outros), explorando a potencialidade do sistema normativo.
4) Na estipulação de sanções premiais atípicas, o juiz não pode afetar direito alheio, transferir externalidades ao Judiciário, deixar de fundamentar adequadamente o comando premial e ignorar a proporcionalidade. Esses são *standards* primários, cumulativos. Se não forem observados, podem gerar a invalidação do ato.
5) Da mesma forma, compete ao juiz observar a simetria de oportunidades (se estipular uma sanção premial atípica direcionada a uma parte, deve, de algum modo, verificar a possibilidade de fazer o mesmo em relação à parte contrária, ainda que em etapa processual futura), sempre observando o comportamento cooperativo das partes. Ademais, deve dar publicidade aos comandos premiais, o que pode contribuir para uma mudança de mentalidade, não apenas dos jurisdicionados, mas dos próprios magistrados. Esses são *standards* secundários.
6) Afigura-se factível a criação de um cadastro nacional ou estadual de comandos premiais (para que sejam catalogados, em analogia ao art. 927, § 5º, do CPC), sob o comando do Conselho Nacional de Justiça, com acesso eletrônico e alimentação contínua, a fim de servir de fonte de consulta e de modelo para casos análogos.

Estas foram as principais conclusões alcançadas nesta obra, sem prejuízo de outras exploradas ao longo do texto.

Um registro final: quando Rudolf von Ihering, ainda no século XIX, vaticinou que "um dia, os juristas irão ocupar-se do direito premial"[1], provavelmente não poderia imaginar os múltiplos reflexos e os desdobramentos do estudo das sanções premiais, que hoje se encontram infiltradas em nosso ordenamento jurídico, nos mais diversos campos.

1. IHERING, Rudolf von. *A luta pelo direito*. Trad. João de Vasconcelos. Rio de Janeiro: Forense, 1997, p. 67.

Especificamente na seara processual civil, restou demonstrado que os prêmios podem ser estipulados por lei, convenções processuais e decisões judiciais, funcionando como importante instrumento para racionalizar e otimizar a prestação jurisdicional.

REFERÊNCIAS

ABBOUD, Georges. Consequencialismo jurídico: o lugar da análise de consequências em direito e os perigos do ativismo judicial consequencialista. *Revista dos Tribunais*. São Paulo: Revista dos Tribunais, v. 1.009, nov./2019.

ABREU, Rafael Sirangelo Belmonte de. *O processo civil entre o jurídico e o econômico*: o Caráter Institucional e Estratégico do Fenômeno Processual. Tese apresentada ao Programa de Pós-Graduação em Direito da Faculdade de Direito da Universidade Federal do Rio Grande do Sul como requisito parcial para obtenção do título de Doutor em Direito, 2018.

ABREU, Rafael Sirangelo de. *Incentivos processuais*: Economia Comportamental e nudges no processo civil. São Paulo: Revista dos Tribunais, 2020.

ABREU, Rafael Sirangelo de. "Customização Processual Compartilhada": O sistema de adaptabilidade do novo CPC. *Revista de Processo*. São Paulo: Revista dos Tribunais, nº 257, jul./2016, p. 51-76.

ADAMEK, Marcelo Vieira von. *Responsabilidade dos Administradores de S/A e as Ações Correlatas*. São Paulo: Saraiva, 2010.

AFFONSO, Filipe José Medon. Diálogos entre direito civil e processual civil em matéria de negócios jurídicos: em busca da construção de um ordenamento unitário. In: DIDIER JR., Fredie (Coord. geral.); CABRAL, Antonio do Passo; NOGUEIRA, Pedro Henrique (Coords.). *Negócios Processuais*. Coleção Grandes Temas do CPC. t. 2. Salvador: Juspodivm, 2020.

ALMEIDA, Diogo Rezende Assumpção de. *A contratualização do processo:* das convenções processuais no processo civil. São Paulo: LTr, 2015.

ALMEIDA, Fábio Portela de. *O impacto das ciências comportamentais na teoria jurídica*. Disponível em https://www.conjur.com.br/2019-nov-02/fabio-almeida-impacto-ciencias-comportamentais-direito. Acesso em: 18.12.2019.

ALOISIO, Anderson Bellini. *Epistemologia das sanções processuais:* uma análise com enfoque nas *astreintes* e seu impacto na concretização de direitos. Dissertação apresentada como requisito parcial para a obtenção do título de Mestre em Direito pelo Programa de Pós-Graduação em Direito da Universidade do Vale do Rio dos Sinos – UNISINOS, São Leopoldo, 2015.

ALVARADO VELLOSO, Adolfo. *Introducción al Estudio del Derecho Procesal*. Santa Fé: Rubinzal Culzoni, 1997.

ALVAREZ, Alejandro Bugallo. Análise econômica do direito: contribuições e desmistificações. *Revista Direito, Estado e Sociedade.* Rio de Janeiro: PUC/RJ, v. 9, nº 29, jul./dez. 2006.

ALVES, José Carlos Moreira. *Direito Romano.* 6. ed. rev. e acrescentada. Rio de Janeiro: Forense, 1987.

ALVES, Tatiana Machado. Ensaio sobre a classificação das convenções probatórias. In: DIDIER JR., Fredie (Coord. geral); CABRAL, Antonio do Passo; NOGUEIRA, Pedro Henrique (Coords.). *Negócios Processuais.* Coleção Grandes Temas do CPC. t. 2. Salvador: Juspodivm, 2020.

AMARAL, Guilherme Rizzo. *Comentários às alterações do novo CPC.* 2. ed. rev., atual. e ampl. São Paulo: Revista dos Tribunais, 2016.

ANDREASSA JUNIOR, Gilberto. *Precedentes judiciais e colegialidade* – a reforma no procedimento deliberativo dos tribunais como pressuposto para uma efetiva aplicação dos institutos. Londrina: Thoth, 2021.

ANDREWS, Neil. *O moderno processo civil:* formas judiciais e alternativas de resolução de conflitos na Inglaterra. Orient. e rev. de trad. Teresa Arruda Alvim Wambier. 2. ed. São Paulo: Revista dos Tribunais, 2012.

ANITUA, Gabriel Ignácio. *Histórias dos pensamentos criminológicos.* Rio de Janeiro: Revan, 2008.

AQUINO, Santo Tomás. *Suma teológica.* t. VI. Trad. Teofilo Urdanoz. Madri: Biblioteca de Autores Cristianos, MCMLIV.

ARAGÃO, Alexandre Santos de. *Curso de Direito Administrativo.* 2. ed. Rio de Janeiro: Forense, 2013.

ARANHA, Flora Augusta Varela. Direito e moral: o sentido e alcance das sanções premiais no atual estado democrático de direito. In: BEDIN, Gilmar Antonio; TEIXEIRA, João Paulo Allain (Coords.). *Teorias do Direito.* XXIV Encontro Nacional do Conpedi – UFS. Florianópolis: CONPEDI, 2015.

ARAÚJO, Fabio Caldas de. *Curso de Processo Civil.* São Paulo: Malheiros, 2016.

ARAÚJO, Fernando. *Introdução à Economia.* 3. ed. Coimbra: Almedina, 2005.

ARAÚJO, José Aurélio. *Cognição sumária, cognição exaustiva e coisa julgada.* 1. ed. São Paulo: Revista dos Tribunais, 2017.

ARENHART, Sérgio Cruz. Decisões estruturais no direito processual civil brasileiro. *Revista de Processo.* São Paulo: Revista dos Tribunais, nº 225, nov./2013.

ARENHART, Sérgio Cruz. *A tutela coletiva dos direitos individuais*: para além da proteção dos interesses individuais homogêneos. 2. ed. São Paulo: Revista dos Tribunais, 2014.

ARENHART, Sérgio Cruz. Tutela atípica de prestações pecuniárias. Por que ainda aceitar o "é ruim, mas eu gosto"? *Revista de Processo*. São Paulo: Revista dos Tribunais, nº 281, jul./2018.

ARENHART, Sergio Cruz. Processo multipolar, participação e representação de interesses concorrentes. In: ARENHART, Sergio Cruz; JOBIM, Marco Félix (orgs.). *Processos estruturais*. Salvador: Juspodivm, 2017.

ARENHART, Sérgio Cruz; OSNA, Gustavo; JOBIM, Marco Félix. *Curso de Processo Estrutural*. São Paulo: Thomson Reuters Brasil, 2021.

ARIELY, Dan. *Payoff - The Hidden Logic That Shapes Our Motivation* (ebook). Simon & Schuster/TED, 2016, chapter 1.

ARISTÓTELES. *A Ética de Nicômaco*. Trad. Cássio M. Fonseca. São Paulo: Atena, 1940.

ARNAOUTOGLOU, Ilias. *Ancient Greek Laws*. London: Routledge, 1998.

ARRUDA ALVIM, Eduardo; CARVALHO, Vinícius Bellato Ribeiro de. Precedentes formados no julgamento de recursos repetitivos como instrumento de mitigação da crise do judiciário e da dispersão jurisprudencial. *Revista de Processo*. São Paulo: Revista dos Tribunais, nº 295, set./2019.

ARRUDA ALVIM, Teresa. *Os Agravos no CPC de 2015*. 5. ed. rev., ampl. e atual. Curitiba: Direito Contemporâneo, 2021.

ARRUDA ALVIM, Teresa. *Modulação na alteração da jurisprudência firme ou de precedentes vinculantes*. 2. ed. São Paulo: Thomson Reuters Brasil, 2021.

ARRUDA ALVIM, Teresa. *Embargos de Declaração* – como se motiva uma decisão judicial? 5. ed. rev., atual. e ampl. São Paulo: Revista dos Tribunais, 2020.

ARRUDA ALVIM, Teresa. Prefácio. In: TESHEINER, José Maria Rosa, THAMAY Rennan Faria Krüger. *Pressupostos Processuais e nulidades no novo processo civil*. Rio de Janeiro: Forense, 2015.

ARRUDA ALVIM, Teresa. Prefácio. In: DIAS, Jean Carlos. *Análise econômica do processo civil brasileiro*. São Paulo: Método, 2009.

ARRUDA ALVIM, Teresa; DANTAS, Bruno. *Recurso Especial, recurso extraordinário e a nova função dos tribunais superiores brasileiros*. 4. ed. São Paulo: Revista dos Tribunais, 2017.

ARRUDA ALVIM NETO, José Manoel de. *Novo contencioso cível no CPC/2015*: de acordo com o novo CPC - Lei 13.105/2015. São Paulo: Revista dos Tribunais, 2016.

ARRUDA ALVIM NETTO, José Manoel de. *Tratado de direito processual civil*. 2. ed., refundida, do "Código de Processo Civil Comentado". v. 1 (arts. 1º ao 6º). São Paulo: Revista dos Tribunais, 1990.

ARRUDA ALVIM NETTO, José Manoel de. Processo e Constituição – Parte I. *Revista de Processo*. São Paulo: Revista dos Tribunais, nº 281, jul./2018.

ARSUFFI, Arthur Ferrari. *A nova produção antecipada da prova* – estratégia, eficiência e organização do processo. Salvador: Juspodivm, 2019.

ASCENSÃO, José de Oliveira. *O Direito:* Introdução e Teoria Geral. Lisboa: Fundação Caloustre Gulbenkian, 1977.

ASSIER-ANDRIEU, Louis. *O direito nas sociedades humanas*. Trad. Maria Ermantina Galvão. São Paulo: Martins Fontes, 2000.

ASSIS, Araken de. *Manual da execução*. 13. ed. rev., atual. e ampliada. São Paulo: Revista dos Tribunais, 2010.

ASSIS, Araken de. *Manual da execução*. 20. ed. São Paulo: Revista dos Tribunais, 2018.

ATAÍDE JUNIOR, Jaldemiro Rodrigues. Negócios jurídicos materiais e processuais – Existência, validade e eficácia – Campo-invariável e Campos-dependentes: Sobre os limites nos negócios jurídicos processuais. *Revista de Processo*. São Paulo: Revista dos Tribunais, nº 244, jun./2015.

ATAIDE JUNIOR, Vicente de Paula. *Processo Civil Pragmático*. Tese de Doutorado em Direito das Relações Sociais – Programa de Pós-Graduação em Direito, Universidade Federal do Paraná, Curitiba, 2013.

ATALIBA, Geraldo. *Hipótese de incidência tributária*. São Paulo: Revista dos Tribunais, 1973.

AUBERT, Eduardo Henrik. *A impugnação especificada dos fatos no processo civil brasileiro*. Tese apresentada à Banca Examinadora do Programa de Pós-Graduação em Direito, da Faculdade de Direito da Universidade de São Paulo, como exigência parcial para obtenção do título de Doutor em Direito, na área de concentração de Direito Processual. São Paulo, 2019.

AUGUSTO, Marcela Vaz; ANDRÉA, Gianfranco Faggin Mastro. Ações coletivas como instrumento de concretização de políticas públicas: o caso do ativismo dialógico no TJSP. *Revista de Direito Constitucional e Internacional*, São Paulo, nº 97, set./out./2016.

AUSTIN, John. *El objeto de la jurisprudencia*. Madrid: Centro de Estudios Políticos e Constitucionales, 2002.

ÁVILA, Flávia; BIANCHI, Ana Maria. *Guia de economia comportamental e experimental*. São Paulo: economia comportamental.org., 2015. Disponível em: http://www.economiacomportamental.org/guia-economia-comportamental.pdf. Acesso em: 30.07.2019.

ÁVILA, Humberto. Prefácio. In: DIDIER JR., Fredie. *Sobre a Teoria Geral do Processo, essa desconhecida*. 5. ed. Salvador, Juspodivm, 2020.

ÁVILA, Humberto. *Teoria dos princípios*: da definição à aplicação dos princípios jurídicos. 4. ed. São Paulo: Malheiros, 2004.

ÁVILA, Humberto. *Teoria dos princípios*. Da definição à aplicação dos princípios jurídicos. 10. ed. atual. e ampl. São Paulo: Malheiros, 2009.

ÁVILA, Humberto. *Teoria dos Princípios*. 12. ed. São Paulo: Malheiros, 2011.

ÁVILA, Humberto. *Teoria dos Princípios*. 18. ed. São Paulo: Malheiros, 2018.

ÁVILA, Humberto. *Teoria da segurança jurídica*. 3. ed. São Paulo: Malheiros, 2014.

ÁVILA, Humberto. O que é devido processo legal? *Revista de Processo*. São Paulo: Revista dos Tribunais, nº 163, set./2008.

ÁVILA, Raniel Fernandes de; RAIMUNDO, Andreza Lage. A eficácia do fato jurídico "morte" no processo civil: uma análise teórico-dogmática do procedimento de habilitação no CPC/2015. *Revista de Processo*. São Paulo: Revista dos Tribunais, nº 304, jun./2020.

BALDWIN, David Allen. *The Power of Positive Sanctions*. Disponível em http://www.princeton.edu/~dbaldwin/selected%20articles/Baldwin%20(1971)%20The%20Power%20of%20Positive%20Sanctions.pdf. Acesso em: 20.12.2019.

BALZANO, Felice. Mais do mesmo: ainda a Súmula 410 do STJ. *Revista de Processo*. São Paulo: Revista dos Tribunais, nº 263, jan./2017.

BARBOSA, José Olindo Gil. A norma em Kelsen – a sanção como fundamento da norma. Disponível em https://jus.com.br/artigos/44659/a-norma-em-kelsen. Acesso em 18.01.2020.

BARBOSA MOREIRA, José Carlos. Tendências na execução de sentenças e ordens judiciais. In: BARBOSA MOREIRA, José Carlos. *Temas de direito processual*: quarta série. São Paulo: Saraiva, 1989.

BARBOSA MOREIRA, José Carlos. Por um processo socialmente efetivo. In: BARBOSA MOREIRA, José Carlos. *Temas de direito processual*: nona série. São Paulo: Saraiva, 2007.

BARBOSA MOREIRA, José Carlos. Notas sobre a efetividade do processo. In: BARBOSA MOREIRA, José Carlos. *Temas de direito processual*: terceira série. São Paulo: Saraiva, 1984.

BARBOSA MOREIRA, José Carlos. Efetividade do processo e técnica processual. *Revista de Processo*. São Paulo: Revista dos Tribunais, nº 77, 1995.

BARBOSA MOREIRA, José Carlos. Efetividade do processo e técnica processual. In: BARBOSA MOREIRA, José Carlos. *Temas de direito processual*: sexta série. São Paulo: Saraiva, 1997.

BARBOSA MOREIRA, José Carlos. O problema para a duração dos processos: premissas para uma discussão séria. In: BARBOSA MOREIRA, José Carlos. *Temas de Direito processual*: nona série. São Paulo: Saraiva, 2007.

BARBOSA MOREIRA, José Carlos. Sobre a multiplicidade de perspectivas no estudo do processo. In: BARBORA MOREIRA, José Carlos. *Temas de direito processual*: quarta série. São Paulo: Saraiva, 1989.

BARBOSA MOREIRA, José Carlos. O Juiz e a cultura da transgressão. *Revista da EMERJ*, v. 3, nº 9, 2000.

BARBOSA MOREIRA, José Carlos. Execução sujeita a condição ou termo no processo civil brasileiro. In: BARBORA MOREIRA, José Carlos. *Temas de Direito Processual*: sétima série. São Paulo: Saraiva, 2001.

BARBOSA MOREIRA, Jose Carlos. O futuro da Justiça: alguns mitos. In: BARBOSA MOREIRA, José Carlos. *Temas de Direito Processual Civil*: oitava série. São Paulo: Saraiva, 2004.

BARBOSA MOREIRA, José Carlos. Convenções das partes sobre matéria processual. In: BARBOSA MOREIRA, José Carlos. *Temas de Direito Processual*: terceira série. São Paulo: Saraiva, 1984.

BARBOSA MOREIRA, José Carlos. A motivação das decisões judiciais como garantia inerente ao Estado de Direito. In: BARBORA MOREIRA: José Carlos. *Temas de Direito Processual*: segunda série. 2. ed. São Paulo: Saraiva, 1998.

BARBOSA MOREIRA, José Carlos. Regras de experiência e conceitos juridicamente indeterminados. In: BARBORA MOREIRA, José Carlos. *Temas de direito processual*: segunda série. São Paulo: Saraiva, 1980.

BARBOSA MOREIRA, José Carlos. Alguns problemas atuais da prova civil. Atividade probatória. In: WAMBIER, Luiz Rodrigues; WAMBIER, Teresa Arruda Alvim (orgs.). *Coleção doutrinas essenciais*: processo civil. v. 4. São Paulo: Revista dos Tribunais, 2011.

BARREIROS, Lorena Miranda Santos. *Convenções processuais e poder público*. Salvador: Juspodivm, 2017.

BARREIROS, Lorena Miranda Santos. *Convenções Processuais e Poder Público*. Tese aprovada como requisito parcial para obtenção do grau de Doutor em Direito, Faculdade de Direito da Universidade Federal da Bahia – UFBA, 2016.

BARROSO, Luís Roberto. *O direito constitucional e a efetividade de suas normas*. 7. ed. Rio de Janeiro: Renovar, 2003.

BARROSO, Luís Roberto. *Interpretação e aplicação da constituição*: fundamentos de uma dogmática constitucional transformadora. 7. ed. São Paulo: Saraiva, 2014.

BARROSO, Luís Roberto. *Sem data venia*: um olhar sobre o Brasil e o mundo. Rio de Janeiro: História Real, 2020.

BARZOTTO, Luis Fernando. *Filosofia do direito*: os conceitos fundamentais e a tradição jusnaturalista. Porto Alegre: Livraria do Advogado, 2010.

BASTIAN, Maria Eduardo Gasparotto de Azevedo. *O Acordo de Paris como solução efetiva às questões climáticas a partir do uso de sanções premiais*. Trabalho de conclusão de curso de Pós-graduação apresentado à Universidade Federal do Rio Grande do Sul, como requisito parcial para a conclusão do curso de Novas tendências do Direito Internacional. Porto Alegre, 2016.

BATISTA JÚNIOR, Onofre Alves. *Princípio constitucional da eficiência administrativa*. 2. ed. Belo Horizonte: Fórum, 2012.

BAUERMANN, Desirê. *Cumprimento das obrigações de fazer ou não fazer:* estudo comparado Brasil e Estados Unidos. Porto Alegre: Sergio Antonio Fabris, 2012.

BECCARIA, Cesare. *Dos delitos e das penas*. Trad. Torrieri Guimarães. 11. ed. São Paulo: Hemus, 1995.

BECKER, Rodrigo Frantz. *Manual do Processo de Execução* – dos títulos judiciais e extrajudiciais. Salvador: Juspodivm, 2021.

BEDAQUE, José Roberto dos Santos. *Efetividade do processo e técnica processual*. São Paulo: Malheiros, 2006.

BEDAQUE, José Roberto dos Santos. *Efetividade do processo e técnica processual*. 3. ed. São Paulo: Malheiros, 2010.

BEDAQUE, José Roberto dos Santos. *Tutela cautelar e tutela antecipada*: tutelas sumárias e de urgência (tentativa de sistematização). 4. ed. São Paulo: Malheiros, 2006.

BENEVIDES FILHO, Maurício. A *Sanção Premial no Direito*. Brasília: Brasília Jurídica, 1999.

BENEVIDES FILHO, Mauricio. O que é sanção? *Revista da Faculdade de Direito*, Fortaleza, v. 34, n. 1, p. 355-373, jan./jun. 2013. Disponível em http://repositorio.ufc.br/bitstream/riufc/11850/1/2013_art_mbenevidesfilho.pdf. Acesso em: 30.07.2019.

BENTHAM, Jeremy. *Théorie des peines et des récompenses*. Trad. Etienne Dummont. Londres: B. Dulau, 1811.

BERMAN, Harold J. *Direito e revolução*: a formação da tradição jurídica ocidental. Trad. Eduardo Takemi Kataoka. São Leopoldo: Unisinos, 2006.

BESSA, Leonardo Roscoe. *Nova Lei do Cadastro Positivo*: comentários à Lei 12.414, com as alterações da Lei Complementar 166/2019 e de acordo com a LGPD. São Paulo: Thomson Reuters, 2019.

BIERWAGEN, Mônica Yoshizato. *Princípios e regras de interpretação dos contratos no novo código civil*. São Paulo: Saraiva, 2003.

BINENBOJM, Gustavo. *Poder de polícia, ordenação e regulação*. Transformações político-jurídicas, econômicas e institucionais do direito administrativo ordenador. 2. ed. Belo Horizonte: Fórum, 2017.

BITTENCOURT, Maurício Vaz Lobo. Princípio da eficiência. In: RIBEIRO, Marcia Carla Pereira; KLEN, Vinicius (Coords.). *O que é a análise econômica do direito*: uma introdução. Belo Horizonte: Fórum, 2011.

BOBBIO, Norberto. *Dalla struttura alla funzione – Nuovi studi di teoria del diritto*. Milano: Edizioni di Comunità, 1977.

BOBBIO, Norberto. *Teoria della Norma Giuridica*. Torino: G. Giappichelli, 1958.

BOBBIO, Norberto. *Sulla funzione promozionale del diritto rivisitata*. Rivista Soc. Dir., 1974.

BODART, Bruno Vinícius da Rós. *Tutela de evidência*: teoria da cognição, análise econômica do direito processual e considerações sobre o projeto do novo CPC. São Paulo: Revista dos Tribunais, 2014.

BODIN, Jean. *Le six livres de la République*. Paris: Fayard, 1968.

BONE, Robert G. *"To encourage settlement": rule 68, offers of judgment, and the history of the Federal Rules of Civil Procedure*. Disponível em https://papers.ssrn.com/sol3/papers.cfm?abstract_id=1081423. Acesso em: 23.09.2020.

BONICIO, Marcelo José Magalhães. *Princípios do processo no novo Código de Processo Civil*. São Paulo: Saraiva, 2016.

BORBA, Isabela Souza; CADEMARTORI, Sérgio Urquhart; ROSA, Alexandre Morais da. O dilema da eficiência na democrática constitucional. In: DIDIER JR., Fredie; LEVY, Wilson; NALINI, José Renato; RAMOS, Glauco Gumerato (Coords.). *Ativismo judicial e Garantismo Processual*. Salvador: Juspodivm, 2013.

BRAGA, Paulo Sarno. Primeiras reflexões sobre uma teoria do fato jurídico processual: plano de existência. *Revista de Processo*. São Paulo: Revista dos Tribunais, nº 148, jun./2007.

BRAGA, Paula Sarno. *Norma de Processo e Norma de Procedimento* – o problema da repartição de competência legislativa no Direito Constitucional Brasileiro. Salvador: Juspodivm, 2015.

BRANDÃO, Antonio Augusto Pires. O reforço do dever de fundamentação das decisões como fator de legitimação da atividade judicial. *Revista de Processo*. São Paulo: Revista dos Tribunais, nº 258, ago./2016.

BRANDÃO, Virginia Junqueira Rugani; ARAÚJO, Marinella Machado. A sanção premial e a Lei de Responsabilidade Fiscal no âmbito das políticas urbanas municipais. *Revista de Direito Urbanístico, Cidade e Alteridade*. Minas Gerais, v. 1, n. 2, jul./dez./2015.

BRASILEIRO, Ricardo Massara. Direito e processo germânicos. Da justiça tribal ao encontro civilizacional romano. *Revista de Processo*. São Paulo: Revista dos Tribunais, nº 286, dez./2018.

BRÊTAS, Ronaldo de Carvalho Dias. *Processo Constitucional e Estado Democrático de Direito*. 3. ed. Belo Horizonte: Del Rey, 2015.

BUCCI, Maria Paula Dallari. O conceito de política pública em direito. In: BUCCI, Maria Paula Dallari (Org.). *Políticas Públicas* – reflexões sobre o conceito jurídico. São Paulo: Saraiva, 2006.

BUENO, Cassio Scarpinella. *Manual de direito processual civil*: inteiramente estruturado à luz do novo CPC – Lei 13.105, de 16-3-2015. São Paulo: Saraiva, 2015.

BUENO, Cassio Scarpinella. *Novo Código de Processo Civil Anotado*. São Paulo: Saraiva, 2015.

BUENO, Cassio Scarpinella. *Curso sistematizado de direito processual civil*: tutela jurisdicional executiva. v. 3. 4. ed. São Paulo: Saraiva, 2011.

BUENO, Cassio Scarpinella. *Curso sistematizado de direito processual civil*. v. 3. 9. ed. São Paulo: Saraiva, 2020.

BUZAID, Alfredo. Processo e verdade no direito brasileiro. *Revista de Processo*. São Paulo: Revista dos tribunais, nº 47, jul.set./1987.

CABRAL, Antonio do Passo. *Juiz natural e eficiência procedimental*: flexibilização, delegação e coordenação de competências no processo civil. Tese apresentada no concurso de provas e títulos para provimento do cargo de Professor Titular de Direito Processual Civil da Faculdade de Direito da Universidade do Estado do Rio de Janeiro, 2017.

CABRAL, Antonio do Passo. *Juiz natural e eficiência procedimental*: flexibilização, delegação e coordenação de competências no processo civil. São Paulo: Thomson Reuters, 2021.

CABRAL, Antonio do Passo. Fundamentos para uma teoria da cooperação judiciária: a revolução que se avizinha. In: DIDIER JR., Fredie (Coord. Geral); DIDIER JR., Fredie; CABRAL, Antonio do Passo (Coords.). *Cooperação Judiciária Nacional*. Salvador: Juspodivm, 2021.

CABRAL, Antonio do Passo. *Coisa julgada e preclusões dinâmicas* – entre continuidade, mudança e transição de posições processuais estáveis. 3. ed. rev., ampl. e atual. Salvador: Juspodivm, 2019.

CABRAL, Antonio do Passo. *Segurança jurídica e regras de transição nos processos judicial e administrativo* – introdução ao art. 23 da LINDB. Salvador: Juspodivm, 2020.

CABRAL, Antonio do Passo. Da instrumentalidade à materialização do processo: as relações contemporâneas entre direito material e direito processual. *Civil Procedure Review*, v. 12, n. 2: maio-ago. 2021.

CABRAL, Antonio do Passo. O papel do juiz nas convenções processuais. In: DIDIER JR., Fredie (Coord. geral); CABRAL, Antonio do Passo; NOGUEIRA, Pedro Henrique (Coords.). *Negócios Processuais*. Coleção Grandes Temas do CPC. t. 2. Salvador: Juspodivm, 2020.

CABRAL, Antonio do Passo. Convenções sobre os custos da litigância: introdução ao seguro e ao financiamento processuais. *Revista de Processo*. São Paulo: Revista dos Tribunais, nº 277, mar./2018.

CABRAL, Antonio do Passo. *Convenções Processuais*. Salvador: Juspodivm, 2016;

CABRAL, Antonio do Passo. *Nulidades no Processo Moderno*: contraditório, proteção da confiança e validade prima facie dos atos processuais. Rio de Janeiro: Forense, 2009.

CABRAL, Antonio do Passo. Teoria das nulidades processuais no Direito Contemporâneo. *Revista de Processo*. São Paulo: Revista dos Tribunais, nº 255, maio/2016.

CABRAL, Antonio do Passo. Comentários aos arts. 276-283. In: CABRAL, Antonio do Passo; CRAMER, Ronaldo (Coords.). *Comentários ao novo Código de Processo Civil*. 2. ed. Rio de Janeiro: Forense, 2016.

CABRAL, Antonio do Passo. "O contraditório como dever e a boa-fé processual objetiva". *Revista de Processo*. São Paulo: Revista dos Tribunais, nº 126. ago./2005.

CABRAL, Antonio do Passo. A duração razoável do processo e a gestão do tempo no projeto no novo Código de Processo Civil. In: FREIRE, Alexandre; DANTAS, Bruno; NUNES, Dierle; DIDIER JR., Fredie; MEDINA, José Miguel Garcia; FUX, Luiz; CAMARGO, Luiz Henrique Volpe; OLIVEIRA,

Pedro Miranda de. (Orgs.). *Novas tendências do processo civil*: estudos sobre o projeto do novo Código de Processo Civil. Salvador: Juspodivm, 2013.

CABRAL, Antonio do Passo. Pactum de non petendo: a promessa de não processar no direito brasileiro. *Revista de Processo*. São Paulo: Revista dos Tribunais, nº 305, jul./2020.

CABRAL, Antonio do Passo; ZANETI Jr., Hermes. Entidades de infraestrutura específica para a resolução de conflitos coletivos: as claims resolution facilities e sua aplicabilidade no Brasil. *Revista de Processo*. São Paulo: Revista dos Tribunais, nº 287, jan./2019.

CABRAL, Trícia Navarro Xavier. Convenções processuais sobre a mediação e o mediador. In: DIDIER JR., Fredie (Coord. geral); CABRAL, Antonio do Passo; NOGUEIRA, Pedro Henrique (Coords.) *Negócios Processuais*. Coleção Grandes Temas do CPC. t. 2. Salvador: Juspodivm, 2020.

CABRAL, Trícia Navarro Xavier. *Ordem pública processual*. Brasília: GZ, 2015.

CABRAL, Trícia Navarro Xavier. As novas tendências da atuação judicial. In: DIDIER JR., Fredie (Coord. geral); CABRAL, Antonio do Passo; NOGUEIRA, Pedro Henrique (Coords.). *Negócios Processuais* – Coleção Grandes Temas do Novo CPC. Salvador: Juspodivm, 2015.

CABRAL, Trícia Navarro Xavier. Acordos nos Processos Estruturais. In: REICHELT, Luís Alberto; JOBIM, Marco Félix (Orgs.). *Coletivização e unidade do direito*. Londrina: Thoth, 2019.

CABRAL, Vinícius. As ordálias da Idade Média, ou "o juízo de Deus". Disponível em https://www.historiazine.com/2019/11/as-ordalias-da-idade-media-ou-o-juizo-de-deus.html. Acesso em: 20.01.2020.

CADIET, Loïc. *Perspectivas sobre o sistema da justiça civil francesa*: seis lições brasileiras. Trad. Daniel Mitidiero, Bibiana Gava, Toscano de Oliveira, Luciana Robles de Almeida e Rodrigo Lomando. São Paulo: Revista dos Tribunais, 2017.

CADIET, Loïc. *La qualification juridique des accords processuels*. In: DIDIER JR., Fredie (Coord. geral); NOGUEIRA, Pedro Henrique; CABRAL, Antonio do Passo (Coords.). *Negócios Processuais*. Coleção Grandes Temas do Novo CPC. 4. ed. Salvador: Juspodivm, 2019.

CALABRESI, Guido. *The future of law and economics*. New Heaven: Yale University Press, 2016.

CALAMANDREI, Piero. *Carácter dialéctico del proceso. Proceso y democracia*. Trad. Santiago Sentis Malendi. Buenos Aires: EJEA, 1960, p. 170.

CALDEIRA, Felipe Machado. A evolução histórica, filosófica e teórica da pena. *Revista da EMERJ*, v. 12, n. 45, p. 255-272, 2009.

CALMES, Sylvia. *Du principe de protection de la confiance légitime en droits allemand, communautaire et français*. Paris: Dalloz, 2001.

CALMON DE PASSOS, José Joaquim de. A crise do processo de execução. In: DIDIER JR., Fredie; BRAGA, Paula Sarno (Orgs.). *José Joaquim Calmon de Passos*: ensaios e artigos. v. II. Salvador: Juspodivm, 2016.

CALMON DE PASSOS, José Joaquim. *Revisitando o Direito, o Poder, a Justiça e o Processo*. Salvador: Juspodivm, 2012.

CALMON DE PASSOS, José Joaquim. O magistrado, protagonista do processo jurisdicional? *Revista Brasileira de Direito Público*. Belo Horizonte: Fórum, v. 24, jan./mar. 2009.

CÂMARA, Alexandre Freitas. *Levando os padrões decisórios a sério*: formação e aplicação de precedentes e enunciados de súmula. São Paulo: Atlas, 2018.

CÂMARA, Alexandre Freitas. *O novo processo civil brasileiro*. São Paulo: Atlas, 2015.

CÂMARA, Alexandre Freitas. *O novo processo civil brasileiro*. 2. ed. São Paulo: Atlas, 2016.

CÂMARA, Alexandre Freitas. *O novo processo civil brasileiro*. 4. ed. rev. e atual. São Paulo: Atlas, 2018.

CÂMARA, Alexandre Freitas. O *novo processo civil brasileiro*. 6. ed. Rio de Janeiro: Forense, 2020.

CÂMARA, Alexandre Freitas. A eficácia da execução e a eficiência dos meios executivos: em defesa dos meios executivos atípicos e da penhora de bens impenhoráveis. In: ARRUDA ALVIM NETTO; José Manoel de; ARRUDA ALVIM, Eduardo; BRUSCHI, Gilberto Gomes; CHECHI, Mara Larsen; COUTO, Mônica Bonetti (Orgs.). *Execução civil e temas afins do cpc/1973 ao novo cpc* – estudos em homenagem ao professor Araken de Assis. São Paulo: Revista dos Tribunais, 2014.

CÂMARA, Alexandre Freitas. O direito à duração razoável do processo: entre eficiência e garantias. *Revista de Processo*. São Paulo: Revista dos Tribunais, nº 223, set./2013.

CÂMARA, Alexandre Freitas. O princípio da patrimonialidade da execução e dos meios executivos atípicos: lendo o art. 139, IV, do CPC. In: DIDIER JR., Fredie (Coord. geral); TALAMINI, Eduardo; MINAMI, Marcos Youji (Coords.). *Medidas Executivas Atípicas* – Coleção Grandes temas do novo CPC. Salvador: Juspodivm, 2018.

CÂMARA, Alexandre Freitas; RODRIGUES, Marco Antonio dos Santos. A reunião das execuções e o NCPC: por uma filtragem à luz das normas fundamentais. *Revista de Processo*. São Paulo: Revista dos Tribunais, nº 263, jan./2017.

CÂMARA, Helder Moroni. *Código de Processo Civil Comentado*. São Paulo: Almedina, 2016.

CAMBI, Eduardo; DOTTI, Rogéria; PINHEIRO, Paulo Eduardo d'Arce; MARTINS, Sandro Gilbert; KOZIKOSKI, Sandro Marcelo. *Curso de processo civil completo*. 1. ed. São Paulo: Revista dos Tribunais, 2017.

CAMBI, Eduardo; WRUBEL, Virgínio Telles Schiavo. Litígios complexos e processo estrutural. *Revista de Processo*. São Paulo: Revista dos Tribunais, nº 295, set./2019.

CAMPOS, Eduardo Luiz Cavalcanti. *O Princípio da Eficiência no Processo Civil Brasileiro*. 1. ed. Rio de Janeiro: Forense, 2018.

CANOTILHO, Joaquim José Gomes. *Direito constitucional e teoria da constituição*. 7. ed. Coimbra: Almedina, 2003.

CAPPELLETTI, Mauro. *Proceso, ideologías y sociedad*. Buenos Aires: EJEA, 1974.

CAPPELLETTI, Mauro. *Dimensioni Della Giustizia Nelle Società Contemporanee: studio di diritto giudiziario comparato*. Bologna: Il Mulino, 1994.

CAPPELLETTI, Mauro; GARTH, Bryant. *Acesso à Justiça*. Trad. Ellen Gracie Northfleet. Porto Alegre: Sergio Antonio Fabris Editor, 1988.

CARNEIRO, Paulo Cezar Pinheiro. Comentários aos artigos 1 a 15. In: WAMBIER, Teresa Arruda Alvim; DIDIER JR., Fredie; TALAMINI, Eduardo; DANTAS, Bruno (Coords.). *Breves comentários ao novo código de processo civil*. São Paulo: Revista dos Tribunais, 2015.

CARNEIRO, Paulo Cezar Pinheiro. *Acesso à Justiça*: Juizados Especiais Cíveis e Ação Civil Pública. Uma nova sistematização da Teoria Geral do Processo. 2. ed. Rio de Janeiro: Forense, 2003.

CARNELUTTI, Francesco. *Teoria generale del diritto*. 3. ed. Roma: Foro Italiano, 1951.

CARNELUTTI, Francesco. *Diritto e Processo*. Nápoles: Morano, 1958.

CARPENA, Heloisa; ORTENBLAD, Renata. Ganha mais não leva. Por que o vencido nas ações civis públicas não paga honorários sucumbenciais ao Ministério Público? *Revista de Processo*. São Paulo: Revista dos Tribunais, nº 280, jun./2018.

CARRADITA, Andre Luis Santoro. *Abuso de situações jurídicas processuais no Código de Processo Civil*. Dissertação apresentada ao curso de Pós-Graduação em Direito Processual da Faculdade de Direito da Universidade de São Paulo como requisito parcial para obtenção do título de Mestre, São Paulo, 2013.

CARREIRA, Guilherme Sarri; GAMA E ABREU, Vinicius Caldas da. Dos poderes do juiz na execução por quantia certa: da utilização das medidas inominadas. In: DIDIER JR., Fredie (Coord. geral); TALAMINI, Eduardo; MINAMI, Marcos Youji (Coords.). *Medidas Executivas Atípicas* – Coleção Grandes temas do novo CPC. Salvador: Juspodivm, 2018.

CARVALHO, Luciana Benassi Gomes. *Medidas executivas atípicas nas obrigações pecuniárias*. Dissertação apresentada ao Programa de Pós-Graduação *Stricto Sensu* em Direito – Mestrado Acadêmico, em Jurisdição e Processo na Contemporaneidade, do Centro Universitário Internacional (UNINTER), como requisito parcial à obtenção do título de Mestre em Direito, Curitiba, 2020.

CARVALHO FILHO, Antônio. *Os honorários de advogado na decisão inicial da monitória*. Disponível em https://emporiododireito.com.br/leitura/abdpro-85-os-honorarios-de-advogado-na-decisao-inicial-da-monitoria. Acesso em: 19.12.2019.

CARVALHO FILHO, Antônio; SOUSA, Diego Crevelin de; PEREIRA, Mateus Costa. *Réquiem às medidas judiciais atípicas nas execuções pecuniárias* – art. 139, IV, CPC. Londrina: Thoth, 2020.

CARVALHO NETTO, Menelick de. *A sanção no procedimento legislativo*. Belo Horizonte: Del Rey, 1992.

CASAGRANDE, Érico Vinicius Prado. Efetividade do direito e eficiência do Judiciário. In: TAVARES, Fernando Horta (Coord.). *Urgência de tutela*. Curitiba: Juruá, 2008.

CASTANHEIRA NEVES, António. *Curso de introdução ao estudo do direito* – O Sentido do Direito. Coimbra: Coimbra, 1976.

CASTRO, Cássio Benvenutti. *Ação Anulatória* – art. 966, § 4º, do CPC. Salvador: Juspodivm, 2019.

CASTRO JR., Roberto Apolinário de. *Eficiência jurisdicional*: a razoável duração dos procedimentos frente às garantias constitucionais. Belo Horizonte: Arraes, 2012.

CASTRO, Torquato. *Teoria da Situação Jurídica em Direito Privado Nacional*. São Paulo: Saraiva, 1985.

CATHREIN, Victor. *Filosofia del Derecho*. Madrid: Instituto Editorial Reus, 1945.

CAVALHEIRO, Juliana Silbernagel de Moura. *Sanções Premiativas:* uma análise de sua efetividade como meio executivo à luz dos artigos 461 e 461-A, do Código de Processo Civil. Artigo Científico apresentado à Escola de

Magistratura do Estado do Rio de Janeiro, como exigência para obtenção do título de Pós-Graduação. Disponível em http://www.emerj.tjrj.jus.br/paginas/trabalhos_conclusao/2semestre2010/trabalhos_22010/julianacavalheiro.pdf. Acesso em: 21.05.2020.

CERQUEIRA, Társis Silva de. *O procedimento comum e sua relação com os procedimentos especiais* – a análise do conteúdo normativo do art. 327, § 2º, do Código de Processo Civil. Salvador: Juspodivm, 2020.

CHAMBERLAIN, Hector Cavalcanti; PEREIRA, Patrícia de Arruda. Estabilização da tutela antecipada concedida no âmbito recursal: uma necessária adaptação procedimental. *Revista de Processo* (versão eletrônica). São Paulo: Revista dos Tribunais, nº 301, mar./2020.

CHEN, Hangping. Fazendo Justiça: o processo civil chinês e sua reforma. *Revista de Processo.* São Paulo: Revista dos Tribunais, nº 298, dez./2019.

CHIAVERINI, Tatiana. *Origem da pena de prisão.* Dissertação (Mestrado) – Filosofia do Direito, Pontifícia Universidade Católica de São Paulo, 2009.

CHIOVENDA, Giuseppe. *Instituições de direito processual civil.* Trad. José Guimarães Menegale. 3. ed. São Paulo: Saraiva, 1969.

CIPRIANI, Franco. *I problemi del processo di cognizione tra passato e presente.* In: *Il processo civile nello stato democratico - saggi.* Napoli: Edizione Scientifiche Italiane, 2006.

COELHO, Ana Lucia Santos. Metamorfose: o programa augustano de reforma moral. *Revista Labirinto*, Porto Velho-RO, ano XV, v. 22, 2015.

COPELLO, Mario Alberto. *La Sanción y el Premio en el Derecho.* Buenos Aires: Losada, 1945.

CORDOVIL, Leonor Augusta Giovine. A sanção premial no direito econômico. *Revista do Centro Acadêmico Afonso Pena* – Faculdade de Direito da UFMG, nº 1, 2004.

CÔRTES, Osmar Mendes Paixão. O processo estrutural enquanto forma de objetivação e o ativismo judicial. *Revista de Processo.* São Paulo: Revista dos Tribunais, nº 297, nov./2019.

COSTA, Eduardo José da Fonseca. As noções jurídico-processuais de eficácia, efetividade e eficiência. *Revista de Processo.* São Paulo: Revista dos Tribunais, nº 121, mar./2005.

COSTA, Eduardo José da Fonseca Costa. Comentários ao art. 304. In: STRECK, Lenio Luiz; NUNES, Dierle; CUNHA, Leonardo Carneiro da (Orgs.). *Comentários ao Código de Processo Civil. São Paulo*: Saraiva, 2016.

COSTA, Eduardo José da Fonseca Costa. Calendarização processual. In: DIDIER Jr. (Coord. geral); CABRAL, Antonio do Passo; NOGUEIRA, Pedro Henrique (Coords.). *Negócios processuais*. Salvador: Juspodivm, 2015.

COSTA, Eduardo José da Fonseca. *Levando a imparcialidade a sério* – proposta de um modelo interseccional entre direito processual, economia e psicologia. Salvador: Juspodivm, 2018.

COSTA, Eduardo José da Fonseca. A execução negociada de políticas públicas em juízo. *Revista de Processo*. São Paulo: Revista dos Tribunais, nº 212, out.2012.

COSTA, Marília Siqueira da. *Convenções processuais sobre intervenção de terceiros*. Salvador: Juspodivm, 2018.

COSTA, Regina Helena. As prerrogativas e o interesse da justiça. In: SUNFELD, Carlos Ari; BUENO, Cassio Scarpinella (Coords.). *Direito processual público*: a Fazenda Pública em juízo. São Paulo: Malheiros, 2000.

COSTA NETO, José Wellington Bezerra da. Fundamentação das decisões judiciais no Código de Processo Civil de 2015. *Revista de Processo*. São Paulo: Revista dos Tribunais, nº 293, jul./2019.

CRUZ E TUCCI, Jose Rogério. *Ação monitória*. São Paulo: Revista dos Tribunais, 1995.

CRUZ E TUCCI, José Rogério. *Questões sobre o rateio do prêmio destinado ao acionista minoritário*. Disponível em https://www.conjur.com.br/2019-jun-25/paradoxo-corte-rateio-premio-destinado-acionista-minoritario. Acesso em: 18.12.2019.

CUMBERLAND, Richard. *De legibus naturae disquisitio philosophica*. Londres, 1671.

CUNHA, Leonardo Carneiro da. A previsão do princípio da eficiência no projeto de novo Código de Processo Civil Brasileiro. *Revista de Processo*. São Paulo, Revista dos tribunais, nº 233, jul./2014.

CUNHA, Leonardo Carneiro da. O princípio da eficiência no novo Código de Processo Civil. In: DIDIER JR., Fredie; NUNES, Dierle; FREIRE, Alexandre (Coords.). *Normas fundamentais*. Salvador: Juspodivm, 2016.

CUNHA, Leonardo Carneiro da. *A Fazenda Pública em juízo*. 13. ed. Rio de Janeiro: Forense, 2016.

CUNHA, Leonardo Carneiro da. O Impacto do Novo Código de Processo Civil nos Juizados Especiais Cíveis. In: CIANCI, Mirna; DELFINO, Lucio; DANTAS, Bruno; DIDIER JR., Fredie; CUNHA, Leonardo Carneiro da; CAMARGO, Luiz Henrique Volpe; REDONDO, Bruno Garcia (Coords.)

Novo Código de Processo Civil – impactos na legislação extravagante e interdisciplinar. v. 2. São Paulo: Saraiva, 2016.

CUNHA, Leonardo Carneiro da. Opinião 49 – Princípio da Primazia do Julgamento do Mérito). Disponível em http://www.leonardocarneirodacunha.com.br/opiniao/opiniao-49-principio-da-primazia-do-julgamento-do-merito/. Acesso em: 30.09.2018.

DANTAS, Gisane Tourinho. Função promocional do direito e sanção premial na perspectiva metodológica de Durkheim. *Revista de Direito UNIFACS* – Debate Virtual, nº 149, nov./2012.

D'AVILA, Daniela Pereti; GONÇALVES, Mauro Pedroso. A relevância dos precedentes vinculantes do CPC/2015 sob a ótica da análise econômica do direito. *Revista de Processo*. São Paulo: Revista do Tribunais, nº 288, fev./2019.

DE MATTIA, Angelo. Merito e ricompensa. *Rivista Internazionale di Filosofia del Diritto*, Milano, v. 17, n. 6, 1937.

DENIS, León. *Joana d'Arc*. Rio de Janeiro: FEB, 1971.

DIAS, Ronaldo Brêtas de Carvalho. *A responsabilidade do Estado pela função jurisdicional*. Belo Horizonte: Del Rey, 2004.

DIDIER JR., Fredie. *Pressupostos Processuais e condições da ação* – o juízo de admissibilidade do processo. São Paulo: Saraiva, 2005.

DIDIER JR., Fredie. Cláusulas Gerais processuais. *Revista de Processo*. São Paulo: Revista dos Tribunais, nº 187, set./2010.

DIDIER JR., Fredie. *Curso de Direito Processual* Civil. v. 1. 17. ed. Salvador: Juspodivm, 2015.

DIDIER JR., Fredie. *Curso de Direito Processual Civil*. v. 1. 18. ed. Salvador: Juspodivm, 2016.

DIDIER JR., Fredie. *Curso de Direito Processual Civil*. v. 1. 19. ed. Salvador: Juspodivm, 2017.

DIDIER JR., Fredie. *Curso de Direito Processual Civil*. v. 1. 21. ed. Salvador: Juspodivm, 2019.

DIDIER JR., Fredie. *Curso de Direito Processual Civil*. v. 1. 22. ed. Salvador: Juspodivm, 2020.

DIDIER JR., Fredie. *Sobre a Teoria Geral do Processo, essa desconhecida*. 5. ed. Salvador: Juspodivm, 2020.

DIDIER JR., Fredie. *Cooperação Judiciária Nacional* – esboço de uma teoria para o Direito brasileiro (arts. 67-69, CPC). Salvador: Juspodivm, 2020.

DIDIER JR., Fredie. *Sobre dois importantes, e esquecidos, princípios do processo*: adequação e adaptabilidade do procedimento. Disponível em http://www.abdpc.org.br/abdpc/artigos/Fredie%20Didier_3_-%20formatado.pdf. Acesso em: 31.03.2020.

DIDIER JR., Fredie. *O direito de ação como complexo de situações jurídicas*. Disponível em http://www.frediedidier.com.br/artigos/o-direito-de-acao-como-complexo-de-situacoes-juridicas[1]/. Acesso em: 20.02.2020.

DIDIER JR., Fredie. Os três modelos de direito processual civil: inquisitivo, dispositivo e cooperativo. *Revista de Processo*. São Paulo: Revista dos Tribunais, v. 198, ago./2011.

DIDIER JR., Fredie; BRAGA, Paula Sarno; OLIVEIRA, Rafael Alexandria de. *Curso de Direito Processual Civil*. v. 2. 10. ed. Salvador: Juspodivm, 2015.

DIDIER JR., Fredie; BRAGA, Paula Sarno; OLIVEIRA, Rafael. *Curso de Direito Processo Civil*. v. 2. 11. ed. Salvador: Juspodivm, 2016.

DIDIER JR., Fredie; CABRAL, Antonio do Passo. Negócios jurídicos processuais atípicos e execução. *Revista de Processo*. São Paulo: Revista dos Tribunais, nº 275, jan./2018.

DIDIER JR., Fredie; CABRAL, Antonio do Passo; CUNHA, Leonardo Carneiro da. *Por uma nova teoria dos Procedimentos Especiais* – dos procedimentos às técnicas. Salvador: Juspodivm, 2018.

DIDIER JR., Fredie; CUNHA, Leonardo Carneiro da. *Curso de Direito Processual Civil* – Meios de Impugnação às Decisões Judiciais e Processo nos Tribunais. v. 3. 14. ed. Salvador: Juspodivm, 2017.

DIDIER JR., Fredie; CUNHA, Leonardo Carneiro da; BRAGA, Paula Sarno; OLIVEIRA, Rafael Alexandria de. *Curso de Direito Processual Civil*: execução. v. 5. 7. ed. Salvador: Juspodivm, 2017.

DIDIER JR., Fredie; CUNHA, Leonardo Carneiro da; BRAGA, Paula Sarno; OLIVEIRA, Rafael Alexandria de. Diretrizes para a concretização das cláusulas gerais executivas dos arts. 139, IV, 297 e 536, § 1º, do CPC. In: DIDIER JR., Fredie (Coord. geral); TALAMINI, Eduardo; MINAMI, Marcos Youji (Coords.). *Medidas Executivas Atípicas* – Coleção Grandes temas do novo CPC. Salvador: Juspodivm, 2018.

DIDIER JR., Fredie; LIPIANI, Júlia; ARAGÃO, Leandro Santos. Negócios jurídicos processuais em contratos empresariais. *Revista de Processo*. São Paulo: Revista dos Tribunais, nº 279, maio/2018.

DIDIER JR., Fredie; NOGUEIRA, Pedro Henrique Pedrosa. *Teoria dos fatos jurídicos processuais*. 2. ed. Salvador: Juspodivm, 2012.

DIDIER JR.; Fredie; NOGUEIRA, Pedro Henrique Pedrosa. Promessa de recompensa judicial. In: ARRUDA ALVIM NETTO, José Manoel de; ARRUDA ALVIM, Eduardo; BRUSCHI, Gilberto Gomes; CHECHI, Mara Larsen; COUTO, Mônica Bonetti (Orgs.). *Execução civil e temas afins do cpc/1973 ao novo cpc* – estudos em homenagem ao professor Araken de Assis. São Paulo: Revista dos Tribunais, 2014.

DIDIER JR., Fredie; NUNES, Dierle; FREIRE, Alexandre (Coords.). *Normas fundamentais.* Coleção Grandes Temas do novo CPC. Salvador: Juspodivm, 2016.

DIDIER JR., Fredie; OLIVEIRA, Rafael Alexandria de. O uso da tecnologia *blockchain* para arquivamento de documentos eletrônicos e negócios probatórios segundo a Lei da Liberdade Econômica. In: MAZZOLA, Marcelo; RIBEIRO, Nathalia. *Impactos do Código de Processo Civil de 2015 na advocacia.* Londrina: Thoth, 2021.

DINAMARCO, Candido Rangel. *Direito Processual Civil.* São Paulo: José Bushatsky, 1975.

DINAMARCO, Cândido Rangel. *Instituições de Direito Processual Civil.* v. 2. São Paulo: Malheiros, 2001.

DINAMARCO, Cândido Rangel. *Instituições de direito processual civil.* v. 2. 2. ed. São Paulo: Malheiros, 2007.

DINAMARCO, Cândido Rangel. *Instituições de direito processual civil.* v. 3. 6. ed. São Paulo: Malheiros, 2009.

DINAMARCO, Cândido Rangel. *Instituições de Direito Processual Civil.* 8. ed., atualizada segundo o novo CPC e a Lei 13.256. São Paulo: Malheiros, 2016.

DUARTE, Antonio Aurélio Abi Ramia. *Ética e comportamento das partes no novo processo civil brasileiro.* Salvador: Juspodivm, 2020.

DUARTE, Ricardo Quass. *O tempo inimigo no processo civil brasileiro.* Dissertação de mestrado, Faculdade de Direito da Universidade de São Paulo, 2008.

DURKHEIM, Émile. *Les règles de la méthode sociologique.* Paris: Flammarion, 2010.

ECO, Umberto. *Como se faz uma tese.* Trad. Gilson Cesar Cardoso. 24. ed. São Paulo: Perspectiva, 2012.

EIZIRIK, Nelson. *A lei das S/A comentada.* v. III. São Paulo: Quartier Latin, 2011.

ENGISCH, Karl. *Introdução ao Pensamento Jurídico.* Trad. João Baptista Machado. 6. ed. Lisboa: Fundação Calouste Gulbenkian, 1988.

ESPOSITO, Carlos. *Lineamenti di una dottrina del diritto.* Fabriano: T.E.S.A., 1930.

FAGUNDES, Cristiane Druve Tavares; JÚDICE, Mônica. Os contornos conferidos pelo CPC/2015 para a multa periódica nas obrigações de fazer, não fazer ou entregar coisa. *Revista de Processo*. São Paulo: Revista dos Tribunais, nº 273, nov./2017.

FAILLACE, Jandyr Maya. Da alteração do processo de execução: sobre o PL 4.497/2004. In: RENAULT, Sergio Rabello Tamm; BOTTINI, Pierpaolo Cruz (Coords.). *A nova execução dos títulos judiciais*: comentários à Lei 11.232/05. São Paulo: Saraiva, 2006.

FARIA, Márcio Carvalho. *A lealdade processual na prestação jurisdicional*: em busca de um modelo de juiz legal. São Paulo: Revista dos Tribunais, 2017.

FASSIO, Rafael Carvalho de. Arguição de Descumprimento de Preceito Fundamental: parâmetro, objeto e subsidiariedade. *Revista Jurídica da Procuradoria-Geral do Distrito Federal*, Brasília, v. 40, nº 1, jan./jun./2015.

FERRAZ, Eric Cezar Marques. Reflexão entre tempo e processo. *Revista de Processo*. São Paulo: Revista dos Tribunais, nº 278, abr./2018.

FERREIRA, Daniel Brantes. Wesley Newcomb Hohfeld e os conceitos fundamentais do direito. *Revista Direito, Estado e Sociedade*. Rio de Janeiro: PUC/RJ, nº 31, jul./dez. 2007.

FICANHA, Gresieli Taise. Decisões vinculantes, sua aplicação e garantia do contraditório: uma possível solução através da representação argumentativa. *Revista de Processo*. São Paulo: Revista dos Tribunais, nº 275, jan./2018.

FINUCANE, Melissa L; ALHAKAMI, Ali; SLOVIC, Paul. The affect heuristic in judgements of risks and benefits. *Journal of Behavioral Decision Making*, v. 13, issue 1, 200.

FISHHOFF, Baruch; SLOVIC Paul; LICHTENSTEIN. Knowing with certainty: the appropriateness of extreme confidence. *Journal of Experimental Psychology: Human Perception and Performance*. Washington, v. 3, nº 4, 1977.

FISS, Owen M. *The civil rights injunction*. Bloomington: Indiana University Press, 1978.

FISS, Owen M. The forms of justice. *Harvard Law Review*, New Haven, nº 93, 1979.

FISS, Owen M. *The law as it could be*. Nova York: New York University Press, 2003.

FLORES, Fábio Pereira; PINHEIRO NETO, Pedro Bentes. Medidas executivas atípicas: um breve diálogo com as injunctions na legislação dos estados da Califórnia e Nova Iorque. In: DIDIER JR., Fredie (Coord. geral); TALAMINI, Eduardo; MINAMI, Marcos Youji (Coords.). *Medidas Executivas típicas* – Coleção Grandes temas do Novo CPC. Salvador: Juspodivm, 2018.

FLUMIGNAN, Silvano José Gomes. Os negócios jurídicos processuais e a Fazenda Pública. *Revista de Processo*. São Paulo: Revista dos Tribunais, nº 280, jun./2018.

FORGIONI, Paula Andrea. *Os Fundamentos do Antitruste*. 6. ed. rev., atual. e ampl. São Paulo: Revista dos Tribunais, 2013.

FOUCAULT, Michel. *Vigiar e punir:* nascimento da prisão. Trad: Raquel Ramalhete. 31. ed. Petrópolis: Vozes, 2006, capítulo 11.

FRAGA, Érica; PINTO, Ana Estela de Sousa. *Escolas públicas de São Paulo usam teorias de Nobel para reduzir evasão*. Disponível em https://www1.folha.uol.com.br/paywall/signup.shtml?https://www1.folha.uol.com.br/mercado/2017/10/1927050-escolas-publicas-de-sao-paulo-usam-teorias-de-nobel-para-reduzir-evasao.shtml. Acesso em: 22.02.2020.

FRANCO, Fernão Borba. *Processo Administrativo*. São Paulo: Atlas, 2008.

FREIRE, Alexandre. Subseção II – Do julgamento dos recursos extraordinário e especial repetitivos (arts. 1.036 a 1.041). In: CABRAL, Antonio do Passo. CRAMER, Ronaldo. *Comentários ao novo código de processo civil*. 2. ed. Rio de Janeiro: Forense, 2016.

FREITAS, José Lebre. *Introdução ao Processo Civil*: conceito e princípios gerais. 2. ed. Coimbra: Coimbra Editora, 2008.

FREITAS, Juarez. A hermenêutica jurídica e a ciência do cérebro: como lidar com os automatismos mentais. *Revista da AJURIS*, v. 40, nº 130, jun./2013.

FUGA, Bruno Augusto Sampaio. A produção antecipada da prova e seus aspectos gerais e contraditórios. In: MAZZOLA, Marcelo; RIBEIRO, Nathalia. *Impactos do Código de Processo Civil de 2015 na advocacia*. Londrina: Thoth, 2021.

FUX, Luiz. *Tutela de segurança e Tutela de evidência*. São Paulo: Saraiva, 1996.

FUX, Luiz. *Novo Código de Processo Civil Temático*. 2. ed. São Paulo: Mackenzie, 2016.

FUX, Luiz. *Teoria Geral do Processo Civil*. 3. ed. Rio de Janeiro: Forense, 2019.

FUX, Luiz; BODART, Bruno. *Processo Civil e Análise Econômica do Direito*. Rio de Janeiro: Forense, 2019.

FUX, Rodrigo. *A evolução da Análise Econômica do Direito no Brasil*. Disponível em https://www.editorajc.com.br/a-evolucao-da-analise-economica-do-direito-no-brasil/. Acesso em: 30.07.2019.

FUX, Rodrigo. Os Influxos da Análise Econômica do Direito no Código de Processo Civil 2015. *Revista de Processo*. São Paulo: Revista dos Tribunais, nº 308, out./2020.

GABRIEL, Anderson de Paiva. *Whistleblower no Brasil: o informante do bem*. Disponível em https://www.jota.info/opiniao-e-analise/colunas/juiz-hermes/whistleblower-no-brasil-o-informante-do-bem-20042020. Acesso em: 01.04.2020.

GAIO JÚNIOR, Antônio Pereira; GOMES, Júlio César dos Santos; FAIRBANKS, Alexandre de Serpa Pinto. Negócio jurídicos processuais e as bases para a sua consolidação no CPC/2015. *Revista de Processo*. São Paulo: Revista dos Tribunais, nº 267, maio/2017.

GAJADORNI, Fernando. Levando o dever de estimular a autocomposição a sério: uma proposta de releitura do princípio do acesso à justiça à luz do CPC/15. *Revista Eletrônica de Direito Processual – REDP*, ano 14, v. 21, nº 2, maio/ago./2020.

GAJARDONI, Fernando da Fonseca. *Técnicas de aceleração do processo (uma análise crítica à luz de dados estatísticos)*. Dissertação de Mestrado, Faculdade de Direito da Universidade de São Paulo, 2002.

GAJARDONI, Fernando da Fonseca. *Flexibilização procedimental*: um novo enfoque para o estudo do procedimento em matéria processual. São Paulo: Atlas, 2008.

GAJARDONI, Fernando da Fonseca. *A revolução silenciosa da execução por quantia – a parte conta apenas com o Estado/Juiz para fazer valer a decisão judicial*. Disponível em https://www.jota.info/opiniao-e-analise/artigos/a-revolucao-silenciosa-da-execucao-por-quantia-24082015. Acesso em: 04.06.2018.

GAJARDONI, Fernando da Fonseca. Comentários ao art. 537. In: GAJARDONI, Fernando da Fonseca; DELLORE, Luiz; ROQUE, Andre Vasconcelos; OLIVEIRA JR., Zulmar de. *Processo de conhecimento e cumprimento de sentença*: comentários ao CPC de 2015. São Paulo: Método, 2016.

GAJARDONI, Fernando da Fonseca; SOUZA, Mauricio Bearzotti. Os princípios da adequação, da adaptabilidade e da flexibilização procedimental pelo juiz no novo CPC. *Revista TST*, Brasília, v. 82, nº 3, jul./set. 2016.

GARCIA, Basileu. *Instituições de direito penal*. 7. ed. São Paulo: Saraiva, 2008. v. I t. I (série Clássicos Jurídicos).

GARCÍA MÁYNEZ, Eduardo. *Introducción al estudio del derecho*. Cidade do México: Porrua, 2002.

GARCIA, Gustavo Filipe Barbosa. *Novo Código de Processo Civil*: Lei 13.105/2015 – principais modificações. Rio de Janeiro: Forense, 2015.

GAROUPA, Nuno; GINSBURG, Tom. Análise econômica e direito comparado. In: TIMM, Luciano Benetti (Org.). *Direito e economia no Brasil*. São Paulo: Atlas, 2012.

GAVAZZI, Giacomo. *Elementi di teoria del diritto*. Torino: G. Giappichelli Editore, 1970.

GAVAZZI, Giacomo. *L'onere – tra la libertà e l'obbligo*. Torino: Giappichelli, 1970.

GIANNKOS, Demétrio Beck da Silva. A uniformização da jurisprudência: uma justificativa a partir da hermenêutica jurídica e da análise econômica do direito. *Revista de Processo*. São Paulo: Revista dos Tribunais, nº 288, fev./2019.

GIANNAKOS, Demétrio Beck da Silva. Análise econômica dos negócios jurídicos processuais. *Revista de Processo*. São Paulo: Revista dos Tribunais, nº 278, abr./2018.

GICO JÚNIOR, Ivo Teixeira. Introdução à análise econômica do direito. In: RIBEIRO, Márcia Carla Pereira; KLEIN, Vinícius (Coords.). *O que é análise econômica do direito*: uma introdução. Belo Horizonte: Fórum, 2011.

GILISSEN, John. *Introdução histórica ao Direito*. 2. ed. Lisboa: Fundação Calouste Gulbenkian, 1995.

GILOVICH, Thomas; SAVITSKY, Kenneth; MEDVEC, Victoria Husted. The spotlight effect in social judgement: an egocentric bias in estimates of the salience of one's own actions and appearance. *Journal of Personality and Social Psychology*. Washington, v. 78, nº 2, 2000.

GIOIA, Melchiorre. *Del merito e delle ricompense*. Milão: Pitotta, 1818.

GISMONDI, Rodrigo Altenburg Odebrecht Curi. *Processo civil de interesse público e medidas estruturantes:* da execução negociada à intervenção judicial. 250 f. Dissertação (Mestrado em Direito Processual) – Universidade do Estado do Rio de Janeiro (UERJ), Rio de Janeiro, 2016.

GODINHO, Robson Renault. Prefácio. In: DIDIER JR., Fredie. *Sobre a Teoria Geral do Processo, essa desconhecida*. 5. ed. Salvador, Juspodivm, 2020.

GOLDSCHMIDT, James. *Principios Generales del Proceso*. 2. ed. Buenos Aires: Ediciones Jurídicas Europa-América, 1961.

GOLDSCHMIDT, James. *Direito Processual Civil*. t. 1. Trad. Lisa Pary Scarpa. Campinas: Bookseller, 2003.

GOMES, Frederico Augusto. *Estabilização da tutela antecipada antecedente contra o Poder Público*. Disponível em https://www.academia.edu/30446297/Estabiliza%C3%A7%C3%A3o_da_tutela_antecipada_antecedente_contra_o_Poder_P%C3%BAblico. Acesso em: 12.01.2020.

GONÇALVES, Aroldo Plínio. *Nulidades no Processo*. Rio de Janeiro: Aide, 1993.

GONÇALVES, Marcelo Barbi. *Teoria Geral da Jurisdição*. Salvador: Juspodivm, 2020.

GONÇALVES, Marcelo Barbi. *Honorários advocatícios e direito intertemporal.* Disponível em https://jus.com.br/artigos/47012/honorarios-advocaticios--e-direito-intertemporal. Acesso em: 26.09.2020.

GONÇALVES FILHO, João Gilberto. *O princípio constitucional da eficiência no processo civil.* Tese de doutorado. Faculdade de Direito da USP, São Paulo, 2010.

GOULART, Bianca Bez. *Análise Econômica do Litígio* – entre acordos e ações judiciais. Salvador: Juspodivm, 2019.

GRACCO, Abraão Soares Dias dos Santos; SILVA, Marcela Vitoriano e. *As principais sanções premiais no novo Código Florestal:* a superação do dogma kelseniano em direção a uma sociedade resiliente. Disponível em http://www.publicadireito.com.br/artigos/?cod=eeb29740e8e9bcf1. Acesso em: 20.05.2020.

GRAU, Eros. Nota sobre a distinção entre obrigação, dever e ônus. *Revista da Faculdade de Direito*, Universidade de São Paulo, v. 77, 1982.

GRAU, Eros Roberto. *Por que tenho medo dos juízes* – a interpretação/aplicação do direito e os princípios. 6. ed. refundida do Ensaio e Discurso sobre a interpretação/aplicação do direito. São Paulo, Malheiros, 2013.

GRAY, Carlo. *Per un diritto premiale. Rivista Internazionale di filosofia del diritto.* 1959, I.

GRECO, Leonardo. Publicismo e Privatismo no processo civil. *Revista de Processo.* São Paulo: Revista dos Tribunais, nº 164, out./2008.

GRECO, Leonardo. Os atos de disposição processual – Primeiras reflexões. *Revista Eletrônica de Direito Processual – REDP.* v. I. Outubro a Dezembro de 2007.

GRECO, Leonardo. Os atos de disposição processual. In: MEDINA José Miguel Garcia; FIGUEIREDO, Luana Pedrosa de; CERQUEIRA, Luís Otavio de; GOMES JR., Luiz Manoel (Coords). *Os poderes do Juiz e o Controle das Decisões Judiciais* – Estudos em Homenagem à Professora Teresa Arruda Alvim Wambier. São Paulo: Revista dos Tribunais, 2008.

GRECO, Leonardo. A Busca da Verdade e a Paridade de Armas na Jurisdição Administrativa. *Revista CEJ*, v. 10, nº 35, 2006.

GRECO FILHO, Vicente. *Direito processual civil brasileiro.* v. 3. 19. ed. São Paulo: Saraiva, 2007.

GRINOVER, Ada Pellegrini. Proposta de Alteração ao Código de Processo Civil – Justificativa. *Revista de Processo.* São Paulo: Revista dos Tribunais, nº 86, abr./jun./1997.

GUERRA, Gustavo Rabay; ALMEIDA NETO, Luiz Mesquita de; MARCOS, Henrique Jerônimo Bezerra. *Revista Estudos Institucionais*, v. 3, 1, 2017.

GUERRA, Marcelo Lima. *Execução indireta*. São Paulo: Revista dos Tribunais, 1999.

GUICCIARDINI, Francesco. *Quali accidenti facessono creare in Roma i tribuni della plebe, il che fece la republica piú perfetta*. In: *Considerazioni intorno ai Discorsi del Machiavelli sopra la prima Deca di Tito Livio*. Libro primo, Capitolo III, 1529, p. 13. Disponível em https://it.wikisource.org/wiki/Considerazioni_intorno_ai_Discorsi_del_Machiavelli_sopra_la_prima_Deca_di_Tito_Livio/Libro_primo/Capitolo_III. Acesso em: 02.08.2019.

GWARTNEY, James; STROUP, Richar; SOBEL, Russell; MACPHERSON, David A. *Microeconomics*: Private and Public Choice (1976). 13. ed. Mason: South-Western Cengage Learning, 2011.

HARTMANN, Guilherme Kronemberg. *Controle da Competência Adequada no Processo Civil*. Tese (Doutorado em Direito Processual) – Faculdade de Direito, Universidade do Estado do Rio de Janeiro, Rio de Janeiro, 2018.

HARTMANN, Guilherme Kronemberg. *Competência no processo civil*: da teoria tradicional à gestão judicial da competência adequada. Salvador: Juspodivm, 2021.

HESSE, Konrad. *Elementos de direito constitucional na República Federal da Alemanha*. Trad. Luis Afonso Keck. Porto Alegre: Fabris, 1998.

HILL, Flávia Pereira. *O direito processual transnacional como forma de acesso à justiça no século XXI*: os reflexos e desafios da sociedade contemporânea para o direito processual civil e a concepção de um título executivo transnacional. Rio de Janeiro: GZ, 2013.

HOUAISS, Antônio; VILLAR, Mauro de Salles. *Dicionário Houaiss da língua portuguesa*. Rio de Janeiro: Objetiva, 2009.

HOBBES; Thomas. *O Leviatã*. Trad. João Paulo Monteiro e Maria Beatriz Nizza da Silva. Disponível em http://www.dhnet.org.br/direitos/anthist/marcos/hdh_thomas_hobbes_leviatan.pdf. Acesso em: 24.09.2020.

HOMEM DE MELLO, Luiz Ignácio. *A importância do cadastro positivo*. Disponível em https://m.migalhas.com.br/depeso/300770/a-importancia-do--cadastro-positivo. Acesso em: 24.01.2020.

HUPFFER, Haide Maria; SANTANNA, Gustavo da Silva; TORELLY, Priscila Manique. A sanção premial aplicável ao direito ambiental por meio do princípio do protetor-recebedor: o consumo consciente da água através do sistema de bandeiras tarifárias. *Revista da AGU*, Brasília-DF, v. 17, n. 04, out./dez. 2018.

IHERING, Rudolf von. *A luta pelo direito*. Trad. João de Vasconcelos. Rio de Janeiro: Forense, 1997.

IHERING, Rudolf von. *Lo scopo nel diritto*. Trad. Mario G. Losano. Torino: Einaudi, 1972.

IWAKURA, Cristiane Rodrigues. *Princípio da Interoperabilidade* – acesso à justiça e processo eletrônico. Belo Horizonte: Dialética, 2020.

JARDIM, Flávio Jaime de Moraes; PAIVA, Paulo Frederico Rodrigues. Notas acerca de um Processo Civil Pragmático. *Revista de Informação Legislativa*, v. 48, nº 190, 2011.

JAYME, Fernando Gonzaga; DOUSA, Alexandre Rodrigues de. Tutela sumária no Código de Processo Civil: apontamentos acerca da estabilização da tutela antecipada. *Revista de Processo*. São Paulo: Revista dos Tribunais, nº 275, jan./2018.

JOBIM, Marco Félix. Reflexões sobre a necessidade de uma teoria dos litígios estruturais: bases de uma possível construção. In: ARENHART, Sérgio Cruz; JOBIM, Marco Félix (Orgs.). *Processos estruturais*. 2. ed. Salvador: Juspodivm, 2019.

JOBIM, Marco Félix. *As funções da eficiência no processo civil brasileiro*. São Paulo: Revista dos Tribunais, 2018.

JOBIM, Marco Félix. *Direito à duração razoável do processo*: responsabilidade civil do Estado em decorrência da intempestividade processual. 2. ed. rev. e. ampl. Porto Alegre: Livraria do Advogado, 2012.

JOBIM, Marco Félix. A previsão das medidas estruturantes no artigo 139, IV, do Novo Código de Processo Civil brasileiro. In: ZANETI JR., Hermes (Org.). *Processo Coletivo*. Salvador: Juspodivm, 2016, v. 8.

JOBIM, Marco Félix; PEREIRA, Rafael Caselli. Produção antecipada de provas como técnica processual de incentivo à composição processual. In: FUGA, Bruno Augusto Sampaio; RODRIGUES, Daniel Colnago; ANTUNES, Thiago Caversan (Orgs.). *Produção antecipada da prova* – questões relevantes e aspectos polêmicos. 1. ed. Londrina: Thoth.

JORDÃO, Eduardo Ferreira; ADAMI, Mateus Piva. "Steven Shavell e o preço do processo: notas para uma análise econômica do direito processual". In: DIDIER JR., Fredie; JORDÃO, Eduardo (Coords.). *Teoria do Processo*: panorama doutrinário mundial. Salvador: Juspodivm, 2008.

KAHNEMAN, Daniel. *Thinking: fast and slow*. New York: Farrar, Straus and Giroux, 2013.

KAHNEMAN, Daniel; TVERSKY, Amos. *Prospect Theory*: an analysis of decision under risk. EUA: Econometrica, v. 47, nº 2, 1979.

KANT, Immanuel. *La metafísica de las costumbres*. 3. ed. Trad. Adela Cortina Orts e Jesús Conill Sancho. Madrid: Tecnos, 1999.

KEATING, Sarah. The nation that thrived by nudging its population. *BBC*, 2018. Disponível em https://www.bbc.com/future/article/20180220-the-nation-that-thrived-by-nudging-its-population. Acesso em: 20.02.2020.

KELSEN, Hans. *Teoria geral do direito e do estado*. Trad. Luís Carlos Borges. 4. ed. São Paulo: Martins e Fontes, 2005.

KELSEN, Hans. *Teoria pura do direito*. Trad. João Baptista Machado. 6. ed. São Paulo: Martins Fontes, 1999.

KELSEN, Hans. *Problemas escogidos de la teoría pura del derecho*. Buenos Aires: G. Kraft, 1952.

KELSEN, Hans. *Introducción a la teoría pura del derecho*. México: UNAM, 1960.

KEMMERICH, Clóvis Juarez. *O direito processual na Idade Média*. Porto Alegre: Sergio Antonio Fabris, 2006.

KHOURI, Paulo R. Roque A. O direito contratual no novo Código Civil. *Enfoque Jurídico* – Suplemento Informe do TRF da 1ª Região, nº 105, out./2001.

KOEHLER, Frederico Augusto Leopoldino. *A razoável duração do processo*. 2. ed. Salvador: Juspodivm, 2013.

LAMACHIA, Claudio Pacheco Prates et al. *As conquistas da advocacia no novo CPC*. Brasília: OAB, Conselho Federal, 2015.

LAMBIAS DE AZEVEDO, Juan. *Eidética y aporética del Derecho. Prolegómenos a la Filosofía del Derecho*. Buenos Aires: Galpe, 1940.

LAMY, Eduardo de Avelar. *Aproveitamento de meios no processo civil*. 2. ed. Salvador: Juspodivm, 2021.

LANDSBURG, Stephen E. *The Armchair economist*: economics & everyday life. New York: Free Press, 2012.

LAQUIÈZE, Alain. Verbete "Sanção". In: ALLAND, Denis; RIALDS, Stèphane. *Dicionário da cultura jurídica*. Trad. Ivone Castilho Beneditti; revisão técnica Márcia Villares de Freitas. São Paulo: WMF Martins Fontes, 2012.

LEITE, Roberta. *Aulas suspensas, alunos em casa. Tenho que pagar a escola?* Disponível em https://www.jota.info/opiniao-e-analise/artigos/aulas-suspensas-alunos-em-casa-tenho-que-pagar-a-escola-31032020. Acesso em: 02.04.2020.

LEMOS, Vinícius Silva. A concessão de medidas atípicas de efetividade de ordem judicial e o necessário diálogo com as normas fundamentais do CPC/15. In: DIDIER JR., Fredie (Coord. geral); TALAMINI, Eduardo;

MINAMI, Marcos Youji (Coords.). *Medidas Executivas Atípicas* – Coleção Grandes temas do Novo CPC. Salvador: Juspodivm, 2018.

LEVITT, Steven D.; DUBNER, Stephen J. *Freakonomics: A Rogue Economist Explores the Hidden Side of Everything*. New York: Harper Collins, 2005.

LIEBMAN, Enrico Tullio. *Manual de Direito Processual Civil*. v. I. 2 ed. Rio de Janeiro: Forense, 1985.

LIGERO, Gilberto Notário. *Sanções Processuais por Improbidade na Execução Civil*. Tese apresentada à Banca Examinadora da Pontifícia Universidade Católica de São Paulo, como exigência parcial para obtenção do título de Doutor em Direito. Pontifícia Universidade Católica de São Paulo, 2014.

LOPES, João Batista. Princípio da proporcionalidade e efetividade do processo civil. In: MARINONI, Luiz Guilherme (Coord.). *Estudos de direito processual civil*: homenagem ao Professor Egas Dirceu Moniz de Aragão. São Paulo: Revista dos Tribunais, 2005.

LORDELO, João Paulo. *Do Direito à chouriça*: o abuso do "reme-reme" no pensamento jurídico. Disponível em https://jean2santos.jusbrasil.com.br/artigos/125584790/do-direito-a-chourica-o-abuso-do-reme-reme-no-pensamento-juridico. Acesso em: 19.11.2019.

LOSANO, Mario Giuseppe. Hans Kelsen: uma biografia cultural mínima. Derechos Y Libertades. *Revista del Instituto Bartolomé de las Casas*, nº 14, 2006. Disponível em https://e-archivo.uc3m.es/bitstream/handle/10016/3778/DyL-2006-14-Losano.pdf?sequence=1&isAllowed=y. Acesso em: 20.02.2020.

LOUGHLIN, Paula; GERLIS, Stephen. *Civil Procedure (2001)*. 2. ed. London: Cavendish, 2004.

LOUREIRO FILHO, Lair da Silva. *Introdução ao direito*. Belo Horizonte: Del Rey, 2009.

LUCCA, Rodrigo Ramina. *Disponibilidade Processual* – a liberdade das partes no processo. São Paulo: Thomson Reuters Brasil, 2019.

LUCCA, Rodrigo Ramina. Liberdade, autonomia e convenções processuais. In: DIDIER JR., Fredie (Coord. geral); CABRAL, Antonio do Passo; NOGUEIRA, Pedro Henrique (Coords). *Negócios Processuais*. Coleção Grandes Temas do CPC. t. 2. Salvador: Juspodivm, 2020.

LUCENA, José Waldecy. *Das sociedades anônimas*: Comentários à lei. v. III. Rio de Janeiro: Renovar, 2012.

LUCON, Paulo Henrique dos Santos. Inteligência artificial e o futuro do processo. In: BIANCHI, José Flávio; PINHEIRO, Rodrigo Gomes de Mendonça; ARRUDA ALVIM, Teresa (Coords.). *Jurisdição e Direito Privado* – Estudos em homenagem aos 20 anos da Ministra Nancy Andrighi do STJ. São Paulo: Revista dos Tribunais, 2020.

LUPI, André Lipp Pinto Basto. A dissolução parcial de sociedade na vigência do novo CPC: apontamentos a partir da jurisprudência recente (2016-2018). *Revista de Processo*. São Paulo: Revista dos Tribunais, nº 293, jul./2019.

MACÊDO, Lucas Buril. *Objeto dos recursos cíveis*. Salvador: Juspodivm, 2019.

MACHADO, Marcelo Pacheco. Comentários ao Art. 190. In: CRUZ E TUCCI, José Rogério; FERREIRA FILHO, Manoel Caetano; APRIGLIANO, Ricardo de Carvalho; DOTTI, Rogéria Fagundes; MARTINS, Sandro Gilbert (Coords). *Código de Processo Civil anotado*. AASP e OAB/PR, 2019. Disponível em capa-revista-cpc-comentado-oab-parana-1 (windows.net). Acesso em: 18.01.2021.

MACHADO, Marcelo Pacheco. *Desapropriação em descompasso com o CPC/15*: precisamos de uma nova lei. Disponível em https://m.migalhas.com.br/coluna/tendencias-do-processo-civil/320558/desapropriacao-em-descompasso-com-o-cpc-15-precisamos-de-uma-nova-lei. Acesso em: 18.02.2020.

MACHADO, Marcelo Pacheco. In: GOUVÊA, José Roberto Ferreira; BONDIOLI, Luis Guilherme Aidar; FONSECA, João Francisco Neves da. (Coords.). *Comentários ao Código de Processo Civil* – dos Embargos de Terceiro até da Restauração dos Autos. São Paulo: Saraiva, 2017.

MACHADO SEGUNDO, Hugo de Brito. Ciência do direito tributário, economia comportamental e extrafiscalidade. *Revista Brasileira de Políticas Públicas*, v. 8, nº 02, 2018.

MACKAAY, Ejan; ROUSSEAU, Stéphane. *Análise Econômica do Direito*. 2. ed. São Paulo: Atlas, 2015.

MAFFESSONI, Behlua. Convenções processuais em matéria probatória e poderes instrutórios do juiz. In: DIDIER JR., Fredie (Coord. geral); CABRAL, Antonio do Passo; NOGUEIRA, Pedro Henrique (Coords). *Negócios Processuais*. Coleção Grandes Temas do CPC. Salvador: Juspodivm, 2020.

MAJZOUB, Milene Chavez Goffar. *Juízos de Deus e Justiça real no Direito Carolíngio*: estudo sobre a aplicação dos ordálios à época de Carlos Magno (768-814). Dissertação apresentada à Banca Examinadora da Universidade Estadual de Campinas como requisito parcial para obtenção do título de Mestre em História da Arte e da Cultura (Departamento de História do Instituto de Filosofia e Ciências Humanas da Universidade Estadual de Campinas). Campinas, 2005.

MALTA, Alberto Emanuel Albertin. *Multas e sanções processuais em sentido estrito no novo Código de Processo Civil*. Disponível em http://bdm.unb.

br/bitstream/10483/10058/1/2014_AlbertoEmanuelAlbertinMalta.pdf. Acesso em: 28.01.2020.

MANCUSO, Rodolfo de Camargo. *Incidente de resolução de demandas repetitivas*: a luta contra dispersão da jurisprudência excessiva. São Paulo: Revista dos Tribunais, 2016.

MANKIW, Gregory. *Principles of Microeconomics*. 7. ed. Stamford: Cengage Learning, 2013.

MARQUES, Wilson. A ação monitória. Artigo 1.102 a. b. e c. do Código de Processo Civil. *Revista da EMERJ*, v.1, n.1, 1998.

MAQUIAVEL, Nicolau. *O Príncipe*. Trad. Lívio Xavier. 33. ed. Rio de Janeiro: Nova Fronteira, 2019.

MARÇAL, Felipe Barreto. Processos Estruturantes (multipolares, policêntricos e multifocais): gerenciamento processual e modificação da estrutura judiciária. *Revista de Processo*. São Paulo: Revista dos Tribunais, nº 289, mar./2019.

MARÇAL, Felipe Barreto. Deveres cooperativos do magistrado no processo estruturante: da cooperação com as partes à cooperação com outros órgãos (judiciários ou extrajudiciários), por meio de atribuição de competências e delegações. *Civil Procedure Review*, v. 10, nº 2, maio/ago./2019.

MARCATO, Antonio Carlos. Algumas considerações sobre a crise da justiça. In: ZULEFATO, Camilo; YARSCHELL, Flávio Luiz (Orgs.). *40 anos da Teoria Geral do Processo no Brasil*. São Paulo: Malheiros, 2013.

MARINHO, Yuri Rugai. *Incentivos positivos para a proteção do meio ambiente*. Dissertação de mestrado. Universidade de São Paulo, 2014, p. 14-16. Disponível em https://www.teses.usp.br/teses/disponiveis/2/2131/tde-24032017-120036/pt-br.php. Acesso em: 20.07.2019.

MARINO, Bruno Di; FERRAZ, Álvaro. *A saga jurisprudencial do dano moral coletivo: tinha razão o ministro Teori*. Disponível em https://www.conjur.com.br/2019-mar-31/opiniao-saga-jurisprudencial-dano-moral-coletivo. Acesso em: 10.09.2020.

MARINONI, Luiz Guilherme. *Tutela contra o ilícito*: inibitória e de remoção – art. 497, parágrafo único, CPC/2015. São Paulo: Revista dos Tribunais, 2015.

MARINONI, Luiz Guilherme. *Comentários ao Código de Processo Civil*: artigos 1º ao 69. 1. ed. São Paulo: Revista dos Tribunais, 2016.

MARINONI, Luiz Guilherme; ARENHART, Sérgio Cruz. *Curso de processo civil*. Execução. 6. ed. São Paulo: Revista dos Tribunais, 2014.

MARINONI, Luiz Guilherme; ARENHART, Sérgio Cruz; MITIDIERO, Daniel. *O novo processo civil*. 2. ed. São Paulo: Revista dos Tribunais, 2016.

MARINONI, Luiz Guilherme; ARENHART, Sérgio; MITIDIERO, Daniel. *Novo Código de Processo Civil comentado*. São Paulo: Revista dos Tribunais, 2015.

MARINONI, Luiz Guilherme; ARENHART, Sergio; MITIDIERO, Daniel. *Novo Código de Processo Civil comentado*. 3. ed. São Paulo: Revista dos Tribunais, 2017.

MARTINS, Tiago do Carmo. A Lei Anticrime e seus reflexos na improbidade administrativa. *Revista da Escola da Magistratura do TRF da 4ª Região*, ano 6, nº 14, Porto Alegre, 2020.

MARTINS-COSTA, Judith. A boa-fé no direito privado: sistema e tópica no processo obrigacional. São Paulo: Revista dos Tribunais, 1999.

MARTINS JUNIOR, Wallace Paiva. *O princípio da transparência administrativa*. 2002. Tese (Doutorado em Direito) – Faculdade de Direito da Universidade de São Paulo, Universidade de São Paulo, São Paulo, 2002.

MARTTA, Camila Victorazzi. *Saneamento do processo*: a decisão de saneamento e sua funcionalidade no processo civil brasileiro. Londrina: Thoth, 2020.

MASSON, Nathalia Ferreira. *O conceito de sanção na Teoria Analítica do Direito*. Dissertação apresentada ao Programa de Pós-Graduação em Direito da Pontifícia Universidade Católica do Rio de Janeiro como requisito parcial para obtenção do título de Mestre em Direito, 2007.

MATA MACHADO, Edgar de Godói da. *Direito e coerção*. São Paulo: Unimarco, 1999.

MAXIMILIANO, Carlos. *Hermenêutica e Aplicação do Direito*. 19. ed. Rio de Janeiro: Forense, Rio de Janeiro, 2009.

MAZZEI, Rodrigo. Código Civil de 2002 e o Judiciário: apontamentos na aplicação das cláusulas gerais, In: DIDIER JR., Fredie; MAZZEI, Rodrigo (Coords.). *Reflexos do novo Código Civil no Direito Processual*. 2. ed. Salvador: Juspodivm, 2007.

MAZZEI, Rodrigo. Notas sobre a possibilidade de pagamento parcelado na execução extrajudicial: principais mudanças entre o art. 745-A do CPC revogado em relação ao art. 916 do CPC/15. In: DIDIER JR., Fredie (Coord. Geral); MACÊDO, Lucas Buril de; PEIXOTO, Ravi; FREIRE, Alexandre (Orgs.). *Novo CPC doutrina selecionada (execução)*. v. 5, 2. ed., rev. e atual. Salvador: Juspodivm, 2016.

MAZZEI, Rodrigo; ROSADO, Marcelo da Tocha. A cláusula geral de efetivação e as medidas indutivas no CPC/15. In: DIDIER JR., Fredie (Coord. geral); TALAMINI, Eduardo; MINAMI, Marcos (Coords.). *Medidas Executivas*

Atípicas – Coleção Grandes temas do Novo CPC. Salvador: Juspodivm, 2018.

MAZZOLA, Marcelo. *Tutela Jurisdicional Colaborativa*: a cooperação como fundamento autônomo de impugnação. Curitiba: CRV, 2017.

MAZZOLA, Marcelo. Medição e Direito Intertemporal: duas leis em vacância e um convite à compatibilização. *Revista de Arbitragem e Mediação – RArb*. São Paulo: Revista dos Tribunais, nº 46, jul./set./2015.

MAZZOLA, Marcelo. *É possível a realização de atos concertados entre o Judiciário e o Juízo Arbitral?* Disponível em https://www.migalhas.com.br/depeso/293183/e-possivel-a-realizacao-de-atos-concertados-entre-o-judiciario-e-o-juizo-arbitral. Acesso em: 19.09.2019.

MAZZOLA, Marcelo; BELLIZZE, Marco Aurélio. Sanções premiais e indução de comportamento. Disponível em https://www.conjur.com.br/2022-jun-17/bellizze-mazzola-sancoes-premiais-inducao-comportamento. Acesso em: 10.09.2023.

MAZZOLA, Marcelo; MAZZEI, Rodrigo. Medidas indutivas e sua projeçãono inventário causa mortis: prêmios, incentivos e possibilidades sistêmicas. *Revista de Processo*, nº 332, out./2002.

MAZZOLA, Marcelo; OLIVEIRA, Rafael Carvalho Rezende. Sanções premiais e o acordo de não persecução cível. Disponível em https://www.conjur.com.br/2022-mai-30/mazzolae-oliveira-sancoes-premiais-anpc. Acesso em: 10.09.2023.

MAZZOLA, Marcelo; OSNA, Gustavo. As sanções premiais e a sua aplicabilidade ao processo estrutural. *Revista de Processo*, nº 325, mar./2022

MAZZOLA, Marcelo; PINHO, Humberto Dalla Bernardina de. *Manual de Mediação e Arbitragem*. São Paulo: Saraiva, 2019.

MEDEIROS NETO, Elias Marques de. O artigo 139, IV, do novo Código de Processo Civil: a atipicidade dos meios executivos. In: JATAHY, Carlos Roberto; ALMEIDA, Diogo Assumpção Rezende de; AYOUB, Luiz Roberto (Coords.). *Reflexões sobre o novo Código de Processo Civil*. Rio de Janeiro: FGV, 2016.

MEDEIROS NETO, Elias Marques de. *O recente julgamento do RHC 97.876 – SP no Superior Tribunal de Justiça e o artigo 139, IV, do CPC/15*. Disponível em http://m.migalhas.com.br/coluna/cpc-na-pratica/281731/o-recente-julgamento-do-rhc-97876-sp-no-superior-tribunal-de-justica. Acesso em: 24.01.2020.

MEDINA, José Miguel Garcia. *Novo Código de Processo Civil comentado*. 4. ed. São Paulo: Revista dos Tribunais, 2016.

MEIRELES, Edilton. Cooperação judicial e poderes do juiz na execução. In: DIDIER JR., Fredie (Coord. geral); TALAMINI, Eduardo; MINAMI, Marcos Youji (Coords.). *Medidas Executivas Atípicas* – Coleção Grandes temas do novo CPC. Salvador: Juspodivm, 2018, p. 553-554.

MEIRELES, Edilton. Medidas sub-rogatórias, coercitivas, mandamentais e indutivas no Código de Processo Civil de 2015. *Revista de Processo*. São Paulo: Revista dos Tribunais, nº 247, set./2015.

MELLO, Marcos Bernardes de. *Teoria do fato jurídico*: plano da eficácia. 1ª parte. 8. ed. São Paulo: Saraiva, 2013.

MELLO, Marcos Bernardes de. Sobre o princípio da respeitabilidade das normas jurídicas cogentes e a invalidade dos negócios jurídicos. In: MARTINS-COSTA; Judith; FRADERA, Vera Jacob de (Orgs.). *Estudos de direito privado e processual civil*: em homenagem a Clóvis do Couto e Silva. São Paulo: Revista dos Tribunais, 2014.

MELLO, Rogerio Licastro Torres. Projeto de Novo CPC e a Ação Probatória não cautelar. *Revista de Processo*. São Paulo: Revista dos Tribunais, nº 233, jul./2014.

MELLO PORTO, José Roberto. *O pacote "anticrime" e os acordos em matéria de improbidade administrativa*. Disponível em https://www.conjur.com.br/2020-fev-13/mello-porto-pacote-anticrime-acordos-improbidade. Acesso em: 20.03.2020.

MELO FILHO, Álvaro. *Introdução ao Direito Premial*. Tese submetida como requisito parcial para obtenção do grau de Mestre em Ciências Jurídicas. Pontifícia Universidade Católica do Rio de Janeiro, 1975.

MELO FILHO, Álvaro. Reabordagem da estrutura da norma jurídica em face da sanção premial. *Revista Forense*, abr./maio/jun./1980.

MELO FILHO, Álvaro. *Teoria e Prática dos Incentivos Fiscais*. Rio de Janeiro: Eldorado, Rio de Janeiro, 1976.

MENDES, Aluisio Gonçalves de Castro. *Incidente de resolução de demandas repetitivas*: sistematização, análise e interpretação do novo instituto processual. Rio de Janeiro, Forense, 2017.

MENDES, Aluisio Gonçalves de Castro; SILVA, Larissa Clare Pochmann da. Os impactos do novo CPC na razoável duração do processo. In: MACÊDO, Lucas Buril; PEIXOTO, Ravi; FREIRE, Alexandre (Orgs.). *Coleção novo CPC*. v. 6. Salvador: Juspodivm, 2015.

MENDES, Viviane Alfradique Martins de Figueiredo. Mecanismos de consenso no direito administrativo e sua contribuição para a desjudicialização da política pública. In: PINHO, Humberto Dalla Bernardina de; RODRIGUES,

Roberto de Aragão Ribeiro (Orgs.). *Mediação e Arbitragem na Administração Pública*. Curitiba: CRV, 2018.

MENDONÇA, José Vicente Santos de. *Direito constitucional econômico*: a intervenção do Estado na economia à luz da razão pública e do pragmatismo. 2. ed. rev., atual. e ampl. Belo Horizonte, Fórum, 2018.

MENEZES CORDEIRO, Antonio Manuel da Rocha e. *Da boa-fé no Direito Civil*. 3. ed. reimp. Coimbra: Almedina, 2007.

MILMAN, Fabio. *Improbidade processual*. Comportamento das partes e de seus procuradores no processo civil. 2. ed. Rio de Janeiro: Forense, 2009.

MINAMI, Marcos Youji. *Da vedação ao non factibile* – uma introdução às medidas executivas atípicas. Salvador: Juspodivm, 2018.

MINAMI, Marcos Youji. Da vedação ao *non factibile*: uma justificativa às medidas executivas atípicas. *Revista de Processo*. São Paulo: Revista dos Tribunais, nº 288, fev./2019.

MINAMI, Marcos Youji; PEIXOTO, Ravi. As questões prejudiciais incidentais, o regime especial da coisa julgada e os possíveis problemas recursais. *Revista de Processo*. São Paulo: Revista dos Tribunais, nº 277, mar./2018.

MIRANDA, Marcos Paulo de Souza. *A justa distribuição de ônus e bônus na gestão de patrimônio cultural brasileiro*. Disponível em https://www.conjur.com.br/2019-jun-29/ambiente-juridico-justa-distribuicao-onus-bonus-gestao-patrimonio-cultural. Acesso em: 15.07.2019.

MISES, Ludwig von. *Human Action*: a treatise on economics. 4. ed. San Francisco: Fox & Wilkes, 1996.

MITIDIERO, Daniel. *Processo Civil*. 1. ed. São Paulo: Thomson Reuters Brasil, 2021.

MITIDIERO, Daniel. *Colaboração no Processo Civil* – Pressupostos sociais, lógicos e éticos. 3. ed. São Paulo: Revista dos Tribunais, 2015.

MONTESQUIEU. *Considerações sobre as causas da grandeza dos romanos e sua decadência*. Trad. Pedro Vieira Mota. São Paulo: Saraiva, 1997.

MOREIRA, Márcio Borges; MEDEIROS, Carlos Augusto. *Princípios básicos de análise do comportamento*. São Paulo: Artmed, 2007.

MOREIRA NETO, Diogo de Figueiredo. *Curso de Direito Administrativo*. 16. ed. Rio de Janeiro: Forense, 2014.

MOUZALAS, Rinaldo. Executividade das decisões de improcedência de acordo com o Código de Processo Civil de 2015. *Revista de Processo*. São Paulo: Revista dos Tribunais, nº 283, set./2018.

Müller, Julio Guilherme. *Negócios Processuais e Desjudicialização da Produção da Prova* – Análise econômica e jurídica. São Paulo: Revista dos Tribunais, 2017.

Müller, Julio Guilherme. *A produção desjudicializada da prova oral através de negócio processual*: análise jurídica e econômica. Tese apresentada à Banca Examinadora da Pontifícia Universidade Católica de São Paulo, como exigência parcial para obtenção do título de Doutor em Direito, São Paulo, 2017.

NALINI, Renato. *O juiz e o acesso à justiça*. 2. ed. São Paulo: Revista dos Tribunais, 2000.

NEGREIROS, Teresa. *Fundamentos para uma interpretação constitucional do princípio da boa-fé*. Rio de Janeiro: Renovar, 1998.

NERY, Ana Luiza. *Teoria Geral do Termo de Ajustamento de Conduta*. 3. ed. rev., atual. e ampl. São Paulo: Revista dos Tribunais, 2017.

NERY JR., Nelson; NERY, Rosa Maria de Andrade. *Código de Processo Civil comentado*. 17. ed. São Paulo: Thomson Reuters Brasil, 2018.

NEVES, Daniel Amorim Assumpção. *Manual de Direito Processual Civil*. 8. ed. Salvador: Juspodivm, 2016.

NEVES, Daniel Amorim Assumpção. *Manual de Direito Processual Civil*. 10. ed. rev., ampl. e atual. Salvador: Juspodivm, 2018.

NEVES, Daniel Amorim Assumpção. *Novo Código de Processo Civil comentado*. Salvador: Juspodivm, 2016.

NIEVA FENOLL, Jordi. *La cosa juzgada*. Barcelona: Atelier, 2006.

NÓBREGA, Guilherme Pupe da. *O STJ decidiu: a sentença é o marco temporal-processual para identificação das normas a regular os honorários. E aí?* Disponível em

https://www.migalhas.com.br/coluna/processo-e-procedimento/241493/o-stj-decidiu-a-sentenca-e-o-marco-temporal-processual-para-identificacao-das-normas-a-regular-os-honorarios-e-ai. Acesso em: 25.09.2020.

NOGUEIRA, Luiz Fernando Valladão. *A alteração da ordem processual no novo CPC* – aspectos gerais e o Direito Empresarial. Disponível em http://m.migalhas.com.br/depeso/272365/a-alteracao-da-ordem-processual-no-novo-cpc-aspectos-gerais-e-o. Acesso em: 26.01.2018.

NOGUEIRA, Pedro Henrique. *Negócios jurídicos processuais*. 3. ed. rev., atual. e ampl. Salvador: Juspodivm, 2018.

NOGUEIRA, Pedro Henrique. Gestão de execução por meio de negócios jurídicos processuais no processo civil brasileiro. *Revista de Processo*. São Paulo: Revista dos Tribunais, nº 286, dez./2018.

NUNES, Dierle; ALMEIDA, Catharina. Medidas indutivas em sentido amplo do art. 139, IV do CPC: o potencial do uso de nudges nos módulos processuais executivos para satisfação de obrigações por quantia certa. Texto inédito cedido pelos autores (no prelo).

NUNES, Dierle; BAHIA, Alexandre. Processo constitucional: uma abordagem a partir dos desafios do Estado Democrático de Direito. *Revista Eletrônica de Direito Processual*, v. 4, jul./dez. 2009.

NUNES, Dierle; LUD, Natanael; PEDRON, Flávio Quinaud. *Desconfiando da imparcialidade dos sujeitos processuais*: um estudo sobre os vieses cognitivos, a mitigação de seus efeitos e o *debiasing*. 2. ed. rev., atual. e ampl. Salvador: Juspodivm, 2020.

NUNES, Dierle; RUBINGER, Paula Caetano; MARQUES, Ana Luiza. *Os perigos do uso da inteligência artificial na advocacia*. Disponível em https://www.conjur.com.br/2018-jul-09/opiniao-perigos-uso-inteligencia-artificial-advocacia. Acesso em: 30.11.2019.

NUNES, Dierle; VIANA, Aurélio. *Precedentes*: a mutação no ônus argumentativo. Rio de Janeiro: Forense, 2018.

NUNES, Luiz Antônio Rizzato. *Manual da monografia jurídica*. Como se faz: uma monografia, uma dissertação, uma tese. São Paulo: Saraiva, 1997.

OLIVEIRA, Carlos Alberto Alvaro de. *Teoria e prática da tutela jurisdicional*. Rio de Janeiro: Forense, 2008, p. 126

OLIVEIRA, Eduardo Ribeiro de. *Comentários ao Novo Código Civil*. v. II. Rio de Janeiro: Forense, 2008.

OLIVEIRA, Humberto Santarosa de. *Motivação e discricionariedade*: as razões de decidir e o contraditório como elementos legitimadores da atuação judicial. Rio de Janeiro: Lumen Juris, 2020.

OLIVEIRA, Paulo Mendes de. *Regimentos Internos como fonte de normas processuais*. Salvador: Juspodivm, 2020.

OLIVEIRA, Pedro Miranda de. O novo CPC e o princípio da primazia do julgamento do mérito recursal. *Revista Dialética de Direito Processual*. São Paulo: Dialética, nº 147, jun./2015, p. 93-110.

OLIVEIRA, Rafael Carvalho Rezende. *Novo perfil da regulação estatal*: Administração Pública de resultados e análise de impacto regulatório. Rio de Janeiro: Forense, 2015.

OLIVEIRA, Vallisney de Souza. O direito à razoável duração do processo após a Emenda Constitucional nº 45/2004. In: OLIVEIRA, Vallisney de Souza (Coord.). *Constituição e Processo Civil*. São Paulo: Saraiva, 2008.

OLIVEIRA NETO, Olavo de; MEDEIROS NETO, Elias Marques de; COZZOLINO, Patricia Elias de Oliveira. *Curso de Direito Processual Civil*. 1. ed. São Paulo: Verbatim, 2015.

OSNA, Gustavo. Contratualizando o processo: três notas sobre os negócios jurídicos processuais (e seu possível "fracasso"). *Revista Eletrônica de Direito Processual – REDP*, ano 14, v. 21, nº 2, maio/ago./2020.

OSNA, Gustavo. Acertando problemas complexos: o "praticalismo" e os "processos estruturais. *Rev. Direito Adm.*, Rio de Janeiro, v. 279, n. 2, p. 251-278, maio/ago. 2020.

OSSA, Jahir Alexander Gutiérrez. Análisis económico del derecho. Revisión al caso colombiano. *Revista de Derecho y Economía*, nº 24, 2008.

PAIVA, André Luis Parizio Maia; SOUZA E SILVA JR.; Denarcy; VALE, Luís Manoel Borges do. A atuação do juiz nos planos da existência, validade e eficácia dos negócios jurídicos processuais: uma análise da vinculação do juiz aos negócios jurídicos plurilaterais firmados pelo Juízo. In: DIDIER JR., Fredie; NOGUEIRA, Pedro Henrique; GOUVEIA FILHO, Roberto (Coords.). *Pontes de Miranda e o Processo*. Salvador: Juspodivm, 2021.

PANTOJA, Fernanda Medina. Convenções pré-processuais para a concepção de procedimentos preliminares extrajudiciais. In: MARCATO, Ana; GALINDO, Beatriz; GÓES, Gisele Fernandes; BRAGA, Paula Sarno; APRIGLIANO, Ricardo; NOLASCO, Rita (Coords.). *Negócios processuais*. Coletânea Mulheres no Processo Civil Brasileiro. Salvador: Juspodivm, 2018.

PANTOJA, Fernanda Medina. *Protocolos pré-processuais*: fundamentos para a construção de uma fase prévia ao processo no direito brasileiro. Tese de Doutorado. Faculdade de Direito, Universidade do Estado do Rio de Janeiro – UERJ, Rio de Janeiro, 2016.

PASCUAL, Gabriel Doménech. Por qué y cómo hacer análisis económico del derecho. *Revista de Administración Pública*, nº 195, Madrid, 2014.

PEREIRA, Caio Mario da Silva. *Instituições de Direito Civil*. 26. ed. Rio de Janeiro: Forense, 2013.

PEREIRA, Lara Dourado Mapurunga. *Negócios jurídicos processuais sobre presunções*. Salvador: Juspodivm, 2020.

PEREIRA, Rafael Caselli. *A multa judicial (astreinte) e o CPC/2015*: visão teórica, prática e jurisprudencial. 3. ed. rev. e ampl. Porto Alegre: Livraria do Advogado, 2021.

PICÓ I JUNOY, Joan. El debido proceso legal: reflexiones en torno al fundamento constitucional del principio de la buena fe procesal. *Revista Peruana de Derecho Procesal*, Lima, nº. 9, 2006.

PICÓ I JUNOY, Joan. *Las garantías constitucionales del Proceso*. 2. ed. Barcelona: J. M. Bosch, 2011.

PIMENTEL, Manoel Pedro. *O crime e a pena na atualidade*. São Paulo: Revista dos Tribunais, 1983.

PINHO, Humberto Dalla Bernardina de. *Manual de Direito Processual Civil Contemporâneo*. 2. ed. São Paulo: SaraivaJur, 2020.

PINHO, Humberto Dalla Bernardina de. *Direito Processual Civil Contemporâneo*. 8. ed. São Paulo: Saraiva, 2018.

PINHO, Humberto Dalla Bernardina de. *Jurisdição e pacificação*: limites e possibilidades do uso dos meios consensuais de resolução de conflitos na tutela dos direitos transindividuais e pluri-individuais. Curitiba: CRV, 2017.

PINHO, Humberto Dalla Bernardina de; VIDAL, Ludmilla Camacho Duarte. La nouvelle configuration des accords collectifs du droit brésilien. *International Journal of Procedure Law*, v. 8/2018, nº 1.

PINTER, Rafael Wobeto. A boa-fé no processo civil e o abuso de direitos processuais. *Revista de Processo*. São Paulo: Revista dos Tribunais, nº. 253, mar./2016.

PISANI, Mario. *Diritto Premiale e sistema penale: rapporti e intersezioni*. In: *Atti del settimo simposio di studi di Diritto e Procedura Penali*. Milano: Giuffrè, 1983.

PLOUS, Scott. *The psychology of judgement and decision making*. New York: McGraw-Hill, 1993.

POGREBINSCHI, Thamy. *Pragmatismo*: Teoria Social e Política. Rio de Janeiro: Relume Dumará, 2005.

PONTE, Marcelo Dias; ROMÃO, Pablo Freire. Negócio Jurídico Processual e Flexibilização do Procedimento: As Influências da Autonomia Privada no Paradigma Publicista do Direito Processual Civil. *Revista Eletrônica de Direito Processual - REDP*. v. 16. Jul./Dez./2015.

PONTES DE MIRANDA. *Comentários ao Código de Processo Civil*. t. III. 4. ed. Rio de Janeiro: Forense, 1997.

PORTO, Sérgio Gilberto. *Processo Civil Contemporâneo* – elementos, ideologia e perspectivas. 2. ed. Salvador: Juspodivm, 2020.

POSNER, Richard A. *Economic analysis of law*. 6. ed. New York: Aspen Publishers, 2003.

POSNER, Richard A. *Economic analysis of law*. 9. ed. New York, Aspen Publishers, 2014 (Kindle version).

POSNER, Richard A. *The problems of jurisprudence*. Cambridge: Harvard University Press, 1990.

POSNER, Richard A. *The Economics of Justice*. Cambridge, Massachusetts and London: Harvard University Press, 1981.

PRETEL, Mariana Pretel e. *A boa-fé objetiva e a lealdade no processo civil brasileiro*. Porto Alegre: Núria Fabris, 2009.

PRIEBE, Victor Saldanha. Tempo social e do direito como instrumentos de razoável duração do processo. *Revista de Processo*. São Paulo: Revista dos Tribunais, nº 282, ago./2018.

PSCHEIDT, Kristian Rodrigo. *Sistema Tributário Nacional, Justiça Fiscal e a Economia Comportamental*. Rio de Janeiro: Lumen Juris, 2018.

RAMOS, Carlos Henrique. O novo CPC, Mediação e a Administração Pública. In: PINHO, Humberto Dalla Bernardina de; RODRIGUES, Roberto de Aragão Ribeiro (Orgs.). *Mediação e Arbitragem na Administração Pública*. Curitiba: CRV, 2018.

RAMOS, Glauco Gumerato. Crítica macroscópica ao fetiche da celeridade processual. Perspectiva do CPC de hoje e de amanhã. *Revista de Processo*. São Paulo: Revista dos Tribunais, nº 239, jan.2015.

RAVAGNANI, Giovani dos Santos. *Provas Negociadas* - Convenções Processuais Probatórias no Processo Civil. São Paulo: Revista dos Tribunais, 2020.

RAVAGNANI, Giovani dos Santos. *Análise Comparada entre a Ação Monitória no Código de Processo Civil de 1973 e no Novo Código de Processo Civil*. Disponível em http://www.mondaq.com/brazil/x/440472/Civil+Law/Anlise+Comparada+entre+a+Ao+Monitria+no+Cdigo+de+Processo+Civil+-de+1973+e+no+Novo+Cdigo+de+Processo+Civil. Acesso em: 28.01.2020.

RAZ, Joseph. *The Authority of Law: Essays on Law and Morality*. Oxford: Oxford University Press, 1979.

REALE, Miguel. *Filosofia do Direito*. 20. ed. São Paulo; Saraiva, 2002.

REALE, Miguel. *Lições preliminares de direito*. 27. ed. São Paulo: Saraiva, 2010.

REDONDO, Bruno Garcia. *Negócios jurídicos processuais atípicos*. Salvador: Juspodivm, 2020.

REDONDO, Bruno Garcia. Eficiência da prestação jurisdicional e flexibilização do procedimento pelo juiz e pelas partes. *Revista Jurídica UNIGRAN*. Dourados, Mato Grosso do Sul, v. 15, nº 30, jul./dez. 2013. Disponível em https://www.unigran.br/revista_juridica/ed_anteriores/30/artigos/artigo06.pdf. Acesso em: 07.07.2018.

REICHELT, Luís Alberto. O direito fundamental à inafastabilidade do controle jurisdicional e sua densificação no novo CPC. *Revista de Processo*. Revista dos Tribunais: São Paulo, nº. 258, ago./2016.

REIS, Queiti Oliveira. *Evolução penal*. Disponível em https://jus.com.br/artigos/41289/evolucao-penal. Acesso em: 21.10.2019.

RENNER, Rafael. *Novo direito contratual*: a tutela do equilíbrio contratual no Código Civil. Rio de Janeiro: Freitas Bastos, 2007.

RETES, Tiago A. Leite. Recursos e convenções processuais: entre efetividade e garantias processuais. In: DIDIER JR., Fredie (Coord. geral); CABRAL, Antonio do Passo; NOGUEIRA, Pedro Henrique (Coords.). *Negócios Processuais*. Coleção Grandes Temas do CPC. t. 2. Salvador: Juspodivm, 2020.

RIBEIRO, Darci Guimarães. Contribuição ao estudo das sanções desde a perspectiva do Estado Democrático de Direito. In: LEONEL, Severo Rocha; STRECK, Lenio Luiz. (Orgs.) *Constituição, sistemas sociais e hermenêuticas*. Porto Alegre, Livraria do Advogado, 2005.

RIBEIRO, Darci Guimarães. *Da tutela jurisdicional às formas de tutela*. Porto Alegre: Livraria do Advogado, 2010.

RIBEIRO, Darci Guimarães. *La Pretensión Procesal Y La Tutela Judicial Efectiva*. Barcelona: J. M Bosch, 2004.

RIBEIRO, Darci Guimarães. A fase de organização do processo no CPC. In: MAZZOLA, Marcelo; RIBEIRO, Nathalia. *Impactos do Código de Processo Civil de 2015 na advocacia*. Londrina: Thoth, 2021.

RIBEIRO, Marcelo. Levando a sério as normas fundamentais. In: MAZZOLA, Marcelo; RIBEIRO, Nathalia. *Impactos do Código de Processo Civil de 2015 na advocacia*. Londrina: Thoth, 2021.

RICHELIEU, Armand du Plessis. *Testamento Político e massime di Stato*. Milão: Giuffrè, 1988.

ROCHA, Fellipe Borring. *Princípio da Jurisdição Equivalente*: em busca do equilíbrio entre a colegialidade e o julgamento monocrático do mérito dos recursos nos tribunais brasileiros. Salvador: Juspodivm, 2019.

ROCHER, Guy. *Sociologia Geral*. 3. ed. Lisboa: Editorial Presença, 1977.

RODAS, Sergio. *TJ-RJ valida lei municipal que premia agentes de segurança que obtiverem mais pontos*. Disponível em https://www.conjur.com.br/2019-nov-05/tj-rj-valida-bonus-agentes-seguranca-obtiverem-pontos. Acesso em: 11.11.2019.

RODOVALHO, Thiago. *O necessário diálogo entre a doutrina e a jurisprudência na concretização da atipicidade dos meios executivos*. Disponível em https://www.jota.info/opiniao-e-analise/artigos/o-necessario-dialogo-entre-doutrina-e-jurisprudencia-na-concretizacao-da-atipicidade-dos-meios-executivos-21092016. Acesso em: 04.06.2018.

RODRIGUES, Daniel Colnago. *Intervenções de terceiros*. São Paulo: Revista dos Tribunais, 2017.

RODRIGUES, Daniel Colnago; RIBEIRO, Sérgio Luiz de Almeida. Tutela específica e a cláusula geral de atipicidade dos meios executivos. In: ARRUDA ALVIM NETTO, José Manoel de; ARRUDA ALVIM, Eduardo; BRUSCHI, Gilberto Gomes; CHECHI, Mara Larsen; COUTO, Mônica Bonetti (Orgs.). *Execução civil e temas afins do cpc/1973 ao novo cpc* – estudos em homenagem ao professor Araken de Assis. São Paulo: Revista dos Tribunais, 2014.

RODRIGUES, Horácio Wanderlei; LAMY, Eduardo de Avelar. *Teoria geral do processo*. 4. ed. rev., atual. e ampl. São Paulo: Atlas, 2016.

RODRIGUES, Marcelo Abelha. *O que fazer quando o executado é um "cafajeste"? Apreensão do passaporte? Da carteira de motorista?* Disponível em https://www.migalhas.com.br/dePeso/16,MI245946,51045-O+que+fazer+quando+o+executado+e+um+cafajeste+Apreensao+de+passaporte. Acesso em: 20.10.2019.

RODRIGUES, Marco Antonio. *A Fazenda Pública no Processo Civil*. 2. ed. São Paulo: Atlas, 2016.

RODRIGUES, Marco Antonio. Aspectos processuais do controle jurisdicional de políticas públicas. In: REICHELT, Luís Alberto; JOBIM, Marco Félix (Orgs.). *Coletivização e unidade do direito*. Londrina: Thoth, 2019.

RODRIGUES, Marco Antonio dos Santos; MELLO PORTO, José Roberto Sotero de. Princípio da Eficiência Processual e o direito à boa jurisdição. *Revista de Processo*. São Paulo: Revista dos Tribunais, nº 275, jan./2018.

RODRIGUES, Vasco. *Análise econômica do direito*. 2. ed. Lisboa: Almedina, 2016.

ROQUE, André Vasconcelos. *As armadilhas dos prazos no novo CPC*. Disponível em https://www.jota.info/colunas/novo-cpc/as-armadilhas-dos-prazos-no-novo-cpc-07092015. Acesso em: 23.01.2018.

RORTY, Richard. *Consequências do Pragmatismo*. Trad. João Duarte. Lisboa: Instituto Piaget, 1982.

ROSAS, Roberto. *Devido Processo Legal*: Proporcionalidade e Razoabilidade. São Paulo: Revista dos Tribunais, 2001.

ROSENVALD, Nelson. *Dignidade humana e boa-fé no Código Civil*. São Paulo: Saraiva, 2005.

ROSITO, Francisco. *Teoria dos precedentes judiciais*: racionalidade da tutela jurisdicional. Curitiba: Juruá, 2012.

ROSSONI, Igor Bimkowski. *Recursos Extraordinários e Ação Rescisória por ofensa à norma jurídica*. Salvador: Juspodivm, 2019.

ROUSSEAU, Jean-Jacques. *Considérations sur e gouvernement de Pologne et sur as réformation projetée en avril 1772*. Paris: Garnier Frères, 1975.

RUDIO, Franz Vitor. *Introdução ao projeto de pesquisa científica*. 19. ed. Petrópolis: Vozes, 1995.

RUSSO, Eduardo. *Temas para uma Filosofia Jurídica*. Buenos Aires: Cooperadora de Derecho y Ciencias Sociales, 1974.

SACK, Kevin. A clash of religion and bioethics complicates organ donation in Israel. *The New York Times*, 2014. Disponível em https://www.nytimes.com/2014/08/17/world/middleeast/a-clash-of-religion-and-bioethics-complicates-organ-donation-in-israel.html. Acesso em: 22.04.2019.

SALDANHA, Alexandre Henrique Tavares; MEDEIROS, Pablo Diego Veras. Processo judicial eletrônico e inclusão digital para acesso à justiça na sociedade de informação. *Revista de Processo*. São Paulo: Revista do Tribunais, nº 277, mar./2018.

SALGADO, Gisele Mascarelli. *Sanção na Teoria do Direito de Norberto Bobbio*. Tese apresentada à Banca Examinadora da Pontifícia Universidade Católica de São Paulo, como exigência parcial para obtenção do título de Doutora em Filosofia do Direito. São Paulo, 2008, 275fls. Disponível em http://dominiopublico.mec.gov.br/download/teste/arqs/cp062574.pdf. Acesso em: 31.07.2019.

SANDEL, Michael J. *O que o dinheiro não compra*: os limites morais do mercado. Trad. Clóvis Marques. Rio de Janeiro: Civilização Brasileira, 2012.

SANTAROSA, Humberto. O microssistema de casos repetitivos – apontamentos sobre o Incidente de Resolução de Demandas Repetitivas e os Recursos Repetitivos. In: MENDES, Aluisio Gonçalves de Castro; DINAMARCO, Cândido Rangel; PINHO, Humberto Dalla Bernardina de; FUX, Luiz (Orgs.). *Estudos de Direito Processual em Homenagem a Paulo Cezar Pinheiro Carneiro*. 1. ed. Rio de Janeiro: LMJ Mundo Jurídico, 2019.

SANTIN, Valter Foleto. *Controle judicial da segurança jurídica*: eficiência do serviço na prevenção e repressão ao crime. 2. ed. São Paulo: Verbatim, 2013.

SANTOS, Boaventura de Souza. Introdução à sociologia da Administração da Justiça. *Revista Crítica de Ciências Sociais*, nº 21, nov./1986.

SANTOS, Guilherme Luis Quaresma Batista. Teoria geral da execução e o CPC de 2015. In: DIDIER JR., Fredie (Coord. geral); MACÊDO, Lucas Buril de; PEIXOTO, Ravi; FREIRE, Alexandre (Orgs.). *Coleção novo CPC* - doutrina selecionada - execução. v. 5. Salvador: Juspodivm, 2015.

SANTOS, Moacyr Amaral. *Primeiras Linhas de Direito Processual Civil*: Processo de conhecimento. v. 1. 25. ed. Saraiva: São Paulo, 2007.

SCALEA, José Augusto; TABAK, Benjamin Miranda. Direito de propriedade intelectual: formas de proteção, seu impacto no desenvolvimento econômico e propostas para sua melhoria. *Revista de Direito Econômico e Socioambiental*, Curitiba, v. 7, n. 2, p. 154- 174, jul./dez. 2016. Disponível em https://periodicos.pucpr.br/index.php/direitoeconomico/article/view/5837. Acesso em: 30.07.2019.

SCHAUER, Frederick. *The force of Law*. Cambridge: Harvard University Press, 2015.

SCHENK, Leonardo Faria. *Legitimidade Constitucional da cognição sumária*: limites impostos pelo contraditório participativo. Tese de doutoramento defendida no Programa de Pós-Graduação em Direito da Universidade do Estado do Rio de Janeiro, 2012.

SCHENK, Leonardo Faria. *Cognição Sumária* - limites impostos pelo contraditório no processo civil. São Paulo: Saraiva, 2013.

SCHMITZ, Leonardo Ziesemer. *Fundamentação das decisões judiciais*: a crise na construção de respostas no processo civil. São Paulo: Revista dos Tribunais, 2015.

SELA, Ayelet; GABAY-EGOZI, Limor. Judicial Procedural Involvement (JPI): A Metric for Judges' Role in Civil Litigation, Settlement, and Access to Justice. *Journal of law and society*, v. 47, nº 3, set./2020, p. 468-98.

SHAROT, Tali. The optimism bias. *Current Biology*, v. 21, issue 23, 2001.

SHAVELL, Steven. *The social versus the private incentive to bring suit in a costly legal system. The Journal of Legal Studies*, v. 11, nº 2, 1982.

SICA, Heitor Vitor Mendonça. *Preclusão processual civil*. 2. ed. São Paulo: Atlas, 2008.

SICA, Heitor Vitor Mendonça. Panorama atual da garantia de publicidade no processo civil brasileiro. In: CARVALHO, Milton Paulo de; CASTRO, Daniel Penteado de (Coords.). *Direito processual civil*. São Paulo: Quartier Latin, 2011. v. II.

SILVA, Antônio Álvares da. *Sanção e direito do trabalho*. Belo Horizonte: RTM, 2014.

SILVA, Antônio Álvares da. *Competência penal trabalhista*. São Paulo: LTr, 2006.

SILVA, Antônio Álvares da. A desjudicialização dos conflitos trabalhistas e o futuro da justiça do trabalho no Brasil. In: TEIXEIRA, Sálvio de Figueiredo (Coord.). *As garantias do cidadão na justiça*. São Paulo: Saraiva, 1993.

SILVA, Antônio Álvares da. *Na vanguarda do direito do trabalho*. Belo Horizonte: RTM, 2012.

SILVA, Antônio Álvares da. *Cinco estudos de direito do trabalho*. São Paulo: LTr, 2009.

SILVA, Arlei Wiclif Leal da. *Revista de Processo*. São Paulo: Revista dos Tribunais, nº 290, abril/2019.

SILVA, Bruno Campos; SOUSA, Diego Crevelin de; ROCHA, Jorge Bheron. Medidas indutivas inominadas: o cuidado com o fator Shylockiano do art. 139, IV, CPC. In: DIDIER JR., Fredie (Coord. geral); TALAMINI, Eduardo; MINAMI, Marcos (Coords.). *Medidas Executivas Atípicas* – Coleção Grandes temas do Novo CPC. Salvador: Juspodivm, 2018.

SILVA, Clóvis Veríssimo do Couto e. *A obrigação como processo*. Rio de Janeiro: FGV, 2007.

SILVA, De Plácido e. *Vocabulário jurídico*. 7. ed. Rio de Janeiro: Forense, 1982.

SILVA, De Plácido e. *Vocabulário Jurídico*. 14. ed. Rio de Janeiro: Forense, 1998.

SILVA, Felipe Carvalho Gonçalves. *Colaboração Premiada*. Rio de Janeiro: GZ, 2021.

SILVA, Geocarlos Augusto Cavalcante da. Fundamentação como forma democrática de controle das decisões judiciais. *Revista de Processo*. São Paulo: Revista dos Tribunais, nº 276, fev./2018.

SILVA, Lucas do Monte; GUIMARÃES, Patrícia Borba Vilar. A aplicação do regime diferenciado de contratações (RDC) aos megaeventos no Direito Administrativo contemporâneo. *Revista de Direito Administrativo & Constitucional*. Belo Horizonte, ano 15, n. 60, abr./jun. 2015. Disponível em https://www.researchgate.net/publication/308088518_A_aplicacao_do_regime_diferenciado_de_contratacoes_RDC_aos_megaeventos_no_Direito_Administrativo_contemporaneo. Acesso em: 12.12.2019.

SILVA, Ovídio Araújo Baptista da. *Jurisdição e execução na tradição romano-canônica*. 3. ed. Rio de Janeiro: Forense, 2007.

SILVA, Paula Costa e. Pactum de non petendo: exclusão convencional do direito de ação e exclusão convencional da pretensão material. In: DIDIER

JR., Fredie (Coord. geral); CABRAL, Antonio do Passo; NOGUEIRA, Pedro Henrique Barbosa (Coords.). *Negócios processuais*. 4. ed. Salvador: Juspodivm, 2019.

SILVA, Paulo Eduardo Alves. *Gerenciamento de processos judiciais*. São Paulo: Saraiva, 2010.

SILVA NETO, Francisco de Barros e. Breves considerações sobre os processos estruturais. *Civil Procedure Review*, v. 10, nº 1, jan./abr./2019.

SIMON, Herbert Alexander. A behavioral model of rational choice. *The Quaterly Journal of Economics*, Oxford University Press, v. 69, nº, 1955.

SIMON, Herbert Alexander. Teorías acerca de la adopción de decisiones en economía y la ciencia del comportamiento. In: SIMON, Herbert Alexander et al (Orgs.). *Panoramas contemporáneos de la teoría económica: asignación de recursos*. Madrid: Alianza Universidad Editorial, 1970, v. III.

SKITNEVSKY, Karin Hlavnicka. *Dispute Boards*: Meio de Prevenção de Controvérsias. Belo Horizonte: Arraes Editores, 2016.

SLAIBI FILHO, Nagib. Hermenêutica constitucional. *Revista da EMERJ*, v. 4, nº 16, 2001.

SMITH, Vernon L. Rational choice: the contrast between economics and Psychology. *The Journal of Political Economy*, v. 99, nº 4, 1991.

SOUSA, José Augusto Garcia de. *A tempestividade no processo civil brasileiro*: papel catalisador, enquadramento constitucional e dimensão conflituosa. Tese aprovada como requisito parcial para obtenção do grau de Doutor na Universidade Estadual do Rio de Janeiro, 2016.

SOUSA, José Augusto Garcia de. *A tempestividade da justiça no processo civil brasileiro* – Repercussão no Sistema, Desenho Constitucional e Dimensão Conflituosa. Salvador: Juspodivm, 2020.

SOUZA, Andre Pagani de. A importância do princípio da cooperação para construção da transação na conciliação judicial: uma leitura do Direito Português e do Direito Brasileiro (parte III). *Revista de Processo*. São Paulo: Revista dos Tribunais, nº 295, out./2019.

SOUZA, Carlos Aurélio Mota de. *Poderes éticos do juiz* – a igualdade das partes e a repressão ao abuso no processo. Porto Alegre: Fabris, 1987.

SOUZA, Daniel Coelho de. *Introdução à ciência do Direito*. 3. ed. rev. e aum. São Paulo: Saraiva, 1980.

SOUZA, Danielle Nascimento Nogueira de. *Psicologia Fiscal e Economia Comportamental no Direito Tributário como fonte de redução das práticas evasivas no Brasil*. Dissertação de Mestrado em Finanças, Tributação e Desenvolvimento, Universidade do Estado do Rio de Janeiro, 2018.

SOUZA, Marcus Seixas. *Normas processuais consuetudinárias*: história, teoria e dogmática. Salvador: Juspodivm, 2019.

Stasiak, Vladimir. Proposição classificatória das sanções. *Revista CESUMAR*, Maringá, v. 4, nº 1, 2001.

STERNBERG, Robert J. *Psicologia cognitiva*. Porto Alegre: Artmed, 2000.

STRECK, Lenio Luiz. A luta da crítica hermenêutica do Direito contra o solipsismo judicial. In: SEGUNDO, Elpídio Paiva Luz; MENDES, Bruno Cavalcanti Angelin (Orgs.). *Diálogos sino-luso-brasileiros sobre jurisdição constitucional e a crítica hermenêutica do Direito de Lênio Luiz Streck*. Salvador: Juspodivm, 2018.

STRECK, Lenio Luiz; NUNES, Dierle. *Como interpretar o art. 139, IV, do CPC? Carta branca para o arbítrio?* Disponível em https://www.conjur.com.br/2016-ago-25/senso-incomum-interpretar-art-139-iv-cpc-carta-branca-arbitrio. Acesso em: 31.03.2020.

STRUCHINER, Noel; Chrismann, Pedro H. V. Aspectos filosóficos e psicológicos das punições: reunindo algumas peças do quebra cabeça. *Revista de Ciências Sociais do Centro de Estudos e Pesquisas em Humanidades da Universidade Federal da Bahia*, v. 25, nº 2, Salvador, 2012. Disponível em https://portalseer.ufba.br/index.php/crh/article/view/19447. Acesso em: 17.09.2020.

SUSANO, Luiz da Silva Alves de Azambuja. *Digesto brasileiro, ou, extracto e commentario das ordenações e leis posteriores ate ao presente*. 3. ed. Rio de Janeiro: Eduardo & Henrique Laemmert, 1865.

SUNSTEIN, Cass. Behavioral analysis of law. *Chicago Working Paper in Law & Economic*, 1997.

SUNSTEIN, Cass R. *Do people like nudges?* Disponível em https://dash.harvard.edu/handle/1/16147874. Acesso em: 07.08.2019.

SUNSTEIN, Cass. *Human Agency and Behavioral Economics*: Nudging Fast and Slow. New York: Palgrave Macmillan, 2017.

SUNSTEIN, Cass Robert; JOLLS, Christine; THALER, Richard H. *A behavioral approach to law and economics*. 50 Stamford Law Review. Disponível em file:///C:/Users/msm/Downloads/viewcontent.cgi.pdf. Acesso em: 20.02.2020.

TAKAHASHI, Bruno. Entre a liberdade e a autoridade: os meios consensuais no novo Código de Processo Civil. *Revista de Processo*. São Paulo: Revista dos Tribunais, nº 264, fev./2017.

TALAMINI, Eduardo. *Tutela relativa aos deveres de fazer e de não fazer e sua extensão aos deveres de entrega de coisa* (CPC, arts. 461 e 461-A; CDC, art. 84). 2. ed. São Paulo: Revista dos Tribunais, 2001.

TALAMINI, Eduardo. Poder geral de adoção de medidas executivas e sua incidência nas diferentes modalidades de execução. In: DIDIER JR., Fredie (Coord. geral); TALAMINI, Eduardo; MINAMI, Marcos (Coords.). *Medidas Executivas Atípicas* – Coleção Grandes temas do Novo CPC. Salvador: Juspodivm, 2018.

TALAMINI, Eduardo. Tutela da urgência no Projeto de novo Código de Processo Civil: a estabilização da medida urgente e a "monitorização" do processo civil brasileiro. *Revista de Processo*. São Paulo: Revista dos Tribunais, nº 209, jul./2012.

TARUFFO, Michele. Orality and writing as factors of efficiency in civil litigation. In: CARPI, Federico; ORTELLS, Manuel (Coords.). *Oralidad y escritura en un proceso civil eficiente*. Valencia: Universidad de Valencia, 2008.

TARUFFO, Michele. Abuso dos direitos processuais: padrões comparativos de lealdade processual – relatório geral. *Revista de Processo*. São Paulo: Revista dos Tribunais, nº 177, nov./2009.

TARUFFO, Michele. Precedente e Jurisprudência. *Revista de Processo*. São Paulo: Revista dos Tribunais, nº 199, set./2011.

TARUFFO, Michelle. A atuação executiva dos direitos: perfis comparatísticos. *Revista de Processo*. São Paulo: Revista dos Tribunais, nº 59, 1990.

TARUFFO, Michele. *Proceso y decisión: lecciones mexicanas de Derecho Procesal*. Madrid: Marcial Pons, 2012.

TARUFFO, Michele. *La motivazione della sentenza civile*. Madri: Trotta, 2011.

TAVARES, João Paulo Lordelo Guimarães. Da admissibilidade dos negócios jurídicos processuais no novo código de processo civil: aspectos teóricos e práticos. *Revista de Processo*. São Paulo: Revista dos Tribunais, nº 254, abr./2016.

TEIXEIRA JÚNIOR, José Borges. The Emrek vs Sabranovic: an economic analysis of the consumer's jurisdiction rule for the European Union. *Civil Procedure Review*. Salvador: Juspodivm, v.10, nº 1, jan./abr./2019.

TEIXEIRA, Sergio Torres; ARAUJO, Rodrigo Vasconcelos Coelho de. Estabilização da Tutela Antecipada Antecedente em face da Fazenda Pública. *Revista de Processo*. São Paulo: Revista dos Tribunais, nº 294, ago./2019.

TELLES JUNIOR, Goffredo. *A criação do direito*. 2. ed. São Paulo: Juarez de Oliveira, 2004.

TELLES JÚNIOR, Goffredo. *Iniciação na ciência do direito*. 4. ed. São Paulo: Saraiva, 2008.

TEMER, Sofia. *Participação no processo civil*: repensando litisconsórcio, intervenção de terceiros e outras formas de atuação. Salvador: Juspodivm, 2020.

TEMER, Sofia; ANDRADE, Juliana Melazzi. Convenções Processuais na execução: modificação consensual das regras relativas à penhora, avaliação e expropriação de bens. In: MARCATO, Ana; GALINDO, Beatriz; GÓES, Gisele Fernandes; BRAGA, Paula Sarno; APRIGLIANO, Ricardo; NOLASCO, Rita (Coords.). *Negócios processuais*. Coletânea Mulheres no Processo Civil Brasileiro. Salvador: Juspodivm, 2018.

THALER, Richard H. The power of nudges, for good and bad. *The New York Times*, 2015. Disponível em https://www.nytimes.com/2015/11/01/upshot/the-power-of-nudges-for-good-and-bad.html. Acesso em: 20.02.2020.

THALER, Richard. Misbehaving. *The making of Behavioral Economics*. New York: Nortn & Company, 2016.

THALER, Richard H. et al. Governments are trying to nudge us into better behavior: is it working? *The Washington Post*, 2017. Disponível em https://www.washingtonpost.com/news/wonk/wp/2017/08/11/governments-are-trying-to-nudge-us-into-better-behavior-is-it-working/. Acesso em: 20.02.2020.

THALER, Richard; SUNSTEIN, Cass. *Nudge*: improving decisions about health, wealth, and happiness (2008). New York: Penguin Books, 2009.

THEODORO JR., Humberto. *Novo curso de processo civil*: teoria do processo civil. v. 1. São Paulo: Revista dos Tribunais, 2015.

THEODORO JR., Humberto. *Processo de execução e cumprimento de sentença*. 28. ed. São Paulo: Leud, 2014.

THEODORO JR., Humberto. *A reforma da execução do título extrajudicial*. Rio de Janeiro: Forense, 2007.

THEODORO JR., Humberto; NUNES, Dierle; BAHIA, Alexandre Melo Franco; PEDRON, Flavio Quinaud. *Novo CPC*: fundamentos e sistematização. 3. ed. rev., atual. e ampl. Rio de Janeiro: Forense, 2016.

THEODORO JR., Humberto; NUNES, Dierle; BAHIA, Alexandre Melo Franco. Litigância de interesse público e execução comparticipada de políticas públicas. *Revista de Processo*. São Paulo: Revista dos Tribunais, nº 224, out./2013.

TIMM, Luciano Benetti. *Artigos e ensaios de Direito e Economia*. Rio de Janeiro: Lumen Juris, 2018.

TIMM, Luciano Benetti; TRINDADE, Manoel Gustavo Neubarth; MACHADO, Rafael Bica. O problema da morosidade e do congestionamento no âmbito do processo civil brasileiro: uma abordagem de law and economics. *Revista de Processo*. São Paulo: Revista dos Tribunais, nº 290, abril/2019.

TOTA, Antônio Pedro; ASSIS, Bastos Pedro Ivo de. *História geral*. São Paulo: Nova Cultural, 1993.

TRENNEPOHL, Terence Dornelles. *Incentivos fiscais no direito ambiental*: para uma matriz energética limpa e o caso do etanol brasileiro. São Paulo: Saraiva, 2011.

TRENNEPOHL, Terence Dornelles. As normas jurídicas e a sanção premial como induzimento às condutas desejáveis. In: DIDIER JR., Fredie; EHRHARDT JR., Marcos (Coords.). *Revisitando a Teoria do Fato Jurídico* – homenagem a Marcos Bernardes de Mello. São Paulo: Saraiva, 2010.

TRIGO, Alberto Lucas Albuquerque da Costa. *Pactum de non petendo* parcial. *Revista de Processo*. São Paulo: Revista dos Tribunais, nº 280, jun./2018.

TVERSKY, Amos: KHNEMAN, Daniel. *Judgement under Uncertainty: Heuristics and Biases*. Disponível em http://links.jstor.org/sici?sici=-0036-8075%2819740927%293%3A185%3A4157%3C1124%3AJUUHA-B%3E2.0.CO%3B2-M. Acesso em: 20.07.2019.

ULEN, Thomas. The importance of Behavioral Law. In: ZAMIR, Eyal; TEICHMAN, Doron. *The Oxford Handbook of Behavioral Economics and the Law*. New York: Oxford University Press, 2014.

UZEDA, Carolina; PANTOJA, Fernanda Medina; FARIA, Marcela Kohlbach de; TEMER, Sofia. Entes organizados despersonalizados e capacidade de ser parte: grupos e associações de fato em juízo (art. 75, IX, do CPC). *Civil Procedure Review*, v. 12, n 1: jan.-abr. 2021.

UZELAC, Alan. *Goals of Civil Justice and Civil Procedure in Contemporary Judicial Systems*, 34 IUS Gentium 3, 2014.

VALE, Luís Manoel Borges do. *Precedentes Vinculantes no Processo Civil Brasileiro*. Rio de Janeiro: LMJ Mundo Jurídico, 2019.

VALENTINI, Rômulo Soares. *Aplicação de Sanções Positivas no Direito do Trabalho*. Dissertação apresentada ao Programa de Pós-Graduação em Direito da Faculdade de Direito da Universidade Federal de Minas Gerais como parte dos requisitos para obtenção do título de mestre em Direito do Trabalho. Belo Horizonte, 2012.

VARGAS, Daniel Vianna. Análise econômica da execução no direito processual civil brasileiro. In: FUX, Luiz; FUX, Rodrigo; PEPE, Rafael Gaia (Coods.).

Temas de Análise Econômica do Direito Processual. Rio de Janeiro: GZ, 2021.

VASCONCELOS, Arnaldo. *Teoria da norma jurídica*. 4. ed. São Paulo: Malheiros, 1996.

VASCONCELOS, Arnaldo; ARAUJO, Guilherme Dourado Aragão Sá. Reflexões sobre a estrutura lógica-formal da norma jurídica ante a sanção premial. *Revista Pensar*, Fortaleza, v. 22, n. 1, jan./abr. 2017.

VELJANOVSKI, Cento. *A economia do direito e da lei*: uma introdução. Rio de Janeiro: Instituto Liberal, 1994.

VENOSA, Silvio de Salvo. *Sanção premial*. Disponível em https://m.migalhas.com.br/depeso/298207/sancao-premial. Acesso em: 19.11.2019.

VIDAL, Ludmilla Camacho Duarte. *Convenções processuais*: do realinhamento das estruturas relacionais de poder no processo civil aos padrões de controle. Dissertação de Mestrado em Direito Processual, Faculdade de Direito, Universidade do Estado do Rio de Janeiro, Rio de Janeiro, 2016.

VIERA, Jair Lot. *Código de Hamurabi* – Lei das XII Tábuas. 3. ed. São Paulo: Edipro, 2017.

VIEIRA, Jair Lot (Supervisor editorial). *Código de Hamurabi:* Código de Manu (livros oitavo e nono): Lei das XII Tábuas. 2. ed. São Paulo: Edipro, 2002.

VILELA, Daniela Rodrigues Machado. *O direito premial trabalhista como perspectiva para o futuro do trabalho*. Dissertação apresentada ao Programa de Pós-Graduação em Direito, da Faculdade de Direito, da UFMG como requisito parcial à obtenção do título de Mestre em Direito do Trabalho. Belo Horizonte, 2016.

VINCENZI, Brunela Vieira de. *A boa-fé no processo civil*. São Paulo: Atlas, 2003.

VITORELLI, Edilson. *Processo Civil Estrutural* – teoria e prática. Salvador: Juspodivm, 2020.

VITORELLI, Edilson. Atipicidade dos meios de execução no processo coletivo: em busca de resultados sociais significativos. *Revista de Processo*. São Paulo: Revista dos Tribunais, nº 275, jan./2018.

VITORELLI, Edilson. Atipicidade dos meios de execução no processo coletivo: em busca de resultados sociais significativos. In: DIDIER JR., Fredie (Coord. geral); TALAMINI, Eduardo; MINAMI, Marcos Youji (Coords). *Medidas Executivas Atípicas* – Coleção Grandes temas no Novo CPC. Salvador: Juspodivm, 2018.

VITORELLI, Edilson. Litígios estruturais: decisão e implementação de mudanças socialmente relevantes pela via processual. In: ARENHART, Sergio Cruz; JOBIM, Marco Félix (Orgs.). *Processos estruturais.* Salvador: Juspodivm, 2017.

VITORELLI, Edilson. *Acordo coletivo dos planos econômicos e porque ele não deveria ser homologado.* Disponível em https://www.google.com.br/amp/s/www.jota.info/artigos/acordo-coletivo-dos-planos-economicos-e-por-que-ele-nao-deveria-ser-homologado-16012018/amp. Acesso em: 25.01.2018.

VITORELLI, Edilson. Levando os conceitos a sério: processo estrutural, processo coletivo, processo estratégico e suas diferenças. *Revista de Processo.* São Paulo: Revista dos Tribunais, nº 284, out./2018.

VITORELLI, Edilson; OLIVEIRA, Matheus Rodrigues. O Fundo Federal de Defesa dos Direitos Difusos e o desvio de finalidade na aplicação de seus recursos. *Revista de direito Administrativo.* v. 278. Rio de Janeiro: FGV e Fórum, set./dez./2019.

VOGT, Fernanda. Cessação da relação convencional: um estudo sobre a dissolução do negócio jurídico processual. In: DIDIER JR., Fredie (Coord. geral); CABRAL, Antonio do Passo; NOGUEIRA, Pedro Henrique (Coords.). *Negócios Processuais.* Coleção Grandes Temas do CPC. t. 2. Salvador: Juspodivm, 2020.

VORONOFF, Alice. É preciso desmistificar a sanção administrativa. Disponível em https://www.jota.info/opiniao-e-analise/artigos/e-preciso-desmistificar-sancao-administrativa-02032018. Acesso em: 09.12.2019.

WAMBIER, Luiz Rodrigues. O modelo processual cooperativo e a flexibilização procedimental. *Revista Eletrônica de Direito Processual – REDP.* v. 18. set./dez. 2017.

WAMBIER, Luiz Rodrigues; TALAMINI, Eduardo. *Curso Avançado de Processo Civil.* v. 3. 16. ed. São Paulo: Revista dos Tribunais, 2017.

WAMBIER, Teresa Arruda Alvim. *Os agravos no CPC brasileiro.* 3. ed. São Paulo: Revista dos Tribunais, 2000.

WAMBIER, Teresa Arruda Alvim. Civil Procedural Systems: Pro and contra (Brazilian National Report). *Revista de Processo.* São Paulo: Revista dos Tribunais, nº. 214, dez./2012.

WATANABE, Kazuo. *Cognição no processo civil.* 4. ed. São Paulo: Saraiva, 2010.

WEBB, Thomas et. al. *The New Zealand Legal System.* 5. ed. Wellington: LexisNexis. 2010.

WELSCH, Gisele Mazzoni. Aspectos relevantes e critérios necessários na formação de precedentes vinculantes nas demandas repetitivas. In: LUCON, Paulo Henrique dos Santos; APRIGLIANO, Ricardo de Carvalho; SILVA, João Paulo Hecker da; VASCONCELOS, Ronaldo; ORTHMANN, André (Coords.). *Processo em Jornadas.* XI Jornadas Brasileiras de Direito Processual XXV Jornadas Ibero-Americanas de Direito Processual. Salvador: Juspodivm, 2016.

WHITE, Mark. Overview of Behavioral Economics and Policy. In: ABDUKADIROV, Sherzod. *Nudge Theory in Action: Behavioral Design in Policy and Markets.* New York: Palgrave Macmillan, 2016.

WHITEHEAD, Mark; JONES, Rhys; HOWELL, Rachel; LILLEY, Rachel; PYKETT, Jessica. Nudging all over the world: assessing the global impact of the behavioural sciences on publicy policy. *Economic & Social Research Council*, Aberystwyth, p. 1-38, 2014.

WOLKART, Erik Navarro. *Análise econômica e comportamental do processo civil:* como promover a cooperação para enfrentar a tragédia da Justiça no processo civil brasileiro. Tese (Doutorado em Direito Processual) – Centro de Estudos e Pesquisas no Ensino do Direito, Universidade do Estado do Rio de Janeiro, Rio de Janeiro, 2018.

WOLKART, Erik Navarro. *Análise Econômica do Processo Civil*: como o direito, a economia e a psicologia podem vencer a tragédia da justiça. São Paulo: Revista dos Tribunais, 2019.

YARSHELL, Flávio Luiz. Convenção das partes em matéria processual: rumo a uma nova era? In: DIDIER JR., Fredie (Coord. geral); CABRAL, Antonio do Passo; NOGUEIRA, Pedro Henrique (Coords). *Negócios Processuais.* Salvador: Juspodivm, 2015.

YARSHELL, Flávio Luiz. Ampliação da responsabilidade patrimonial: caminho para solução da falta de efetividade da execução civil brasileira? In: ARRUDA ALVIM NETTO, José Manoel de; ARRUDA ALVIM, Eduardo; BRUSCHI, Gilberto Gomes; CHECHI, Mara Larsen; COUTO, Mônica Bonetti (Orgs.). *Execução civil e temas afins do cpc/1973 ao novo cpc* – estudos em homenagem ao professor Araken de Assis. São Paulo: Revista dos Tribunais, 2014

ZANETI JR., Hermes. O controle intersubjetivo da decisão que adota meios atípicos: segurança no procedimento e partir do caso concreto. In: DIDIER JR., Fredie (Coord. geral); TALAMINI, Eduardo; MINAMI, Marcos (Coords.). *Medidas Executivas Atípicas* – Coleção Grandes temas do Novo CPC. Salvador: Juspodivm, 2018.

ZANETI JR., Hermes. Ativismo da lei e da constituição na tutela coletiva brasileira: processos estruturais, processos complexos e litígios de difusão irradiada. In: NUNES, Dierle; COSTA, Fabrício Veiga; GOMES, Magno Federici (Orgs.). *Processo coletivo, desenvolvimento sustentável e tutela diferenciada dos direitos fundamentais*. Porto Alegre: Fi, 2019.

ZANETI JR., Hermes. Processo Coletivo no Brasil: sucesso ou decepção? In: REICHELT, Luís Alberto; JOBIM, Marco Félix (Orgs.). *Coletivização e unidade do direito*. Londrina: Thoth, 2019.

ZANETI JR., Hermes; REGGIANI, Gustavo Mattedi. Estabilização da tutela antecipada antecedente e incidental: sugestões pragmáticas para respeitar a ideologia de efetividade do CPC/2015. *Revista de Processo*. São Paulo: Revista dos Tribunais, nº 284, out./2015.

ZARONI, Bruno Marzullo. Contempt of Court. Execução indireta e participação de terceiros no sistema anglo-americano. *Revista de Processo*. São Paulo: Revista dos Tribunais, nº 235, set./2014.

ZAVASCKI, Teori Albino. *Comentários ao código de processo civil*. v. 8. São Paulo: Revista dos Tribunais, 2000.

ZAVASCKI, Teori Albino. Sentenças declaratórias, sentenças condenatórias e eficácia executiva dos julgados. *Revista de Processo*. São Paulo: Revista dos Tribunais, nº 109, jan./mar./2003.

ZUCKERMAN, Adrian. *Civil litigation*: a public service for the enforcement of civil rights. Disponível em http://adrianzuckerman.co.uk/media/CJQ2007-1%20Public%20Service%20Rights%20enforcement.pdf. Acesso em: 01.08.2019.

POSFÁCIO

Em julho de 2017, eu escrevi o prefácio da versão comercial da dissertação de mestrado do autor. O tema era a colaboração no processo civil.

À época, resumi a excelência do trabalho da seguinte forma: "O livro que agora vem a público, fruto da brilhante dissertação de mestrado defendida por Marcelo Mazzola, é uma obra de arte. Mazzola é um craque. Conseguiu extrair de um tema já tão trabalhado algo único, que poucos até então tinham enxergado e que ninguém havia enfrentado num trabalho acadêmico de fôlego".

Passados pouco mais de 4 anos, tenho o imenso prazer de homenagear novamente o autor, agora já detentor do título de doutor em direito, após histórica defesa de tese perante banca presidida por ninguém menos que o Presidente do Supremo Tribunal Federal e Decano da Faculdade de Direito da Universidade do Estado do Rio de Janeiro.

Mantendo impressionante fôlego para a pesquisa acadêmica e sem descurar da relevância prática do tema, Mazzola, por meio de uma escrita leve, produz um dos textos mais densos que examinei em minha trajetória acadêmica.

A partir de um preciso levantamento histórico, o autor se debruça sobre múltiplas hipóteses de sanções premiais contempladas, explícita ou implicitamente, no Brasil e no exterior.

Além disso, demonstra rara maturidade ao propor um conceito inovador, ter a capacidade de sustentar sua posição perante banca composta por especialistas no tema e, ainda, construir um sofisticado sistema com o objetivo de classificar objetivamente as diversas modalidades do instituto.

Por conta disso, adiro a todas as manifestações registradas no início dessa obra, na certeza que já é a principal referência no tema.

Como disse ao fim da defesa, o texto pode ser considerado como uma teoria das sanções premiais no processo civil brasileiro. E, nessa perspectiva, estamos avançando rumo a um novo estágio em nosso ordenamento.

Isso porque, da mesma forma que iniciamos a transição do processo adversarial para o colaborativo, chegou o momento de evoluir do processo repressivo, preocupado unicamente com sanções punitivas, para o processo premial.

E, novamente, o craque estava na hora certa e no local exato. Mais um gol de placa.

Rio de Janeiro, agosto de 2021.

Humberto Dalla Bernardina de Pinho
Professor Titular de Direito Processual Civil na UERJ
Procurador de Justiça no Estado do Rio de Janeiro

EDITORA *Jus*PODIVM
www.editorajuspodivm.com.br

Impresso por:

Docuprint
CNPJ 01.036.332/0001-99

JUS3016